高等职业教育创新型人才培养系列教材

国际贸易实务
（第3版）

主　编　屈大磊
副主编　钱华生　徐　林　易善安

北京航空航天大学出版社

内 容 简 介

本书是按照"以项目为导向,从工作任务出发,以能力培养为核心"的思路编写而成的,是一本突出工学结合特点的教材。从内容上看,本书以进出口业务流程为主线,分为4个模块,14个项目,共设置54项任务,以便于在教学中实现项目化教学和任务驱动教学模式的开展。本书的另一亮点是,包含对《2020年国际贸易术语解释通则》的解读,以及对进出口贸易业务有关规定和管理办法的及时更新。

本书可作为高职高专院校和应用型本科院校"国际贸易实务"课程的教材,也可作为全国外经贸业务人员从业考试的参考用书。

本书配有课件和习题简答供任课教师参考,有需要者可发邮件至goodtextbook@126.com申请索要。若需要其他帮助,可拨打(010)82317037联系我们。

图书在版编目(CIP)数据

国际贸易实务 / 屈大磊主编. -- 3版. -- 北京:
北京航空航天大学出版社,2024.4
ISBN 978-7-5124-4261-0

Ⅰ.①国… Ⅱ.①屈… Ⅲ.①国际贸易-贸易实务-
高等学校-教材 Ⅳ.①F740.4

中国国家版本馆CIP数据核字(2024)第005051号

版权所有,侵权必究。

国际贸易实务(第3版)
主 编 屈大磊
副主编 钱华生 徐 林 易善安
策划编辑 董 瑞 责任编辑 董 瑞
*
北京航空航天大学出版社出版发行
北京市海淀区学院路37号(邮编100191) http://www.buaapress.com.cn
发行部电话:(010)82317024 传真:(010)82328026
读者信箱:goodtextbook@126.com 邮购电话:(010)82316936
北京富资园科技发展有限公司印装 各地书店经销
*
开本:787×1 092 1/16 印张:18 字数:461千字
2024年4月第3版 2024年4月第1次印刷 印数:1 000册
ISBN 978-7-5124-4261-0 定价:59.00元

若本书有倒页、脱页、缺页等印装质量问题,请与本社发行部联系调换。联系电话:(010)82317024

前　　言

"国际贸易实务"是高职国际贸易类专业的核心课程,也是一门实践性较强的课程。为了培养高职学生的实际操作能力,适应外贸行业一线工作的需要,我们编写了本教材。

本教材是按照"以项目为导向,从工作任务出发,以能力培养为核心"的思路编写而成的,突出了工学结合的特点。在内容编排方面,基于进出口业务的工作过程,按照"走进国际贸易实务""进出口交易前的准备""进出口合同的商订""进出口合同的履行"四大模块进行编写。这四大模块包括14个项目,共设置54项任务,以便于在教学中实现项目化教学和任务驱动教学模式的开展。

本书重点突出了进出口的业务流程,结构层次分明,语言简明扼要,使学生阅读起来一目了然。

常州机电职业技术学院的屈大磊、易善安、徐莉和任涵子,常州工程职业技术学院的徐林,常州纺织服装职业技术学院的钱华生参加了本书的编写工作。各位编者的编写内容如下:屈大磊编写了项目一、项目二、项目三、项目八、项目九和项目十;任涵子编写了项目四和项目五;易善安编写了项目六;徐莉编写了项目七;徐林编写了项目十一和项目十二;钱华生编写了项目十三和项目十四。

本书由屈大磊担任主编,钱华生、徐林和易善安担任副主编;全书由屈大磊设计并统稿。

本次修订工作的重点是根据国际商会发布的《2020年国际贸易术语解释通则》对教材内容作相应的修订。此外,本次修订修正了原教材中的一些错误。同时,根据外贸形势和政策的变化,对教材内容进行了更新和完善。本次修订工作由屈大磊设计、构思和完成。

本书借鉴、参考和吸收了国内外专家和学者的大量研究成果,主要参考文献已列于书后,在此谨向各位作者表示最衷心的感谢!

编者虽已竭尽全力,但由于水平有限,不足之处在所难免,恳请读者不吝赐教。

编　者
2023 年 12 月

目　　录

模块一　走进国际贸易实务

项目一　认识国际贸易实务 ·· 1
 任务 1.1　国际贸易实务的研究对象和研究任务 ································· 1
  1.1.1　国际贸易实务的研究对象 ·· 1
  1.1.2　国际贸易实务的研究任务和内容 ······································ 2
 任务 1.2　国际货物买卖合同适用的贸易惯例和法律 ··························· 3
  1.2.1　国内法 ··· 4
  1.2.2　国际条约 ··· 4
  1.2.3　国际贸易惯例 ·· 5
 任务 1.3　国际贸易的一般业务程序 ·· 6
  1.3.1　国际贸易的特点 ··· 6
  1.3.2　出口贸易的一般业务程序 ·· 6
  1.3.3　进口贸易的一般业务程序 ·· 7

项目二　国际贸易的基本理论 ··· 11
 任务 2.1　国际贸易常用的基本概念 ·· 12
  2.1.1　国际贸易和对外贸易 ··· 12
  2.1.2　总贸易体系和专门贸易体系 ··· 12
  2.1.3　对外贸易额和对外贸易量 ·· 12
  2.1.4　贸易差额 ··· 12
  2.1.5　直接贸易和间接贸易 ··· 13
  2.1.6　过境贸易和转口贸易 ··· 13
  2.1.7　国际贸易商品结构和对外贸易商品结构 ··························· 13
  2.1.8　国际贸易地区结构和对外贸易地区结构 ··························· 13
  2.1.9　对外贸易条件和对外贸易依存度 ···································· 14
 任务 2.2　自由贸易理论和保护贸易理论 ··· 16
  2.2.1　自由贸易理论 ·· 16
  2.2.2　保护贸易理论 ·· 20
 任务 2.3　国际贸易政策与措施 ·· 22
  2.3.1　国际贸易政策 ·· 22
  2.3.2　国际贸易措施 ·· 25

项目三　国际贸易方式 ·· 37
 任务 3.1　传统的国际贸易方式 ·· 37
  3.1.1　经销和代理 ·· 37
  3.1.2　拍卖和寄售 ·· 40
  3.1.3　展卖和招投标 ·· 42
 任务 3.2　新兴的国际贸易方式 ·· 45

3.2.1 对销贸易···45
  3.2.2 加工贸易···47
  3.2.3 商品期货交易···49

模块二 进出口交易前的准备

项目四 进出口交易前的准备···54
 任务4.1 办理外贸经营的相关手续···55
  4.1.1 办理进口经营的相关手续···55
  4.1.2 办理出口经营的相关手续···57
 任务4.2 国际市场调研···57
  4.2.1 国际市场调研的方案设计···57
  4.2.2 国际市场调研的方案实施···59
 任务4.3 国际市场细分和目标市场的选择···60
  4.3.1 国际市场细分···60
  4.3.2 目标市场的选择···62
 任务4.4 外贸业务关系的建立···64
  4.4.1 寻找客户···64
  4.4.2 与客户建立业务关系···64

模块三 进出口合同的商订

项目五 进出口交易磋商···68
 任务5.1 交易磋商的形式和内容···69
  5.1.1 交易磋商的形式···69
  5.1.2 交易磋商的内容···69
 任务5.2 交易磋商的一般程序···70
  5.2.1 询 盘···70
  5.2.2 发 盘···71
  5.2.3 还 盘···73
  5.2.4 接 受···74

项目六 拟订商品的品质、数量及包装条款···78
 任务6.1 拟订商品的品质条款···79
  6.1.1 商品品名和质量的含义及重要性···79
  6.1.2 对商品质量的要求···79
  6.1.3 商品质量的规定方法···80
  6.1.4 合同中的品质条款···82
 任务6.2 拟订商品的数量条款···83
  6.2.1 约定商品数量的意义···83
  6.2.2 计量单位和计量方法···84
  6.2.3 合同中的数量条款···85
 任务6.3 拟订商品的包装条款···86
  6.3.1 拟订商品包装的意义···86
  6.3.2 商品包装的种类···86

            6.3.3　包装标志 ··· 88
            6.3.4　定牌、无牌和中性包装 ·· 89
            6.3.5　合同中的包装条款 ··· 90

项目七　拟订商品的价格条款 ·· 94
    任务 7.1　选择合适的贸易术语 ·· 95
            7.1.1　贸易术语的含义和作用 ·· 95
            7.1.2　有关贸易术语的国际惯例 ··· 95
            7.1.3　《2020 年通则》中的常用贸易术语 ·· 98
            7.1.4　《2020 年通则》中的其他贸易术语 ··· 104
            7.1.5　选用贸易术语应考虑的主要因素 ·· 105
    任务 7.2　明确作价方法 ··· 105
            7.2.1　固定作价 ·· 105
            7.2.2　非固定作价 ··· 106
    任务 7.3　选择计价和结算货币 ·· 108
            7.3.1　认识外汇标价和汇率风险 ·· 108
            7.3.2　选择计价和结算货币的方法 ··· 109
    任务 7.4　运用佣金与折扣 ··· 111
            7.4.1　佣金与折扣的含义和作用 ·· 111
            7.4.2　佣金与折扣的表示方法和计算 ·· 111
            7.4.3　佣金与折扣的支付 ··· 112
    任务 7.5　核算出口成本和确定商品价格 ··· 113
            7.5.1　核算出口成本 ·· 113
            7.5.2　确定商品价格 ·· 114
    任务 7.6　合同中的价格条款 ··· 115
            7.6.1　合同中的价格条款的基本内容 ·· 115
            7.6.2　合同中的价格条款示例 ··· 115

项目八　拟订货物的装运条款 ·· 119
    任务 8.1　选择运输方式 ··· 120
            8.1.1　海洋运输 ·· 120
            8.1.2　铁路运输 ·· 123
            8.1.3　航空运输 ·· 124
            8.1.4　集装箱运输 ··· 125
            8.1.5　国际多式联运 ·· 126
            8.1.6　其他运输方式 ·· 128
    任务 8.2　合同中的装运条款 ··· 129
            8.2.1　装运时间 ·· 129
            8.2.2　装运港和目的港 ··· 131
            8.2.3　分批装运和转运 ··· 132
            8.2.4　装运通知 ·· 133
            8.2.5　速遣和滞期 ··· 134
            8.2.6　合同中的装运条款示例 ··· 135

项目九　拟订货物运输的保险条款 ··· 139
    任务 9.1　海洋运输货物保险的承保范围 ··· 140

9.1.1 海上货物运输的风险 …………………………………………………………… 140
9.1.2 海上损失 …………………………………………………………………………… 140
9.1.3 海上费用 …………………………………………………………………………… 142
任务 9.2 我国海洋运输货物保险 ………………………………………………………… 142
9.2.1 我国海洋运输货物保险的险别及责任范围 ………………………………… 142
9.2.2 我国海洋运输货物保险的起讫期限和除外责任 …………………………… 145
9.2.3 我国海洋运输货物保险中被保险人的义务 ………………………………… 146
9.2.4 我国海洋运输货物保险的索赔时效 ………………………………………… 146
任务 9.3 我国陆空邮运输货物保险 ……………………………………………………… 147
9.3.1 我国陆上运输货物保险 ………………………………………………………… 147
9.3.2 我国航空运输货物保险 ………………………………………………………… 148
9.3.3 我国邮包运输货物保险 ………………………………………………………… 148
任务 9.4 伦敦保险协会《海洋运输货物保险》 ……………………………………………… 149
9.4.1 伦敦保险协会《海洋运输货物保险》险别及责任范围 …………………… 149
9.4.2 伦敦保险协会《海洋运输货物保险》的起讫期限 ………………………… 150
任务 9.5 国际货物运输保险的业务程序 ………………………………………………… 151
9.5.1 保险险别的选择 ………………………………………………………………… 151
9.5.2 保险金额的确定和保险费的计算 …………………………………………… 151
9.5.3 办理投保和取得保险单据 ……………………………………………………… 152
9.5.4 保险索赔和理赔 ………………………………………………………………… 153
任务 9.6 合同中的货物运输保险条款 …………………………………………………… 154
9.6.1 货物运输保险条款的基本内容 ………………………………………………… 154
9.6.2 货物运输保险条款示例 ………………………………………………………… 154

项目十 拟订合同中的支付条款 ………………………………………………………………… 159
任务 10.1 支付工具 ………………………………………………………………………… 160
10.1.1 汇 票 …………………………………………………………………………… 160
10.1.2 本 票 …………………………………………………………………………… 164
10.1.3 支 票 …………………………………………………………………………… 165
任务 10.2 支付方式——汇付和托收 ……………………………………………………… 167
10.2.1 汇 付 …………………………………………………………………………… 167
10.2.2 托 收 …………………………………………………………………………… 170
任务 10.3 支付方式——信用证 …………………………………………………………… 177
10.3.1 信用证的定义和当事人 ………………………………………………………… 177
10.3.2 信用证的内容 …………………………………………………………………… 178
10.3.3 信用证的性质、作用和特点 …………………………………………………… 180
10.3.4 信用证的种类 …………………………………………………………………… 182
10.3.5 信用证的业务程序 ……………………………………………………………… 185
10.3.6 《跟单信用证统一惯例》（国际商会第 600 号出版物） ………………… 188
任务 10.4 支付方式——银行保证书和备用信用证 ……………………………………… 190
10.4.1 银行保证书 ……………………………………………………………………… 190
10.4.2 备用信用证 ……………………………………………………………………… 192
任务 10.5 选择支付方式 …………………………………………………………………… 194
10.5.1 选择支付方式考虑的主要因素 ………………………………………………… 194

		10.5.2 不同支付方式的结合使用	195

任务 10.6 合同中的支付条款 196
  10.6.1 汇付条款 197
  10.6.2 托收条款 197
  10.6.3 信用证条款 197

项目十一　拟订争议的预防和处理条款 203

任务 11.1 拟订商品的检验条款 203
  11.1.1 商品检验的意义 203
  11.1.2 检验的时间和地点 204
  11.1.3 检验机构和检验证书 205
  11.1.4 合同中的检验条款 206

任务 11.2 拟订异议和索赔条款 207
  11.2.1 发生争议的原因 207
  11.2.2 合同中的异议和索赔条款 208

任务 11.3 拟订不可抗力条款 209
  11.3.1 不可抗力的含义和认定 209
  11.3.2 不可抗力的法律后果 210
  11.3.3 合同中的不可抗力条款 210

任务 11.4 拟订仲裁条款 211
  11.4.1 仲裁的含义和特点 211
  11.4.2 仲裁协议的形式和作用 212
  11.4.3 仲裁程序 213
  11.4.4 仲裁裁决的承认和执行 214
  11.4.5 合同中的仲裁条款 214

项目十二　签订书面合同 218

任务 12.1 书面合同的意义和种类 218
  12.1.1 书面合同的意义 218
  12.1.2 书面合同的种类 219

任务 12.2 书面合同的结构与内容 220
  12.2.1 书面合同 220
  12.2.2 国际货物买卖合同示例 220

模块四　进出口合同的履行

项目十三　出口合同的履行 224

任务 13.1 备货和报检 226
  13.1.1 准备货物 226
  13.1.2 出口报检 228

任务 13.2 落实信用证 229
  13.2.1 催　证 229
  13.2.2 审　证 230
  13.2.3 改　证 232

任务 13.3 出口报关 234
  13.3.1 出口报关程序 234

    13.3.2 缮制出口报关单 …… 236
  任务13.4 安排运输和保险 …… 238
    13.4.1 安排运输 …… 238
    13.4.2 办理保险 …… 239
  任务13.5 制单结汇 …… 239
    13.5.1 出口单证工作 …… 239
    13.5.2 主要出口单据的缮制要点 …… 241
    13.5.3 其他出口单据 …… 248
    13.5.4 交单结汇 …… 249
  任务13.6 出口善后 …… 251
    13.6.1 出口收汇核销 …… 251
    13.6.2 出口退税 …… 251
    13.6.3 违约的处理和出口理赔 …… 251

项目十四 进口合同的履行 …… 255

  任务14.1 办理信用证 …… 256
    14.1.1 申请开证 …… 256
    14.1.2 开立和修改信用证 …… 256
  任务14.2 安排运输和保险 …… 258
    14.2.1 安排运输 …… 258
    14.2.2 办理保险 …… 258
  任务14.3 审单付款 …… 259
    14.3.1 审单的时间、依据和原则 …… 259
    14.3.2 对不符单据的处理 …… 261
  任务14.4 进口报检和报关 …… 261
    14.4.1 进口报检 …… 261
    14.4.2 进口报关 …… 262
  任务14.5 进口善后 …… 264
    14.5.1 向卖方索赔 …… 264
    14.5.2 向承运人索赔 …… 264
    14.5.3 向保险公司索赔 …… 264
    14.5.4 进口索赔应注意的问题 …… 264

附录A 部分单据实样 …… 267

  A.1 出口许可证申请表例样 …… 267
  A.2 出口许可证例样 …… 268
  A.3 入境货物报检单 …… 269
  A.4 出口货物报关单 …… 270
  A.5 商业发票 …… 271
  A.6 提 单 …… 272
  A.7 货物运输保险单 …… 273
  A.8 汇 票 …… 274

附录B 学习参考网站 …… 275

参考文献 …… 276

模块一　走进国际贸易实务

项目一　认识国际贸易实务

【项目介绍】

本项目共有三个任务：

任务一　国际贸易实务的研究对象和研究任务

要求学生在了解国际贸易实务研究对象的基础上，弄清国际贸易实务的学习内容和任务。

任务二　国际货物买卖合同适用的贸易惯例和法律

要求学生了解国际货物买卖合同适用的相关国际贸易惯例和法律。

任务三　国际贸易的一般业务程序

要求学生熟练掌握进出口贸易的一般业务程序。

【项目目标】

知识目标：了解国际贸易实务的研究对象和研究任务；了解国际货物买卖合同适用的相关国际贸易惯例和法律；了解国际贸易的特点；掌握进出口贸易的业务流程。

能力目标：能够在交易磋商、进出口合同的签订和履行中，正确地选择和使用相关的国际贸易惯例和法律；培养一种既能从思想上认识到国际贸易的难度和复杂性，又能熟知进出口贸易的业务流程，做到内心充满自信、具备能从事国际贸易的能力。

【案例导入】

有一份FOB合同在我国签订，内容是由我国商人出售一批服装给美国商人，目的港是纽约，按FOB上海条件成交。双方在执行合同的过程中，对合同的形式及合同有关条款的解释发生了争议。你认为此项纠纷应适用我国法律还是美国法律？

【分　析】　在按FOB上海条件成交的合同中，出口方（我国商人）在出口国装运港（上海）履行交货义务，所以履约地在我国上海，不是美国纽约；而且，在本案例中合同的订约地在我国，因此，按照"与合同有最密切联系的国家的法律"原则，此项纠纷应适用我国法律。

任务1.1　国际贸易实务的研究对象和研究任务

国际贸易实务又称进出口贸易实务，是国际商品进出口交易的具体运作过程，包括各国和地区之间货物买卖的操作方法和技能，以及应遵守的法律和惯例等行为规范。从课程方面看，"国际贸易实务"是一门研究国际货物买卖的实际业务课程，也是普通本科院校和高职高专院校国际贸易和国际商务类专业的一门基础课程。

1.1.1　国际贸易实务的研究对象

从国际范围来看，国际贸易是一个国家（或地区）同其他国家（或地区）所进行的商品和劳务的交换活动。从广义上讲,国际贸易包括货物贸易、技术贸易和服务贸易三部分内容;从狭义上讲,国际贸易仅包括货物贸易,即国际货物的买卖。

从近年来成交的国际贸易量和国际贸易额来看,技术贸易和服务贸易在国际贸易中的比重呈逐渐上升的趋势,而且已经占有相当大的比重。但是,就目前而言,无论是我国还是其他国家,货物贸易仍然是国际贸易中最基本和最主要的部分。而且,不少技术转让和服务贸易的实际做法均借鉴了货物贸易的做法,有的业务甚至直接沿袭了货物贸易的基本做法。因此,有关国际货物买卖的基本理论和业务做法,仍然是从事国际贸易工作和研究的人员必须要掌握的。

本课程的研究对象是有关国际货物买卖的基本知识、基本方法和基本技能。

1.1.2　国际贸易实务的研究任务和内容

既然前面强调,国际贸易实务课程的研究对象就是有关国际货物买卖的基本知识、基本方法和基本技能,那么,国际贸易实务课程的主要任务就是针对国际货物买卖的特点和要求,从实践和法律的角度,分析和研究国际货物买卖适用的有关惯例和法律,以及国际商品交换过程的实际运作,学会在实际的进出口贸易中,既能正确贯彻我国外贸的方针和政策,确保合理的经济效益,又能按国际规范行事,使我们的贸易行为和做法能为贸易伙伴和国际社会普遍接受,做到与国际接轨。

国际贸易的具体过程,从一个国家或地区的角度来看,具体体现在进出口业务活动的各个环节上。在这些环节中,由于进出口双方所在国法律和贸易的差异,就有可能出现涉及双方利益上的矛盾和冲突。所以,如何协调这种关系,使双方在平等互利的基础上达成和完成进出口交易,将是本课程研究的中心任务。

本课程的内容主要包括以下四个模块。

1. 模块一　走进国际贸易实务

在学习"国际贸易实务"这门课程前,需要了解和掌握一些相关的基础知识,并具备相关的操作技能;本模块设置的目的也正是如此。

在学习"国际贸易实务"前,需要了解和掌握的知识应该涵盖以下几方面:

首先,要明白"国际贸易实务"这门课程的研究对象和研究任务及内容;明白国际货物买卖合同适用的相关的法律和惯例;掌握国际贸易的特点;熟知进出口贸易程序。

其次,要了解和掌握必要的国际贸易基本理论知识。理论总是来源于实践,国际贸易理论也毫不例外地来源于国际贸易的实践,反过来,国际贸易理论又指导国际贸易的实践。由于一些高职高专院校一味地强调"实践"和"技能",忽视了理论对培养和提高学生的操作技能、开阔学生视野及提高学生后续学习能力的重要作用,所以,这些院校在设置课程时就"砍掉了"国际贸易理论这个"尾巴"。实际上,了解和掌握基本的国际贸易理论知识,是十分必要的。

最后,学生还需要掌握除了常见的逐笔的单边进出口贸易之外的其他国际贸易方式,这些贸易方式既包括传统的贸易方式,如经销、代理、拍卖、寄售、展卖和招投标;同时还包括新兴的国际贸易方式,如对销贸易、加工贸易和商品期货交易等。

2. 模块二　进出口交易前的准备

在交易磋商和签订进出口合同之前,无论是进口方还是出口方,都必须做好充分的准备工作,才能争取和保证在交易磋商中能够处于有利地位。这些准备工作主要包括:

① 办理外贸经营的相关手续。此项工作主要有办理外贸经营者的备案登记、海关登记的注册手续等进出口经营的相关手续和环节。

② 国际市场调研。国际市场调研的内容主要包括：市场的基本情况、市场的竞争状况、市场容量、客户的资信调查等。

③ 国际市场细分和目标市场的选择。国际市场的细分是指采取一定的细分标准（如地理、人口因素等），把国际市场细分为不同性质和特点的子市场；然后，企业根据自身的资源状况和经营战略，选择某一个或几个子市场作为目标市场进行经营和管理。

④ 外贸业务关系的建立。在国际市场竞争激烈、市场需求纷繁复杂的情况下，不能仅仅依靠少数几个固定的客户，应该不断地通过直接或间接的方法，寻找和发现新的贸易伙伴，建立外贸业务关系，形成一个有潜力的客户群。

3. 模块三　进出口合同的商订

这是本课程中内容最多的一个模块。在进出口贸易业务中，买卖双方通过口头或书面磋商的方式，就各项交易条件达成一致后，交易即告成立。交易磋商的过程一般要经过询盘、发盘、还盘和接受四个环节，其中发盘和接受是交易成立必不可少的两个基本环节和法律程序。交易达成后，买卖双方通常还需要签订书面合同。

本课程详细介绍了拟订书面合同条款的内容，主要包括合同的品名和质量条款、数量条款、包装条款、价格条款、装运条款、货物运输保险条款、争议的预防和处理条款等。由于这些条款的内涵及其法律上的地位和作用不同，所以了解合同条款的内容及其规定方法，有着重要的实践和法律意义。鉴于合同条款的重要性和涉及内容的广泛性，故本课程以较大的篇幅对各项条款的内容分别做了详细的介绍和说明。

4. 模块四　进出口合同的履行

交易磋商和进出口合同的签订固然重要，但是如果买卖双方不履行合同，那么交易磋商和进出口合同的签订就变得毫无意义，进出口合同的履行，是实现货物和资金按约定方式进行转移的过程。在合同的履行过程中，涉及的环节很多、程序复杂，而且情况多变，如果不慎或某些环节出了问题，或合同当事人违约，都将会影响合同的正常履行，甚至会引起争议和发生纠纷。因此，外贸人员不仅要了解合同成立的环节和法律步骤，以及履行合同的一般程序，而且还应该知道如何预防和处理争议和纠纷，以保障当事人的合法权益。

【课堂讨论】

国际贸易是从国际范围来看，一个国家（或地区）同其他国家（或地区）所进行的商品和劳务的交换活动。从广义上讲，国际贸易包括货物贸易、技术贸易和服务贸易三部分内容；从狭义上讲，国际贸易仅包括货物贸易，即国际货物的买卖。那么，为什么"国际贸易实务"课程的研究对象是狭义上的国际贸易，即国际货物买卖，而不是广义上的国际贸易呢？

任务1.2　国际货物买卖合同适用的贸易惯例和法律

国际货物买卖合同中，双方当事人的权利和义务是受到法律保护的，但当事人分处不同国家或地区，并由于各国法律制度不同，对同一问题各国往往有不同的规定，所以一旦发生争议和纠纷，究竟采用哪个国家的法律进行裁决就成为当事人所关心的问题。

从国际贸易的实践来看，国内法、国际条约和国际贸易惯例适用于国际货物买卖合同。

1.2.1 国内法

国内法是指国际货物买卖合同当事人所在国制定或认可的并在本国主权管辖范围内生效的法律。国际货物买卖合同必须符合国内法,即符合当事人所在国制定的或认可的法律。为了促进和规范对外贸易的发展,世界上许多国家都制定了对外贸易的法律和法规,一些发达国家还专门颁布了对外贸易法。对外贸易法是各国对外贸易总政策的集中体现,因此,进出口企业都应遵守有关国家的对外贸易法。例如,我国的进出口合同的当事人都应了解《中华人民共和国对外贸易法》的内容,并严格遵守其中的有关规定。

但是,由于合同的双方当事人分处不同国家或地区,由于各国法律制度不同,对同一问题各国国内法往往有不同的规定,为了解决"法律冲突"问题,一般均会在国内法中规定冲突解决的办法。我国法律对涉外合同的冲突规范也采用国际上的通用规则,并在我国《合同法》中做了原则性的规定:由合同当事人选择适用的法律,然后在合同中明确;如果合同中没有明确的,则适用与合同最密切联系的国家法律,即"最密切联系原则"。由此可见,我国当事人可以和对方当事人在合同中约定选择我国法律或者选择对方当事人所在国的法律,甚至可以选择第三国的法律作为合同适用的法律。如果双方当事人没有在合同中约定,则由受理合同争议的法院或仲裁机构视交易的具体情况,按照"最密切联系原则"选择与合同最密切联系的国家法律进行处理。

例如,我国上海某外贸公司与美国纽约的某公司在上海签订了一份服装出口合同,价格条件是在常州港船上交货。尽管合同中并未提及该合同所适用的法律,但由于该合同的缔约地在上海,履约地在常州,均在我国境内,按"最密切联系原则",可以认为中国与该合同有最密切的联系,应当适用中国法律。

1.2.2 国际条约

在国际贸易中,由于各国国内法的规定互不相同,有时甚至差异很大;而且,由于各国的贸易利害关系不同,单靠某一国家的国内法不能适应国际贸易的需要,所以,一国政府往往和另外一些国家或国际组织缔结或参加一些双边或多边的协定、条约或公约。由此可见,在国际贸易中,当事人还必须遵守所在国国家对外缔结或参加的有关国际贸易、国际运输、商标、专利、工业产权与仲裁等方面的条约和协定。目前,有关国际贸易的国际条约和公约很多,我国有选择地参加了一些国际条约和公约。其中,《联合国国际货物销售合同公约》(简称《公约》)和《承认及执行外国仲裁裁决公约》(《1958年纽约公约》),已成为我国进行国际货物买卖最重要的两项国际公约。

《联合国国际货物销售合同公约》于1980年4月在奥地利维也纳召开的包括世界上所有主要的贸易国在内的62个国家的代表参加的会议上讨论修改通过。《公约》共分为四个部分:① 适用的范围和总则;② 合同的订立;③ 货物销售;④ 最后条款。我国是最早加入《公约》的缔约国之一,对《公约》的定稿和通过做出了重要的贡献。我国在1986年12月核准该《公约》时,根据《公约》的相关规定,对该《公约》提出了两项保留:一是关于《公约》适用范围的保留。公约组织为了扩大其适用范围,甚至规定《公约》可以适用双方当事人的营业地都不是《公约》缔约国的国际货物买卖合同。我国不同意扩大《公约》的适用范围,认为《公约》对我国来说,仅适用于《公约》缔约国之间的有关当事人签订的贸易合同。二是关于合同形式的保留。《公约》

第 11 条规定:"销售合同无须书面订立或书面证明,在形式方面也不受任何其他条件限制,销售合同可以用包括人证在内的任何方法证明。"我国在签署《公约》时对该条款作了保留,即涉外合同的订立、修改、终止等均须采用书面形式。

《承认及执行外国仲裁裁决公约》(《1958 年纽约公约》)是 1958 年在联合国主持下,在纽约缔结的有关承认和执行外国仲裁裁决的一个最重要的国际公约。1986 年 12 月 2 日,我国第六届全国人民代表大会常务委员会第十八次会议决定我国加入该《公约》,并于 1987 年 1 月 22 日递交了加入书,该《公约》于 1987 年 4 月 22 日对我国生效。我国在加入时也作出了两项保留:一是互惠保留,即我国承认和执行另一缔约国仲裁裁决的基础是互惠。二是商事保留,即我国只对中华人民共和国法律认定为属于商事法律关系所引起的争议适用该公约。

1.2.3 国际贸易惯例

国际贸易惯例(International Trade Customs)或称国际商业惯例,是指在国际贸易的长期实践中形成的具有普遍意义的一些习惯性做法和解释。

由于国际贸易惯例本身并不是法律,除非另有规定,否则对买卖双方无强制性,所以,贸易双方当事人有权在合同中达成不同于惯例规定的交易条件。如果合同中作了与国际贸易惯例相抵触的规定,按照法律优先于惯例的原则,在履行合同和处理争议时,应以买卖合同的规定为准。需要注意的是,国际贸易惯例本身虽不是法律,但如果买卖双方在合同中约定了采用某种贸易惯例,那么该惯例就具有强制性,对买卖双方均有约束力。

世界上许多国家在立法中明文规定了国际贸易惯例的法律效力,特别是在《联合国国际货物销售合同公约》中,惯例的约束力得到了充分的肯定。在下列情况下,国际贸易惯例对当事人有约束力:一是如果合同中明确表示采用某种惯例,那么此惯例将对双方具有约束力。二是当双方在合同中对某些问题没有做出明确规定,在合同中也未规定采用某些惯例,但事后双方又在该问题上发生争议而提交仲裁时,各国司法或仲裁机构往往会引用某些公认的或影响较大的惯例作为司法判决或仲裁裁决的依据。由此可见,国际贸易惯例只有在当事人承认或在实践中采用时才对当事人具有法律效力。

国际贸易惯例很多,如国际商会制定的《2020 年国际贸易术语解释通则》(INCOTERMS 2020)、《跟单信用证统一惯例》(国际商会第 600 号出版物,即 UCP600)、《托收统一规则》(国际商会第 522 号出版物,即 URC522)、《见索即付保函统一规则》(国际商会第 758 号出版物,即 URDG758)等国际贸易惯例,已为大多数国家的银行和进出口商所接受和使用,从而成为拥有世界性影响的国际贸易惯例。

【课堂讨论】

我国在 1986 年 12 月核准《联合国国际货物销售合同公约》时,根据公约的相关规定对该公约提出了两项保留:

(1) 关于公约适用范围的保留。

(2) 关于合同形式的保留。

请同学们思考:为什么我国要提出这两项保留?

任务1.3 国际贸易的一般业务程序

1.3.1 国际贸易的特点

由于国际贸易是在不同国家或地区间进行的,其交易环境、交易条件和涉及的问题都远比国内贸易复杂,所以和国内贸易相比,具有以下特点。

1. 涉外性

国际贸易是一项涉外的经济活动,具有明显的涉外性。在对外贸易中,我国进出口方不仅要考虑自身的经济利益,而且还应认真贯彻和执行我国的对外方针和政策,在交易磋商、订约和履约的过程中,坚持平等互利的原则,重合同守信用,保持和树立良好的企业形象和国家形象。

2. 复杂性

国际贸易是在不同国家或地区间进行的,由于不同国家或地区在政策措施、法律体系等方面可能存在差异和冲突,以及语言文化、社会习俗等方面的不同,还要涉及运输、保险、银行、商检、海关等部门的协作与配合,所以国际贸易所涉及的问题远比国内贸易复杂。

3. 风险性

国际贸易的交易数量和金额通常都比较大,从交易磋商开始,到订立进出口合同,再到合同的履行,所经历的时间一般都比较长;货物的运输经历从出口国到进口国,有的甚至要经过转口国或过境国,在远距离和长时间的运输过程中,可能遇到自然灾害、意外事故和其他风险,再加上国际市场变幻莫测,所以国际贸易所遭遇的风险远比国内贸易大得多。

4. 不稳定性

国际贸易要受到交易双方所在国政治、经济及其他客观条件的影响,还要受到国际政治和经济局势、市场竞争以及贸易状况的制约,因而具有不稳定性。当国际政治局势动荡不安、贸易摩擦加剧、国际金融市场变幻莫测、市场竞争异常激烈的时候,国际贸易的不稳定性会更加明显。

5. 竞争性

不可否认,国内贸易也存在竞争性,但是,国际贸易的竞争程度比国内贸易要激烈得多。不仅如此,国际贸易的竞争形式和范围也比国内贸易广得多。国际贸易不仅仅是商品竞争、市场竞争,而且还涉及技术竞争、服务质量竞争和人才竞争。竞争的实质还是人才的竞争。

1.3.2 出口贸易的一般业务程序

在进出口贸易中,由于交易方式和成交条件不同,其业务环节也不尽相同。各业务环节的工作,有的分先后进行,有的交叉进行,也有的齐头并进。但是,不论进口或出口交易,一般都包括交易前的准备、合同的商订和合同的履行三个阶段。

1. 出口交易前的准备

出口交易前的准备工作主要包括下列事项:

1) 办理外贸经营的相关手续

此项工作主要有办理外贸经营者的备案登记、海关登记注册等相关手续,例如,申请出口许可证就是其中一项重要的工作。我国目前对出口业务占有重要地位的大宗资源性商品以及有配额限制的商品实行出口许可证管理,因此,在经营国际贸易业务时,从业人员要弄清楚自己经营的商品的范围,并据此办理有关手续。

2) 国际市场调研

国际市场调研的内容主要包括:市场的基本情况,例如商品当年的总产量、可供数量及上年的储存量等;市场竞争状况,例如商品的质量、技术含量与水平、商品的适用性、商品价格及变化趋势等;市场容量,出口商在交易前都应了解市场所容纳的最大销售量,其目的是为制定适当的营销策略和采取必要的措施提供参考依据;客户的资信调查,客户调研是一项极其重要的工作,对买卖双方都是如此,在达成交易前,出口商必须对进口方的经营性质、规模、业务范围、经营能力、资本实力等方面进行调查,以便确定向我方订货的客户的详细情况。

3) 国际市场细分和目标市场的选择

国际市场的细分是指采取一定的细分标准(如地理、人口因素等),把国际市场细分为不同性质和特点的子市场,然后,企业根据自身的资源状况和经营战略等因素,选择某一个或几个子市场作为目标市场,制定和实施适合本企业的经营方案,并做好广告宣传工作。

4) 外贸业务关系的建立

在国际市场竞争激烈、市场需求纷繁复杂的情况下,不能仅仅依靠固定的少数几个客户,应该不断地通过直接或间接的方法,寻找和发现新的贸易伙伴,建立外贸业务关系,形成一个有潜力的客户群。

此外,出口企业在制定和实施经营方案的同时或先后,应及时落实货源、制定出口商品的生产或采购计划,并根据经营方案的要求,开展广告宣传活动。

2. 出口合同的商订

买卖双方通过口头或书面磋商的方式,就各项交易条件达成一致后,交易即告成立。交易磋商的过程一般要经过询盘、发盘、还盘和接受四个环节,其中发盘和接受是交易成立必不可少的两个基本环节和法律程序。除另有约定的除外,国际货物买卖合同于对发盘的接受生效时即告订立。交易达成后,买卖双方还需要签订书面合同。

3. 出口合同的履行

出口合同订立后,交易双方就要按照重合同、守信用的原则,认真履行各自承担的义务。我国出口贸易中较多的是按 CIF 或 CIP 贸易术语和信用证付款方式达成交易。就卖方履行出口合同而言,主要包括下列各环节的工作:

① 货——认真备货,按时、按质、按量交付约定的货物;
② 证——落实信用证,做好催证、审证、改证工作;
③ 运——及时租船订舱,安排运输、保险,并办理出口报检和报关手续;
④ 款——缮制、备妥有关单据,及时向银行交单结汇,收取货款。

1.3.3 进口贸易的一般业务程序

进口贸易的业务程序,也包括交易前的准备、合同的商订和合同的履行三个阶段。其具体的工作内容有很多与出口贸易相同,如办理外贸经营的相关手续、国际市场调研、外贸业务关系的建立、交易磋商、签订合同、安排运输等。由于进口商和出口商的地位不同,三个阶段的工作内容和出口贸易会有所不同。

1. 进口交易前的准备

进口交易前的准备工作,尽管也包括办理外贸经营的相关手续、国际市场调研、外贸业务关系的建立等环节,但具体内容有所不同。对于我国限制进口的货物,进口方应向主管部门办理进口配额和进口许可证;进口方的国际市场调研内容和出口也存在不同,进口方要了解清楚准备采购的商品的供应国和主要生产者的供应情况、价格水平、技术条件等,然后,通过比较选择质优价低的商品进口;对客户的调研内容包括了解客户的资信情况、经营实力和经营作风,以及他们的货源情况,以便正确地选择供货商。

2. 进口合同的商订

进口合同的商订做法和出口贸易基本相同,但在实际业务中,进口方应注意尽量不要向同一地区的供货商询盘,防止供货商勾结乘机抬价;对不同国家或地区的报价要货比三家,进行综合比较;购买高新技术、成套设备等大宗交易时,应注意选配好洽谈人员,组织一个由各种专长的专业人员组成的精明能干的谈判班子,并切实做好比价工作。在交易达成后,进口方大都和出口方签订进口书面合同,其形式和内容基本上同出口合同,但合同名称多为购货合同或购货确认书。

3. 进口合同的履行

进口合同的履行与出口合同的履行程序相反,工作侧重点也不一样。我国进口合同,如按 FOB 或 FCA 条件和信用证付款方式成交,买方履行合同的程序一般包括下列事项:

① 证——按合同规定向银行申请开立信用证;
② 运——及时派船到对方口岸接运货物,并催促卖方备货装船,办理货运保险;
③ 单——审核有关单据,在单证相符时付款赎单;
④ 货——办理进口报检和报关手续,并验收和提取货物。

【课堂讨论】

我国外贸企业 A 公司与某国 B 商达成一项进口合同,付款条件为买方先预付 5% 的货款,其余 95% 的货款采用付款交单托收方式支付。合同签订后,A 公司根据合同要求预付了货款。但随后该货物的国际市场价格大幅度上涨。B 商装运货物后,没有将该批货物的汇票及所附单据通过托收行寄抵进口地代收行,而是将该批货物的单据转售给了其他公司。由于 A 公司急需该批货物,多次催促 B 商交付单据,但 B 商均找各种借口推脱。后来 A 公司只好通过另外的途径高价购进了同样的产品。请问:根据《联合国国际货物销售合同公约》的相关规定,A 公司能否要求撤销合同并要求 B 公司赔偿有关损失?其教训何在?

【项目小结】

本项目是学习国际贸易实务的入门,在了解了国际贸易实务的研究对象、研究任务和内容的基础上,介绍了国际货物买卖合同适用的惯例和法律、国际贸易的特点以及进出口贸易的一般业务程序。

从近年来成交的国际贸易量和国际贸易额来看,尽管技术贸易和服务贸易在国际贸易中的比重呈逐渐上升的趋势,而且已经占有相当大的比重,但是,就目前而言,无论是我国还是其他国家,国际货物买卖仍然是国际贸易中最基本和最主要的部分。本课程的研究对象就是有关国际货物买卖的基本知识、基本方法和基本技能;主要任务就是针对国际货物买卖的特点和要求,从实践和法律的角度,分析和研究国际货物买卖适用的有关惯例、法律以及国际商品交换过程的实际运作,学会在实际的进出口贸易中,既能正确贯彻我国的外贸方针政策和经营意图,确保合理的经济效益,又能按国际规范行事,使我们的贸易行为和做法能为贸易伙伴和国际社会普遍接受,做到与国际接轨。

国际货物买卖合同中双方当事人的权利、义务是受到法律保护的,但当事人分处不同国家,由于各国法律制度不同,对同一问题各国往往有不同的规定,一旦发生争议和纠纷,究竟采用哪个国家的法律进行裁决就成为当事人所关心的问题。从实践来看,国际货物买卖合同适用的国际贸易惯例和法律包括国内法、国际条约和国际贸易惯例。

和国内贸易相比,国际贸易具有涉外性、复杂性、风险性、不稳定性和竞争性的特点,可以说国际贸易是一项复杂的系统工程,其业务程序一般涉及交易前的准备、合同的商订、合同的履行三个阶段,这也是本课程的大致框架。

【项目自测】

一、单选题

1. 国际贸易实务课程研究对象是（　　）。
   A. 国际货物买卖　　B. 技术贸易　　C. 服务贸易　　D. ABC 都包括
2. 在国际贸易中,对当事人的行为无强制性约束的是（　　）。
   A. 国内法　　　　　B. 国际法　　　C. 国际贸易惯例　D. 国际条约
3. 国际货物买卖合同的标的物是（　　）。
   A. 股票　　　　　　B. 债券　　　　C. 票据　　　　　D. 有形商品
4. 根据我国《合同法》规定,涉外合同的当事人如没有选择相应的法律,适用与（　　）有最密切联系的国家的法律。
   A. 合同　　　　　　B. 卖方　　　　C. 买方　　　　　D. 国际商会
5. 我国在加入《承认和执行外国仲裁裁决公约》提出了（　　）保留。
   A. 一项　　　　　　B. 两项　　　　C. 三项　　　　　D. 四项

二、多选题

1. 和国内贸易相比,国际贸易的特点是（　　）。
   A. 涉外性　　　　　　　　　B. 复杂性
   C. 风险性　　　　　　　　　D. 不稳定性
   E. 竞争性
2. 国际货物买卖合同适用的国际贸易惯例和法律有（　　）。
   A.《对外贸易法》
   B.《跟单信用证统一惯例》(国际商会第 600 号出版物)
   C.《2020 年国际贸易术语解释通则》
   D.《联合国国际货物销售合同公约》
   E.《承认及执行外国仲裁裁决公约》
3. 我国加入《联合国国际货物销售合同公约》时提出的保留是（　　）。
   A. 关于公约适用内容的保留　　　B. 关于公约适用范围的保留
   C. 关于公约适用程度的保留　　　D. 关于合同适用范围的保留
   E. 关于合同形式的保留

4. 出口合同的履行中一般包括（　　）环节。
   A. 备货　　　　　　　　　　B. 申请开立信用证
   C. 出口报关　　　　　　　　D. 制单结汇
   E. 出口报检
5. 进口合同的履行中一般包括（　　）环节。
   A. 审核单据　　　　　　　　B. 申请开立信用证
   C. 进口报关　　　　　　　　D. 进口报检
   E. 准备货物

三、判断题
1. 从广义上讲，国际贸易包括货物贸易、技术贸易和服务贸易三部分内容。（　　）
2. 在国际贸易中，当事人必须遵守所在国国家对外缔结或参加的有关国际贸易、国际运输、商标、专利、工业产权与仲裁等方面的条约和协定。（　　）
3. 如果合同中明确表示采用某种贸易惯例，那么此惯例将对双方当事人具有约束力。（　　）
4. 对客户资信的调查可有可无。（　　）
5. 进口合同商订的做法和出口贸易根本不同。（　　）

四、名词解释
国际贸易　　国际贸易惯例　　国际条约

五、问答题
1. 国际货物买卖合同具体包括哪些条款？
2. 请简要回答出口的一般业务程序。

【案例分析】

1. 我国某外贸公司向国外一个新客户订购一批初级产品，合同规定由外方以租船方式将货物运交我方。国内银行按规定的付款方式付清货款以后，装运船只一直未到达目的港。后经多方查询，发现承运人原来是一家小公司，而且在船舶起航后不久公司已宣告倒闭，承运船舶也是一艘旧船，船、货均告失踪，此系卖方与船方互相勾结进行诈骗，导致我方蒙受重大损失。试分析，我方应从中吸取哪些教训？

2. 澳大利亚 A 公司从美国 B 公司进口一组成套设备，合同规定分三批交货。美国 B 公司交付的第一批货物符合合同的质量要求，但第二批交付的货物为该设备的关键部分，由于其不符合质量要求使整套设备无法安装运行。A 公司多次与 B 公司进行交涉，仍无法解决该问题。于是 A 公司提出撤销整个合同，并要求 B 公司将预付的部分货款退回；而 B 公司不同意撤销合同，只同意补偿第二批货物的价值。请你依照《联合国国际货物销售合同公约》的有关规定，对本案例进行分析。

项目二　国际贸易的基本理论

【项目介绍】

本项目共有三个任务：

任务一　国际贸易常用的基本概念

要求学生理解国际贸易常用的基本概念。

任务二　自由贸易理论和保护贸易理论

要求学生掌握自由贸易理论和保护贸易理论中的经典理论，并学会用理论分析和解决实际问题。

任务三　国际贸易政策与措施

要求学生理解和掌握国际贸易的政策与措施实施的背景及内容。

【项目目标】

知识目标：理解国际贸易常用的基本概念；掌握国际贸易中的自由贸易理论和保护贸易理论；掌握国际贸易的政策与措施。

能力目标：能够在理解和掌握上述知识的基础上，提高国际贸易理论和实务的自学能力；能够具有结合上述知识分析和解决在国际贸易中出现相关问题的能力。

【案例导入】

我国改革开放初期，有不少从事内贸工作的人对外贸工作一直抱有成见，认为外贸的一些做法让人无法理解。就拿粮食贸易来说，每年既出口粮食又进口粮食，如果既不出口也不进口，粮食总量岂不刚好相抵？省心、省力还省钱。那么，粮食进出口是如何获利的呢？

【分　析】　改革开放初期，在中国种植水稻和小麦这两种粮食作物，主要靠人力播种。种植这两种作物在人力成本上两者相差无几，但产量却大不相同，一亩（约等于666.67平方米）水稻产量一般为600千克左右，而小麦则只有300千克。正是由于产量的差异悬殊，导致中国粮食市场面粉价格为0.27元/斤，而大米则为0.284元/千克，面粉的价格差不多是大米的两倍。

而当时西方主要发达国家的粮食产量几乎左右了国际市场的粮价。西方国家也种植水稻和小麦，但他们的农业是高度工业化的，几个农业工人就可以耕种10多万亩耕地。大规模的机械化耕种产生了巨大的规模经济效益，但小麦生产与水稻生产规模经济效益相差很大，原因是机械化生产适用于旱地耕种，而不适用于水田。西方国家耕种用的拖拉机，每台500约370千瓦，所有耕种设备成套地集装在拖拉机后面，展开后幅宽为18米；第一组设备为旋耕犁，第二组为开垄，第三组为平厢，第四组为播种，第五组为施肥，第六组为除草，所有工作一次性完成，因此耕种小麦的规模、效益大得惊人；而耕种水稻时，尽管西方用蒸汽插秧机，其效果比人工好，但插秧机不可能造18米的幅宽，否则插秧机到田里就转不了弯，因此整个耕种过程必须分阶段完成，这样一来水稻的耕种成本远高于小麦。在西方国家粮食市场，500克大米的价格相当于1千克小麦。

中国外贸企业出口100万吨大米，可以从国际市场换回200万吨小麦。200万吨小麦的价格在国内市场上等同于400万吨大米的价格。除去100万吨大米出口的成本以及外贸企业的经营费用和税费,折合100万吨大米的价格,可以净赚200万吨大米的价格。

通过上述案例我们不难看出:开展外贸工作是可以获得利益的,因而外贸有其存在和发展的必要性,这就是我国政府支持和鼓励企事业单位从事外贸工作的理由之一。为了促进我国进出口贸易的发展,实现我国的经济和社会目标,我国政府根据国内外的经济和社会形势,在不同的时期分别制定和实施了不同的外贸政策和措施。因此,作为外贸工作者应该在理解和掌握国际贸易相关基本理论知识的基础上,能够分析和解决在国际贸易的实际工作中出现的问题。

任务2.1　国际贸易常用的基本概念

2.1.1　国际贸易和对外贸易

国际贸易(International Trade)是从国际范围来看,一个国家(或地区)同其他国家(或地区)所进行的商品和劳务的交换活动。从广义上讲,国际贸易包括货物贸易、技术贸易和服务贸易三部分内容;从狭义上讲,国际贸易仅包括货物贸易,即国际货物的买卖。

对外贸易(Foreign Trade)是从一个国家(或地区)来看,本国(或本地区)同别的国家(或地区)所进行的商品和劳务的交换活动。在一定时期,某国的对外贸易由出口贸易和进口贸易两部分组成。一国在一定时期往往在同类产品上既有出口也有进口,如出口量大于进口量,其差额部分为净出口(Net Export);反之,如进口量大于出口量,则其差额部分为净进口(Net Import)。

2.1.2　总贸易体系和专门贸易体系

贸易体系是国家记录和编制出口货物统计的一种方法,大部分国家只根据其中的一种进行记录和编制。

总贸易体系是以货物通过国境作为统计进出口的标准。专门贸易体系以通过关境(结关)作为统计进出口的标准。总贸易体系和专门贸易体系说明了不同的问题,总贸易体系说明一国在国际货物流通中所处的地位和作用;而专门贸易体系则说明一国作为生产和消费者在国际货物贸易中具有的意义。

关境和国境有时是不一致的。有的国家在国境内设置了经济特区,则关境小于国境;有些国家组成了关税同盟,则关境大于国境,如加入欧盟的国家。

过境贸易计入总贸易体系而不计入专门体系。我国当前采用的是总贸易体系。

2.1.3　对外贸易额和对外贸易量

对外贸易额是指一个国家或地区在一定时期内的出口总额与进口总额之和。

对外贸易量是指以不变的价格计算的对外贸易额。由于剔除了价格变动的因素,所以对外贸易量能较准确地反映出一个国家或地区不同时期对外贸易的实际规模和变动情况。

2.1.4　贸易差额

贸易差额是指一个国家或地区在一定时期内出口总额与进口总额之差。贸易差额反映了一国或地区对外贸易的收支状况,具体有以下三种情况。

1. 贸易顺差(出超)

贸易顺差(出超)是指一个国家或地区在一定时期内出口总额大于进口总额。

2. 贸易逆差(入超)

贸易逆差(入超)是指一个国家或地区在一定时期内进口总额大于出口总额。

3. 贸易平衡

贸易平衡是指一个国家或地区在一定时期内出口总额与进口总额相等。

一个国家的进出口贸易应基本保持平衡。

2.1.5 直接贸易和间接贸易

直接贸易是指商品生产国与商品消费国之间直接进行的商品买卖行为,对商品生产国来说是直接出口,对商品消费国来说是直接进口。

如果商品生产国与商品消费国之间不是直接进行的商品买卖,而是通过第三国转手而间接进行的贸易叫间接贸易。间接贸易对商品生产国来讲是间接出口,对商品消费国来讲是间接进口,而对第三国来说是转口贸易。

2.1.6 过境贸易和转口贸易

过境贸易是指两个国家进行进出口贸易,但由于地理位置等原因,在货物运送的过程中经过第三国的国境,对第三国来说,这种贸易就叫过境贸易。过境贸易对第三国的生产和市场不产生任何影响,只不过第三国会对过境贸易收取少量的手续费和印花税等税费。

转口贸易是指一国进口商品不是为了满足本国的消费需要,而是向第三国出口(第三国为消费国)的贸易方式。在转口贸易中,转口贸易国通过买进卖出,从中获得利益。从事转口贸易的国家或地区,大多地理位置优越、运输条件便利、贸易限制较少,便于货物的集散,因而转口贸易发达,如新加坡、中国香港等。

2.1.7 国际贸易商品结构和对外贸易商品结构

国际贸易商品结构是指一定时期内,各大类商品或某种商品在整个国际贸易中的构成,即各大类商品或某种商品贸易额与整个世界出口贸易额之比,以比重表示。

对外贸易商品结构是指一定时期内,一国或地区进出口贸易中各种商品的构成,即某大类或某种商品进出口贸易与整个进出口贸易额之比。一个国家或地区的对外贸易商品结构,主要是由该国的经济发展水平、产业结构状况、自然资源状况和贸易政策等决定的。发达国家的对外贸易商品结构以进口初级产品、出口工业制成品为主;发展中国家以出口初级产品、进口工业制成品为主。

要了解一个国家或地区的经济实力、科学技术水平,通常都要查看该国或地区的对外贸易商品结构。

2.1.8 国际贸易地区结构和对外贸易地区结构

国际贸易地区结构(又称国际贸易地理方向、国际贸易地区分布)是指各个国家或地区在国际贸易总额中所占的比重。通常是用它们的出口贸易额或进口贸易额所占世界出口贸易总额或进口贸易总额的比重来表示。

对外贸易地区结构(又称对外贸易地理方向、对外贸易地区分布)是指一个国家或地区进口商品的来源国和出口商品的目的国的分布状况。通常用它们在该国出口贸易额、进口贸易额或进出口贸易总额的比重来表示。一个国家的对外贸易地区结构受多种因素的影响,其中主要有经济因素和政治因素。经济因素主要是指两国经济的互补性,政治因素主要是指社会制度、两国之间的关系、民族和种族问题等。

2.1.9 对外贸易条件和对外贸易依存度

1. 对外贸易条件

对外贸易条件表示一国或地区每进口一单位商品需要用多少单位的出口商品进行交换(或者说每出口一单位商品,可以换回多少单位的进口商品)的比率。对外贸易条件是用来表示在一定时期内一国或地区进出口价格的相对变化趋势,从而作为该国(或地区)在国际市场上商品交换条件好转或恶化的重要指标。

对外贸易条件可以用净贸易条件、收入贸易条件、单项因素贸易条件、双项因素贸易条件来表示。

1) 净贸易条件(或商品贸易条件)

净贸易条件是出口价格指数与进口价格指数之比,计算公式为:

$$贸易条件指数(N) = [出口价格指数(P_x)/进口价格指数(P_m)] \times 100$$

【例 2-1】 假定某国净贸易条件以 1980 年为基期,即为 100。到 1990 年,该国出口价格指数下降 5%,为 95;进口价格指数上升 10%,为 110。那么,这个国家 1990 年的净贸易条件为:

$$N = (95/110) \times 100 = 86.36$$

这说明该国从 1980 年到 1990 年的 10 年间,净贸易条件从 1980 年的 100 下降到 1990 年的 86.36。与 1980 年相比,1990 年的贸易条件恶化了。

2) 收入贸易条件

收入贸易条件是一定时期内出口量指数与净贸易条件(或商品贸易条件)的乘积。它表示的是一国或地区出口支付进口的能力。

用 I 表示收入贸易条件,用 Q_x 表示出口量指数,其计算公式如下:

$$I = (P_x/P_m)Q_x$$

【例 2-2】 以上例为例,假定在进出口价格指数相同的条件下,该国出口量指数从 1980 年的 100,提高到 1990 年的 120。那么,这个国家 1990 年的收入贸易条件为:

$$I = (95/110) \times 120 = 103.64$$

这说明该国尽管商品贸易条件恶化了,但由于出口量的上升,本身的进口能力比 1980 年增加了 3.64,也就是说收入贸易条件反而好转了。

3) 单项因素贸易条件

单项因素贸易条件是一定时期内一国或地区出口商品的劳动生产率指数与同期净贸易条件(或商品贸易条件)的乘积。

用 S 表示单项因素贸易条件,Z_x 表示一国出口商品劳动生产率指数:

$$S = (P_x/P_m) \times Z_x$$

【例 2-3】 以例 2-1 为例，假定在进出口价格指数相同的条件下，该国出口商品劳动生产率指数从 1980 年的 100，提高到 1990 年 130。那么，这个国家 1990 年的单项因素贸易条件为：

$$S = (95/110) \times 130 = 112.27$$

这说明该国尽管商品贸易条件恶化了，但由于出口商品的劳动生产率的大幅度提高，本身的进口能力比 1980 年增加了 112.27，也就是说收入贸易条件反而好转了。

4）双项因素贸易条件

双项因素贸易条件不仅考虑出口商品劳动生产率的变化，而且考虑进口商品劳动生产率的变化，用 D 表示要素贸易条件指数，Z_m 表示进口商品劳动生产率指数。那么，双项因素贸易条件的计算公式为：

$$D = (P_x/P_m) \times (Z_x/Z_m) \times 100$$

【例 2-4】 以例 2-1 为例，假定在进出口价格指数相同的条件下，该国出口商品劳动生产率指数从 1980 年的 100，提高到 1990 年的 130；进口商品劳动生产率指数从 1980 年的 100，提高到 1990 年的 105。那么，这个国家 1990 年的双项因素贸易条件为：

$$D = (95/110) \times (130/105) \times 100 = 106.93$$

这说明该国虽然商品贸易条件恶化了，但由于出口商品的劳动生产率的提高(130)大于进口商品劳动生产率指数提高的幅度(105)，因而抵消了商品贸易条件恶化，获得了双项要素贸易条件的改善。

从例 2-4 中我们可以看出：进口国和出口国的贸易竞争，实质上是劳动生产率的竞争。劳动生产率水平的高低，是决定一国商品国际竞争力的关键，这也是影响一国分享贸易利益多少的主要因素。

2. 对外贸易依存度

对外贸易依存度又称对外贸易系数，是反映一个国家对外贸易在本国经济发展中的地位的指标，具体用一定时期内进出口总额在该国国内生产总值(GDP)中的比重来表示。进口总额占 GDP 的比重称为进口依存度；出口总额占 GDP 的比重称为出口依存度。

对外贸易依存度反映了本国国民经济对国际贸易的依赖程度。一个国家对外贸易依存度过高，国内经济发展容易受到国外市场的制约；对外贸易依存度过低，则表明该国没有很好地利用国际分工带来的好处。

影响一国对外贸易依存度的因素主要有：国内市场的发展程度、加工贸易的层次、汇率的变化等。

改革开放之初，我国外贸依存度较低，1980 年我国外贸依存度仅为 12.5%。2001 年我国加入世界贸易组织后，对外贸易进入迅速发展阶段。2004 年，我国在全球贸易的排名升至第三，对外贸易总量首次超过 1 万亿美元。根据《中国统计年鉴》的有关数据计算，2002 年我国外贸依存度为 49.4%，2005 年为 63.9%，2007 年上升到 66.3%；由于受金融危机的影响，2008 年我国外贸依存度下降到 57.3%，2009 年为 44.2%。

【课堂讨论】

假定某国的净贸易条件以 2010 年为基期，即为 100。到 2020 年，该国出口价格指数下降 10%，进口价格指数也下降 10%，那么，这个国家 2020 年的净贸易条件为多少？和 2010 年相比，2020 年的贸易条件是改善了，还是恶化了？请说明理由。

任务2.2 自由贸易理论和保护贸易理论

国际贸易理论起源于商品交换的生产分工的思想,只是研究对象从一国内的商品交换的生产分工扩大到了不同国家之间的分工和交换。有关国际贸易的理论很多,但不管是古典的还是现代的,国际贸易的基本理论不外乎两大类:一类是崇尚贸易自由的自由贸易理论;另一类是提倡国家以保护本国市场和企业为目的的贸易保护理论。

2.2.1 自由贸易理论

1. 绝对成本理论

绝对成本理论(又称绝对优势理论)是最早的主张自由贸易的理论,由英国古典经济学派主要代表人物亚当·斯密创立。绝对成本理论以生产的绝对成本为出发点,认为各国应按照各自在绝对成本方面的优势进行分工,生产并出口绝对成本低的商品,进口绝对成本高的商品,即"以己之所长,换己之所需"。

在17世纪,资本主义生产关系在西欧得到了迅速的发展,特别是英国。资产阶级革命成功以后,圈地运动大大加快,大约在18世纪中叶,英国的小农经济基本被消灭,农业生产普遍采取了资本主义方式。但是,随着社会生产力的发展,相对落后的生产方式——以手工劳动为基础的手工工厂,已经难以适应资本主义经济迅速发展的需要。18世纪60年代,英国开始了以瓦特发明蒸汽机为标志的第一次产业革命,其经济实力迅速超过了其他西欧国家。此时,新兴的资产阶级为了从海外市场获得更多的廉价原料并销售其工业产品,迫切要求扩大对外贸易,这种要求必然要反映到经济思想上来,这就是古典学派兴起的大背景。古典学派提出了"自由放任"的口号,在理论上为资本主义的自由发展铺平了道路,为新兴的资产阶级服务。

亚当·斯密代表工业资产阶级的要求,在他1776年出版的代表作《国民财富的性质和原因的研究》(简称《国富论》)中猛烈抨击了重商主义,鼓吹自由放任的经济学思想,系统地提出了绝对成本学说。亚当·斯密因此成为自由贸易理论的鼻祖。

亚当·斯密在他的《国富论》中写道:"如果其他国家提供的某种商品,比我们自己生产的更便宜,那么,与其我们自己来生产它,还不如输出我们最擅长生产的商品,去和别国交换。"如苏格兰可以在暖房中种植葡萄,酿造出上等的美酒,但它的成本比国外要高30倍。那么,在这种情况下,如果为了鼓励在苏格兰生产酒类而禁止所有外国酒的进口显然是愚蠢的。这正如裁缝不想自己做鞋子,而要向鞋匠购买;而鞋匠不愿意自己做衣服,而要向裁缝定做一样。

绝对成本理论解决了具有不同优势的国家之间的分工和交换的合理性问题。但是,如果一个国家在各方面都处于绝对的优势,而另一个国家在各方面则都处于劣势,那么,他们之间为什么还会有国际贸易发生呢?对此,亚当·斯密的绝对成本理论无法回答,于是,产生了大卫·李嘉图的比较成本理论。

2. 比较成本理论

比较成本理论是英国资产阶级在争取自由贸易的斗争中提出的。1815年英国颁布了《谷物法》,引起粮价上涨,地租猛增,这对地主贵族非常有利,但却严重损害了工业资产阶级的利益。围绕《谷物法》的存与废,地主贵族的代表与工业资产阶级的代表展开了论争。大卫·李嘉图代表工业资产阶级,主张废除《谷物法》,实行谷物的自由贸易,并在此基础上提出了比较成本理论。

大卫·李嘉图继承了亚当·斯密的经济思想,并在许多问题上有了更进一步的发展和提高。在国际贸易理论问题上,他赞同亚当·斯密关于国际分工可以极大地提高劳动生产率和增加财富的观点,并对亚当·斯密的绝对成本理论进行了修正和完善。他指出一个国家不仅能以具有绝对优势的产品进入国际分工体系,而且也能以具有相对优势的产品参与到国际分工体系中来,开展国际贸易。

比较成本理论认为,即使一个国家在生产上没有任何绝对优势,只要他与其他国家相比,生产各种商品的相对成本不同,那么,仍可以通过生产、提供相对成本较低的产品并出口,来进口该国生产中相对成本较高的产品,从而从国际分工和国际贸易中获得利益。由此可见,比较成本理论的核心是参与国际分工和国际贸易的双方只要各自生产相对成本较低的商品,然后进行交换,则双方就都可以获利,即"两利相遇取其重、两害相遇取其轻"。这一理论被当时的大部分经济学家所接受,时至今日仍被视作是决定国际贸易格局的基本规律,因而是西方国际贸易理论的基础。

李嘉图在其代表作《政治经济学及赋税原理》中举了一个通俗的例子:"如果两个人都能制鞋和帽,其中一人在两种职业上都比另一个人强一些,不过制帽子时只强 1/5 或 20%,而制鞋时则强 1/3 或 33%,那么这个制鞋较强的人专门制鞋,而那个制鞋较差的人则专门制帽,岂不是对双方都有利么?"

【例 2-5】 假定英、葡两国同时生产呢绒和酒,其成本如表 2-1 所列。

表 2-1 英、葡两国生产成本表

国 别	呢绒(1单位)	酒(1单位)
葡萄牙	90 天	80 天
英国	100 天	120 天

按照亚当·斯密的绝对成本理论,因为英国呢绒和酒的劳动成本都绝对高于葡萄牙,因而英国在这两种产品上均不具有绝对优势,所以,英、葡两国之间不会发生贸易。但是,经过李嘉图的分析,即使在这种情况下,两国仍能进行分工和贸易。根据表 2-1 所列,葡萄牙的呢绒和酒相对于英国的比较成本分别是:

$$呢绒\ \frac{90}{100}=0.9 \qquad 酒\ \frac{80}{120}=0.67$$

可以看出,葡萄牙生产呢绒和酒的成本都比英国低,但两者经比较,则酒的成本较低,优势较大,所以葡萄牙应该生产酒,以酒交换英国的呢绒更有利些;相反,英国生产呢绒和酒的成本都高,分别为葡萄牙的 1.1 和 1.5,即都处于劣势,但两者相比较,呢绒成本具有相对优势,所以应该生产呢绒,以呢绒交换葡萄牙的酒则更有利。这就是"两利相遇取其重、两害相遇取其轻"的国际分工和国际贸易的原则。

再作进一步分析,如果按照"两利相遇取其重、两害相遇取其轻"的原则进行分工,英国专门生产呢绒,即把生产酒的时间也用来生产呢绒,220 天共生产 2.2 单位;葡萄牙则专门生产酒,170 天共生产 2.125 单位。可见,产品总量比各自都生产呢绒和酒增加了:呢绒增加了 0.2 单位(2.2-2=0.2),酒增加了 0.125 单位(2.125-2=0.125)。

假设呢绒和酒按 1∶1 的价值比例在英、葡两国间进行交换,英国得到 1.1 单位的呢绒和

1.1单位的酒,葡萄牙得到1.1单位的呢绒和1.025单位的酒,两国两种产品的消费量都比分工前的消费量增加了。可见,按照"两利相遇取其重、两害相遇取其轻"的原则分工和贸易,对两国都是有利的。

从上例不难看出,比较成本理论的优点是一个国家无论其处于什么发展阶段,无论其经济实力是强还是弱,都能确定自己的比较优势,即使都处于劣势时也能从劣势中找到优势。各国只要根据自己的比较优势进行国际分工,让优势国家生产优势更大的产品,劣势国家生产劣势较小的产品,然后两国开展国际贸易,则贸易双方都可以从中获利。

既然国际分工和贸易能为各国带来好处,那么就应主张各国实行自由贸易政策。这实际上是要求发展中国家取消或降低保护民族工业和民族利益的壁垒,为外国商品的输入提供条件。因此,从某种意义上讲,比较成本论是发达国家的理论。

比较成本论的另一个重要的不足是,根据其结论进行推导,两国比较优势差距越大,则贸易的空间越大,机会越多;那么,当前的国际贸易应该主要发生在发达国家与发展中国家之间,但现实的情况却是,国际贸易主要发生在发达国家之间。

【课堂讨论】
假定英、葡两国生产呢绒和酒,其成本如表2-2所列。

表2-2 英、葡两国生产成本表

国别	呢绒(1单位)	酒(1单位)
葡萄牙	90天	80天
英国	180天	160天

请问:按照比较成本论,葡萄牙和英国两国之间还能进行分工和贸易吗?为什么?

3. 对外贸易是"经济增长的发动机"学说

20世纪30年代,英国经济学家罗伯特逊提出了对外贸易是"经济增长的发动机"的命题,诺克斯等经济学家对此作了进一步补充和完善,形成了较为完整的理论学说。

对外贸易是"经济增长的发动机"学说的主要内容有:

1)外贸的发展成为许多国家经济增长的关键原因

一方面,罗伯特逊等经济学家肯定了比较成本论,认为通过比较成本理论进行分工和贸易,各国会从对外贸易中得到直接利益。因为各国按照"两利相遇取其重、两害相遇取其轻"的原则进行分工和贸易,使资源得到更有效的配置,既增加了产量,又增加了消费量。另一方面,各国也会从对外贸易中间接地得到动态利益。对外贸易部门可以通过传递作用,把经济增长的利益和机制,传递到国内其他各部门,从而带动国民经济的整体增长。

2)对外贸易带来的动态利益

对外贸易高速的增长,特别是出口的高速增长,可以带来许多的动态利益。体现在以下几个方面:

① 出口扩大可以带来进口能力的提高,而进口的资本货物对发展中国家的经济发展具有决定性的意义。因为资本货物的进口可以使发展中国家大大节约社会劳动成本,提高劳动生产率,而且先进技术设备等资本物的进口可以提高国内的技术水平,经过消化吸收后,将会加速缩短与发达国家的技术差距。

② 对外贸易的发展使国内投资也会越来越集中在有比较优势的领域,在这些领域中进行

专业化生产,可以大大提高劳动生产率。

③ 规模经济的利益。出口的扩大可以克服国内市场的狭小性,开发国际市场,从而生产规模可以不断扩大,使生产效率不断提高,单位成本不断下降,其国际竞争力也会得到增强。

④ 出口的扩大会鼓励外国资本流入,这将会缓解有些国家资本缺乏的状况。

⑤ 国际市场的激烈竞争也会使国内输出到国际市场的产品和与之相关的产品改进质量、降低成本,从而促进国内产品和市场的发展。

4. 生产要素禀赋论

俄林(1899—1979年)是瑞典经济学家,1977年获诺贝尔经济学奖。因俄林的理论继承了其老师瑞典经济学家赫克歇尔(1879—1952年)的主要观点,因此该理论通常冠以其师之名,称为赫克歇尔-俄林的要素比例说,也称为生产要素禀赋论,简称赫-俄学说(H-O理论)。

生产要素禀赋论是用各国生产要素丰缺状况的差异,来解释国际分工的原因和结构的理论。其主要观点是:各种产品的生产是生产要素的有机结合,生产要素主要包括土地、劳动力和资本。各国生产要素的丰缺状况是不同的,有国家劳动力比较丰裕,有的国家资本比较丰裕。一国要充分使用本国的全部生产要素,就形成了各国专门生产某种产品的倾向性。资本比较丰裕的国家倾向于生产资本密集型产品,劳动力比较丰裕的国家倾向于生产劳动密集型产品,结果形成了建立在要素丰缺状况不同基础上的国际分工。

作为国际分工与国际贸易产生的原因,赫克歇尔和俄林按照这一模式,得出以下主要结论:

① 每个国家或地区用相对丰富的生产诸要素从事商品生产,就处于比较有利的地位;而用相对稀少的生产诸要素从事商品生产,则会处于比较不利的地位。因此,每个国家或地区在国际分工与国际贸易体系中,应生产和出口处于比较有利地位的商品,进口处于比较不利地位的商品。

② 国际贸易和地区之间贸易的直接原因是国家或地区间的商品价格差别。商品价格差别的原因包括:一是各国间绝对成本决定了同一种商品的价格差别,这是绝对成本论已经证明了的;二是比较成本不同决定了国家间的国内各种商品的成本比例不同,即比较成本是国际分工和贸易的重要原因,这是比较成本论提出并坚持的观点。

③ 国际贸易将会趋向于消除工资、地租、利润等生产要素的收入的国际差别,所以,国际分工及国际贸易的利益使各国都能更有效地利用各种生产要素。在国际分工条件下,各种生产要素的最有效利用将会比闭关自守的情况下得到更多的社会总产品,从而增加社会财富。

根据以上论述,生产要素禀赋论认为,要想提高劳动生产率,降低生产成本和价格,增加社会财富,最好的办法就是实行自由贸易政策。

5. 里昂惕夫之谜

H-O理论于20世纪30年代提出后,一直为西方经济理论界所接受,成为国际贸易理论的主流理论。但是,第二次世界大战后,在第三次产业革命的推动下,国际贸易迅猛发展,贸易结构和地区分布等也发生了很大变化,传统的国际贸易学说、H-O理论等均无法解释国际贸易中出现的一些新现象,结果引起了经济学家们对已有学说的怀疑,他们从不同角度用经验资料对其进行验证,"里昂惕夫之谜"就是针对生产要素禀赋论而提出的一种质疑,也是国际贸易理论进入新时期的转折点。"里昂惕夫之谜"全称为"里昂惕夫稀少生产要素论之谜",或简称为"里昂惕夫反论"。

俄裔美国著名经济学家里昂惕夫为了验证赫-俄学说,利用"投入-产出分析法",对1947年美国200个行业的进口替代品和出口产品中的资本-劳动要素比率,进行了统计调查分析,因为美国进口的外国产品数据不全,里昂惕夫被迫使用美国进口替代品的数据,按照生产要素禀赋论,资本丰裕的美国应该出口资本密集型产品,进口劳动密集型产品,但事实上却正好相反,美国进口的是资本密集型产品,出口的是劳动密集型产品。

"里昂惕夫之谜"出现后,引起国际贸易理论界的很大震惊,一些经济学家利用投入产出模型对该谜进行了验证,这些验证既包括对美国历史不同时期的验证,也包括对日本、印度、东德、苏联等国家的验证。通过这些验证,得出了与H-O理论互相矛盾的研究结果,可见"里昂惕夫之谜"有着一定的普遍性。

例如,通过对日本20世纪50年代贸易方向的研究发现,日本是一个劳动要素丰裕的国家,但是,它向欠发达国家出口资本密集型产品,对美国和西欧出口的则是劳动密集型产品。此外,对加拿大和印度贸易结构的分析发现,两国都向美国出口资本密集型产品,进口劳动密集型产品,而与美国相比他们都是资本相对短缺的国家,所以,"里昂惕夫之谜"是存在的。

2.2.2 保护贸易理论

1. 重商主义学说

重商主义学说是资本主义早期的国际贸易理论,重商主义所重的"商"是对外经商,其学说是对外贸易学说。重商主义学说是15~17世纪欧洲资本原始积累时期代表商业资产阶级利益的经济思想。重商主义学说的根本观点是金银为社会的唯一财富,主张国家实行贸易保护政策,保持贸易中的顺差。英国是当时经济最发达的国家,重商主义发展得最为成熟。重商主义学说分为早期重商主义和晚期重商主义。

1) 早期重商主义(15世纪~16世纪中期)

早期重商主义的中心思想是货币差额论,认为贵金属(货币)是衡量财富的唯一标准,强调少买,是重金主义。该时期代表人物为英国的威廉·斯塔福。早期重商主义认为,一切经济活动的目的就是为了获取金银,除了开采金银矿以外,对外贸易是货币财富的真正来源。因此,要使国家变得富强,就应尽量使出口大于进口,这样才会导致贵金属的净流入。一国拥有的贵金属越多,就会越富有、越强大。因此,政府应该采取行政手段,鼓励出口,不主张甚至限制商品(特别是奢侈品)的进口,以贮藏尽量多的货币。一些国家甚至要求外国人来本国进行交易时,必须将其销售货物的全部收入,用于购买本国货物或在本国消费掉。

2) 晚期重商主义(16世纪中期~17世纪中期)

晚期重商主义的中心思想是贸易差额论,强调多卖,是名副其实的重商主义。该时期的代表人物为托马斯·孟。晚期的重商主义认为,通过对外贸易的出口大于进口,从中取得顺差,以增加货币流入量。16世纪下半叶,西欧各国力图通过实施奖励出口、限制进口,即奖出限入的政策措施,以保证对外贸易出超,达到金银流入的目的。

2. 保护关税理论

亚历山大·汉密尔顿(1757—1804年),美国独立运动时期的政治家、经济学家,也是美国的第一任财政部长。他是保护幼稚工业理论的最早提出者,代表工业资产阶级的利益,极力主张实行保护贸易政策。

1776年,美国宣告独立,但政治上虽然取得了独立,经济却遭受到严重破坏,当时摆在美国面前有两条路：一是实行自由贸易政策，继续向英、法等国出口农产品，换回他们的工业品，这种贸易结构有利于美国南方种植园主，但不利于美国北方工业制造业的发展；二是实行保护关税政策，独立自主地发展自己的工业，减少对外国工业品的依赖，这是美国北方工业资本家的要求。新兴的工业资产阶级则要求实行保护贸易政策。1791年，美国当时的财政部长汉密尔顿代表工业资产阶级的利益，向国会提交了《关于制造业的报告》，在报告中，他明确提出了征收保护性关税的重要性，强调征收关税的目的不是为了获得财政收入，而是保护本国的工业，因为处在成长过程中的产业难以与其他国家已经成熟的产业相竞争。该报告被认为是保护贸易理论的第一份重要的经典文献。

汉密尔顿保护关税理论认为，自由贸易理论不适合美国，因为美国当时的经济情况不能与英国相提并论，其工业基础薄弱，技术落后；如果实行自由贸易政策，只会使美国的产业被限制在农业范畴，国内的制造业难以得到发展，使美国经济陷入困境。所以，他强调，在一国工业化的早期阶段，应当排除外来竞争，保护国内市场，以促使本国新的幼稚工业顺利发展。

美国于1789年通过的第一个关税法案，其进口关税税率只有5%～15%，根本不足以保护自己的工业。在保护关税理论的指导下，1816年，美国首次以保护关税的名目提高了制造品的进口关税，关税税率为7.5%～30%，1824年平均税率提高到了40%，1828年又提高到了45%。同时，政府鼓励原材料的进口，限制原材料的出口，以便为本国制造业的发展提供比较廉价的原材料。保护关税使美国工业得以避免受外国竞争而顺利发展，并很快赶上了英国。至19世纪80年代，美国的工业产值跃居世界首位。

3. 保护幼稚工业理论

弗里德里希·李斯特(1789—1846年)是19世纪上半叶德国著名的经济学家，保护贸易的倡导人，他将汉密尔顿的保护关税理论加以发扬，建立了以生产力理论为基础，保护关税制度为核心的保护幼稚工业理论。

李斯特的保护幼稚工业理论的主要观点：

(1) 保护对象和时期的选择

李斯特认为保护贸易并不是要保护所有产业，一国的农业不需要保护；一国的工业虽然幼稚，但在没有强有力的竞争时也不需要保护；只有刚刚开始发展的且有强有力的外国竞争者的幼稚工业才需要保护，保护时间以30年为最高期限，在此期间内被保护的工业若还扶植不起来，便不再予以保护，任其自生自灭。

(2) 主张国家干预经济，反对自由放任原则

李斯特认为，要想发展生产力，必须借助国家力量，而不能听任经济自发地实现其转变和增长。他认为英国工商业的发展也是因当初政府的扶植政策所造成的，所以德国正处于类似英国发展初期的状况，应实行在国家干预下的保护贸易政策，促进社会生产力的发展，最终实现自由贸易。

(3) 对外贸易政策取决于国民经济的发展水平

李斯特根据国民经济完成的程度，把国民经济的发展分为原始未开化时期、畜牧时期、农业时期、农工时期、农工商时期五个阶段，其中，农工时期需要实行保护贸易政策，以避免与先进国家竞争。

4. 对外贸易乘数理论

1929—1933年的大危机，促使许多资本主义国家提高了关税、限制进口，国家积极干预外

贸,超保护贸易政策盛行。凯恩斯对重商主义的一些政策进行了重新评价,以国家干预为政策重点,创立了保护国内就业的学说。凯恩斯认为,投资的增加对国民收入的影响有乘数作用,即增加投资所致的国民收入的增加是投资增加的若干倍。凯恩斯本人对国际贸易的论点不多,但其追随者们的有关国际贸易的观点却很有影响。

对外贸易乘数理论是凯恩斯的追随者马克卢普和哈罗德等人在凯恩斯的投资乘数原理基础上引申提出的,它试图把对外贸易与就业理论联系起来,从增加就业、提高国民收入的角度来说明保护贸易的重要性。

马克卢普和哈罗德等人分析了对外贸易与增加就业、提高国民收入的倍数关系。他们认为,在既定的边际消费倾向作用下,一国由于对外贸易收入(出口收入)而增加的该部门消费,会增加相关部门的收入和消费,最终对国民经济增长和国民收入产生若干倍的效果。具体来讲,即当商品劳务输出时,从国外获得货币收入,会使出口产业部门收入增加,消费也随之增加,从而引起其他产业部门的生产增加、就业增多、收入增加,如此反复下去,收入增加将为出口增加的若干倍。当商品劳务输入时,向国外支付货币,使收入减少,消费随之下降,国内生产缩减、收入减少。因此,只有当对外贸易为顺差时,才能提高国民收入。此时,国民收入的增加将是投资增加和贸易顺差的若干倍。

根据对外贸易乘数理论,凯恩斯主义积极主张国家干预经济,实行贸易保护政策。对外贸易乘数理论揭示了对外贸易与国民经济发展之间的一些运行规律,因而具有重要的现实意义。将贸易问题纳入到宏观分析的范围,是贸易理论研究方法上的一种突破,对于认清国民经济体系的运行规律、制定切实有效的宏观经济政策也有一定的理论指导意义。

任务2.3　国际贸易政策与措施

国际贸易政策与措施是一国在国际分工不断加深和经济全球化发展过程中,调节国际收支、保持经济稳定与发展所采取的政策与措施。

2.3.1　国际贸易政策

1. 国际贸易政策的含义及主要内容

1) 国际贸易政策的含义

国际贸易政策是一国政府在一定时期内为实现一定的发展目标,而对进出口贸易所制定和实施的政策。国际贸易政策是一国总经济政策的重要组成部分,一般从总体上规定了该国对外贸易活动的指导方针和原则,是为该国经济基础和政策服务的。

国际贸易政策的出发点主要是扩大本国产品的出口,保护本国市场免受外国商品的竞争,有利于本国产业结构的调整以及积累资金并维护本国对外的经济政治关系。

2) 国际贸易政策的主要内容

一般来说,国际贸易政策主要包括三个层次的内容:

(1) 对外贸易总政策

对外贸易总政策是一国根据本国国民经济的整体状况,本国在世界经济总体格局中所处的地位,以及本国的经济发展战略和本国产品在世界市场上的竞争能力以及本国的资源、产业结构等情况,制定的在一个较长时期内实行的对外贸易基本政策。对外贸易总政策是一国对外经济关系的基本政策,是整个对外贸易活动的立足点。

对外贸易总政策包括进口总政策和出口总政策。

(2) 对外贸易国别政策

对外贸易国别政策即区别对待政策,是一国根据对外贸易总政策及其对外政治和经济关系的发展需要而制定的国别和地区政策,简而言之,即对不同的国家和地区制定的不同政策。

(3) 进出口商品政策(又称对外贸易的具体政策)

进出口商品政策是在对外贸易总政策的基础上,根据不同产业的发展需要、不同商品的供需状况及其国际竞争能力,分别制定的适用于不同产业或不同类别商品的对外贸易政策。简而言之,进出口商品政策即对不同商品或不同类别商品所实行的不同的进出口商品政策,如使用关税或非关税壁垒来限制某些商品进口,有目的地扶植某些商品的出口以促进本国此种商品产业的发展。

国际贸易政策三个方面的内容是相辅相成、不可分割的。对外贸易国别政策和进出口商品政策是在对外贸易总政策的指导下制定和实施的;同时,对外贸易总政策的政策效果可以通过对外贸易国别政策和进出口商品政策的实施体现出来。

2. 国际贸易政策的类型

从国际贸易产生和发展的过程来看,国际贸易政策大体上可分为以下几种类型:

(1) 自由贸易政策

自由贸易政策指国家对进出口贸易活动不加任何干预,使商品自由进出口,任凭商品、服务和有关要素在国内外市场公平、自由的竞争。

(2) 保护贸易政策

保护贸易政策即国家对进出口贸易活动进行干预,限制商品自由进出口,以保护本国的产品和服务在本国市场上免受外国产品和服务的竞争,并对本国出口的产品和服务实行优惠的政策。

(3) 超保护贸易政策

超保护贸易政策是 20 世纪 30 年代资本主义大萧条时,西方发达国家为维护其垄断价格和夺取国外市场而采取的一种侵略性的对外贸易政策,所以又称侵略性保护贸易政策,是国际贸易中垄断竞争日益激烈的产物,成为第二次世界大战后国家垄断干预贸易、争夺世界市场和霸权的手段。

超保护贸易政策与自由竞争时期的保护贸易政策相比,具有的独特之处是:

① 保护的对象扩大了,不仅保护幼稚工业,而且还更多地保护国内发达产业或夕阳产业。

② 保护的目的变了,不再是为了培养和提高国内某些产业的竞争能力,而是为了巩固和加强对国内外市场的垄断。

③ 保护贸易策略改变了,不仅是防御性地限制进口,而是在垄断国内市场的基础上,对国外市场进行进攻性扩张。

④ 保护的措施多样化了,不仅采取关税壁垒,还有各种非关税壁垒。

(4) 中性贸易政策和偏向性贸易政策

中性贸易政策是一个国家的贸易政策既不鼓励出口也不鼓励进口,对出口产品和进口产品,国内市场和国外市场,采取一视同仁的态度。

偏向型贸易政策是指政府对出口产品和进口产品,国内市场和国外市场,采取不同的政策,区别对待。偏向型贸易政策有内向型和外向型贸易政策之分,外向型的贸易政策倾向于鼓励本国产品出口和促进产品出口的措施,属于较为开放的政策;内向型政策重视国内产品的生产和销售,轻视产品的出口。

需要注意的是,一国实行的自由贸易政策并不意味着其实行完全自由的贸易政策,实际上,世界上任何国家都对本国的进出口贸易进行或多或少的干预,只不过干预的程度有大小、轻重之分。即使西方发达国家在对外标榜自由贸易的时候,也总是或明或暗地对其进出口贸易进行干预,自由贸易口号往往成为开展外交和外贸的一种有力武器,即要求别国能够实行自由贸易。实行自由贸易的问题在于只有贸易双方或多方都同意开放其国内市场,自由贸易政策才能付诸实施。需要注意的另一问题是,实行保护贸易政策并不意味着一国完全封闭其国内市场不与别国开展贸易,而只是对某些商品的保护程度高一些,对某些商品的保护程度低一些,在保护国内产业的同时保持与世界市场的某种联系。

3. 制定国际贸易政策应考虑的主要因素

一国在制定国际贸易政策时要考虑的因素很多,主要有以下几点:

(1) 经济实力的强弱

一般来说,经济比较发达的国家,由于其国际竞争力较强,所以这些国家倾向于自由贸易政策,主张在世界范围内进行自由竞争与合作;反之,发展中国家由于其国际竞争力较弱,则倾向于采取保护贸易政策。一国国际竞争力相对地位的变化将会引起其贸易政策态度的改变。

(2) 经济发展战略模式的选择

如果一国采取外向型经济发展战略模式,就会制定比较开放和自由的政策,一国的对外贸易依存度越高,就越会主张实行自由贸易的政策;反之,若一国采取内向型经济发展战略模式,其对外贸易依存度较低,则可能倾向于采取保护贸易政策。

(3) 利益集团的影响

不同的贸易政策会对不同的利益集团产生不同的影响,如果实施自由贸易政策有利于某些利益集团,而这些利益集团又在政治方面和经济方面占有优势,那么该国往往会采取自由贸易政策;反之,如果实施保护贸易政策对那些在各方面都占上风的利益集团有利,则该国往往会采取保护贸易的政策。

(4) 外交政策的影响

一国的国际贸易政策和外交政策是相互影响、相互服务的关系。一方面,国际贸易政策要服从于一国外交政策的需要;与此同时,在更多的场合,外交政策是为一国外贸政策服务的,实施外交的一个重要目的就是实现该国的外贸政策。除此之外,还需要考虑本国的经济结构、国内商品的供求状况、国内的物价状况、就业状况、本国的生态平衡、国际收支以及在世界经济和世界贸易组织中应承担的权利和义务等因素。

总而言之,一国选择什么样的国际贸易政策取决于本国的具体情况和所处的国际环境。各国应该既要积极参与国际贸易分工,从中获得分工的好处,又要把获取贸易分工利益的代价降低到最低程度以此作为制定国际贸易政策的基本出发点。

2.3.2 国际贸易措施

1. 关税措施

1) 关税的含义

关税是进出口货物经过一国关境时,由政府所设置的征税机构向进出口商所征收的税费。关税是国家凭借政治权力调节对外经济关系的有效手段。

2) 关税的特点

关税同其他税收一样,具有强制性、无偿性和固定性的一般特点。强制性是指关税是海关凭借国家权力依法征收的,具有强制力,纳税人应无条件服从;无偿性是指海关征收税费是单方面从纳税人方面征收的,国家不给予任何补偿;固定性是指关税是海关按国家预先制定的法律和法规征收的,海关和纳税人不得随意变动。

同其他税收相比,关税还具有以下特点:

(1) 关税的税收主体是进出口商,税收客体是进出口货物

税收主体即课税主体,也就是纳税人。与一些国内税不同,关税的税收主体是本国的进出口商。税收客体是指课税对象,关税的税收客体是指进出口货物。

(2) 关税是一种间接税

因为关税是对进出口商征收的,所以进出口商可以通过货物的买卖把关税转嫁给卖方和消费者。

(3) 关税是实施国家贸易政策的重要手段,具有较强的社会性

商品的进出口不仅和国内的经济和生产有密切联系,而且和世界上其他国家的政治、经济、外交和生产等方面紧密相关。所以,关税措施体现了一国的国际贸易政策;关税税率的高低,则会影响一国的经济和对外贸易的发展。

3) 关税的种类

关税的种类繁多,根据不同的划分标准,关税的种类也有所不同。

(1) 进口税、出口税和过境税

按照征收商品的流向划分,关税可以分为进口税、出口税和过境税。

① 进口税

进口税亦称进口关税,指进口国海关在货物从外国进入本国时,对本国进口商征收的一种关税,是关税中最主要的一种税种,因此又被称为正常关税。进口税在外国货物输入关境或国境时征收,或者外国货物从自由港、自由贸易区或保税仓库中提出运往国内市场销售,办理通关手续时征收。

进口关税在限制外国商品进口、保护国内市场方面具有明显的作用。因为通过对进口商品征收进口关税,可以提高进口商品的价格,削弱进口商品的竞争力,从而相对提高了本国同类产品的竞争力,对于本国产品的生产和销售十分有利。一般来说,税率越高,保护本国市场的程度就越强。同时,进口关税也是国家财政收入的重要来源之一。

② 出口税

出口税是出口国家的海关在本国商品输出时,对本国的出口商所征收的关税。出口关税通常是在本国出口商品运离关境时征收的。由于征收出口税会增加出口商品的成本,降低出口商品的竞争力,不利于出口的扩大,进而影响本国经济发展,所以目前许多国家,特别是发达

国家,对出口商品均不再征收出口税。

目前征收出口税的主要是发展中国家,征收出口税的主要目的是:增加财政收入;限制重要的原材料、燃料和农产品输出,保证国内供应;提高以使用该国原材料为主的国外加工产品的生产成本,削弱其竞争能力;限制跨国公司在发展中国家低价收购初级产品。

③ 过境税

过境税又称通过税,是指一国对通过其关境或国境而运往另一国的外国货物所征收的税。征收过境税必须具备一定的条件,即征收方需拥有特殊的交通地理位置,它可以凭借这种得天独厚的优势获取一定的收入。过境税尽管可以给征收方带来一定的收入,但是其征收应该适度,如果过境税较高,就可能会导致过境的货物减少,使优越的地理位置不能发挥作用;另外,如果过境税过高,征收方国家也会招致对方国家报复,对本国的出口不利。

(2) 财政关税和保护关税

按照征收关税的目的划分,关税可以分为财政关税和保护关税。

① 财政关税

财政关税又称收入关税,是指以增加国家财政收入为目的而征收的关税。关税设置的最初目的是为了获取财政收入;但是,随着其他税源的增加,关税收入在国家财政收入的比重相对下降。目前,在大多数国家,关税多为限制外国商品进口而设置,目的是保护本国的生产和市场。

② 保护关税

保护关税是指以保护本国生产和市场为目的而征收的关税。保护关税的税率要达到一定程度时,才能起到保护的作用,但如果关税税率高达百分之百甚至更多,实际上就等于禁止进口,成了禁止关税。目前,虽然可以采用进口许可证和进口配额等办法直接限制进口,以及采用外汇和商品倾销、资本输出等办法,冲破关税的限制,使保护关税的作用相对降低,但关税仍是保护贸易政策的重要措施之一。

(3) 普通关税、最惠国税、特惠税、普遍优惠税和进口附加税

按照差别待遇和特定的实施情况划分,关税可以分为普通关税、最惠国税、特惠税、普遍优惠制和进口附加税。

① 普通关税

普通关税指不附带任何优惠条件的关税,适用于未与本国签订关税互惠条约或规定或不享有最惠国待遇的国家或地区进口的商品。普通关税的税率最高,被称为歧视性关税。

② 最惠国税

最惠国税是指一国通过缔结最惠国待遇条款的贸易协定,给予对方比普通关税低的关税待遇。所以,最惠国税率比普通关税税率要低,而且两者的差幅较大。

最惠国税可分为无条件最惠国税和有条件最惠国税两种。前者是指缔约国的一方现在或将来给予第三国的一方优惠,应无条件地、无补偿地、自动地适用于缔约国的另一方。后者是指缔约国的一方现在或将来给予第三国的优惠,缔约国的另一方必须提供同样的补偿,才能享受。

③ 特惠税

特惠税全称为特定优惠关税,它是指对从特定国家或地区进口的全部或部分商品,给予特别优惠的低关税或免税待遇,其税率低于最惠国税率。但它不适用于从非优惠国家或地区进

口的商品。特惠关税一般在签订有友好协定、贸易协定等国际协定或条约国家之间实施。特惠税可以是互惠的,也可以是非互惠的。

④ 普遍优惠税

普遍优惠税简称普惠税,是指发达国家承诺对从发展中国家或地区输入的商品,特别是制成品和半制成品,给予普遍的、非歧视的和非互惠的优惠关税,这种税称为普惠税。普惠税比最惠国税低。实行普惠制有三项基本原则,即普遍的、非歧视的、非互惠的。

实行普惠制的主要目的是:增加发展中国家向发达国家制成品和半制成品的出口,以增加发展中国家的外汇收入;促进发展中国家的工业化;提高发展中国家的经济增长率。普惠税适用于所有发展中国家,并不要求发展中国家提供同样的关税优惠。中国是加拿大、日本和欧盟等国家普惠制的受惠国。

⑤ 进口附加税

进口附加税是进口国家在对进口商品征收正常进口税后,还会出于某种目的,再加征额外的进口税,加征的部分就是进口附加税。进口附加税不同于正常关税,它通常是一种为特定目的而设置的临时性措施,不体现在海关税则中,并且是为特殊目的而设置的,其税率的高低往往视征收的具体目的而定。进口附加税一般是临时性的或一次性的。

征收进口附加税的主要目的有:应付国际收支危机、维持进出口平衡、防止外国商品低价倾销、保护本国市场、对某个国家实行报复性或歧视性的贸易政策等。

进口附加税最常见的有反补贴税和反倾销税两种:

反补贴税又称反津贴税或抵销税,是指对直接或间接接受任何奖金或补贴的产品在进口时所征收的一种附加税。征收的税额应与其所接受的补贴数额相等。凡进口商品在生产、制造、加工、买卖、输出过程中所接受的直接或间接的奖金或补贴,都足以构成进口国征收反补贴税的理由。征收的目的在于抵销进口产品在降低成本方面所获得的额外好处,使它不能在进口国市场上进行低价竞争或倾销,以保护进口国同类商品的生产和市场。

反倾销税是指对实施倾销的进口商品所征收的一种进口附加税。当进口国因外国倾销某种产品,国内产业受到损害时,进口国政府为了保护本国产业和市场免受外国商品倾销的冲击,征收相当于出口国国内市场价格与倾销价格之间差额的进口税。征收反倾销税必须同时具备三项基本条件:倾销存在,即产品进口价格低于其正常价格(出口国内销售价格或对第三国出口价格或其生产成本);损害存在,即进口国同类产业受到严重损害或存在威胁,或者一项新产业的建立受到严重阻碍;损害与倾销之间存在因果关系,即进口竞争产业所受的损害是由倾销造成的。

在国际贸易的实践中,各国反对的"不公平贸易"的问题主要集中在补贴和倾销上,但事实上,许多发达国家一方面进行反补贴,而另一方面则对本国产品的出口实施大量的补贴。与此同时,反倾销已经成为许多国家实施贸易保护主义的一种工具。

(4) 从量税、从价税、混合税和选择税

按照征税计算方法的不同划分,关税可以分为从量税、从价税、混合税和选择税。

① 从量税

从量税是按照商品的重量、数量、容积、长度和面积等计量单位为标准计征的税收。其中重量是较为普遍采用的计量单位。从量税的税额是商品数量与单位从量税的乘积。

征收从量关税的特点是手续简便,无须审定货物的规格、品质、价格,便于计算,节约征税成本；如果同类商品国内价格降低，因从量税税额固定，税负相对增大，则不利于进口，从而保护国内市场的作用加强；征收从量税也可以防止进口商谎报价格，对数量多、体积大、价格低的产品征税简便易行。为此，有的国家大量使用从量关税，尤其是在食品、饮料和动、植物油的进口方面。

② 从价税

从价税是按照进口商品的价格为标准计征的关税，其税率表现为货物价格的百分率。计算公式是：

$$从价税税额 = 商品总值 \times 从价税率$$

与从量税相比，从价税的优点有：

- 从价税的征收对于同种商品，可以不必因其品质的不同再详加分类，税负公平。由于从价税按商品的价格制定的一定比例征税，同一种商品，价格高，征收的税额就较多，价格低，则征收的税额就少。所以人们普遍认为从价税税负公平。
- 税率明确，便于比较各国税率。
- 在税率不变时，税额随商品价格上涨而增加，这样既可增加财政收入，又可起到保护关税的作用。

③ 混合税

混合税即复合税，是对同一种进出口商品，既征收从价税，又征收从量税，即采用从量税和从价税同时征收的一种方法。复合税可以分为两种：一种是以从量税为主加征从价税；另一种是以从价税为主加征从量税。

$$混合税额 = 从价税额 + 从量税额$$

混合税应用于耗用原材料较多的工业制成品。美国采用混合税较多。

混合税兼有从量税和从价税的优点，当物价上涨时，所征收的税额比单一的从量税多；当物价下跌时，所征收的税额比单一的从价税多，因而增加了关税的保护力度。其缺点是从量税和从价税之间的比例难以确定，且征收手续复杂，征税成本加大。

④ 选择税

选择税是对同一种商品同时规定征收从价税或从量税两种税率，即海关在征税时选择其中一种税率。海关通常会选择税额较高的一种征税。有时，为了鼓励某种商品进口，也可选择其中税额低者征收。

选择税具有灵活性的特点，可以根据不同时期经济条件的变化、政府征收关税目的的不同进行选择。例如，在物价上涨时，因从量税的单位应税额不能及时调整，税额相对较低，则可选择从价计税；在物价下降时，从价计税税额相对降低，则可选择从量税。但如果选择税的征收标准经常变化，让进口国难以预知，则容易引起争议。

2. 非关税措施

1) 非关税措施的含义及特点

非关税措施是指一国政府采取的除关税措施以外的影响该国对外贸易的一切措施。由于一些国家实施非关税措施的主要目的是限制别国的产品进口，所以，非关税措施也被称为"非关税壁垒"。

和关税措施相比，非关税措施的特点有：灵活性较大和针对性较强；更能直接达到限制进口的目的，有效性较强；更具隐蔽性和歧视性。因此，非关税壁垒取代关税壁垒成为贸易保护主义的主要手段。

2）非关税措施的种类

非关税措施种类繁多、内容复杂，从其限制进口的方法来看，可分为直接限制和间接限制两种。

所谓直接限制，是指实施非关税措施的国家直接规定商品进口的数量或金额，或通过施加压力迫使出口国自己限制商品的输出。实施直接限制的非关税措施有进口配额制、"自动"出口限制、进出口许可证制等。

（1）进口配额制

进口配额制又称进口限额制，是指一国政府在一定时期内，对某些商品的进口数量或金额规定一个数额加以直接的限制；在规定时限内，配额以内的货物可以进口，超过配额则不准进口，或者征收较高的关税、附加税或罚款后才能进口。

由于进口配额制可以起到直接限制商品进口的目的，因此，进口配额制是许多国家限制进口数量的重要手段之一。进口配额制主要有绝对配额和关税配额两种形式：

① 绝对配额

绝对配额是指在一定时期内，对某种商品的进口数量或金额规定一个最高限额，达到这个限额后，便不准进口。绝对配额在实施中，有全球配额、国别配额两种形式：

全球配额：属于世界范围的绝对配额，适用于来自任何国家或地区的同类商品。全球配额按进口商品的申请先后批给一定的额度，到总配额发放完为止，超过总配额就不准进口。全球配额并不限定进口的国别或地区，有利于进口商在全球范围内选择最有利的国家进口。邻近的国家或地区凭借其优越的地理优势，在竞争中居于有利地位，而较远的国家或地区就处于不利的地位。为了减少这种情况所带来的不足，一些国家采用了国别配额。

国别配额又称"地区配额"，是进口配额制的一种，是在总配额内按国别或地区分配给其固定的配额，超过规定的配额便不准进口。与全球配额不同的是，实行国别配额可以很方便地贯彻国别政策。为了区分来自不同国家和地区的商品，在进口商品时进口商必须提交原产地证明书。

配额的份额有的是进口国单方规定的，即自主配额；也有的是由进出口双方协商规定的，即协议配额或双边配额。

② 关税配额

关税配额是一种进口配额与关税相结合的形式，是指在配额内进口，可以享受优惠关税或免税，超过配额却要征收较高的关税、附加税或罚款。

关税配额与绝对配额的主要区别在于：绝对配额规定一个最高进口数额，达到这个限额后，便不准进口；关税配额则表现为，超过额度仍可进口，只是进口成本会增加。

关税配额按商品进口的来源，可分为全球性关税配额和国别关税配额。关税配额在实施中也有以下两种形式：一是优惠性关税配额，即对关税配额内进口的商品给予较大幅度的关税减让，甚至免税；对超过配额的进口商品征收原来的最惠国税。二是非优惠性关税配额，即对关税配额内进口的商品征收原来正常的进口税，一般按最惠国税率征收；对超过关税配额的部分则征收较高的进口附加税或罚款。

（2）"自动"出口限制

"自动"出口限制也是一种限制进口的手段，是指出口国家在进口国的要求或压力下，"自动"规定某一时期内,某些商品对该国出口的数量或金额的限制,在限定的配额内自行控制出口,超过配额即禁止出口。

(3) 进口许可证制

进口许可证制是指在商品进口前,由进口商向本国有关机构提出申请,经过审查批准并发给进口许可证后,方能进口;没有许可证,一律不准进口。大多数国家将配额制和进口许可证制结合起来使用。

进口许可证根据其是否有配额可以分为:

① 有定额的进口许可证

有定额的进口许可证指与配额结合的许可证,即管理当局预先规定有关商品的进口配额,然后在配额的限度内,根据进口商的申请,发放具有一定数量或金额的许可证,配额用完即停止发放。

② 无定额的进口许可证

无定额的进口许可证,不与进口配额相结合,即政府管理当局在发放有关商品的进口许可证时,只是在个别考虑的基础上进行颁发有关商品的进口许可证,而没有公开配额数量的依据。由于此种许可证没有公开的标准,在执行上具有很大的灵活性,所以起到的限制作用更大。

进口许可证按照来源国有无限制又可以分为公开一般许可证和特别许可证两种。公开一般许可证又称公开进口许可证、一般进口许可证或自动进口许可证,是指对国别或地区没有限制的许可证。凡属公开一般许可证项下所列的商品,进口商只要填写此许可证即可获准进口。特别许可证又称非自动进口许可证,进口商必须向有关当局提出申请,获得批准后方可进口。这种许可证适用于特殊商品以及特定目的的申请。

所谓间接限制,是指实施非关税措施的国家不是直接规定商品进口的数量或金额,而是通过制定和实施苛刻的法律、法规、条例和标准,从而间接限制商品的进口。实施间接限制的非关税措施有进口押金制、外汇管制、最低进口限价、海关估价制度、歧视性政府采购政策、绿色壁垒等。

(4) 进口押金制

进口押金制度又称进口存款制,是指进口商在进口商品时,必须预先按进口金额的一定比率关于规定时间内,在指定银行无息存放一笔现金。这样就增加了进口商的资金负担,从而起到限制进口的作用。

(5) 外汇管制

外汇管制是一国政府通过法令对国际结算和外汇买卖加以管制以平衡国际收支、维持本国货币本币币值稳定的一种管理措施。在外汇管制下,国家设立专门机构或专业银行对外汇进行管理。出口商必须把出口所得的外汇收入按规定卖给管理银行,进口商必须向外汇管理机构申请外汇才能向外购买。

(6) 绿色壁垒

绿色壁垒是绿色贸易壁垒的简称,从理论上讲,绿色壁垒泛指进出口国家或地区以保护自然资源、生态环境和人类及动植物的健康为目的而实施的限制或禁止进出口贸易的一切措施。但是,从实践来看,绿色壁垒多是发达国家或地区凭借其经济和技术的优势,以保护自然资源、生态环境和人类及动植物的健康为由,通过制定严格的环保技术标准或采用绿色环境标志、绿色包装制度、绿色卫生检疫制度和绿色补贴制度等措施,来限制或禁止外国产品的进口。

绿色壁垒作为新型的非关税壁垒,它和传统的非关税壁垒相比,有名义上的合理性、形式上的合法性、保护方式的隐蔽性、保护内容的广泛性及较强的技术性等特点。

绿色壁垒产生于20世纪80年代后期,90年代开始兴起。其经典案例是1991年美国禁止墨西哥金枪鱼及其制品进口案,理由是墨西哥在太平洋捕金枪鱼时,把习性上与金枪鱼群结伴而游的海豚也捕杀了。因为按美国的《保护海生哺乳动物法》,海豚是要保护的濒危物种。

【课堂讨论】

请以我国为例,讨论:

(1) 绿色壁垒对我国经济发展有哪些积极影响?请至少说出两条积极影响。

(2) 既然绿色壁垒对我国经济发展有积极影响,为什么我们还经常听说,我国政府强烈反对某些发达国家对我国商品出口设置绿色壁垒?

3. 鼓励出口的措施

鼓励出口的措施是指一国政府通过出口信贷、出口信贷国家担保制、出口补贴、倾销、设置经济特区等措施,以促进本国商品的出口,开拓和扩大国外市场。

1) 出口信贷

出口信贷是出口国的官方金融机构或商业银行在政府的鼓励和支持下,为促进本国商品的出口而以优惠利率向本国出口商、国外进口地银行或国外进口商提供的信贷。

商业银行在提供此种信贷时,政府有关部门一般会对银行提供一定的利息补贴,使商业银行出口信贷的利率低于其他形式的贷款利率,从而起到促进本国商品出口的作用。

出口信贷按贷款对象的不同,可分为卖方信贷和买方信贷。卖方信贷即出口国银行向本国出口商提供的用于支持出口的优惠利率的贷款;买方信贷即出口国银行向国外进口商或进口地银行提供的、用于支持本国商品出口的优惠利率的贷款。

2) 出口信贷国家担保制

出口信贷国家担保制是国家为了扩大出口,对本国出口商或商业银行提供信贷的一种制度,由国家设立的担保机构出面担保,当国外债务人拒绝付款时,该机构就按照承保的数额给予补偿的一种制度。

出口信用保险是出口信用国家担保制主要的表现形式。出口信用保险是世界贸易组织(WTO)补贴和反补贴协议原则上允许的支持出口的政策手段。

3) 出口补贴

出口补贴又称出口津贴,是一国政府为了降低该国出口商品的价格,加强其在国外市场的竞争力,在商品出口时给予出口商的现金补贴或财政上的优惠待遇。在发达工业国家,出口补贴常用于农产品或正在衰落的工业,如钢铁业;发展中国家的补贴则主要用于幼稚工业。

需要指出的是,有些补贴会造成市场扭曲,属于不公平贸易行为,应根据有关承诺禁止使用;而出口退税则可以降低出口商品的成本和价格,是国际贸易中常用的鼓励出口的措施,它通常被认为不属于不公平贸易行为。

4) 倾销措施

倾销措施是指一国通过商品倾销和外汇倾销的措施,提高其出口商品的竞争力,开辟和扩大国外市场,因此,倾销措施有商品倾销和外汇倾销之分。商品倾销是指商品以明显低于公平价格的价格,在国外市场上大量抛售,以打击竞争对手,占领或巩固国外市场。外汇倾销是指利用本国货币发生贬值的机会,使其贬值程度大于国内物价上涨的程度,如果其他国家不采取同等程度的货币贬值和其他报复性措施来应对的话,便会形成以外币表示的本国出口商品价格的下降,使出口得以扩大。

5) 经济特区

经济特区,全称为"经济特别开发区",是指主权国家或地区在经济活动中,为了实现特定的经济目标而开辟的实施特殊管理体制和特殊经济政策的区域。

国家设置经济特区的目的是在这个区域内实行特殊的优惠政策,特别是关税政策,发展出口加工贸易、转口贸易,推动本地区和邻近地区经济贸易的发展。经济特区的基本类型有贸易型的经济特区、工业性的经济特区、科学工业园区、保税区、自由边境区和过境区等。

4. 出口管制措施

1) 出口管制措施的含义

出口管制措施是指出口国政府为了对本国产品的出口实行管制和控制所采取的各种办法和措施的总称。

2) 出口管制措施的目的

(1) 经济目的

出口管制措施的经济目的是限制某些短缺和重要物资的外流、维持国内市场的正常供应、促进国内有关产业部门或加工工业的发展、减轻通货膨胀的压力,以及控制和稳定国际市场商品的价格。

(2) 政治和军事目的

出口管制措施的政治和军事目的是、通过管制或禁止某些战略和重要物资的出口,来维护本国或国家集团的政治利益与安全;同时实行出口管制措施也是推行一国外交政策的一种手段。

3) 出口管制的对象

出口管制的对象一般有六类:

- 战略物资及有关的先进技术和技术资料。
- 国内紧缺物资,即国内生产急需的各种原材料、半制成品以及国内供不应求的商品。
- 属于"自动"出口限制的商品。
- 历史文物和艺术珍品。
- 被列入对进口国进行经济制裁范围的出口商品。
- 跨国公司的某些产品。

4) 出口管制的具体措施

(1) 国家专营

对一些重要商品的出口,由出口国政府指定专门的机构和组织直接控制和管理。

(2) 征收出口税

通过对管制的产品征收出口税,使关税税率保持在一个合理的水平,以达到管制出口的目的。

(3) 实行出口许可证

政府对需要管制的产品有计划地发放出口许可证,可以有效地控制出口产品的国别、品种、数量和价格。

(4) 实行出口配额制

政府对需要管制的产品进行配额管理，也可以有效地控制出口产品的国别、品种、数量和价格。

(5) 出口禁运

禁止某些产品的任何外运，这是出口管制措施中最严厉的一种。

【项目小结】

本项目是关于国际贸易基本理论的重要内容，是学生学习国际贸易实务和从事有关外贸工作的基础理论知识。通过典型案例的导入，介绍了在国际贸易业务中可能涉及的重要概念、国际贸易的两大基本理论即自由贸易和保护贸易理论，以及国际贸易政策和措施的相关内容，引导学生进一步理解国际贸易中的各种政策和措施，培养学生分析和解决国际贸易实际问题的能力，进而拓展对国际贸易实务课程和外贸业务的学习兴趣。

【项目自测】

一、单选题

1. 按照绝对成本理论，一国应该出口（　　）。
   A. 绝对成本低的商品　　　　　　　B. 比较成本高的商品
   C. 相对成本低的商品　　　　　　　D. 丰裕要素密集的商品
2. "两利相遇取其重，两害相遇取其轻"的原则是（　　）提出的。
   A. 亚当·斯密　　B. 大卫·李嘉图　　C. 俄林　　D. 托马斯·孟
3. 首先提出自由贸易理论的是（　　）。
   A. 大卫·李嘉图　　B. 俄林　　C. 亚当·斯密　　D. 李斯特
4. 一国拥有的劳动力充裕，故它应专门生产劳动密集型产品对外进行交换，这种说法是根据（　　）。
   A. 亚当·斯密的绝对成本说　　　　B. 大卫·李嘉图的比较成本说
   C. 赫克歇尔-俄林的要素禀赋学说　　D. 波斯纳的技术差距说
5. 单因素贸易条件的计算公式为（　　）。
   A. $S=(P_m/P_x)Z_x$　　　　　　　B. $S=(P_m/Z_x)P_x$
   C. $S=(P_x/Z_x)P_m$　　　　　　　D. $S=(P_x/P_m)Z_x$
6. 出口价格指数与进口价格指数之比通常称作（　　）。
   A. 指数贸易条件　　　　　　　　　B. 净贸易条件
   C. 收入贸易条件　　　　　　　　　D. 双向因素贸易条件
7. 对外贸易乘数理论属于（　　）。
   A. 自由贸易理论　　B. 保护贸易理论　　C. 中性理论　　D. 战略贸易理论
8. 保护关税理论的提出者是（　　）。
   A. 汉密尔顿　　B. 李斯特　　C. 凯恩斯　　D. 大卫·李嘉图
9. 早期的重商主义又称（　　）。
   A. 重金主义　　B. 贸易差额论　　C. 贸易自由化　　D. 贸易自由论
10. 早期重商主义禁止（　　）。
    A. 货物外流　　B. 资本外流　　C. 货币外流　　D. 资源外流

11. 李斯特认为对某一幼稚工业的保护时间（　　）。
    A. 以 20 年为最高期限　　　　　　　　B. 以 30 年为最高期限
    C. 以 50 年为最高期限　　　　　　　　D. 无限
12. 超保护贸易政策是（　　）。
    A. 防御性地限制进口　　　　　　　　B. 主动地限制进口
    C. 积极地促进进口　　　　　　　　　D. 对国外市场进行进攻性扩张
13. 征收关税的机构是（　　）。
    A. 海关　　　　B. 工商管理部门　　　C. 税务机构　　　D. 公安部门
14. 下列对于关境与国境的说法正确的是（　　）。
    A. 关境等于国境　　　　　　　　　　B. 关境大于国境
    C. 关境小于国境　　　　　　　　　　D. 关境有时大于国境,有时小于国境
15. 关税是一种（　　）。
    A. 直接税　　　B. 间接税　　　　　　C. 有偿税　　　　D. 视具体情况而定
16. 关税的税收客体是（　　）。
    A. 进出口商　　B. 进出口货物　　　　C. 出口国海关　　D. 进口国海关
17. 在商品价格下跌的情况下,（　　）的关税保护作用最大。
    A. 从量税　　　B. 从价税　　　　　　C. 混合税　　　　D. 差价税

二、多选题

1. 贸易国家进行对外货物贸易统计所采用的统计制度包括（　　）。
    A. 直接贸易体系　　　　　　B. 总贸易体系
    C. 专门贸易体系　　　　　　D. 货物贸易体系　　　　E. 服务贸易体系
2. 根据西方的国际分工理论,一国应该出口本国（　　）。
    A. 比较成本低的产品　　　　B. 比较成本高的产品
    C. 稀缺要素密集型的产品　　D. 丰裕要素密集型产品
    E. 绝对成本低的产品
3. 自由贸易理论的代表人有（　　）。
    A. 亚当·斯密　　　　　　　B. 大卫·李嘉图
    C. 俄林　　　　　　　　　　D. 凯恩斯　　　　　　　E. 李斯特
4. 按关税的征税目的分类,关税可分为（　　）。
    A. 财政关税　　　　　　　　B. 保护关税
    C. 名义关税　　　　　　　　D. 有效关税　　　　　　E. 特惠税
5. 进口附加税的主要目的是（　　）。
    A. 应付国际收支危机　　　　B. 维持进出口平衡
    C. 保护本国市场　　　　　　D. 防止外国商品低价倾销
    E. 对国外某个国家实行歧视和报复
6. 一国征收出口税的目的是（　　）。
    A. 保证本国生产　　　　　　B. 增加财政收入
    C. 提高国外加工产品的生产成本　　D. 防止外国商品倾销
    E. 保证国内供应

7. 下列能起到促进出口作用的措施是（　　）。
   A. 出口征税　　　　　　　B. 出口信贷
   C. 出口补贴　　　　　　　D. 出口退税　　　　　　E. 外汇倾销
8. 一国货币对外贬值可以（　　）。
   A. 扩大该国商品出口　　　B. 扩大该国商品进口
   C. 使该国商品出口减少　　D. 使该国进口减少　　　E. 改善贸易逆差

三、判断题

1. 总贸易体系是以货物通过国境作为统计进出口的标准。（　　）
2. 贸易顺差（出超）是指一个国家在一定时期内出口总额小于进口总额。（　　）
3. 单项因素贸易条件是一定时期内一国出口商品的劳动生产率指数与同期净贸易条件（或商品贸易条件）的乘积。（　　）
4. 绝对成本理论是由英国古典经济学派主要代表人物大卫·李嘉图创立的。（　　）
5. 对外贸易国别政策和进出口商品政策是在对外贸易总政策的指导下制定和实施的。（　　）
6. 偏向性贸易政策是一个国家的贸易政策既不扩大出口也不鼓励进口，对出口产品和进口产品，国内市场和出口市场，采取一视同仁的态度。（　　）
7. 关税属于直接税，因为关税是对进出口商征收的，而进出口商则可以通过货物的买卖把关税转嫁给买方和消费者。（　　）
8. 出口信贷是出口国的官方金融机构或商业银行在政府的鼓励与支持下，为促进本国商品的出口而以优惠利率向本国出口商、进口方银行或进口商提供的信贷。（　　）
9. 实行出口许可证是出口管制措施中最严厉的一种。（　　）
10. 国家设置经济特区的目的是在这个区域内，实行特殊的优惠政策特别是关税政策，发展出口加工贸易、转口贸易，推动本地区和邻近地区经济贸易的发展。（　　）

四、名词解释

总贸易体系　　对外贸易量　　收入贸易条件　　里昂惕夫之谜　　对外贸易总政策
关税　　特惠税　　反补贴税　　出口补贴　　绿色壁垒　　出口信贷

五、问答题

1. 请简述绝对成本理论的主要内容。
2. 对外贸易是"经济增长的发动机"学说的主要内容有哪些？
3. 征收进口附加税的主要目的是什么？
4. 制定国际贸易政策应考虑哪些主要因素？
5. 一国实行出口管制的具体措施有哪些？

【案例分析】

1. 英国和葡萄牙都生产葡萄酒和毛呢两种产品，英国生产1单位的葡萄酒所需的劳动投入为120人/年，生产1单位的毛呢所需的劳动投入为70人/年；而葡萄牙生产1单位的葡萄酒和毛呢所需的劳动投入分别为80人/年和110人/年。请问：按绝对成本理论如何进行国际分工和贸易，使两国的消费和福利都提高？

2. 假定英、葡两国同时生产毛呢和酒,其成本如表2-3所列:

表2-3 英、葡两国生产成本表

国别	毛呢(1单位)	酒(1单位)
葡萄牙	90天	80天
英国	100天	100天

请问:按比较成本理论如何进行国际分工和贸易,使两国的消费和福利都提高?

项目三　国际贸易方式

【项目介绍】

本项目共有两个任务：

任务一　传统的国际贸易方式

要求学生在了解经销、代理、拍卖、寄售、展卖和招投标等传统贸易方式的基础上，能够在实际工作中灵活地运用恰当的贸易方式进行交易磋商。

任务二　新兴的国际贸易方式

要求学生在了解对销贸易、加工贸易、商品期货交易等新兴贸易方式的基础上，能够在实际工作中灵活地运用恰当的贸易方式进行交易磋商。

【项目目标】

知识目标：理解国际贸易方式的概念和特点；掌握新兴国际贸易方式的操作程序。

能力目标：能够在实际工作中，灵活地选择和运用恰当的贸易方式进行交易磋商。

【案例导入】

美国A公司与中国B公司签订了一份独家代理协议，指定B公司为A公司在中国的独家代理。不久，A公司推出指定产品的改进产品，并指定中国C公司为该改进产品的独家代理。请问：A公司有无权利这样做？

【分　析】　本案例中的这种情况要视美国A公司与中国B公司签订的独家代理协议的内容而定，如果代理协议中明确规定中国B公司享有代理指定产品的改进权利，则A公司没有权利这样做；但如果没有规定或不明确的，则需要进一步协商。

任务3.1　传统的国际贸易方式

从广义上讲，国际贸易方式是指进行国际贸易的各种具体做法和方式；从狭义来说，则仅指除常见的逐笔进出口贸易之外的其他各种国际贸易方式。本项目涉及的国际贸易方式指的是后者，即狭义上的国际贸易方式，这些贸易方式既包括经销、代理、拍卖、寄售、展卖和招投标等传统的国际贸易方式；同时还包括对销贸易、加工贸易和商品期货交易等新兴的国际贸易方式。

3.1.1　经销和代理

1. 经　销

1）经销的含义和种类

经销（Distribution）是指出口商就经销商品的种类、经销权限、销售价格、销售地区、期限和其他主要事项与国外经销商达成书面协议，利用国外经销商推销商品的一种贸易方式。经销方式下，出口商和经销商的关系是买卖关系，所以，经销商要自筹资金购买出口商的货物，自行销售、自负盈亏、自担风险。

按照经销商的经销权限,经销可以分为独家经销和一般经销。

独家经销(Sole Distribution),亦称包销(Exclusive Sales),是指经销商在经销协议规定的期限和地区内,对指定的商品享有独家专营权的经销方式。独家经销方式下,出口商和经销商之间除签订买卖合同外,还需事先签订经销协议,确定双方的权利和义务。

一般经销指经销商不享受独家经营权,出口商可在同一时期、同一地区内确定数家经销商经销同样的商品。一般经销方式下,经销商与出口商之间的关系同一般进口商和出口商之间的关系并无本质区别,所不同的是出口商与经销商建立了相对的长期稳定的购销关系。

2) 独家经销方式的利弊

独家经销方式通过经销协议确定了双方相对长期的稳定的购销关系,这种关系既相互协作,又相互制约,对于商品的出口是非常有利的。

独家经销方式的积极作用在于:

① 由于独家经销商享有经营某种商品的专营权,可以避免同一地区内因多头销售而可能产生的无谓的自我竞争,有利于调动独家经销商的积极性,促使其专心销售商品,并向顾客提供良好的售后服务,扩大出口方商品的销售。

② 出口方可以根据独家经销协议,准确预测销售量,有利于出口方有计划地安排生产、组织货源和办理出运工作,并根据市场的需求均衡供应,争取较好的售价。

③ 出口方可以通过包销商随时了解消费者的反应,有利于改进产品质量,及时调整营销组合策略,从而扩大出口商品的销售。

但是,采取独家经销方式也有其消极的一面:

① 如果包销商经营作风不正、居心不良,就有可能利用其专营权,出现操纵和垄断市场的情况发生,使出口商难以实施其营销策略。

② 如果出口方对包销商选择不当,或包销商经营能力有限,又或不专心经营约定的商品,就可能出现"包而不销"或销售不力的情况,从而使出口方遭受损失。同时,出口方有了包销商之后,便失去了与其他客户的直接联系,不利于出口方了解市场和以后选择经销商。

3) 采用独家经销方式时应注意的问题

通过以上分析不难看出,采取独家经销的方式固然可以稳固市场、扩大销售,但也有其消极的一面。为了充分发挥独家经销扩大出口的作用,减少其风险,应注意以下两个方面:

(1) 重在选择,贵在管理

首先,出口商要慎重选择包销商。在选择包销商之前,出口商应该认真做好对包销商的考察和调研工作,考察和调研内容包括包销商的信誉、经营能力、经营作风、销售渠道等,在此基础上选择满意的包销商。其次,出口商应重视对包销商的管理,防患于未然。出口商在选择包销商时,有可能出现考虑不周或不满意之处,即使慎重选择到合适的包销商,如果对包销商失察或管理不当,也会发生对出口商不利的情况,因此,采取独家经销方式贵在管理。这要求出口商不仅要逐笔检查包销商每笔交易的执行情况,还要定期检查独家经销协议的执行情况,发现问题要采取必要的预防和纠正措施。

(2) 签订好独家经销协议

独家经销协议是规范出口商和包销商双方权利和义务的法律文件,协议签订得好坏直接关系到出口的成败。

签订独家经销协议时,应注意的问题有:

① 应明确经销商品的范围。确定经销商品的范围,要同出口商的经营意图和包销商的经营能力、资信状况相适应。

② 确定经销地区。经销地区大小的确定,除应考虑包销商的规模、经营能力及其销售网络外,还应考虑地区的政治区域划分、地理和交通条件以及市场差异程度等因素。经销地区的规定也要根据业务发展的变化,由双方协商后进行调整。

③ 规定最低包销的数量。这是包销协议中必不可少的内容。规定最低包销数量的同时,还应规定包销商未能完成最低包销数量的惩罚措施,以及超额完成任务的奖励办法。

④ 确定作价方法。包销商品可以在规定的期限内固定作价,但交易双方要承担价格变动的风险;也可以采用分批作价的方法,这是使用最多的作价方法;还可由双方定期根据市场情况进行商定。

⑤ 明确包销期限。包销期限即协议的有效期,可规定为签字生效起至一年或若干年。一般情况下,包销期限届满协议即终止,但为了防止一方利用对方履约中的一些微不足道的差异作为撕毁协议的借口,在协议中还应规定终止条款,明确在什么情况下可以解除协议。

⑥ 需要明确的其他权利和义务。例如,在包销期限和区域内的广告和宣传费用的承担问题;市场调研的组织、安排和费用承担问题等,都需要在协议中明确。

2. 代　理

1) 代理的含义和种类

从法律上讲,代理(Agency)是指以他人的名义,在授权范围内进行对被代理人直接发生法律效力的法律行为。我国《民法通则》第63条规定:"代理人在代理权限内,以被代理人的名义实施民事法律行为。被代理人对代理人的代理行为,承担民事责任。"

作为国际贸易的一种方式——代理,一般指销售代理,是指出口商与国外的代理商签订协议,由出口商作为委托人,授权代理人代表出口商在约定的期限和时间内,以委托人的名义进行销售商品的活动,由此产生的权利和义务由委托人负责。

按照委托权限的大小,代理可分为总代理、独家代理和一般代理三种:

(1) 总代理

总代理(General Agent)是委托人在指定地区的全权代表,不仅有权代表委托人从事商务活动,还有权代表委托人从事某些非商务性事务。总代理经过委托人的同意,可以发展、产生下层代理,下层代理行使代理权限内的权利,并接受上层的管理。

(2) 独家代理

独家代理(Sole Agent)是指接受委托人的委托,在约定的区域和期限内,享有约定商品专营权的唯一代表。委托人在约定的区域和期限内,不得委托其他代理人。

(3) 一般代理

一般代理(Commission Agent)又称普通代理,是指在同一地区和期限内委托人可以同时委派几个代理人进行销售商品,代理人不享有独家专营权。

2) 代理的特点

和经销相比,代理的特点有:

① 委托人和代理人之间的关系是委托代理关系,不是买卖关系。

② 代理人对买卖的货物不具有所有权,不承担买卖的风险,只按规定收取佣金。

③ 代理人以委托人的名义从事业务活动,招揽生意和签订合同,一般不承担履行合同的责任。

3) 代理协议的主要内容

代理协议主要包括以下内容:

(1) 委托人和代理人的名称、地址及订约的时间、地点。

(2) 代理人经营的商品种类、地区范围以及商标等条款。

(3) 代理的委任、受任及法律关系。

(4) 委托人的权利与义务。主要是关于接受和拒绝订货的权利;关于向代理人提供广告资料,包括样品、样本、目录等推销产品所需资料的义务;关于向委托人对当地客户的违约行为进行诉讼所付费用予以补偿的义务;关于保证向代理人支付佣金的义务等。

(5) 代理人的权利与义务。这是代理协议的核心部分,一般协议中应包括下述内容:

① 明确规定代理人的权利范围,是拉订单、介绍生意,还是有权代表委托人订立合同;或从事其他有关事宜。另外,还需规定代理人有无专营权。

② 如果规定代理人推销商品的数量,则应规定一个最低销售额。

③ 代理人应在代理权行使的范围内,保护委托人的合法权益,对于在代理区域内发生的侵犯委托人的工业产权等不法行为,代理人有义务通知委托人,以便采取必要的措施。

④ 如果规定代理人承担市场调研和广告宣传的义务,则对于广告宣传的费用承担、方式和要求,也应作出较为明确的规定。

(6) 佣金的支付。主要有佣金率、佣金的计算基础、佣金支付的时间和方法等。

(7) 协议的期限和终止,即代理的有效期限和终止时间。

(8) 不可抗力和仲裁。

3.1.2 拍卖和寄售

1. 拍 卖

1) 拍卖的定义和形式

(1) 拍卖的定义

根据我国《拍卖法》,拍卖(Auction)的定义为:"以公开竞价的方式,将特定的物品或财产权利转让给最高应价者的买卖方式"。

通过拍卖方式进行销售的商品,一般是一些质量不易标准化、不宜久存或习惯上采用拍卖进行销售的商品,如艺术品、金银饰品、毛皮、木材、蔬菜、新鲜鱼等。

(2) 拍卖的形式

① 增价拍卖,又叫"英格兰式拍卖"或"买主叫价拍卖",是指由拍卖人宣布拍卖的起叫价(最低价)及最低增幅,竞买人以起叫价为起点,由低至高竞相加价,直至出价最高时,响槌成交。

② 降价拍卖,又叫"荷兰式拍卖"或"卖主叫价拍卖",是指拍卖人宣布拍卖标的的起叫价(最高价)及降幅,并依次叫价,第一位应价人响槌成交。

③ 密封递价拍卖,又称"招标式拍卖",是指由买主在规定的时间内将密封的出价单递交给拍卖人,由拍卖人选择最合适的买主。

2）拍卖的一般程序

（1）准备阶段

货主事先把货物运到拍卖地点，由拍卖行进行挑选、整理、编号，然后编印目录、进行宣传以招揽买主。此时，意欲参加拍卖的买主可以在规定的时间内，到仓库查看和了解货物的情况，做好拍卖前的准备工作。

（2）正式拍卖

正式拍卖是在规定的时间和地点，按照拍卖规则进行叫价，由拍卖主持人以击槌的方式代表卖主表示接受后，交易即告达成。

（3）成交与交货

拍卖成交后，买主即在成交确认书上签字，支付佣金和货款，并在规定的期限内到指定仓库提货。

2. 寄　售

1）寄售的概念

寄售方式在我国的进出口业务中使用得不多，仅限于在少数几种商品的交易中使用，但由于这种方式所具有的特点，使它在扩大进出口贸易中具有不可忽视的作用。

具体来说，寄售（Consignment）是由寄售人（Consignor，货主）先将准备销售的货物运往国外的寄售地，委托当地的代销商（Consignee，受托人），按照双方议定的条件代为销售的方式。

2）寄售的特点

寄售的贸易方式与一般出口业务相比，具有以下特点：

① 寄售人与代销商之间的关系是委托代售的关系，代销商不具有货物的所有权，若代销商破产，寄售人可以收回寄售商品。

② 由于寄售的货物是现货，所以寄售是现货买卖。

③ 风险及费用的划分不同于正常出口。在寄售方式下，代销商不承担货物买卖的风险和费用，只能按照寄售人的指示代为处置和销售货物，并收取佣金作为报酬。

3）寄售协议

寄售协议规定了有关寄售的条件和具体做法，其主要内容如下：

① 协议名称及双方当事人的法律关系。一般应明确列明"寄售协议"，以表示协议的性质。在协议中，应明确寄售人和代销人之间的关系是一种委托代售的关系，货物在出售前的所有权仍属于寄售人。

② 关于寄售商品及寄售地区的说明。寄售协议必须规定委托代售的商品以及销售的区域。

③ 寄售货物的作价方法。寄售货物的作价方法有以下三种：规定最低售价；随行就市，即由代销商按市价自行定价销售；销售前逐笔征得寄售人的同意，这种方法在实践中使用较多。

④ 佣金条款。在佣金条款中，要规定佣金率、佣金计算基础、支付方式和时间。

⑤ 费用和风险的负担。一般规定代销商以代理人身份出售商品、收取贷款、处理争议等，风险由寄售人承担，其中的费用也由寄售人承担。

此外，寄售协议中还应规定寄售货物的保险和仲裁等条款。寄售人为减少风险，有时还要求在寄售协议中明确，由代销商提供银行保证书和备用信用证，如果代销商不按照协议销售货物或收取货款后不交给寄售人等,由银行对寄售人进行补偿。

3.1.3 展卖和招投标

1. 展 卖

1) 展卖的含义和特点

展卖(Fairs and Sales)是最古老的贸易方式之一,是利用展览会、博览会、展销会及其他交易会形式,对商品实行展览和销售相结合,以展促销的一种贸易方式。

展卖的特点是将商品的展览和销售有机地结合起来,边展边销,以销为主。

2) 展卖的优点

随着现代科技、交通、通信条件的日益完善和发展,展卖日趋国际化、大型化和综合化,已经成为当前一种重要的国际贸易方式。其优点主要体现在以下方面:

① 有利于宣传商品,扩大企业影响,吸引潜在买主,促进贸易的发展。

② 有利于建立和发展客户关系,扩大商品的销售地区和范围。

③ 有利于开展市场调研,听取客户的反映,改进和调整营销策略,提高产品竞争力。

3) 我国开展的展卖方式

我国自20世纪50年代在广州举办"中国进出口商品交易会"开始,陆续举办了各种类型的交易会、展览会、小交会,同时多次参加国外举办的展览会和博览会。

(1) 国际博览会

国际博览会(International Fair)又称国际集市,是指由一国或多国联合组办,邀请各国商人参加的、有较大影响和悠久历史的贸易形式。国际博览会不仅为交易提供了方便,而且越来越成为产品介绍、广告宣传、介绍新技术和新工艺的重要形式。

国际博览会的种类很多,但主要分为综合性和专业性两种:

综合性国际博览会。又称"水平型博览会",即各种商品均可参展并洽谈交易的博览会。这种博览会的规模较大,产品齐全,且会期较长。

专业性国际博览会。又称"垂直型博览会",是指仅限于某类专业性商品参加展览和交易的博览会,规模较小,会期较短。

国际博览会拥有共同的国际组织,叫"国际博览会联盟",于1925年成立,总部设在巴黎。

(2) 中国进出口商品交易会

中国进出口商品交易会的前身是中国出口商品交易会(Chinese Export Commodities Fair),又称"广州商品交易会"(Guangzhou Trade Fair),俗称广交会,从1957年春季开始,每年春秋两季在广州举办,迄今已有五十余年历史,是我国目前历史最长、层次最高、规模最大、商品种类最全、到会客商最多、成交效果最好的综合性国际贸易盛会。广交会以出口贸易为主,也做进口业务,还可以开展多种形式的经济技术合作与交流,以及商检、保险、运输、广告、咨询等业务活动。从2007年4月起,广交会更名为"中国进出口商品交易会"。

目前,中国进出口商品交易会贸易方式灵活多样,除传统的看样成交外,还举办了网上交易会,使许多无法迈入广交会高门槛的中小企业有了在全球客商面前展示自己的机会。

(3) 小交会

我国各地进出口公司在全国各大口岸城市举办的各种类型的专业性小型出口交易会,俗称"小交会"。

（4）在国外举办展卖会

我国出口商品在国外展卖所采取的主要方式包括在国外自行举办展卖会和支持外商举办或与外商联合举办展卖会两种。

2．招投标

招标和投标是交易过程的两个方面，也是常见的国际贸易方式。招标和投标最早始于货物的买卖，目前主要应用于承包工程和政府大宗货物的采购交易中。

1）招标与投标的含义及特点

（1）招标与投标的含义

① 招标（Invitation to Tender）是指招标人（买方）事先发出招标通告，说明采购的商品名称、规格、数量及其他条件，邀请投标人（卖方）在规定的时间、地点，按照一定的程序进行投标的行为。

② 投标（Submission of Tender）是指投标人（卖方）根据招标通告所规定的条件，在规定的期限内向招标人递价、争取中标的行为。

（2）招标与投标的特点

① 不经过磋商，由投标人按照招标通告的要求递价，没有讨价还价的余地。

② 竞争性强。由于有多家投标人参与投标，投标人为了争取中标，往往在价格、交货期等交易条件方面展开激烈的竞争。

2）国际招标的种类

国际招标指在国际范围内发出关于货物、工程或服务采购的招标通告，邀请国内外投标人参加投标，并按照规定程序从中选择中标人的一种市场交易行为。

国际招标的方式主要有以下几类：

（1）公开招标

公开招标又称竞争性招标，是指由招标人通过媒体发出招标通告，使所有具备投标资格并对该项招标有兴趣的投标人都有机会参与投标的招标方式。

（2）邀请招标

邀请招标又称选择性招标，是一种由招标人自己选择若干供应商或承包商，向其发出邀请，由被邀请的供应商或承包商投标竞争，招标人从中选定中标者的招标方式。选择性招标不公开刊登招标通告，而是有选择地邀请招标。

3）招投标业务的基本程序

在实际工作中，最常见的是公开招投标。公开招投标业务的基本程序包括招标、投标、决标及签订合同等环节。

（1）招　标

① 编制招标文件

招标文件是采购物资和设备或建设工程项目招标的法律文件，是投标人准备投标文件和参加投标的依据，同时也是评标的重要依据。此外，招标文件是签订合同所遵循的依据，招标文件的大部分内容要列入合同之中。

招标文件的内容应当包括招标程序、技术标准和交易条件。编制招标文件是为投标人准备投标文件以参加投标提供所需的资料。

② 发布招标公告

正式的国际公开的招标公告,是在招标人所在国普遍发行、带有权威性的报刊或其他媒介上发布的,有时需要同时刊登本国文字和英文两种文字。

招标通告的内容应包括:招标或预审单位;对投标人的资格要求;资金来源;交货或施工时间要求;发行招标或预审文件的单位名称及地址、文件的售价;投标担保金额和开标日期、地点等。

③ 对投标人的资格预审

对投标人的资格预审可以初步确定投标人能否胜任投标工作,是确保采购商品和工程质量符合要求的基础,也可以提高招投标的效率。对投标人的资格预审的内容涉及面广,通常可归纳为投标人经营资格、经验与信誉、财务能力、人员能力和施工设备等方面。

(2) 投　标

① 认真研究招标文件和编制投标书

投标人首先要获得投标信息,在正式投标前,应对招标文件的各项要求和条件进行认真研究,然后编制投标书。

② 提供投标保证金

投标保证金可以采用银行保证书、备用信用证或现金等形式。投标保证金一般为总价的3%～10%,未中标的评标后可以退回。

③ 准确及时地递交投标书

投标人应按照招标文件规定的时间和方式将投标书送达招标人。

(3) 决　标

决标包括开标、评标和定标三个环节:

① 开　标

开标是指在投标人派代表参加的情况下,在招标通告规定的时间、地点,当众宣读投标人名称、投标价格、质量承诺、交货期等。

② 评　标

评标就是对投标文件的评审和比较。但根据什么样的标准和方法进行评审,是一个关键问题,也是评标的原则问题。为了保证评标的这种公正和公平性,评标必须按照招标文件规定的评标标准和方法,不得采用招标文件未列明的任何标准和方法,也不得改变招标确定的评标标准和方法。这是世界各国的通常做法。

③ 定　标

定标就是确定中标人。招标人在确定中标人后,应向中标人发出中标通知,然后在规定的期限内与中标人正式签订合同。

(4) 签订合同

投标人中标后,就成为被招标人选中的交易对象,就必须在约定的时间内和招标人签订合同。由于合同的标的不同,所采用的合同形式也各有不同。

【课堂讨论】

我国某出口公司与国外一家公司签订有独家经销某种产品的协议,期限为一年。年末临近,因行情变化,包销商"包而未销",并要求退货及索赔广告宣传费。问:包销商有无权利提出此类要求?为什么?

任务3.2 新兴的国际贸易方式

新兴的国际贸易方式是在传统的贸易方式基础上发展而来的,并发挥着更加重要的作用。新兴的国际贸易方式包括对销贸易、加工贸易和商品期货交易等贸易方式。

3.2.1 对销贸易

1. 对销贸易的含义和基本特征

1) 对销贸易的含义

对销贸易(Counter Trade)又称为"反向贸易""对等贸易"等,是指交易双方互为进口方或出口方,交易双方的进出口货款全部或部分抵消,把进口和出口有机结合的贸易方式的总称。

2) 对销贸易的基本特征

对销贸易实质是进口与出口相结合,一方商品或劳务的出口必须以进口为条件,体现了互惠的特点。另外,在对销贸易方式下,一方从国外进口货物可以不是用现汇支付,而是用出口产品来支付,有利于保持国际收支平衡。

2. 对销贸易的基本形式

对销贸易的方式很多,主要有易货贸易、互购贸易、补偿贸易、抵消贸易和转手贸易。

1) 易货贸易

易货贸易(Barter Trade)又称以物易物,它是最为古老的贸易方式,是指单纯的货物交换,不使用货币支付,也不涉及第三者。其基本做法是双方签订易货合同,规定双方交换的货物和时间。双方交换的货物,可以是单项货物的交换,也可以是多种货物的综合易货,基本原则是双方交换的货物必须是等值的。

易货贸易的特点是:它是一次交易行为,交易不涉及第三方;易货双方只签订一个进出口合同,交换的货物均须明确地载明在合同上。

现在的易货贸易已改为通过货款清算方式,达到货物交换的目的。在货款结算上,既可逐笔平衡,也可定期结算、综合平衡;既可付现,也可记账;在时间上,既可进出口同时进行,也可有先有后。总之,易货贸易的做法逐渐灵活多样。

2) 互购贸易

互购贸易(Counter Purchase),又称平行贸易(Parallel Trade),指交易双方互相购买对方的产品。互购贸易涉及使用两个独立而又相互联系的合同,每个合同都以货币支付,金额不要求等值,即双方签订两份既独立又有联系的合同:一份是约定先由进口的一方用现汇购买对方的货物;另一份则由先出口的一方承诺在一定期限内购买对方的货物。

3) 补偿贸易

(1) 补偿贸易的含义

补偿贸易(Compensatory Trade)又叫回购,是指在信贷的基础上,由交易的一方在向另一方出口机器设备或技术的同时,承诺购买一定数量的由该项机器设备或技术生产出来的产品,作为全部或部分机器设备或技术款的做法。

(2) 补偿贸易的做法和种类

在我国,补偿贸易有以下两种做法:一是在信贷的基础上,进口机器设备或技术,不用现汇支付,采用分期返销给对方的产品或劳务所得价款进行偿还。二是由国外借的贷款用于购买设备或技术,然后,以分期销售给贷款方约定产品或劳务所得的价款偿还贷款。

按照偿付标的不同,补偿贸易大体上可分为三类:

① 直接产品补偿

直接产品补偿即在协议中约定,由设备供应方向设备进口方承诺购买一定数量或金额的由该设备直接生产出来的产品。这种做法的局限性在于,生产出来的直接产品及其质量必须是对方所需要的,或者在国际市场上是可销的,否则不易为对方所接受。

② 其他产品补偿

当所交易的设备本身并不生产物质产品,或生产出来的直接产品及其质量不是对方所需要的,或者在国际市场上不好销时,可由双方根据需要,回购其他产品补偿设备款。

③ 劳务补偿

这种方式是我国许多的中小企业在补偿贸易中常见的做法,颇有中国特色,经常出现在与加工装配业务结合的场合。具体做法是,由外委托方代为购进所需的技术、设备,货款由国外委托方垫付。然后,我方按外委托方的要求加工装配后,从应收的工缴费中分期扣还所欠款项。

上述三种做法的结合使用,即是综合补偿的做法。

(3) 补偿贸易的基本特征

与一般贸易方式相比,补偿贸易具有以下两个基本特征:一是信贷是进行补偿贸易必不可少的前提条件。即设备供应方(设备出口方)对设备进口方提供信贷。二是设备供应方必须同时承诺回购设备进口方的产品或劳务,这是构成补偿贸易的必备条件。补偿贸易不仅要求设备供应方提供信贷,同时还要承诺回购对方的产品或劳务,以使对方用所得货款还贷款。这两个条件必须同时具备,缺一不可。

(4) 补偿贸易对设备和技术进口方和出口方都具有积极作用

对设备和技术进口方而言,补偿贸易的积极作用主要体现在:

① 补偿贸易可以起到利用外资、弥补国内资金不足的作用。

② 如果通过补偿贸易进口的设备和技术具有先进水平,就可以加快设备和技术进口国的技术改造、产品的升级换代的步伐。

③ 可以扩大产品的出口,提高出口的技术层次和质量,增强出口产品的国际竞争力。通过回购,还可以在扩大出口的同时,得到一个比较稳定的销售市场和销售渠道。

对设备和技术出口方而言,补偿贸易的积极作用主要体现在:

① 通过给进口方提供信贷,扩大设备和技术的销售市场并拓宽销售渠道。

② 在当前国际市场竞争日益激烈的情况下,承诺回购义务是加强自己的竞争地位、战胜对手的一种重要手段。

③ 设备出口方可以从回购中取得比较稳定的原材料,以及从经营产品的转售中获得一定利润。

但是,补偿贸易也有其局限性,所以开展补偿贸易应注意以下问题:首先,要做好项目的可行性研究;其次,要合理计算贷款的成本和安排偿还期;再次,要正确处理补偿产品和正常出口的关系。

4) 抵消贸易

抵消贸易(Offset Trade)是指一方在进口诸如国防、航空或宇航、计算机、信息交流等设备时,以先期向另一方或出口方提供的某种商品或劳务、资金等抵消一定比例进口价款的做法。

初期的抵消贸易非常接近回购,也是由先出口设备的一方承诺一定的回购义务。与回购不同的是,抵消的方式可以是为生产该设备而提供的零部件、投入的资金、所转让的技术以及技术培训、项目研究开发等。抵消贸易自20世纪80年代以来开始盛行,近年来,抵消贸易更多地出现在发达国家之间,以及发达国家与发展中国家之间的军火交易或大型运输设备的巨大金额的交易中。

5) 转手贸易

转手贸易(Switch Transaction)是记账贸易的产物,目的是为了将记账贸易项下的不可兑换货币转换成硬通货。记账贸易是两国政府间根据两国间的贸易和支付协定进行的。简单的转手贸易是拥有顺差的一方将用记账贸易的办法买下的货物运到国际市场上出售,取得可自由兑换货币。复杂的转手贸易涉及面较广、环节较多、成本较高。

转手贸易的特点之一是两国间的商品交易不通过现金结算,而是通过双方国家特设的账户互冲。

3.2.2 加工贸易

1. 加工贸易的概念

加工贸易(Processing Trade)是一国通过进口原材料或零配件,利用本国的生产能力和技术加工成成品后再出口的经营活动。加工贸易是以加工为特征、商品为载体的再出口业务。

2. 加工贸易的特征

1) 两头在外

"两头在外"的意思是加工贸易的全部或部分料件从境外购买,其加工成品也销往境外。这是加工贸易的最基本特征。

2) 料件保税

在我国,加工贸易的进口料件属保税货物,海关对其实施保税监管。料件的保税可以降低企业的经营成本,增强出口商品的竞争力。

3) 加工增值

加工增值是企业从事加工贸易的根本原因。企业通过从境外购买料件,然后加工成成品销往境外,使料件增值,从中赚取差价或工缴费。

3. 加工贸易的基本形式

加工贸易的基本形式包括进料加工和对外加工装配。对外加工装配又可分为来料加工和来件装配。

1) 进料加工

进料加工又称"以进养出",是指本国企业从国外购进原材料和零部件,利用本国的技术、设备和劳动力,加工成成品后再销往国外市场的做法。

在进料加工业务中,经营企业既要签订进口料件的合同,又要签订出口成品的合同,所以加工贸易是两笔不同的货物买卖,只要企业经营有方,利润就会提高,但要独自承担料件采购和成品销售的风险。

进料加工的主要做法有以下三种：

① 先签进口料件的合同，加工出成品后，再签订出口成品的合同进行销售。

② 先寻找买主签订出口成品合同，根据国外买方的订货要求，再从国外购进料件，在国内加工生产。

③ 对口合同方式，即在与外方签订料件的进口合同的同时，签订出口成品的合同。两份合同相互独立，分别结算。

2) 对外加工装配

对外加工装配是一种委托加工的贸易方式，由外商提供原材料、零部件、元器件、配套件，有时还提供包装材料，由我方加工单位按外商的要求进行加工装配，成品交外商销售，我方按约定收取一定的加工费作为报酬。

对外加工装配包括来料加工和来料装配两种。在对外加工装配业务中，无论是料件的"进口"，还是成品的"出口"，都没有发生货物所有权的转移，料件和成品的所有权始终属委托方所有。因此，对外加工装配的性质属劳务贸易，是以商品为载体的劳务出口，不属货物买卖范围。

承接对外加工装配贸易的企业有两种类型：一种是承接方为我国企业或合资企业，它们和委托方之间是单纯的委托加工关系；另一种是国外委托方，它们在国内直接投资设厂，然后以在我国委托加工装配的方式，利用我国的优惠政策和低廉的劳动力，加工装配后出口。

4．进料加工业和对外加工装配的区别

进料加工业和对外加工装配使用的原材料来自境外，加工的成品也销往境外市场，但两者存在本质的区别：

(1) 法律关系不同

在进料加工业务中，料件进口和成品出口是两笔不同的货物交易，交易双方都是买卖关系；而在对外加工装配业务中，原材料的提供者和成品的接受者是同一家企业，交易双方是委托加工的关系，而非买卖关系。

(2) 货物所有权的归属不同

在进料加工业务中，经营加工企业通过支付获得原材料的所有权，在成品尚未销售前，对成品拥有所有权；而在对外加工装配业务中，加工企业不拥有原材料和成品的所有权，只有加工权，料件和成品的所有权属于国外委托方。

(3) 加工方承担的风险大小不同

在进料加工业务中，经营企业购买料件进口，而后加工成成品出口，要自担风险、自负盈亏；而在对外加工装配业务中，交易双方是委托方和加工方的关系，而非买卖关系，所以，加工企业只得到加工费，不需要承担经营的风险。

5．加工贸易的一般业务流程

加工贸易的一般业务流程如图 3-1 所示。

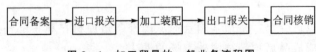

图 3-1　加工贸易的一般业务流程图

1) 加工贸易合同备案

加工贸易合同备案是指加工贸易企业持加工贸易合同和所需的其他单证，到海关办理备案和申请保税的行为。加工贸易合同备案的基本程序如图3-2所示。

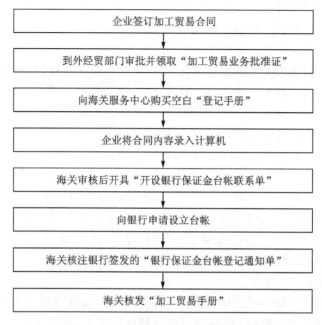

图3-2 加工贸易合同备案的基本程序

办理加工贸易合同备案需提交的单证：商务主管部门签发的"加工贸易业务批准证"（加盖国税局印章）、加工贸易合同及其副本、"加工贸易合同备案申请表""进口料件备案清单""出口制成品及对应进口料件消耗备案清单""生产能力证明"以及按规定需提供的其他单证。

2）加工贸易货物进出口报关

在加工贸易货物报关时，海关的计算机系统中已有该货物的备案底账，所以加工贸易货物的进出口报关是在备案底账的基础上直接输入电子数据报关。这就需要企业在口岸报关时提供的有关单证和数据内容必须和备案底账的内容一致，否则报关就有可能不被通过。

加工贸易货物报关申报时应提交的单证有："加工贸易登记手册"或其他准予合同备案的凭证；报关单、发票、装箱单、提单或装货单；如果加工贸易货物属国家管制进出口的，还必须提供主管部门批准的进出口许可证。

3）加工贸易合同报核和核销

加工贸易合同报核是指加工贸易企业在加工贸易合同履行完毕后，在规定的时间内按照规定程序向主管海关申请核销结案的行为。

加工贸易合同核销是指加工贸易企业报核后，主管海关通过审核，准予办理解除监管的行为。

加工贸易合同报核应提交的单证：加工贸易合同核销申请表、加工贸易登记手册、报关单、核销核算表及其他海关需要的资料。

3.2.3 商品期货交易

1. 商品期货交易的含义与特征

商品期货交易是在期货市场（Futures Market）或称商品交易所内，按照规定的程序和规则买进或卖出某种商品的标准化的期货合约的交易。商品期货交易已经存在一百多年,是当今国际市场的重要组成部分。

期货市场的特征包括以下几个方面:

(1) 以标准合约作为交易的对象

商品期货交易的对象不是实际的货物,而是标准化的期货合约,即标准合约。

所谓标准合约是指商品的品质、规格、数量、包装和交货地点等合同的内容和条款已经标准化了的合同。在这种合同中,只有价格需由买卖双方协商确定。

商品期货合约的标准化,大大简化了交易手续,降低了交易成本,最大限度地减少了交易双方因对合约条款理解不同而产生的争议与纠纷。

(2) 特殊的清算制度

期货交易是由结算所专门负责处理所有交易的结算和合同的履行。在交易所内达成的所有交易,必须送到结算所进行结算,经结算处理后才算最后达成,成为合法交易。交易双方互无关系,都只以结算所作为自己的交易对手,只对结算所负财务责任,即在付款方向上,都只对结算所,而不是交易双方之间互相往来款项。

(3) 严格的履约保证金制度

从事期货交易需要交纳一定的保证金。交易者在进入期货市场开始交易前,必须按照交易所的有关规定交纳合同金额的 5%～10% 作为履约保证金,并在交易过程中维持一个最低保证金水平,以便为所买卖的期货合约提供一种保证。保证金制度的实施,可以使结算所为交易所内达成并经结算后的交易提供履约担保,确保交易者能够履约。

2. 商品期货贸易的做法

根据交易者的目的,商品期货贸易有两种不同性质的做法:一种是进行投机性活动交易,买进卖出期货合约,从价格涨落的差额中获得利润;另一种是进行套期保值,即利用实际货物价格与期货价格的变动趋势基本一致的原理,来转移价格风险。

(1) 投机性交易

所谓投机性交易,是指利用商品期货市场价格的变动,在对市场价格走向做出判断的基础上,通过期货合约的买进卖出,即先买空后卖空或先卖空后买空的方式从中牟利,是一种投机活动。

买空又称多头期货(Long Futures),是指投机商在判断期货市场行情看涨时买进期货,待实际上涨后将期货出售。卖空又称空头期货(Short Futures),是指投机商在期货市场行情看跌时先卖出期货,在行情下跌时再买入期货。

(2) 套期保值

套期保值又称"海琴"(Hedging),是指利用实际货物价格与期货价格的变动趋势基本一致的原理,在卖出(或买入)实际货物的同时,在商品交易所买入(或卖出)同等数量的期货进行保值的一种做法。由于期货市场和实物市场的价格变化趋势基本是一致的,所以实物市场的亏(盈),可以通过期货市场的盈(亏)来进行弥补或抵消。

① 卖期保值。卖期保值(Selling Hedging)是指交易商为了防止实物价格下跌的风险,先在期货市场卖出与现货同样数量的期货合约,以达到保值目的的交易方式。

卖期保值通常是贸易商或加工商为防止货物购进后价格下跌而采取的保值方式。例如,农场主为防止收割时农作物价格下跌;矿业主为防止矿产开采以后价格下跌。

【例 3-1】 某食用油加工商于 9 月 15 日签订了 10 000 吨大豆的进口合同,交易价格为 4 500 元/吨,交货期为 11 月份。该加工商担心交货时大豆价格下跌带来损失,为了保值,该商在某商品交易所抛出 11 月份 1 000 手大豆合约期货(每手 10 吨),价格为 4 600 元/吨。

当年由于大豆丰收,到 11 月份交货时,大豆的现货价格下跌为 4 300 元/吨,即每吨下跌 200 元;由于期货市场和实物市场的价格变化趋势基本是一致的,假设 11 月份的大豆期货价格也下降了 200 元,为 4 400 元/吨,那么,该加工商在商品交易所买入大豆期货 1 000 手合约,对冲先抛出的期货合约。这样,该加工商可以用期货市场上赚得的每吨 200 元,抵消其在现货市场的损失(不考虑其交易成本)。

如果当年由于天气恶劣,大豆减产,现货价格上升为 4 700 元/吨,即每吨上升了 200 元;假设期货价格每吨价格也上升了 200 元,该加工商在商品交易所买入大豆期货 1 000 手合约,对冲先抛出的期货合约。该加工商用现货市场上的盈利补偿期货市场的亏损,如果不考虑交易成本,该加工商正好不赢不亏,从而达到了保值的目的。

② 买期保值

买期保值(Buying Hedging)是指先在期货市场上买入期货合约,以便将来在现货市场买进现货时不致因价格上涨而给自己造成经济损失的一种套期保值方式。

买期保值与卖期保值的操作正好相反,其目的是为了转嫁价格上升的风险。

需要注意的是,由于影响价格变化的因素十分复杂,期货市场和现货市场的价格变动,不仅两者变化的幅度不完全一致,而且两者的变化也不可能始终是同步和同向的,这必然使套期保值的实际效果受到影响;而且,如果判断失误或操作不当,不仅达不到保值的目的,还可能带来双重损失。

【项目小结】

本项目介绍了除常见的逐笔的进出口贸易之外的其他各种国际贸易方式,包括传统的国际贸易方式和新兴的国际贸易方式。传统的国际贸易方式包括经销、代理、拍卖、寄售、展卖和招投标等贸易方式;新兴的国际贸易方式包括对销贸易、加工贸易、商品期货交易等方式。

这些贸易方式,无论是传统的还是新兴的,每一种贸易方式都有其利弊和生长的"土壤",因此,在实际业务中应结合企业特点、产品特性、客户情况和国际市场行情等因素,灵活地选用某一种贸易方式或者其组合。

【项目自测】

一、单选题

1. 在补偿贸易业务中,购进技术设备的一方用该技术设备投产后生产出来的产品,偿还技术设备的价款或购买技术设备所用贷款的本息,这种方式称作( )。
   A. 直接补偿　　　B. 间接补偿　　　C. 综合补偿　　　D. 部分补偿
2. 我国出口商品最重要的展销方式为( )。
   A. 国际博览会　　B. 广交会　　　C. 小交会　　　D. 到国外举办展卖会
3. 下列对比包销、代理的描述中,正确的是( )。
   A. 包销商、独家代理商均享有指定商品的专营权
   B. 包销商、代理商均得到货物实体
   C. 包销商、代理商均得到货物的所有权

D. 包销商、代理商经营的目的均为获取佣金
4. 商品期货交易的对象是（　　）。
   A. 期货合约　　　　B. 商品实物　　　　C. 股票　　　　D. 外汇
5. 代理协议一般不包含以下内容（　　）。
   A. 代理权限　　　　B. 专营权　　　　C. 最高代销额　　　　D. 佣金
6. 在来料加工业务中，料与成品的所有权（　　）。
   A. 均属于供料方　　　　　　　　　　B. 料属于供料方，成品属于加工方
   C. 成品属于供料方，料属于加工方　　D. 均属于加工方

二、多选题

1. 下列对拍卖业务的描述恰当的有（　　）。
   A. 拍卖是一种公开竞买的现货交易
   B. 拍卖是在一定的机构内有组织地进行的
   C. 拍卖有自己独特的法律和规章
   D. 参与拍卖的买主，一般需向拍卖机构缴存一定数额的保证金
   E. 增价拍卖又叫"英格兰式拍卖"
2. 包销协议可能包含以下内容（　　）。
   A. 包销期限　　　　　　　　B. 包销地区
   C. 专营权　　　　　　　　　D. 作价方法
   E. 最低包销的数量
3. 进料加工和对外加工装配的区别有（　　）。
   A. 法律关系不同　　　　　　B. 货物所有权归属不同
   C. 成品是否出境的不同　　　D. 料件是否保税的不同
   E. 加工方承担的风险大小不同
4. 招标业务中可能涉及的文件有（　　）。
   A. 招标公告　　B. 招标文件
   C. 投标文件　　D. 投标保证书　　E. 信用证

三、判断题

1. 独家经销协议是规范出口商和包销商双方权利和义务的法律文件。（　　）
2. 一般代理是指接受委托人的委托，在约定的区域和期限内，享有约定商品专营权的唯一代表。（　　）
3. 降价拍卖又叫"荷兰式拍卖"或"买主叫价拍卖"。（　　）
4. 投标人中标后不和招标人签约属于违约行为。（　　）
5. 信贷是进行补偿贸易必不可少的前提条件。（　　）
6. "两头在外"的意思是加工贸易的全部或部分料件从境外购买，其加工成品也销往境外。这是加工贸易的最基本特征。（　　）
7. 对外加工装配的性质属劳务贸易。（　　）
8. 卖空又称多头期货，是指投机商在判断期货市场行情看涨时买进期货，待实际上涨后将期货出售。（　　）

四、名词解释

包销　　代理　　招标　　对销贸易　　补偿贸易　　进料加工
商品期货交易　　买期保值　　卖期保值

五、问答题

1. 请简述独家经销方式的积极作用。
2. 寄售协议的主要内容有哪些？
3. 对销贸易的基本特征有哪些？
4. 期货市场的特征有哪些？

【案例分析】

1. 我国A公司在国外物色了B公司作为其代售人,并签订了寄售协议。货物在运往寄售地的途中遭遇洪水,使得20%的货物被洪水冲走。因遇洪水后道路路基需要维修,货物存仓发生了8 000美元的仓储费。问:以上损失的费用应由哪方承担?

2. 我国某公司和外商洽谈一笔补偿贸易,外商提出以信贷的方式向我公司提供一套设备,并表示愿意代销我公司的产品。根据补偿贸易的要求,你认为这是补偿贸易吗?为什么?

模块二　进出口交易前的准备

项目四　进出口交易前的准备

【项目介绍】

本项目共有四个任务：

任务一　办理外贸经营的相关手续

要求学生了解办理进口经营和出口经营的相关手续。

任务二　国际市场调研

要求学生了解国际市场调研的方案设计及方案的具体实施。

任务三　国际市场细分和目标市场的选择

要求学生掌握国际市场细分的方法及目标市场选择的策略。

任务四　外贸业务关系的建立

要求学生掌握寻找客户以及与客户建立业务关系的方法和策略。

【项目目标】

知识目标：了解办理进口经营和出口经营的相关手续；了解国际市场调研的方案设计及方案的具体实施；掌握国际市场细分的方法及目标市场选择的策略；掌握寻找客户以及与客户建立业务关系的方法和策略。

能力目标：能够在交易磋商、进出口合同的签订和履行前做好充分的准备工作；在落实相应政策、办理相关手续的同时，熟悉和掌握国外市场的基本情况，做到"知己知彼，百战不殆"；初步掌握一些与人沟通的技巧和策略，能够寻找客户与之沟通洽商最终建立业务关系。

【案例导入】

美国一家大型的软饮料公司决定，在东南亚地区选择印度尼西亚作为公司最畅销饮料的目标销售市场。印度尼西亚当时是世界第五大人口大国，人口近1.8亿。美国饮料公司的管理阶层认为没有理由拒绝这一巨大的潜在市场，因此，决定与印度尼西亚达成瓶装与分销协议来服务于这一市场。公司决定把软饮料汁卖给一家瓶装商，由后者负责饮料的瓶装与分销。但不幸的是，销售状况非常糟糕，饮料根本不畅销。虽然公司初期调研，包括对当地竞争者和政府态度的调研结果都非常乐观，但营销情况仍然一蹶不振。后经了解得知，这是因为公司董事会主席和其项目经理忽视了两个重要因素：其一，印尼虽拥有近1.8亿人口，但绝大多数住在农村，处于前工业化阶段；其二，大多数印尼人喜欢甜饮料和以椰子汁为主要原料的软饮料，他们对美国风味的碳酸饮料甚感不习惯。在印尼，虽存在着一个美国饮料市场，但这几乎全部限于主要城市。欣赏美国风味并有足够可自由支配收入购买美国风味饮料的，市场上总共才800万人。请对此案作出评析。

【分　析】　国际商品市场调研是指为了发现一种或一组产品的销售趋势，找出取得销售成功的方法而进行的调查国际商品市场的活动。它不仅是市场状况和统计数字的罗列,而且还要对它们进行全面的分析与研究,得出相应的结论,最终为企业的营销与经营管理提供科学决策。

任务4.1　办理外贸经营的相关手续

"知己知彼、百战不殆",这句话出自《孙子·谋攻篇》,意思是说在军事纷争中,既了解敌人,又了解自己,百战都不会有危险。而如果将这句话运用到国际贸易业务中来,则可以理解为:在实际业务操作中,既要了解外贸企业自身的状况,又要了解国际市场、往来客户的基本情况,这样才能做到驰骋外贸商场而"百战不殆"。要做到了解外贸企业自身的状况或者说一个企业想要成为外贸企业,开展外贸业务,那么首先就要办理外贸经营的相关手续。而办理外贸经营手续又由于进口业务和出口业务的不同而有所差别,下面就从进口经营的相关手续办理和出口经营的相关手续办理这两方面来介绍。

4.1.1　办理进口经营的相关手续

企业要想开展进口业务,必须先申请取得进出口经营权。目前国家对企业申请办理进出口经营权已经放开,并无注册资金及年销售额大小的限制,只要是企业,有营业执照即可办理。私营企业与个体工商户也可以申请进出口经营权。其具体步骤如下。

1. 申请对外贸易经营者备案

企业要先去工商管理局给营业执照做增项,即给营业执照的经营范围增加"货物进出口"或"技术进出口"业务,然后在商务部网站下载或到当地的备案登记机关(当地商务机关)领取"对外贸易经营者备案登记表",然后将填写好的"对外贸易经营者备案登记表",连同营业执照复印件、企业代码证书复印件、财产公证证明等材料送到备案登记机关进行备案。

备案登记机关应自收到对外贸易经营者提交的材料之日起5日内办理备案登记手续,在"对外贸易经营者备案登记表"上加盖备案登记印章。

申请进出口经营权的企业,应凭加盖备案登记印章的"对外贸易经营者备案登记表"在30日内到当地海关、检验检疫、外汇、税务等部门办理开展外贸业务所需的手续。逾期未办理的,"对外贸易经营者备案登记表"自动失效。

2. 到所在地海关申请办理注册登记

根据现行的《中华人民共和国海关对报关单位注册登记的管理规定》,进出口货物收发货人到当地海关申请办理注册登记时,应提交下列文件材料:

① 企业法人营业执照副本复印件(个人独资、合伙企业或者个体工商户提交营业执照);

② 对外贸易经营者登记备案表复印件(法律、行政法规或者商务部规定不需要备案登记的除外);

③ 企业章程复印件(非企业法人免提交);

④ 税务登记证书副本复印件;

⑤ 银行开户证明复印件;

⑥ 组织机构代码证书副本复印件;

⑦ 报关单位情况登记表、报关单位管理人员情况登记表;

⑧ 其他与注册登记有关的文件材料。

注册地海关依法对申请注册登记材料是否齐全、是否符合法定形式进行审核。申请材料齐全是指海关按照本规定公布的条件要求申请人提交的全部材料完备。申请材料符合法定形式是指申请材料符合法定时限、记载事项符合法定要求、文书格式符合规范。申请材料齐全、符合法定形式的申请人由注册地海关核发"中华人民共和国海关进出口货物收发货人报关注册登记证书",报关单位凭此办理报关业务。

"中华人民共和国海关进出口货物收发货人报关注册登记证书"的有效期限为三年。

3. 办理中国电子口岸入网申请

中国电子口岸是一个依托国家电信公网的公众数据中心和数据交换平台。中国电子口岸实现了海关、检验检疫、外汇、外经贸、工商、税务、银行等部门以及涉外企业的联网。企业可以通过中国电子口岸办理报关、结付汇核销、出口退税、网上支付等实时在线服务。

申请进出口经营权的企业办理中国电子口岸入网的具体步骤是：

① 企业提出入网申请。企业到所在地的数据分中心或制卡代理点,领取并如实填写"中国电子口岸企业情况登记表"和"中国电子口岸企业 IC 卡登记表",由企业法人签字并加盖公章。

② 企业信息备案。企业到所在地的数据分中心或制卡代理点进行企业信息备案工作。

③ 企业入网资格审批。企业持"中国电子口岸企业入网资格审查记录表",并携带相关资料到所在地技术监督局、工商局、税务部门进行企业入网资格审批工作。

④ 制作企业法人卡和操作员卡。企业持经所在地技术监督局、工商局、税务局审批的"中国电子口岸企业入网资格审查记录表",到所在地的数据分中心或制卡代理点制作企业法人卡。企业持法人卡登录中国电子口岸身份认证系统,经相关操作,即可制作企业操作员卡。

⑤ 业务部门审批。企业持法人卡登录中国电子口岸身份认证系统,使用"数据备案"功能向相关业务部门进行企业和 IC 卡等信息的备案。

⑥ 企业领取 IC 卡等软硬件设备。企业领卡人持单位介绍信、本人身份证明到所在地的数据分中心或制卡代理点,缴纳 IC 卡、读卡器、Oracle Lite 软件的成本费用后,领取上述软硬件设备。同时,可免费获得中国电子口岸系统安装光盘 1 张。

⑦ 购买 95199 上网卡。企业登录电子口岸办理业务之前,还需要联系当地的电信运营商网点(电信公司或通信公司)购买 95199 上网卡。中国电子口岸综合服务网站"在线售卡"栏目提供网上代售宽带卡业务,企业也可以通过该栏目方便、快捷地购买宽带用户卡。

4. 到所在地外管局办理进口核销登记

外汇管理局(简称外管局)为进口单位建立进口付汇核销档案,进口单位应当凭"中国电子口岸企业操作员 IC 卡"及其他规定的凭证向外汇管理局申领核销单。外管局向进口单位核发核销单后,应当将核销单电子底账数据传送至"中国电子口岸"数据中心。

5. 开立外汇账户

符合规定条件的中资企业,可以向外管局申请在当地外汇指定银行开立外汇结算账户。

此外,企业还需办理出入境检验检疫备案登记;对于我国限制进口的货物,进口方应到主管部门办理进口配额和进口许可证。

国家规定有数量限制的限制进口货物,对其实行配额管理;其他限制进口货物,实行许可证管理。对实行配额管理的限制进口货物,进口配额管理部门应当在每年7月31日前公布下一年度进口配额总量。配额申请人应当在每年8月1日至8月31日向进口配额管理部门提出下一年度进口配额的申请。进口配额管理部门应当在每年10月31日前将下一年度的配额分配给配额申请人。进口经营者凭进口配额管理部门发放的配额证明,向海关办理报关验放手续。实行许可证管理的限制进口货物,进口经营者应当向国务院外经贸主管部门或者国务院有关部门(以下统称进口许可证管理部门)提出申请。进口许可证管理部门应当自收到申请之日起30天内决定是否许可。进口经营者凭进口许可证管理部门发放的进口许可证,到海关办理报关验放手续。

4.1.2 办理出口经营的相关手续

办理出口经营的相关手续与上述进口经营的相关手续基本类似,同样也包括办理外贸经营者的备案登记、办理海关登记的注册手续、办理中国电子口岸入网、办理出口收汇核销登记、开立外汇账户、办理出入境检验检疫备案登记等环节。除这些基本环节以外,还需要办理普惠制原产地证明书和一般原产地证明书的注册登记手续及申请出口许可证等工作。我国目前对出口业务占有重要地位的大宗资源性商品以及有配额限制的商品,实行出口许可证管理,因此,在经营对外贸易业务时,从业人员要弄清楚自己经营的商品的范围,并据此办理有关手续。

任务4.2 国际市场调研

所谓国际市场调研是指通过采用科学的调研方法,系统地搜集、记录、处理和分析有关国际市场的信息,以帮助企业制定有效的国际市场营销决策,实现企业的经营目标。由此可见,国际市场调研不仅仅是市场状况和统计数字的简单罗列,而且还要对它们进行综合分析与研究,并得出相应的结论,最终为企业的营销与经营管理提供科学的决策。

4.2.1 国际市场调研的方案设计

国际市场调研方案的设计主要涉及调研目的、调研方法、调研内容三大方面。

1. 国际市场调研的目的

从出口业务来讲,市场调研的主要目的包括寻找可能进入的市场、寻找有利的市场、寻找稳定的市场。从进口业务来讲,调研的主要目的是比较进口商品供应地的优劣,寻找进口商品货源地。

2. 国际市场调研的方法

国际市场调研的方法通常有以下几种:

(1) 观察法

观察法是指由调查人员通过直接或间接的手段观察有关的对象和事物。它分为直接观察法和间接观察法。直接观察法是指调查人员到商店、家庭等进行实地观察,只看不问,不使被调查者感觉到。间接观察法是运用电子仪器或机械工具进行观察测量和记录。

(2) 抽样调查

抽样调查是指从调查对象中根据一定规则抽取一部分对象进行调查,然后用调查结果推断总体情况的方法。抽样调查的关键是要在抽样范围、样本大小和抽样方法三个方面进行决策。抽样范围是指抽样的对象,即要确定调查哪些人,这需要根据研究问题的要求,按照地理区域、特性等来确定。样本大小即调查多少人,这实际上要在研究准确性和调查成本之间作出选择,寻找平衡点。抽样方法可分为随机抽样和非随机抽样两类,前者是指每个个体都有相同机会被抽作样本;后者是指根据调研人员的主观判断在选定的抽样范围内进行抽样的方法,并不是每个个体都有相同的机会被选作样本。

(3) 问卷调查

问卷调查是指以问卷的形式,调查企业所需要了解的问题。问卷的设计非常关键,因为问卷的质量直接影响到调查结果的优劣。

(4) 电话调查

电话调查是指调查人员通过电话征询对方意见。使用电话调查成本较低,但一般很难搜集到复杂的信息。

(5) 个人走访和面谈

个人走访和面谈是指调查人员通过走访被调查者,当面向调查对象提问以获取信息。这种方法能够实现双向沟通、比较灵活,但成本较高,而且对调查人员的沟通技巧要求较高。

以上这些方法在国际贸易市场调研活动具体实施过程中,主要通过以下途径进行调研:

① 通过国外通讯社和报刊图书资料,了解和把握国际市场行情。

② 通过国外的推销网和客户渠道,通过各项业务活动收集和积累有关国际市场行情的资料。

③ 利用出口推销、考察小组,结合业务需要进行实地调查,收集当地市场以及其他有关国际市场行情的资料。

④ 通过国内外综合的和专业的交易会,有目的地开展调查研究。

⑤ 通过参加各种国际性会议的机会,有针对性地收集有关动态资料,进行调查研究。

⑥ 与国际经济组织、国外商业情报机构、研究机构常联系,获得有关资料。

⑦ 利用驻外商务机构和企业收集有关资料。

⑧ 与国内企业和科技单位发展多种形式的联系,获得有关资料。

⑨ 通过互联网站获得信息。

3. 国际市场调研的内容

国际市场调研主要包括:国际市场环境调研、国际市场商品调研、国际市场营销情况调研、国外客户情况调研等。

1) 国际市场环境调研

企业对国际市场环境的调研主要涉及以下方面内容:

① 国外经济环境。包括一国的经济结构、经济发展水平、经济发展前景、就业状况、收入分配等。

② 国外政治和法律环境。包括一国的政治和法律制度,以及政府对贸易实行的鼓励和限制措施等重要经济政策,特别是对外贸易政策等。

③ 国外人口、地理和文化环境。包括一国的人口结构和数量、教育水平、语言文字、宗教、风俗习惯、价值观念、交通、地理等。

2) 国际市场商品调研

国际市场商品调研主要包括以下两个方面的内容:

① 国际市场商品的供给情况调研。包括国外主要生产厂家、生产能力、产品质量、生产数量及库存情况、供货的主要商家等。

② 国际市场商品需求情况调研。包括国外市场对商品需求的品种、数量、质量要求、购货的主要商家等。

3）国际市场营销情况调研

国际市场营销情况调研一般包括：

① 国际市场商品价格情况调研。包括国际市场商品的价格状况及其变动趋势等。

② 商品分销渠道调研。包括分销渠道的建立、批零商的经营能力及状况、售后服务等。

③ 促销情况调研。包括消费者的购买动机、促销方式、促销效果等。

④ 竞争状况调研。包括竞争者的经营实力、经营作风、市场占有率、产品、价格、分销渠道、促销等。

4）国外客户情况调研

在国际贸易中，进出口方产生争议和纠纷、不按合同要求交货或付款，甚至进行诈骗的事情时有发生。因此，在交易前对国外客户的情况进行认真的调研就显得非常有必要。对国外客户情况调研的内容主要包括以下几个方面：

① 客户的政治情况调研。包括客户的政治背景、企业负责人参加的党派及对我国的政治态度等。

② 客户的资信调研。包括客户的资本实力、融资能力、贸易关系、营销渠道、经营方针、经营作风、商业道德记录等。

③ 客户的经营性质和范围。经营性质是指客户是生产商还是中间商，如果是中间商，是中间商的哪一类（经销商、代理商或其他）；经营范围指企业经营的商品品种、业务范围以及是否与我国做过交易等。

4.2.2 国际市场调研的方案实施

国际市场调研的方案制定好之后，就可以按照方案进行具体的调研实施。实施国际市场调研的方案主要包括搜集、处理和分析有关国际市场信息资料的具体工作，以及撰写调研报告。

搜集资料一般可以通过下列方法进行：

① 企业调研人员可通过各种媒体（互联网、报纸、杂志、电视等）寻找信息资料。

② 必要时，由企业向国外目标市场派遣调研人员，通过观察法、问卷调查法等进行实地调研。

③ 委托专业调研公司调研。

④ 有条件的企业可以委托我国驻外机构帮助搜集资料或工作调研。企业自己搜集资料的好处是可以加强对调研过程和信息质量的控制，但成本较高；委托专业调研公司的好处是能比较客观地完成调研，且成本较低。

搜集的信息资料往往是杂乱无章的，无法直接使用，而且由于是采用不同的调研方法，从不同来源得到的资料，其时效性和准确性也可能不同，有些资料之间甚至是彼此矛盾的。因此，在搜集资料的工作完成后，要对搜集的资料进行加工和处理，才能使其具有价值并作为决策的依据。对搜集资料的加工和处理过程包括对资料的分类、核对、调整和编校等。

对信息资料进行加工和处理后,调研人员要运用统计技术对其进行分析,然后撰写调研报告,为企业的经营决策提供依据。调研报告不只是数据和公式的罗列,而要有简明扼要的结论和有关说明。

【课堂讨论】

我国某企业准备斥资350万元人民币与德国某公司设立合资公司,并约定将该投资用于向德方指定的某设备商购买设备。该德国公司提供了盖有德国"某市政府印章"的营业执照和瑞士某知名银行提供的"AAA级"资信证明以及公证书。在审查外方提供的各种文件时,我方发现其中三份文件在外方公司名称上存在一点差异,经综合考虑当事人提供的有关资料,感觉到外方的资信状况存在不实和不统一之处,于是决定委托某资信调查机构对外方的资信状况进行全面调查。该资信调查机构通过我驻外机构、协作律师事务所等渠道,对德商在当地的注册情况、实际办公情况、通信情况及银行信用情况进行了全方位的调查,结果显示外方公司提供的营业执照是虚假的,在德国某市根本就没有这样一个公司存在,其指定的设备销售商也不是其所说的德国某大公司,而是一个投资根本未到位、由某国人设立的独资公司。很明显,外方与设备商具有合伙诈骗的嫌疑。该资信调查机构立即将各个渠道反馈回来的信息汇总,出具了资信调查报告,建议中方在取得足够的保证之前,不要汇款给外方指定的设备销售商。由于资信调查机构认真、细致的全面调查,使中方避免了350万元人民币的损失。

请讨论我方企业的经验和教训。

任务4.3 国际市场细分和目标市场的选择

4.3.1 国际市场细分

1. 国际市场细分的概念

国际市场细分(International Market Segmentation)是指企业按照一定的细分标准,把整个国际市场细分为若干个子市场的营销活动,其中任何一个子市场中的消费者都具有相同或相似的需求特征。

国际市场细分实际上是市场细分概念在国际市场营销中的运用。由于和国内市场相比,国际市场的分布范围更广、购买者更多,企业由于自身实力的限制,往往很难满足全球范围内所有顾客的需要。因此,企业需要对国际市场按照某种标准进行划分,然后选择某些子市场作为自己的目标市场。

2. 国际市场细分的层次

国际市场细分具有两个层次,即国际市场宏观细分与国际市场微观细分。

国际市场宏观细分是指根据一定的细分标准将整个世界市场划分为若干个子市场,每一个子市场具有相同或相似的营销特征,企业选择某一个或某几个国家作为目标市场。例如,某跨国公司按地理标准把全球市场划分为五个子市场:亚洲、欧洲、大洋洲、非洲、美洲。

国际市场微观细分类似于国内市场细分,即当企业决定进入某一个或某几个国家的市场后,再依据一定的标准把市场进一步细分成若干个子市场,然后选择其中的子市场作为其目标市场。

国际市场宏观细分是国际市场微观细分的基础，因为企业首先要确定进入哪个或哪些国家，然后才能对这个或这些国家进行进一步的细分；国际市场微观细分是国际市场宏观细分的深化和延伸，因为企业往往受经济实力的限制，只有通过微观细分才能真正找到为之服务的目标市场。

3. 国际市场细分的原则

尽管国际市场细分有利于识别、寻找和发现海外市场，但并不是所有的国际市场细分都是有效的，细分不当也可能导致营销上的失败。因此，有效的国际市场细分必须坚持下列原则：

（1）可衡量性

可衡量性是指各细分市场的规模、购买力是可以被测量的。例如，美国"可口可乐"饮料在中国市场上的成功就是得益于对中国市场的有效细分和对中国消费者购买力的准确测量。因此，有效的市场细分能使各分市场需求规模及其购买力得到比较准确的测量。

（2）可接近性

细分市场必须能够接近并提供服务。比如一家香水公司发现，用其香水的人多数是单身，但这些人很晚还待在外面，社交很多，除非公司有办法知道这些人住在哪里，在哪里买东西，或者接触哪些媒体广告，否则就很难达到产品促销的目的。

（3）可进入性

可进入性是指企业有能力进入所选定的子市场。如日本本田公司在向美国消费者推销其汽车时就遵循这一原则，从而成功地进行了市场细分，选择了自己的目标市场。同"奔驰""奥迪""富豪"等高级轿车相比，本田汽车不仅价格较低，其技术也较高，足以与竞争对手分"粥"。因此，在进入美国市场后，取得了巨大成功。

（4）可盈利性

可盈利性是指企业进入所选定的子市场后，这一子市场的规模足以使企业有利可图，或者能够给企业带来足够的盈利。否则，市场细分就没有实际意义了。

4. 国际市场细分的标准

国际市场宏观细分的标准有地理标准、经济标准、文化标准和组合法。所谓组合法是指企业以国家潜量、竞争力、风险三个方面来综合分析世界各国市场，以选择潜量大、企业竞争力强、市场风险小的国家作为其目标市场。

国际市场微观细分的标准有以下几个（以消费者市场为例）：

（1）地理标准

地理标准指按消费者所在的地理位置来细分消费者市场。这是一种最早、最传统的细分方法。因为地理因素对于其他因素来说表现相对稳定，所以较为容易分析。如我国分为东北、中南、华东、西南、西北等地区，从而形成了不同的区域市场；南方和北方由于生活习惯的不同，素有"南甜北咸"的说法。由于地理位置不同，在市场潜力、竞争强度和消费水平等方面存在着差异。企业应选择潜力较大、竞争较弱、营销费用低的地理市场为目标市场。

（2）人口标准

人口标准即企业按照人口因素来细分消费者市场，包括：性别、年龄、收入、家庭人数、家庭生命周期、职业、教育、文化水平、宗教、社会阶层等。

(3) 心理标准

消费者因生活方式、个性、爱好及年龄、收入、社会职业的不同,往往有不同的购买心理,从而形成不同的消费需求。例如,有的消费者追求时尚、时髦;有的追求社会地位;有的追求朴素大方;有的追求个性等。在20世纪50年代后期,福特与雪佛莱汽车是按不同的个性来促销的。

(4) 行为标准

行为标准即按消费者的购买行为划分市场。消费者的购买行为包括购买时机与方式、寻求利益、用户状况及对品牌的忠诚程度等因素。

5. 国际市场细分的方法

根据市场细分的程度不同,国际市场细分的方法大致有以下几种:

(1) 完全无细分

完全无细分即有意识地不根据消费者需求的不同加以细分,目的是强调市场共性,不考虑消费者个性,以减少生产和营运成本。在实际营销中,有少数的产品是不需要细分的,如电力、煤炭、自来水等。由于此类产品消费共性大,价格高低是老百姓最为关心的,为了降低成本,企业可以采取不加细分的方法。

(2) 完全细分

完全细分又称为极端细分或超细分。即认为每一个消费者都可能是一个单独的市场,完全可以按照这个市场所包括的消费者数量进行最大限度的细分,细分后的小市场也就是构成此市场的消费者数量。

(3) 按一个因素细分

按一个因素细分即按上述细分标准中的一种因素对国际市场进行细分。

(4) 按两个或以上因素细分

大多数产品的销售都受消费者多种因素的影响,如不同年龄范围的消费者,因生理或心理原因对许多商品有不同的要求;同一年龄范围的消费者,因收入不同,也会产生需求的差异;同一年龄范围和同一收入阶层的消费者,更会因性别、居住地及其他许多情况的不同而呈现复杂的、互不相同的需求,因此,大多数产品都需按照两个或两个以上的因素细分。

4.3.2 目标市场的选择

1. 目标市场的含义

所谓目标市场就是企业营销活动所要满足的市场,是企业为实现预期目标而要进入的市场。企业的一切营销活动都是围绕目标市场进行的,选择和确定目标市场,明确企业的具体服务对象,关系到企业的经营任务能否顺利完成。因此,选择好目标市场是企业制定营销战略的首要内容和基本出发点。

2. 目标市场选择策略

目标市场选择策略主要有以下三种:

(1) 无差异性营销策略

无差异性营销策略是指企业把一类产品的整体市场看做一个大的目标市场,用一种标准化的营销组合策略,而不考虑单一细分市场的特殊性,只考虑共性。

(2) 差异性营销策略

差异性营销策略是指企业把一类产品的整体市场划分为若干个细分市场,从中选择多数甚至全部细分市场作为自己的目标,并为每个细分市场选定不同的市场营销组合方案。例如,近些年来,可口可乐公司转向采用这一策略,根据消费者的不同需求爱好,也生产不同容量、不同包装、不同口味的制品。

(3) 集中性营销策略

集中性营销策略又称密集性策略,是指企业在市场细分过程中集中所有力量,以一个或少数几个细分市场为目标市场,运用全部市场营销组合为一个或几个细分市场服务。

3. 选择目标市场应考虑的因素

上述三种目标市场选择策略,在具体选择运用时,需要考虑以下因素:

(1) 企业资源

如果企业实力雄厚、资源充足、经营水平高,则可以根据产品的不同特点,考虑采用差异性或无差异性营销策略;如果实力有限,无力考虑整体市场或多个细分市场的需要,则应采用集中性策略。

(2) 商品特点

如果企业的商品差异性小并且消费者对这些商品的差别也不太重视,商品竞争的焦点应主要集中在价格和服务上,对这些商品则应该采用无差异策略。而有些商品不仅本身的款式、性能、花色等具有较大的差异性,并且顾客对这些商品需求的差异也较大,那么此类商品则应采用差异性策略或集中性策略。

(3) 市场特性

根据市场的特性采取不同的策略。如果市场是同质的,企业就应该采用无差异性策略;反之,则企业就应采取差异性策略或集中性策略。

(4) 产品所处的市场生命周期阶段

处于投入期的新产品,一般比较适宜采用无差异性策略;当产品进入成长期或成熟期时,则应采用差异性策略,以刺激新需求,尽量扩大销售;对于处于衰退期的产品,则应该采用集中性策略,以维持企业的市场份额并延长产品的寿命周期。

(5) 竞争者的状况及策略

这里主要涉及两个方面的问题:一是竞争者的数量。当同一类产品的竞争者很多时,就应采用差异性策略;反之,就可采用无差异策略。二是竞争者的策略。一般而言,企业所采取的目标市场策略应该与竞争对手有所区别。

【课堂讨论】

香港一家食品公司在亚洲的食品商店推销它生产的蚝油调味产品,采用的包装是一位亚洲妇女和一个男孩坐在一条渔船上,船里装满了大蚝,结果效果很好。可是这家公司将这种东方食品调料销往美国,仍使用原来的包装,却没有取得成功,因为美国消费者不理解这样的包装设计是什么含义。后来这家公司在旧金山一家经销商和装潢设计咨询公司的帮助下,改换了名称和包装,新设计的包装是一个放有一块美国牛肉和一个褐色蚝的盘子,这样才引起美国消费者的兴趣。经过一年的努力,这家香港公司在美国推出的新包装蚝油调味系列产品吸引了越来越多的消费者,超级市场也愿意经销该产品了,产品终于在美国打开了销路。请讨论香港公司的成功经验有哪些?

任务4.4 外贸业务关系的建立

4.4.1 寻找客户

在进出口贸易业务中,寻找客户的途径或渠道是很多的。例如,通过本国驻外商务机构、领事馆以及中国银行或其他外商银行的介绍;通过国际友好组织、各国的商业或工业民间组织以及国内外的国际咨询公司进行了解与咨询;从互联网、国内外报纸、杂志、年鉴中了解和物色潜在客户;另外,还可通过参加各种博览会、交易会来结识客户。

4.4.2 与客户建立业务关系

企业通过多种渠道找到国外潜在客户后,应调查客户的资信情况,然后再考虑是否与之建立业务关系。国际贸易中,买卖双方业务关系的建立,往往是由交易一方通过主动向对方写信、发传真或 E-mail 等形式进行的。

一笔具体的交易往往始于出口商主动向潜在客户发函建立业务关系。就标准规范的层次而言,建立业务关系的信函一般应包括以下内容:

1. 说明信息来源

即如何取得对方的资料,如通过他人介绍、网上信息等。如:

- We learned from the Commercial Counselor's Office in your country that you are interested in Chinese handicraft.
- We have obtained your name and address from the Internet.

2. 言明去函目的

如扩大交易或地区、建立长期业务关系等。如:

- In order to expand our products into South America, we are writing to you to seek possibilities of cooperation.
- We are writing to you to establish long-term trade relations with you.

3. 介绍本公司情况

包括公司性质、业务范围、宗旨、公司经营优势等。如:

- We are a leading company with many years' experience in machinery export business.
- We enjoy a good reputation internationally in the circle of textile.

4. 介绍产品

介绍产品分两种情况:一是明确对方需求,此时宜选取某类特定产品,进行具体的推荐;二是不明确对方的需求,此时宜对企业产品的整体情况(质量标准、价格、销路等)作笼统介绍(可能的情况下,附上商品目录、报价单或另寄样品供对方参考)。如:

- Art. No. 76 is our newly launched one with superb quality, fashionable design, and competitive price.
- To give you a rough/general idea of our products, we are airmailing you under separate cover our catalogue for your reference.

5. 激励性结尾

即希望对方给予回应或采取行动。如：

- Your comments on our products or any information on your market demand will be really appreciated.
- We are looking forward to your specific inquiries.

【项目小结】

本项目重点介绍了进出口交易前，进口经营和出口经营必须办理的相关手续。办理进口经营和出口经营的手续有所不同。

国际市场调研方案设计主要涉及调研目的、调研方法、调研内容三大方面的内容。国际市场调研的方案制定好之后，就可以按照方案进行具体的调研实施。

国际市场细分是指企业按照一定的细分标准，把整个国际市场细分为若干个子市场的营销活动，其中任何一个子市场中的消费者都具有相同或相似的需求特征。然后，企业根据自身的资源状况和经营战略等因素，选择某一个或几个子市场作为目标市场，制定和实施适合本企业的经营方案，并做好广告宣传工作。

在进出口贸易业务中，寻找客户的途径或渠道是很多的，可以通过我国驻外商务机构、领事馆以及中国银行或其他外商银行的介绍；也可以通过参加各种博览会、交易会等来结识客户。企业通过多种渠道找到国外潜在的客户后，应调查客户的资信情况，然后再考虑是否与之建立业务关系。国际贸易中，买卖双方业务关系的建立，往往是由交易一方通过主动向对方写信、发传真或 E-mail 等形式进行的。

【项目自测】

一、单选题

1. 办理进口经营相关手续的第一步是（　　）。
   A. 海关注册　　　　　　　　　　B. 开立外汇账户
   C. 申请对外贸易经营者备案　　　D. 中国电子口岸入网

2. 国际市场调研中，由调查人员亲自或运用摄像等手段调查有关对象和事物的方法称为（　　）。
   A. 观察法　　B. 抽样调查法　　C. 问卷调查法　　D. 电话调查法

3. 南方和北方由于生活习惯的不同，素有"南甜北咸"的说法，这一说法反映了市场细分的（　　）细分标准。
   A. 人口　　B. 地理　　C. 心理　　D. 行为

4. 每一个消费者都可能是一个单独的市场，完全可以按照这个市场所包括的消费者数量进行最大限度的细分的市场细分方法是（　　）。
   A. 完全细分　　　　　　　B. 完全无细分
   C. 按一个因素细分　　　　D. 按两个以上因素细分

5. 目标市场选择策略中的密集性策略又称为（　　）。
   A. 差异性策略　　B. 无差异性策略　　C. 覆盖性策略　　D. 集中性策略

二、多选题

1. 办理出口经营相关手续包括（　　）。
   A. 申请对外贸易经营者备案　　B. 到所在地海关办理注册登记
   C. 办理中国电子口岸入网申请　　D. 到所在地外汇局办理进口核销登记
   E. 开立外汇账户　　F. 申请出口许可证
2. 国际市场调研的方法包括（　　）。
   A. 观察法　　B. 抽样调查法
   C. 问卷调查法　　D. 电话调查法
   E. 走访面谈
3. 国际市场调研的内容包括（　　）。
   A. 国际市场环境调研　　B. 国际市场商品调研
   C. 我方的财务状况调研　　D. 国际市场营销情况调研
   E. 国外客户情况调研
4. 国际市场细分的原则包括（　　）。
   A. 可衡量性　　B. 可接近性
   C. 可分配性　　D. 可进入性
   E. 可盈利性
5. 目标市场策略的选择应考虑的因素包括（　　）。
   A. 市场特性　　B. 企业资源
   C. 产品生命周期　　D. 商品特点
   E. 竞争者状况

三、判断题

1. 企业要想开展进口业务必须先申请取得进出口经营权。（　　）
2. 申请进出口经营权的企业，在外经贸部门备案后30日内需到海关办理注册登记。经审核无误后，由海关制发"进出口收发货人报关注册登记证书"。（　　）
3. 出口业务市场调研的目的包括寻找商品货源地；比较商品供应商之优劣。（　　）
4. 对客户资信的调查可有可无。（　　）
5. 在进出口贸易业务中，客户只能通过网络来寻找。（　　）

四、名词解释

国际市场调研　　问卷调查　　国际市场细分

五、问答题

1. 办理进口经营的相关手续有哪些？
2. 国际市场调研的方法有哪几种？
3. 国际市场细分的方法有哪些？
4. 目标市场选择的策略有哪些？
5. 寻找客户的方法和途径有哪些？

【案例分析】

　　国内某化妆品有限责任公司于2022年初开发出适合东方女性需求特点的具有独特功效的系列化妆品,并在多个国家获得了专利保护。营销部经理初步分析了亚洲各国和地区的情况,首选日本作为主攻市场。为迅速掌握日本市场的情况,公司派人员直赴日本,主要运用调查法搜集第一手资料。调查显示,日本市场需求潜量大,购买力强,且没有同类产品竞争者,这使公司人员兴奋不已。在调查基础上又按年龄层次将日本女性化妆品市场划分为15～18岁、18～25岁(婚前)、25～35岁及35岁以上四个子市场,并选择了其中最大的一个子市场进行重点开发。营销经理对前期工作感到相当满意,为确保成功,他正在思考再进行一次市场试验。另外公司经理还等着与他讨论应采取何种定价策略。

　　问题:(1)该公司运用的国际市场调研方法有哪几种方式?各有何特点?

　　　　(2)该公司进行市场细分的细分标准主要是什么?根据日本市场的特点,公司选择的最大子市场应该是哪个?为什么?

模块三　进出口合同的商订

项目五　进出口交易磋商

【项目介绍】
本项目共有两个任务：
任务一　交易磋商的形式和内容
要求学生了解交易磋商的不同形式及交易磋商所包含的内容。
任务二　交易磋商的一般程序
要求学生掌握包括询盘、发盘、还盘和接受在内的交易磋商的一般程序。

【项目目标】
知识目标：了解交易磋商的不同形式及交易磋商所包含的内容；掌握交易磋商的一般程序，具体包括询盘、发盘、还盘和接受。

能力目标：能够在交易磋商时选择适当的形式进行交易磋商；磋商时能够全面考虑涉及各项磋商内容；能够掌握交易磋商的一般程序以及每一步骤相关的法律依据，并在此基础上能灵活地运用交易磋商的策略与技术，以达到磋商的最终目的——签订合同。

【案例导入】
　　某年 11 月 4 日，顺达公司应瑞典 TG 公司的请求，报价棉花 500 公吨，每公吨 CIF 斯德哥尔摩价格为 340 欧元，即期装运实盘，要约有效期至 11 月 24 日。TG 公司接收到报盘后，请求顺达公司："降低价格，延长要约有效期"。顺达公司随后将价格每公吨减至 320 欧元，延长要约有效期至 11 月 30 日。TG 公司接收到顺达公司来电后，又请求顺达公司："增加数量，再次延长要约有效期"。顺达公司再次将数量增至 800 公吨，延长要约有效期至 12 月 10 日。TG 公司于 12 月 6 日来电接受该盘。顺达公司在接到 TG 公司承诺电报时，发现国际市场因受灾影响棉花产量，市场价格暴涨。顺达公司不愿意成交，复电称："由于世界市场价格变化，在接到承诺电报前已将货物售出，不能提供货物"。TG 公司不同意这一说法，认为：承诺是在要约有效期内作出，是有效的，坚持要求顺达公司按要约的条件履行合同。提出："执行合同或者赔偿差价损失 6 万欧元，否则将起诉至法院"。试问：双方间的买卖合同是否成立？

　　【分　析】 本案的关键问题是如何认识合同成立的条件。一般说来，合同成立必须经过两个程序，即发盘和接受。本案中，经过推迟的发盘有效期是 12 月 10 日，TG 公司的接受于 12 月 6 日到达，是有效接受，合同应于 12 月 6 日成立。顺达公司以"由于世界市场价格变化，在接到承诺电报前已将货物售出，不能提供货物"为由不履行合同，是完全没有法律依据的违约行为。因此，双方间的买卖合同已经成立。

任务5.1 交易磋商的形式和内容

在进出口贸易中,交易磋商是买卖双方为达成进出口贸易合同就买卖货物的条件进行的磋商。交易磋商的好坏直接关系到买卖双方之间的权利、义务和经济利益,是进出口合同签订的基础和做好交易的关键所在。因此,磋商人员不仅要有认真负责的工作态度,熟悉掌握进出口贸易合同的条款内容,而且还要掌握交易磋商谈判的策略技巧及进出口贸易方面的政策、法律法规和惯例。

5.1.1 交易磋商的形式

交易磋商在形式上可分为口头和书面两种。

1. 口头磋商

口头磋商主要指与谈判对手或者交易对象在谈判桌上面对面地谈判,如参加各种交易会、洽谈会,以及贸易小组出访、邀请客户来华洽谈交易等;另外,还包括双方通过电话进行的交易磋商。口头磋商方式因为是面对面的直接交谈,有利于了解对方的态度和诚意,以便采取相应的策略,并根据进展情况及时调整策略,达到预期的目标。口头磋商比较适合谈判内容复杂、涉及问题较多的业务,如大型成套设备交易谈判。

2. 书面磋商

书面磋商是指利用信件、电报、电传及电子数据交换等通讯方式来交易磋商。现在,许多企业使用传真进行洽商;更多的企业使用 E-mail 进行交易磋商。随着现代通信技术的不断发展,书面磋商越来越简便易行,成本费用较为低廉。国际贸易中,买卖双方通常采用书面方式进行磋商交易。

采用书面方式磋商时,写往来函件一般需遵循以下三个原则:

(1) 简　明

商务函电讲究实效性,不需要许多客套或拐弯抹角的内容,而应该以简单明了的语言直接说明重点。

(2) 清　晰

商务函电的目的是为了达成交易,签订合同,函件内容必须清晰、正确。

(3) 礼　貌

为了达成磋商的目的,如何掌握好分寸,做到礼貌有度而又不卑躬屈膝,是一门很大的学问。

5.1.2 交易磋商的内容

交易磋商的内容涉及准备签订的进出口货物买卖合同的各项条款,包括商品的品质、数量、包装、价格、交货、支付以及商品检验、索赔、仲裁和不可抗力等。其中,商品的品质、数量、包装、价格、交货、支付为主要交易条件或主要内容。买卖双方若想达成交易、签订合同,必须至少就这六项交易条件进行磋商并取得一致意见(特殊情况可以例外)。至于其他交易条件,特别是检验、索赔、不可抗力和仲裁,它们虽然不是成立合同必不可少的内容,但是为了提高合同质量,防止和减少争议的发生,便于解决可能发生的争议,买卖双方在交易磋商时也不容忽视。

任务5.2 交易磋商的一般程序

在国际贸易中,买卖双方通过洽商,就各项交易条件取得一致后,交易即告达成,买卖双方当事人即存在合同关系。交易磋商的程序一般分为询盘、发盘、还盘、接受四个环节。其中,发盘和接受是达成交易和合同成立必不可少的两个基本环节。

5.2.1 询 盘

1. 询盘的概念

询盘(Enquiry)指交易的一方准备购买或出售某种商品,向对方询问买卖该商品的有关交易条件。询盘的内容可能涉及商品的价格、规格、品质、数量、包装、装运以及索取样品等,而由于多数只是询问价格,所以实际操作过程中常把询盘称作询价。

在国际贸易业务中,有时一方发出的询盘反映了想与对方进行交易的意愿,希望对方接到询盘后及时发出有效的发盘,以便考虑是否接受。也有的询盘只是想探询一下市价,询问的对象也不限于一个人,发出询盘的一方希望对方开出估价单。这种估价单不具备发盘的条件,所报出的价格也仅供参考。询盘可由买方发出,也可由卖方发出。

以下是一个询盘例子:

We are one of the leading importers of TV sets in the city and are willing to establish business relations with your corporation. For the time being, we are interested in your TV sets, details as per our Inquiry Note No. 5678 attached, and will be glad to receive your lowest quotation as soon as possible. We would like to say that if your price is attractive and delivery date is acceptable, we will place a large order with you immediately.

我方为本城最大的电视机进口商之一,欲与贵公司建立业务联系,目前对电视机感兴趣,详见随函附上的第5678号询价单,请尽速答复。如价格合理、装运期可以接受,我方立即下大订单。

2. 询盘的策略

询盘对询盘人和被询盘人均无法律约束力。国际贸易中,询盘常被交易一方用来试探对方对交易的诚意或试探国际市场价格。作为被询盘的一方,在收到对方的询盘后,必须认真对其进行分析,针对不同的询盘目的或背景,做出不同的处理和答复。

3. 注意问题

询盘不是交易磋商的必经步骤,但往往是一笔交易的起点。询盘中,当事人一般需注意以下问题:

① 询盘不一定要有"询盘"(Enquiry)字样,凡含有询问、探询交易条件或价格方面的意思表示均可作询盘处理。

② 业务中询盘虽无法律约束力,但当事人仍需考虑尽量避免只是询价而不购买或不售货,以免失掉信誉。

③ 询价时,询价人不应只考虑如何询问商品的价格,还应注意询问其他交易条件,争取获得比较全面的交易信息或条件。

④ 要尊重对方询价,对对方询价,无论是否出售或购买均应及时处理与答复。

⑤ 询盘可以同时向一个或几个交易对象发出,但不应在同时期集中做出,以免暴露询价方的销售或购买意图。

5.2.2 发盘

在国际贸易实务中,发盘(Offer)也称报盘、发价或报价,我国法律上称之为"要约",可以是应对方询盘的要求发出,也可以是在没有询盘的情况下,直接向对方发出。一般是由卖方发出的,叫"售货发盘";但也可以由买方发出,此时被称为"递盘"。

1. 发盘的概念及具备的条件

《联合国国际货物销售合同公约》(简称《公约》)第14条对发盘下了如下定义:"向一个或一个以上特定的人提出的订立合同的建议,如果十分确定并且表明发盘人在得到接受时承受约束的意旨,即构成发价。"

因此,根据《公约》的规定可以看出,一项有效的发盘必须具备下列四个条件:

① 向一个或一个以上的特定人提出。发盘必须指定可以表示接受的受盘人。受盘人可以是一个,也可以指定多个。不指定受盘人的发盘,仅应视为发盘的邀请,或称邀请做出发盘。

② 表明订立合同的意思。发盘必须表明严肃的订约意思,即发盘应该表明发盘人在得到接受时,将按发盘条件承担与受盘人订立合同的法律责任。这种意思可以用"发盘""递盘"等术语加以表明,也可不使用上述或类似上述术语和语句,而按照当时的谈判情形,或当事人之间以往的业务交往情况或双方已经确立的习惯做法来确定。

③ 发盘内容必须十分确定。发盘内容的确定性体现在发盘中所列的条件是否是完整的和明确的。《公约》规定,一项发盘只要列明货物、数量和价格,即为"十分确定",这和我国的外贸实践有所不同。在我国的外贸实践中,应明示或暗示地至少规定货物的品质、数量、包装、价格、交货和支付六项主要交易条件才算"十分确定"。

④ 送达受盘人。发盘于送达受盘人时生效。

上述四个条件,是《公约》对发盘的基本要求,也可称为构成发盘的四个要素。

下面是一个发盘的例子:

We thank you for your inquiry of July 10th, asking us to make you a firm offer for black tea. We sent a letter this morning, offering you 50 metric tons of black tea, at USD ×××net per metric ton CFR New York for shipment during November/December subject to your order reaching here by July 30th.

感谢7月10日的询价。今晨已经去函,报50公吨红茶每公吨×××美元CFR纽约净价,装运期为11月和12月,以7月30日前复到为准。

2. 发盘应注意的问题

1) 发盘的约束力

发盘具有法律约束力。发盘人发出发盘后不能随意反悔,只要受盘人在发盘的有效期内接受了发盘,发盘人就必须按照发盘条件与对方达成交易并履行合同义务。所以,与询盘相比,发盘更容易得到交易双方的重视,有利于双方迅速达成交易,但它也因此缺乏必要的灵活性。发盘时如果市场情况估计有误,发盘内容不当,发盘人就会陷入被动。所以发盘人必须对发盘价格、条件进行认真的核算、分析,确保发盘内容的准确性,以免陷于被动。

2) 发盘生效的时间

《公约》规定发盘在"到达受盘人时生效"。《公约》的这一规定,对发盘人来讲具有非常重大的意义。这种意义主要表现在发盘的撤回和撤销上。

(1) 发盘的撤回

发盘的撤回是指发盘人在发出发盘之后,在其尚未送达受盘人之前,即在发盘尚未生效之前,将发盘收回,使其不发生效力。由于发盘没有生效,因此发盘原则上可以撤回。对此《公约》规定:"一项发盘,即使一项不可撤销的发盘都可以撤回,只要撤回的通知在发盘送达受盘人之前或与其同时送达受盘人。"在实际业务中,如果我们发现发出的发盘有误,应立即采取措施以更快的通讯联络方式将发盘撤回(发盘尚未到达受盘人)。如:以信函方式所做发盘,在信函到达之前,即可用电报或传真方式将其撤回。

(2) 发盘的撤销

发盘的撤销指发盘人在其发盘已经送达受盘人之后,即在发盘已经生效的情况下,将发盘取消,废除发盘的效力。在发盘撤销这个问题上,英、美、法系国家和德国等大陆法系国家存在着原则上的分歧。《公约》为协调解决两大法系在这一问题上的矛盾,一方面规定发盘可以撤销,一方面对撤销发盘进行了限制。《公约》第16条第1款规定:"在合同成立之前,发盘可以撤销,但撤销通知必须于受盘人做出接受之前送达受盘人";而《公约》第16条第2款则规定:"下列两种情况下,发盘一旦生效,即不得撤销:第一,发盘中已经载明了接受的期限,或以其他方式表示它是不可撤销的。第二,受盘人有理由信赖该发盘是不可撤销的,并已经着对该项发盘的信赖行事。"

《公约》的这些规定主要是为了维护受盘人的利益,保障交易的安全。我国是《公约》的缔约国,因此,我们必须对《公约》的上述规定予以特别的重视和了解。

3) 发盘的有效期

发盘有效期是发盘人受其发盘约束的期限。国际贸易中,发盘有效期有两种表现形式:一是明确规定有效期限;二是采用合理的期限。前者不但很少发生争议而且还可促进成交,使用较多,但不能撤销;后者容易产生争议,但在对方没有接受前可以撤销。采用何者,应视情况,不能一概而论。

明确规定有效期时,有效期的长短是一个重要问题:有效期太短,对方无暇考虑;有效期太长,则发盘人承受的风险较大。适度把握有效期的长短对交易双方都很重要。当事人必须根据货物、市场情况、双方距离以及通讯方式的不同,合理确定。一般来说,发盘以明确有效期的起止日期和到期地点最为适宜。

4) 发盘的终止

发盘终止是指发盘失去效力。发盘终止有四种情况:

① 因受盘人拒绝或还盘而失效;

② 因发盘人有效撤销自己的发盘而失效;

③ 在发盘的有效期限内未被接受而失效;

④ 法律的适用。法律的适用是指发盘后出现了某些特定情况,按有关法律的适用而终止,例如发盘人是自然人,在发盘的有效期内死亡或因精神失常而失去行为能力的;或者发盘人是法人,在发盘的有效期内被依法宣告破产的。

【课堂讨论】

2020年,秘鲁某经营矿产品的QK公司应我国某省TS公司的请求,报出铜矿石初级产品5 000公吨,每公吨890美元,即期装运的实盘。但TS公司接到QK公司报盘后,未作还盘,而是一再请求其增加数量,降低价格,并延长报价的有效期。QK公司随后将数量增到6 000公吨,每公吨价格为CIF上海价875美元,有效期经三次延长,最后延至2020年3月31日,TS公司于3月28日来传真表示接受该盘。QK公司接到该传真时,得知国际市场铜矿石价格上扬,因此决定拒绝成交,于是向TS公司发传真表示:"由于国际市场铜矿石价格发生变化,货物已于接到你方传真时售出。"而TS公司对此拒绝接受,并提出疑义,认为TS公司是在发盘有效期内接受QK公司的发盘,坚持要求按发盘的条件执行合同;如不执行令同,则应赔偿TS公司的差价损失。试分析,TS公司3月28日来电表示的接受是否有效?此时合同是否成立?

5.2.3 还 盘

1. 还盘的概念

受盘人在接到发盘后,不完全同意发盘的内容,为了进一步磋商交易,对发盘提出修改意见,用口头或书面形式表示出来,就构成还盘(Counter offer)。还盘的形式可有多种,有的明确使用"还盘"字样,有的则不使用,而在内容中表示出对发盘的修改,也构成还盘。一方在接到对方的还盘后,可以表示接受,也可以进行再还盘,即针对对方的还盘再提出修改意见。有时一笔交易往往要经过许多回合的还盘和再还盘,才能达成。

下面是一个还盘例子:

We are in receipt of your letter of April 20 Offering us 100 sets of the captioned goods at USD ××× per set. While appreciating the quality of your computers, we find your price is too high. Some computers of similar quality from other countries have been sold here at a level about 30% lower than yours. Should you be ready to reduce your limit by, say 10%, we might come to terms with you. It is hoped that you would seriously take this matter into consideration and let us have your reply soon.

已经收到你方4月20日的来信,报价100台加说明的货物每台×××美元。我们认为计算机质量不错,但是价格太高。其他国家的类似质量的产品在我们这里的售价低于你方价格的30%,如果可以降价,比如10%,我们就可以成交。我们希望你方能严肃地对待此事,并请尽快回复。

2. 还盘应注意的问题

还盘应注意的问题主要有以下几点:

① 还盘是对发盘的拒绝,还盘一经作出,原发盘即失去效力,原发盘人不再受其约束。

② 还盘等于受盘人向原发盘人提出的一项新的发盘。还盘作出后,还盘的一方与原发盘的发盘人在地位上发生了变化。还盘人由原发盘的受盘人变成新发盘的发盘人,而原发盘的发盘人则变成了新发盘的受盘人。新受盘人有权针对还盘的内容进行考虑,决定接受、拒绝或是再还盘。

③ 还盘可以针对价格,也可以针对交易商品的品质、数量、装运、支付。

④ 还盘可以明确使用"还盘"字样,也可不使用,只是在内容中表示对发盘的修改。

⑤ 还盘时,一般只针对原发盘提出不同意见和需要修改的部分,已同意的内容在发盘中

可以省略。

⑥ 接到还盘后要与原发盘进行核对，找出还盘中提出的新内容，结合市场变化情况和销售意图认真对待和考虑。

【课堂讨论】

我国某出口公司于2020年11月1日向美国A商发盘供应某商品，限11月10日复到有效。11月3日我方收到美商的电传表示接受，但提出必须降价5％。当我方正在研究如何答复时，由于该商品的国际市场价格上涨，于是该商又在11月7日来电传表示，无条件接受我方11月1日的发盘。我方未予置理，而是于11月9日把该批货物卖给另一美商B商，随后，双方就合同是否成立产生争议。请讨论我出口公司与A商的交易是否成立。

5.2.4 接　受

1. 接受的概念及具备的条件

接受（Acceptance）在我国法律上称"承诺"，是受盘人同意对方在发盘中提出的各项交易条件，并愿意按这些条件与对方达成交易、订立合同的一种肯定的表示。这种表示可以是做出声明，也可以是做出某种行为。缄默和不行动不能视为接受。

按法律和惯例，一方的发盘经另一方接受，交易即告达成，合同即告成立，双方就应分别履行其所承担的合同义务。一项有效的接受必须具备以下四个条件：

（1）接受必须由特定的受盘人做出

发盘是对特定受盘人做出的，也只有该特定受盘人有权表示接受。如果是其他第三方做出接受，则不能视为有效接受，只能看做是一项新的发盘。

（2）接受必须与原发盘相符

如果受盘人只接受发盘的部分内容，或有条件地接受，或提出实质性修改，比如要求修改价格，这时该接受将被视为还盘。但如果受盘人在接受时对原发盘提出非实质性修改，比如要求增加一份单据，除非发盘人在不迟延的时间内表示反对，一般可看做有效接受。

（3）接受必须表示出来

接受必须由受盘人以某种方式向发盘人表示出来，缄默和不行动不能视为接受。按《公约》第18条第1款的规定，受盘人表示接受的方式有两种：一是用"声明"表示出来。二是用"做出行为"来表示。《公约》规定，如根据发盘或依照当事人业已确定的习惯做法或惯例，受盘人可以做出某种行为来表示接受，无须发出接受通知。

（4）接受必须在发盘的有效期内传达到发盘人

发盘的有效期即是对发盘人约束的期限，又是受盘人接受发盘的期限。因此，受盘人必须在有效期内做出接受并传达到发盘人方能生效。

在接受生效的时间上，英美法系和大陆法系之间有很大分歧。英美法系采用"投邮生效"原则，即接受通知一经投邮或交给电报局发出，则立即生效。大陆法系则采用"到达生效"原则，即接受通知在送达受盘人时生效。《公约》的规定基本上采用了大陆法系的立场。《公约》明确规定，接受于送达发盘人时生效。我国《合同法》也有类似的规定。

2. 接受应注意的问题

在接受时应注意以下问题：

① 逾期接受。如果接受通知没有在发盘规定的时效内或合理时间内送达发盘人，则该接

受为逾期接受。逾期接受是迟到的接受。各国法律一般认为逾期接受无效,只能看做是新的发盘。但《公约》对此做了灵活的处理。《公约》规定,只要发盘人毫不迟延地用口头或书面通知受盘人,认为该项逾期接受有效,表示愿意接受逾期接受的约束,合同仍然于接受通知送达发盘人时成立。如果逾期接受是由于传递失误造成的,则该逾期接受仍然是有效的,除非发盘人毫不迟延地通知受盘人,认为该接受无效。因此,逾期接受是否有效,关键要看发盘人的态度。

② 接受的撤回。《公约》第 22 条规定:"接受得予撤回,如果撤回通知于接受原应生效之前或同时送达发盘人。"这也就意味着,受盘人表示接受之后,如果改变主意想要撤回接受,只要使用更快的传递方式,使撤回通知先于或同时与接受通知送达发盘人即可。但是由于英美法系采用的是"投邮生效"原则,所以接受无法撤回。如果接受通知已经送达发盘人,即接受已经生效,则不得撤回,因为此时合同已经成立。

③ 接受时应慎重对磋商的函电或谈判记录进行认真核对,经核对认为对方提出的各项交易条件确已明确、肯定、无保留条件时,再予接受。

④ 接受可以简单表示,如:"你 10 日电接受",也可详细表示,即将磋商的主要交易条件再重述一下,表示接受。一般来说,对一般交易的接受,可用简单形式表示,但接受电报、电传或信函中须注明对方来电、信函的日期或文号;对大宗交易或交易磋商过程比较复杂的,为慎重起见,在表示接受时应采用详细叙述主要交易条件的形式。

⑤ 表示接受应在对方报价规定的有效期之内进行,并严格遵守有关时间的计算规定。

⑥ 表示接受前,详细分析对方报价,准确识别对方函件性质是发盘还是询盘,以免使自己被动或失去成交的机会。

【课堂讨论】

我国某进出口公司于 2020 年 8 月 15 日向某外商 A 发盘并限其 18 日复到我方。A 于 16 日上午 10 时向当地邮局交发关于接受我方发盘的电报。但由于当地邮局工人罢工,该电报在传递途中延误到 22 日才送达我方。我公司认为对方答复逾期,未予置理,并将货物以较高价格售予另一外商 B。8 月 24 日,A 来电称信用证已经开出,要求我方尽早出运货物。我方立即复电 A,声明接受到达过晚,双方并不存在合同关系。于是,双方陷入争执。请讨论我方的做法是否合理。

【项目小结】

交易磋商的形式包括口头磋商和书面磋商。口头磋商主要指与谈判对手或者交易对象在谈判桌上面对面地谈判,或电话磋商。书面磋商则是指利用信件、电报、电传及电子数据交换等通讯方式来交易磋商。

交易磋商的内容包括商品的品质、数量、包装、价格、交货、支付以及商品检验、索赔、仲裁和不可抗力等。其中,商品的品质、数量、包装、价格、交货、支付为交易磋商的主要内容。

交易磋商的一般程序,具体包括询盘、发盘、还盘和接受四个环节。其中发盘和接受是达成交易必不可少的基本条件。

询盘指交易的一方准备购买或出售某种商品,向对方询问买卖该商品的有关交易条件。

发盘也称报盘、发价、报价,法律上称之为"要约",可以是应对方询盘的要求发出,也可以是在没有询盘的情况下,直接向对方发出的交易条件。

受盘人在接到发盘后,不完全同意发盘的内容,为了进一步磋商交易,对发盘提出修改意见用口头或书面形式表示出来,就构成还盘。

接受在法律上称"承诺",是受盘人同意对方在发盘中提出的各项交易条件,并愿意按这些条件与对方达成交易、订立合同的一种肯定的表示。缄默和不行动不能视为接受。

【项目自测】

一、单选题

1. 交易磋商的两个基本环节是( )。
   A. 询盘,接受   B. 发盘,签合同   C. 接受,签合同   D. 发盘,接受

2. 下列哪项为发盘( )。
   A. 请报装运期,15 日复到有效
   B. 你 17 日电每公吨 20 英镑,19 日复到
   C. 你 17 日电可供 100 打,参考价为每件 5 美元
   D. 你 17 日电接受,但是 L/C 替代 D/P 可商量

3. 按照《联合国国际货物销售合同公约》的规定,一项发盘在尚未送达受盘人之前,是可以阻止其生效的,这叫发盘的( )。
   A. 撤回   B. 撤销   C. 还盘   D. 接受

4. 关于接受的生效,英美法系实行的原则是( )。
   A. 投邮生效   B. 签署日生效   C. 到达生效   D. 双方协商

5. 指出下列哪项为有效接受( )。
   A. 你 20 日电接受,但用 D/P 替代 L/C
   B. 你 20 日电接受,但装运期改为 5 月
   C. 你 20 日电接受,但交货时须提供原产地证明
   D. 你 20 日电接受,但数量增加 200 箱

二、多选题

1. 交易磋商的一般程序包括以下( )环节。
   A. 询盘   B. 发盘   C. 还盘   D. 接受

2. 构成有效发盘的条件之一是发盘的内容必须十分确定,按照《联合国国际货物销售合同公约》的规定,在发盘中至少应规定( )。
   A. 货物名称   B. 货物价格   C. 交易数量   D. 支付方式

3. 根据《联合国国际货物销售合同公约》的规定,构成一项有效发盘的条件是( )。
   A. 向一个或一个以上的特定的人发出   B. 表明在得到接受时承受约束的意旨
   C. 发盘的内容必须十分确定   D. 发盘必须明确规定有效期

4. 在实际进出口业务中,接受的形式有( )。
   A. 用口头或书面的形式表示   B. 用沉默表示
   C. 用广告表示   D. 用行动表示

5. 我某进出口公司 15 日向日商发盘,限 20 日复到有效,日商于 19 日用电报表示接受我方 15 日电,我方于 21 日中午才收到对方的接受通知,此时( )。
   A. 合同成立
   B. 若我方毫不迟延地表示接受,合同成立

C. 我方于 21 日才收到接受通知是由于电讯部门的延误,若我方沉默,则合同成立
D. 若我方于 21 日才收到接受通知是由于电讯部门的延误,则合同一定成立

三、判断题

1. 还盘一经作出,原发盘即告失效。(　　)
2. 如发盘未规定有效期,则受盘人可在任何时间内表示接受。(　　)
3. 交易磋商的内容必须包括 11 种交易条件,在此基础上合同才能成立。(　　)
4. 交易磋商中,发盘是卖方作出的行为,接受是买方作出的行为。(　　)
5. 根据《联合国国际货物销售合同公约》的解释,接受必须用声明或行动表示出来,沉默或不行动本身不等于接受。(　　)

四、名词解释

询盘　　发盘　　还盘　　接受

五、问答题

1. 交易磋商的形式有哪些?
2. 交易磋商的内容有哪些?
3. 发盘的撤回和撤销有什么区别?
4. 还盘应注意的问题有哪些?
5. 接受应注意的问题有哪些?

【案例分析】

1. 我国某公司向美国某贸易商出口一批工艺品,我方于周一上午 10 时,以普通电报向美商发盘,公司原定价为 500 美元 CIF 纽约,但由于我方工作人员疏忽而误报为每单位 500 元人民币 CIF 纽约。

请问:在下述三种情况下应如何处理较为妥当:
(1) 如果是在当天 10 点半发现问题,应如何处理?
(2) 如果是在第二天上午 9 点发现,客户尚未接受,应如何处理?
(3) 如果是在第二天上午 9 点发现,客户已经接受,应如何处理?

2. 某月 8 日,我方向韩国 A 公司发盘:"可供一级芝麻 10 公吨,每公吨 1 500 美元 CIF 纽约,适合海运包装,订约后即装船,不可撤销即期信用证,请速复电。"

A 立即复电:"你方 8 日电我方接受,用双层新麻袋包装,内加一层塑料袋。"我方收到复电后着手备货,数日后,芝麻的市场价格猛跌,A 商来电称:"我方对包装条件做了变更,你方未确认,合同并未成立。"而我方坚持合同已经成立。请按照《公约》的规定对此案进行分析:交易是否成立? 为什么?

3. 香港某中间商 A,就某商品以电传方式邀请我方发盘,我方于 6 月 8 日向 A 方发盘并限 6 月 15 日复到有效。12 日我方收到美国 B 商按我方发盘规定的各项交易条件开来的信用证,同时收到 A 中间商的来电称:"你方 8 日发盘已转美国 B 商。"经查该商品的国际市场价格猛涨,于是我方将信用证退回开证行,再按新价直接向美商 B 发盘,而美商 B 以信用证于发盘有效期内到达为由,拒绝接受新价,并要求我方按原价发货,否则将追究我方的责任。

请问:对方的要求是否合理? 为什么?

项目六　拟订商品的品质、数量及包装条款

【项目介绍】

本项目共有三个任务：

任务一　拟订商品的品质条款

要求学生了解合同中商品的品名和质量条款的相关内容，在此基础上，学会订立合同中的品名和质量条款。

任务二　拟订商品的数量条款

要求学生了解合同中商品数量条款的相关内容，能够选用适当的计量单位和计量方法，正确地订立数量条款。

任务三　拟订商品的包装条款

要求学生了解商品包装的作用、分类和标志等内容，并熟悉合同中包装条款的相关内容，正确地订立包装条款。

【项目目标】

知识目标：了解进出口交易合同中商品的品名和质量条款的相关规定；了解商品数量的计量单位和计量方法；了解商品包装的作用、分类和标志等，并熟悉合同中包装条款的相关内容。

能力目标：能够正确拟订商品的品质条款、商品的数量条款和商品的包装条款，以免在日后的合同履行过程中引起不必要的麻烦和争议。

【案例导入】

韩国 KM 公司向我国 BR 土畜产公司订购大蒜 650 公吨，双方当事人几经磋商最终达成了交易。但在订制合同时，由于山东胶东半岛地区是大蒜的主要产区，通常我国公司都以此为大蒜货源基地，所以 BR 公司就按惯例在合同品名条款打上了"山东大蒜"。可是在临近履行合同时，大蒜产地由于自然灾害导致欠收，货源紧张。BR 公司紧急从其他省份征购，最终按时交货。但 KM 公司来电称，所交货物与合同规定不符，要求 BR 公司做出选择，要么提供山东大蒜，要么降价，否则将撤销合同并提出贸易赔偿。试问，KM 公司的要求是否合理？并评述此案。

【分　析】　本案是因商品品名条款所引发的争议。KM 公司的要求合理。从法律角度看，在合同中明确规定买卖标的物的具体名称，关系到买卖双方在交接货物方面的权利和义务。按照有关法律和商业惯例的规定，对交易标的物的具体描述，是构成商品说明的一个主要组成部分，是买卖双方交接货物的一项基本依据。若卖方交付的货物不符合约定的品名或说明，买方有权拒收货物或撤销合同并提出损害赔偿。因此，品名和质量条款是合同中的重要条件，一旦签订合同，卖方就必须严格按合同的约定交货。另外，在表示商品品质的方法中，有一种是凭产地名称买卖，产地名称代表着商品的品质。不同产地的同种货物品质可能存在着很大的差别，因此 KM 公司要求提供山东大蒜的要求是合理的。其实，遇到上述情况，BR 公司可以援引不可抗力条款，及时通知买方，要求变更合同或解除合同。

任务6.1 拟订商品的品质条款

品名和质量条款是合同中的主要条款。品名是买卖双方交接货物的必要依据,而质量是决定商品价格高低的重要因素。因此,如何在进出口贸易合同中正确拟订商品的品名和质量条款显得尤为重要,也是成功签订一份进出口合同的第一步。

6.1.1 商品品名和质量的含义及重要性

1. 品名的含义及重要性

品名(Name of Commodity)即买卖的标的物的名称,是指某种商品区别于其他商品的一种称呼或概念。

在国际贸易中,每笔交易的标的,都有其具体的名称,品名的规定是买卖双方交易的物质内容,是交易赖以进行的物质基础和前提条件。所以只有在明确了具体内容的前提下,卖方才能安排生产、加工或者收购;买卖双方才能据此决定商品的包装和运输方式、保险的险别和货款结算方式,并在此基础上就价格问题进行具体的磋商以达成协议,订立进出口贸易合同。综上所述,列明合同标的物的具体名称具有重要意义。

2. 商品质量的含义及重要性

关于质量的定义,不同的国家、组织或机构有不同的定义。国际标准化组织(International Organization for Standardization,ISO)在 ISO 9000:2005 中对"质量(Quality)"下的定义是:"一组固有特性满足要求的程度"。术语"质量"可使用形容词,如:差、好或优秀来修饰;"固有的"(其反义是"赋予的")就是指在某事或某物中本来就有的,尤其是那种永久的特性。"特性"是指"可区分的特征",特性可以是固有的或赋予的;也可以是定性的或定量的。有各种类别的特性,如物理的(如:机械的、电的、化学或生物学的特性)、功能的(如:飞机的最高速度)、时间的(如:准时性、可靠性、可用性)等。

商品的质量(Quality of Goods)是指商品的外观形态和内在品质的综合。商品的外观形态是人们的感觉器官可直接感觉到的外形特征,如商品的大小、长短、结构、造型、款式、色泽、气味、光滑度和透明度等;商品的内在品质表现为商品的物理性能、机械性能、化学成分、生物特征、技术指标等,如布料的色牢度、防水性能、回潮率、缩水率、伸长率等。

商品质量的优劣直接关系到商品的市场价格、使用效能和销路,影响到买卖双方的切身利益,甚至是国家的利益。在当前国际市场竞争非常激烈的背景下,各国都把提高商品质量、以质取胜作为参与竞争的有力法宝和重要手段。因此,在我国进出口贸易中,要重视商品品质,严格把好进出口商品的质量关。

6.1.2 对商品质量的要求

1. 对出口商品质量的要求

对出口商品的质量要求有以下几点:

(1) 交货商品的质量必须符合合同规定

如果交货商品质量低于合同要求显然属于违约行为。但如果交货商品质量高于合同要求也有可能构成违约。具体原因有多种,例如:质量过低有可能会使货物不能符合买方的使用目的,买方只能重新加工后使用,从而会增加买方的额外费用;另外品质过高,可能会使买方办理进口手续时多交关税。

(2) 交货商品的质量必须符合不同市场和不同消费者的需求

由于世界各国经济发展水平不均衡,各国的生产技术、生活习惯、消费结构、购买力和偏好互有差异,因此,要从国外市场的实际需要出发,搞好产销结合,使出口商品的质量,如花色、规格、式样等,能适应有关市场的消费水平和消费习惯。

(3) 交货商品的质量必须符合进口国的有关法律法规和要求

各国对进口商品的质量都有某些法律法规和要求,凡质量不符合法律规定和要求的商品一律不准进口。因此,必须充分了解各国对进口商品的法律法规和管理制度,以便使我国出口的商品能顺利地进入国际市场。

(4) 交货商品的质量必须符合国外自然条件、季节变化和不同的销售方式

由于各国自然条件和季节变化不同,销售方式各异,商品在运输、装卸、存储和销售过程中,其质量会发生一些变化,因此,注意这些影响质量变化的因素,使我国出口商品质量满足这些方面的不同要求,也有利于增强我国出口商品的竞争力。

【课堂讨论】

2023年1月,上海某外贸公司向美国纽约某公司出口一批价值100万美元的黄豆,货到目的港后检验,合同同时规定:"水分最高为5%,杂质不超过1%,以目的港当地检验机构签发的检验证书为准。"当货物运至目的港后,买方提出货物与合同规定不符,并出示了当地检验机构的检验证书,证明黄豆的水分为6.5%,杂质为0.8%,买方以此要求该外贸公司赔偿其相应的损失。请问:该外贸公司是否应该给与赔偿?为什么?

2. 对进口商品质量的要求

对进口商品的质量要求有以下几点:

(1) 适合我国人民的需要与要求

进口商品质量应适合我国人民生活生产的实际需要,质量过低会影响人民的生活和生产建设,而质量过高又可能会造成不必要的浪费。

(2) 符合我国经济和精神文明建设、科研与国防建设及安全卫生和环境保护等方面的需要

进口商品品质的优劣,直接关系到国内用户和广大消费者的切身利益,凡质量、规格不符合要求或对人身健康与对动植物生长有害的商品,均不得进口。

6.1.3 商品质量的规定方法

在国际贸易实践中,商品质量的规定方法主要有两大类,一类是用实物表示;另一类是用文字说明表示。

1. 凭实物表示

凭实物表示商品质量的方法又可以具体分为看货买卖和凭样品买卖两种。

1) 看货买卖

买卖双方采取看货买卖时,通常是先由买方或其代理人到卖方所在地查验货物,达成交易后,只要卖方交付的是经买方验看过的商品,买方就不得对卖方的交货质量提出异议。在实际操作中,由于买卖双方相距遥远,买方到卖方所在地验看货物有诸多不便,故采取看货买卖的情况比较少。看货买卖的做法,多在寄售、拍卖和展卖业务中采用,尤其是那些比较特殊的商

品,如古玩、字画、邮票等。

2) 凭样品买卖

样品通常是指从一批商品中抽出来的或由生产、使用部门设计、加工出来的,能足以反映和代表整批商品质量的少量实物。凡以样品表示质量并以此作为交货依据的,称为凭样品买卖(Sale by Sample)。这种方法适用于质量难以标准化、规格化的货物,如土特产品、工艺品等。

在国际贸易中,按样品提供者的不同,样品可分为下列几种:

(1) 卖方样品(Seller's Sample)

凡凭卖方提供的样品作为交货的质量依据者,称为"凭卖方样品买卖"。在此情况下,在买卖合同中应订明:"质量以卖方样品为准"。日后,卖方所交整批货的质量,都必须与其提供的样品相同。

(2) 买方样品(Buyer's Sample)

买方为了使其订购的商品符合自身要求,有时也提供样品交由卖方依样承制,如卖方同意按买方提供的样品成交,称为"凭买方样品买卖"。在这种情况下,买卖合同中应订明:"质量以买方样品为准"。日后,卖方所交整批货的质量,必须与买方样品相符。

(3) 对等样品(Counter Sample)

对等样品是指按买方来样复制、加工并提供给买方确认以后的类似样品,也叫回样。凭对等样品买卖等于将凭买方样品买卖转变为凭卖方样品买卖。对卖方来说,可以争取主动,避免交货时产生纠纷。如卖方所寄的样品仅仅作为交货质量的参考或作为推销之用,而不作为交货依据,则应标明"参考样品"字样,以免被误认为是凭以交货的质量依据。

2. 凭文字说明表示

1) 凭规格买卖

商品的规格是指商品的主要成分、含量、纯度、性能、容量、长短、大小和粗细等用来反映商品质量的某些主要指标。交易时,用规格来确定商品质量的方法称为凭规格买卖。该方法具有简单易行、明确具体的特点,故应用最为广泛。例如,我国出口大豆的规格:水分(max)15%,含油量(min)17%,杂质(max)1%,不完善粒(max)7%。

【课堂讨论】

我 A 出口公司与国外买方订立一份 CIF 合同,合同规定:番茄酱罐头 200 箱,每箱 24 罐×100 克,即每箱装 24 罐,每罐 100 克。但卖方在出货时,却装运了 200 箱,每箱 24 罐,每罐 200 克。国外买方见货物的重量比合同多了一倍,拒绝收货,并要求撤销合同。问:买方是否有权这样做?为什么?

2) 凭等级买卖

商品的等级是指将同类货物,按其质量、成分、外观或效能等的差异,用文字、数码或符号所做的分类。通常是由制造商或出口商根据长期的实践经验,在掌握货物质量规律的基础上制定出来的。凭等级买卖时,由于不同等级的商品具有不同的规格,为了便于履行合同和避免争议,在品质条款列明等级的同时,最好一并规定每一等级的具体规格。例如:

冻带骨兔(去皮、去头、去爪、去内脏)

| 特级 | 每只净重 | ≥1 500 克 |
| 大级 | 每只净重 | ≥1 000 克 |

| 中级 | 每只净重 | ≥600 克 |
| 小级 | 每只净重 | ≥400 克 |

3) 凭标准买卖

商品的标准是指将商品的规格、等级予以标准化,并以一定的文件表示出来。有些商品,人们往往使用某种标准作为说明和评定商品质量的依据,这种用商品的标准来确定商品质量的方法称为"凭标准买卖"。

在国际贸易中,对于某些质量变化较大而难以规定统一标准的农副产品,往往采用"良好平均品质"(Fair Average Quality,FAQ)和"上好可销品质"(Good Merchantable Quality,GMQ)两种标准表示其质量。

① FAQ(良好平均品质),俗称"大路货",是指一定时期内某地出口货物的平均质量水平,一般是针对中等货而言,适用于农副产品。

② GMQ(上好可销品质)是指卖方交货品质只需保证为上好的、适合于销售的品质即可。这种标准含义不清,在国际货物贸易中很少使用,一般只适用于木材或冷冻鱼类等物品。

4) 凭说明书和图样买卖

这种方法适用于结构、用材和性能等较复杂的机器、机械仪表或电器等技术密集型商品的买卖。这是由于有些商品在交易时很难用几个简单的指标来标明其质量的全貌。在凭说明书和图样买卖时,要求所交的商品必须符合说明书和图表的各项指标,如"质量按卖方提供的技术说明书"等。

5) 凭商标或牌号买卖

商标是指生产者用来说明其所生产或出售的商品的标志,它可由一个或几个具有特色的单词、字母、数字、图形或图片等组成。牌号是指工商企业给其制造或销售的商品所冠的名称,以便与其他企业的同类产品区别开来。凭商标或牌号买卖的方法适用于信誉良好、品质稳定,在国际市场上畅销已久的商品的买卖,因为这些商品的商标或牌名已能代表一定的质量,如可口可乐、海尔电器等。

6) 凭产地买卖

在国际货物买卖中,有些货物因生产地区的自然条件或传统加工工艺在货物品质上独具风格和特色,在买卖双方签订合同时就以货物的产地名称成交,称为凭产地名称买卖。如"北京烤鸭""徐州小儿酥""常州萝卜干"等。

6.1.4 合同中的品质条款

1. 基本内容

合同中品质条款的基本内容有以下两点:

(1) 合同中的品名条款

国际贸易买卖合同中的品名条款是合同的主要条件之一,因此在规定此项条款时要注意:品名必须做到内容明确具体;必须实事求是,切实反映商品的实际情况;尽可能使用国际通用名称;应恰当选用合适名称;选择应考虑其与运费的关系。

(2) 合同中的质量条款

在国际货物买卖合同中质量条款的内容有繁有简,一般视不同表示质量的方法而定。凭样品买卖时,应列明确认样品的名称和编号、寄送日期或封存日期,有时还要加列交货质量与样品"大致相符"或"完全相符"的说明等。用文字说明表示商品质量时,应针对交易的具体情况在合同中明确商品的规格、等级、品牌、标准、产地名称等内容。凭标准买卖时,应标明标准名称及其版本年份;在以说明书和图样表示商品质量时,应在合同中写明说明书和图样的名称、编号、份数等内容。

2. 质量机动幅度和质量公差

在国际贸易中,卖方交货的质量必须严格与买卖合同中规定的质量条款相符。但在实际业务中,有些商品会在生产过程中产生自然损耗,或者由于生产条件、产品特征、运输条件以及气候等方面的因素,卖方要使商品完全符合合同规定的质量条款并非易事。因此,在拟订合同的质量条款时,要注意灵活性和科学性,以保证交易的顺利进行。通常做法是在合同中对某些货物加列质量机动幅度和质量公差条款。

(1) 质量机动幅度

质量机动幅度是指允许卖方所交商品的质量指标可有一定的机动幅度。这种做法一般适用于农副产品等初级产品的交易。具体规定办法有:

① 规定范围

对某项货物的品质指标规定允许有一定的差异范围。例:锦缎,幅阔 35/36 英寸,即布的幅阔在 35 英寸到 36 英寸的范围内均合格。

② 规定极限

对有些货物的品质规格,规定上下限。常用的表示方法有:最大、最高、最多、最小、最低、最小、最少。例如:薄荷油中薄荷脑的含量最少 50%。

③ 规定上下差异

例:灰鸭毛,含绒量 18%,上下 1%。

(2) 质量公差

质量公差是指国际上公认的产品质量的误差。产品的质量出现一定的误差有时是难以避免的,如 10 米卷尺的长度误差若干毫米。在质量公差范围内买方无权拒收货物,也不得要求调整价格。

如果国际上存在公认的质量公差,合同当事人对此都知道且不存在异议的话,就不需要在买卖合同中明确质量公差了。但是,如果国际上没有相应商品的质量公差,或交易双方对已有的质量公差理解不一致,或交易双方认为需要对质量公差进行调整时,就需要在合同中明确质量公差。

任务 6.2 拟订商品的数量条款

6.2.1 约定商品数量的意义

商品的数量是指以一定的度量衡单位表示的商品的重量、数量、长度、面积、体积、容积等。商品的数量是国际货物买卖合同中不可缺少的一项主要交易条件,是买卖双方交接货物的一项基本依据。按照《联合国国际货物销售合同公约》规定:卖方的交货数量必须与合同规定的相符,如果卖方交付的货物数量大于合同规定的数量,则买方可以收取也可以拒绝收取多交部分的货物。如果买方收取多交部分货物的全部或一部分,就必须按合同价格付款。如果卖方的交货数量少于约定的数量,则卖方应在规定的交货期届满前补交齐,并不得使买方遭受不合理的不便或承担不合理的开支,即便如此,买方仍保留有要求损害赔偿的权利。

【课堂讨论】

中国某公司从国外进口小麦,合同规定数量200万公吨,每公吨200美元。而外商装船时共装运了230万公吨,对多装的30万公吨,我方应如何处理?如果外商只装运了180万公吨,我方是否有权拒收全部小麦?

6.2.2 计量单位和计量方法

1. 计量单位

具体的计量单位有以下几种:

(1) 重　量

适用于许多农副产品、矿产品和工业制成品,如:羊毛、谷物、棉花等。重量计量单位有公吨(metric ton)、长吨(long ton)、短吨(short ton)、公斤(kilogram)、克(gram)、盎司(ounce)等。对黄金、白银等贵重商品,通常采用克或盎司来计量;钻石之类的商品,则采用克拉(carat)作为计量单位。

(2) 数　量

适用于大多数工业制成品,尤其是日用消费品、轻工业品、机械产品以及一部分土特产品。数量计量单位有件(piece)、双(pair)、套(set)、打(dozen)、卷(roll)、令(ream)、罗(gross)以及袋(bag)和包(bale)等。

(3) 长　度

适用于金属绳索、丝绸、布匹等类商品的交易。计量单位有米(meter)、英尺(foot)、码(yard)等。

(4) 面　积

适用于玻璃板、地毯、皮革等商品的交易。常见的计量单位有平方米(square meter)、平方英尺(square foot)、平方码(square yard)等。

(5) 体　积

按体积成交的商品有限,仅用于木材、天然气和化学气体等。属于这方面的计量单位有立方米(cubic meter)、立方英尺(cubic foot)、立方码(cubic yard)等。

(6) 容　积

适用于各类谷物和流体货物。常用的计量单位有蒲式耳(bushel)、公升(liter)、加仑(gallon),等等。其中,美国以蒲式耳作为各种谷物的计量单位,但每蒲式耳所代表的重量,则因谷物不同而有所差异。

2. 重量的计算方法

在国际贸易中,许多商品是按重量计量的。按重量的计算方法主要有以下几种:

(1) 按毛重计算(Gross Weight)

按毛重计算是指按照货物本身的重量加上包装物的重量也就是皮重之和来计算货物的重量,并作为计价的基础。这种计量方法一般适用于低值货物。

大宗的散装低价商品,一般无包装物。有些虽有简单包装,但包装物的质量同货物质量相比很小,价值也较低。因此,在计价时可以将毛重当做净重计,习惯上称为"以毛作净"。

(2) 按净重计算(Net Weight)

按净重计算是指按货物本身的重量也就是净重来计算货物的重量,并作为计价的基础。

在国际贸易中,以重量计算的货物,多数以净重计价,即毛重减去包装的重量。根据国际惯例,如合同中未明确规定用毛重还是用净重计价的,应以净重计价。

对于如何计算包装的重量,国际上有以下几种做法:

① 按实际皮重计算,即将货物的包装物逐一过秤后的实际重量。

② 按平均皮重计算。有些货物的包装材料和规格比较统一,任意抽出若干件包装,求得其平均值,即为平均皮重。

③ 按习惯皮重计算。对于一些商品,由于其使用的包装已定型和规范,重量已为市场公认,在计算皮重时就无须过磅称重,只要按市场公认的每件包装的皮重乘以总件数即可。

④ 按约定皮重计算,即以买卖双方事先约定的包装重量作为计算的基础而不必过秤。

(3) 按公量计算(Conditioned Weight)

公量是指用科学的方法抽取商品中的水分后,再加上标准含水量所得商品的重量。棉花、羊毛或生丝等商品有较强的吸水性,其所含的水分受客观环境的影响较大,故其含水量不稳定。为了准确计量这类商品,国际上通常采用按公量计算的方法。公量的计算公式为:

公量=商品实际质量×(1+标准回潮率)/(1+实际回潮率)

(4) 按理论重量计算(Theoretical Weight)

按理论重量计算是指对某些有固定统一规格、形状、尺码及每件重量大致相同的货物,根据件数推算出货物的重量,如钢板、钢管等。

(5) 按法定重量计算(Legal Weight)

按照一些国家海关的规定,在征收从量税时,货物的重量以法定重量计算。法定重量是指货物本身的重量加上直接接触货物的包装物料的重量,如销售包装等的重量。

6.2.3 合同中的数量条款

数量条款是合同中的一项重要条款,也是买卖双方交接货物和处理争议的基本依据。

1. 数量条款的基本内容

合同中的数量条款一般包括计量单位、计量方法和交货的具体数量,有时也包括数量机动幅度的规定和相应的计价方法等。必要时可写明使用的度量衡制度。

在国际贸易中,常见的度量衡制度有四种:公制(Metric System);国际单位制(International System);英制(British System);美制(U.S. System)。

度量衡制度不同,同样一单位的货物所包含的数量也不同。例如,国际单位制中规定的"吨"叫"公吨(Metric Ton)",1公吨=1 000千克;英制中的"吨"叫"长吨(Long Ton)",1长吨=1 016.046千克;美制中的"吨"叫"短吨(Short Ton)",1短吨=907.184 74千克。

我国《计量法》第3条规定:"国家采用国际单位制。国际单位制计量单位和国家选定的其他计量单位,为国家法定计量单位。"

2. 数量机动幅度的有关规定

在数量条款中,应对货物成交的数量做出明确具体的规定,但在粮食、化肥和食糖等大宗货物交易中,由于货物的特性、自然条件、包装方式、船舱容量、装载技术等原因,要求准确地按约定数量交货,有时存在一定的困难。为了使交货数量具有一定的灵活性和便于履行合同,买卖双方可在合同中合理地规定数量的机动幅度。方法如下：

（1）规定约数

在商品数量前加上"约""大约""近似""左右"等字眼，表示卖方的交货数量可以有一定的灵活性。根据《跟单信用证统一惯例》（国际商会第600号出版物）的规定，信用证如果规定有"约"字的，应解释为交货数量有不超过10%的增减幅度。

（2）溢短装条款

在合同中规定卖方在交货时有权根据交货时的具体情况多装或少装一定数量的货物，但以不超过成交数量的一个确定的百分比为限。卖方交货的数量只要在增减幅度内，买方就不得拒收或提出索赔。交货数量的机动幅度，一般规定由卖方选择。如"1 000公吨，卖方可多交或少交10%"（1 000 M/T, with 10% More or Less at Seller's Option）。但按FOB条件成交时一般规定由买方选择。

一般情况下，数量机动幅度范围内多装或少装部分按合同价计价。但为防止当事人利用数量机动幅度故意增加或减少数量以取得额外收益，也可规定按装运时或货到时的市场价格计价。

【课堂讨论】

2010年3月，广西某粮油进出口C公司向南非出口食糖。合同规定：食糖，数量500公吨，每公吨300美元，可有3%的增减，由卖方选择；增减部分按合同价格计算。如果在交货前食糖市场价格上涨，在不违反合同的情况下，卖方要想获利，可装多少公吨？如果市场价格下降呢？

任务6.3　拟订商品的包装条款

6.3.1　拟订商品包装的意义

包装（Packing或Package）是对流通过程中，为保护商品、方便储运、促进销售，按一定技术方法而采用的容器、材料及辅助物等的总称。

在国际贸易中，商品种类繁多，性质、特点和形状各异，因而它们对包装的要求也各不相同。除少数商品难以包装、不值得包装或根本没有包装而采取裸装（Nude Pack）或散装（in Bulk）的方式外，其他绝大多数商品都需要有适当的包装。

商品的包装也是主要的交易条件之一，它是保护商品在运输流通过程中品质完好和数量完整的重要条件。在实际业务中，商品的包装应符合科学、经济、牢固、美观、适销等条件。在当前国际市场竞争空前激烈的情况下，许多国家都把改进包装作为加强竞争力的重要手段之一。因为良好的包装，不仅可以起到保护商品的作用，而且还能够宣传和美化商品，提高商品的附加值，吸引、招徕顾客，扩大销路，增加售价，并在一定程度上能显示出出口国的科技、文化和艺术水平。

6.3.2　商品包装的种类

根据包装在流通过程中所起的作用不同，可分为运输包装（外包装）和销售包装（内包装）两种类型。前者的主要作用在于保护商品和防止出现货损货差；后者除起保护商品的作用外，还有促销的功能。

1. 运输包装

运输包装一般分为以下几种：

（1）按包装方式分

按包装方式，可分为单件运输包装和集合运输包装。前者是指货物在运输过程中作为一个计件单位的包装；后者是指将若干单件运输包装组合成一件大包装，以利更有效地保护商品，提高装卸效率和节省运输费用。

（2）按包装造型分

按包装造型的不同，可分为箱、袋、包、桶和捆等不同形状的包装。

（3）按包装材料分

按包装材料的不同，可分为纸制包装、金属包装、木制包装、塑料包装、麻制品包装及竹、柳、草制品包装、玻璃制品包装和陶瓷包装等。

（4）按包装质地分

按包装质地划分，有软性包装、半硬性包装和硬性包装。

（5）按包装程度分

按包装程度的不同，可分为全部包装和局部包装两种。前者是指对整个商品全面给予包装，绝大多数商品都需要全部包装；后者是指对商品需要保护的部位加以包装，而不受外界影响的部分，则不予包装。

2. 销售包装

销售包装一般分为以下几种：

（1）挂式包装

凡带有吊钩、吊带、挂孔等装置的包装称为挂式包装，这类包装是为了便于悬挂。

（2）堆叠式包装

凡堆叠稳定性强的包装（如罐、盒等）称为堆叠式包装，其优点是便于摆设和陈列。

（3）携带式包装

在包装上附有提手装置的为携带式包装，这类包装携带方便，颇受顾客欢迎。

（4）易开包装

对要求封口严密的销售包装，标有特定的开启部位，易于打开封口，其优点是使用便利，如易拉罐等。

（5）喷雾包装

流体商品的销售包装本身，有的带有自动喷出流体的装置，它如同喷雾器一样，使用相当便利。

（6）配套包装

对某些需要搭配销售的商品，往往采用配套包装，即将不同品种、不同规格的商品配套装入同一包装内。

（7）礼品包装

对某些送礼的商品，为了外表美观和显示礼品的名贵，往往采用专作送礼用的包装。

（8）复用包装

这种包装除了用作包装出售的商品外，还可用作存放其他商品或供人们观赏，它具备多种用途。

6.3.3 包装标志

包装标志是指在运输包装外部采用特殊的图形、符号和文字,以赋予运输包装件以传达功能。其作用有三:一是识别货物,实现货物的收发管理;二是明示物流中应采用的防护措施;三是识别危险货物,暗示应采用的防护措施,以保证物流的安全。包装标志按其用途分为运输标志、指示性标志、警告性标志、重量体积标志等。

1. 运输标志(Shipping Mark)

运输标志又称为唛头,由一个简单的几何图形和一些字母、数字及简单的汉字组成,其作用在于使有关人员在运输过程中易于辨认货物,便于核对单证,避免错发错运。运输标志(见图6-1)主要包括:① 收货人或买方名称的英文缩写字母或简称;② 参考号,如运单号、订单号或发票号等;③ 目的港(地);④ 件号。

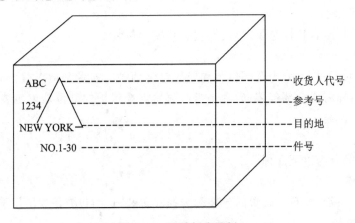

图6-1 运输标志图例

2. 指示性标志(Indicative Mark)

指示性标志又名操作标志,提示人们在装卸、运输和保管过程中需要注意的事项,一般都是以简单醒目的图形和文字在包装上标出,故有人又称其为注意标志。指示性标志多种多样,见图6-2。

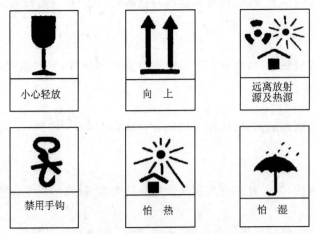

图6-2 指示性标志图例

3. 警告标志(Warning Mark)

警告标志又称危险品标志,是指在装有爆炸品、易燃物品、腐蚀物品、氧化剂和放射性物质等危险货物的运输包装上用图形或文字表示的各种危险品的标志(见图6-3)。其作用是警告有关装卸、运输和保管人员按货物特性采取相应措施,以保障人身和物资的安全。

图 6-3 警告标志图例

4. 重量体积标志(Weight and Measurement Mark)

重量体积标志指在运输包装上标明包装及货物的重量和体积,以方便运输、装卸、搬运和储存过程中的操作和安排舱位。

例如:

```
GROSS WEIGHT        25KGS
NET WEIGHT          24KGS
MEASUREMENT         40×30×20CM
```

6.3.4 定牌、无牌和中性包装

1. 定牌、无牌包装

定牌是指卖方按买方要求在其出售的商品或包装上标明买方指定的商标或牌号的做法。世界上有很多国家的超级市场、大百货公司和专业商店,其经营出售的商品,都要在商品上或包装上标有商店的商标或品牌,以扩大商店的知名度和显示该商品的身价,如美国零售巨头沃尔玛。但是这些产品大多不是这些商家自行组织生产的,而是从世界各地采购而来的。

无牌是指买方要求卖方在出口商品或包装上免除任何商标或牌名的做法。它主要用于一些有待进一步加工的半制成品,如供印染用的棉坯布,或供加工成批服装用的呢绒和绸缎等。其目的主要是避免浪费,降低费用成本。国外一些大百货公司、超级市场在向出口商订购低值易耗的日用消费品时,也有要求采用无牌包装方式的。

2. 中性包装

中性包装是指在货物的包装和商品本身上并不注明生产国别、地名和厂名的包装。中性包装包括无牌中性包装和定牌中性包装。前者指包装上既不注明生产国别、生产地名和出口厂商名称,也不注明商标或品牌;后者指包装上只注明买方指定的商标或品牌,但不注明货物的生产国别、生产地名和出口厂商名称。采用中性包装的目的是打破某些进口国家与地区的贸易壁垒及适应交易的特殊需要,如转口贸易等。它是出口企业加强对外竞争力和扩大出口的一种手段。

6.3.5 合同中的包装条款

国际货物买卖合同中的包装条款主要包括包装方式、包装材料、包装规格、包装费用和运输标志等。

在订立包装条款时,需注意以下事项:

1. 对包装方式和包装材料的规定

对包装方式和包装材料的规定首先要根据货物的特性而定,如液体货物容易泄漏、玻璃制品容易破碎、水泥怕潮湿等;其次要根据货物所采取的运输方式而定,如海运包装要求牢固并具有防止挤压、碰撞和防潮的能力,铁路运输包装要求不怕震动,航空运输包装则要求轻便、不能过大等。

在合同条款中,对包装方式和包装材料的规定一般有两种方法:一种是对其做出具体规定,如"木板箱装,每箱20桶";另一种方法是笼统地规定包装方式和材料,如"习惯包装",这类方法由于没有统一的解释,容易产生争议,在实际操作用应尽量避免使用。

包装材料在一般情况下都由卖方提供,如果合同规定由买方提供的,则应进一步规定买方提供包装材料的时间和到达卖方的最后期限,防止由于买方不能按时提供而影响到卖方的按时交货进而产生纠纷。在包装中选用填充材料时,需注意有关国家的相关规定,如美国、加拿大等国就禁止用稻草、报纸等做填充材料。

2. 对包装规格的规定

对包装规格的规定应根据成交商品的形状、特点和适合运输与销售等方面的要求,来确定包装的规格及其尺寸的大小,并在包装条款中订明,以利买卖双方交接货物时有所遵循。

3. 对包装费用的规定

按照国际惯例,在交易双方约定由卖方提供包装的情况下,应将包装连同商品一起交给买方,包装费用通常包括在货价之内,不另计收。但也有不计在货价之内,而由买方承担的情况。如买方要求采用特殊包装,其额外的包装费用就应由买方承担。即使由买方承担包装费用,如果卖方的技术达不到要求,则不能轻易答应买方的条件,以免引起纠纷。为慎重起见,包装费用由谁来负担,应在合同中规定清楚。

4. 对包装标志的规定

商品包装上的指示性标志和条形码等,一般在合同中无须规定,由卖方自行决定。按照国际惯例,运输标志一般由卖方决定。但在有些情况下,买方要求制订运输标志的,则买卖双方需在包装条款中对买方提供运输标志的时间做出规定。若买方逾期未指定运输标志的,则卖方可以自行决定。

【项目小结】

本项目重点介绍了合同中的品名、质量条款、商品的数量条款以及商品的包装条款。

品名即买卖的标的物的名称。在国际贸易中,每笔交易的标的,都有其具体的名称,品名的规定是买卖双方交易的物质内容,是交易赖以进行的物质基础和前提条件。

商品的质量,是指商品的外观形态和内在品质的综合。它的优劣直接关系到商品的市场价格、使用效能和销路,影响到买卖双方的切身利益。

出口商品的质量必须符合合同规定的要求。对进口商品的质量要求必须适合我国人民的需要,符合我国经济和精神文明建设、科研、国防建设、安全卫生和环境保护等方面的需要。

商品质量的表示方法主要有凭实物表示和凭文字说明表示两种。在实际业务中,由于生产条件、产品特征、运输条件以及气候等方面的因素,有些商品会在生产过程中产生自然损耗,所以卖方要使商品完全符合合同规定的质量条款并非易事。因此,在拟订合同的质量条款时,往往会在合同中对某些货物加列质量机动幅度和质量公差条款。

商品的计量单位有:① 重量;② 数量;③ 长度;④ 面积;⑤ 体积;⑥ 容积。商品的计重方法有:按毛重、净重、公量、理论重量、法定重量等方法计算。

由于货物的特性、自然条件、包装方式、船舱容量、装载技术等原因,要求准确地按约定数量交货,有时存在一定的困难;为了使交货数量具有一定的灵活性和便于履行合同,买卖双方可在合同中合理地规定数量的机动幅度。

商品的包装可分为运输包装(即外包装)和销售包装(即内包装)两种类型。

包装标志是指在运输包装外部采用特殊的图形、符号和文字,以赋予运输包装件以传达功能。包装标志按其用途分为运输标志、指示性标志和警告性标志等。

定牌是指卖方按买方的要求在其出售的商品或包装上标明买方指定的商标或牌号的做法。

无牌是指买方要求卖方在出口商品和/或包装上免除任何商标或牌名的做法。

中性包装是指在货物的包装和商品本身上并不注明生产国别、地名和厂名的包装。中性包装包括无牌中性包装和定牌中性包装。

国际货物买卖合同中的包装条款主要包括包装方式、包装材料、包装规格、包装费用和运输标志等。

【项目自测】

一、单选题

1. 一般而言,有特色的名优产品宜于(　　)。
   A. 凭样品买卖　　　　B. 凭规格买卖
   C. 凭实物买卖　　　　D. 凭商标或牌号买卖
2. (　　),又称唛头。
   A. 运输标志　　　　　B. 指示性标志
   C. 警告性标志　　　　D. 危险品标志
3. 公式"[商品实际重量/(1+实际回潮率)]×(1+公定回潮率)"为(　　)的计算公式。
   A. 实物净重　　　　　B. 法定重量
   C. 理论重量　　　　　D. 公量
4. 常用的指示性标志中"怕湿"的标志为(　　)。

A. 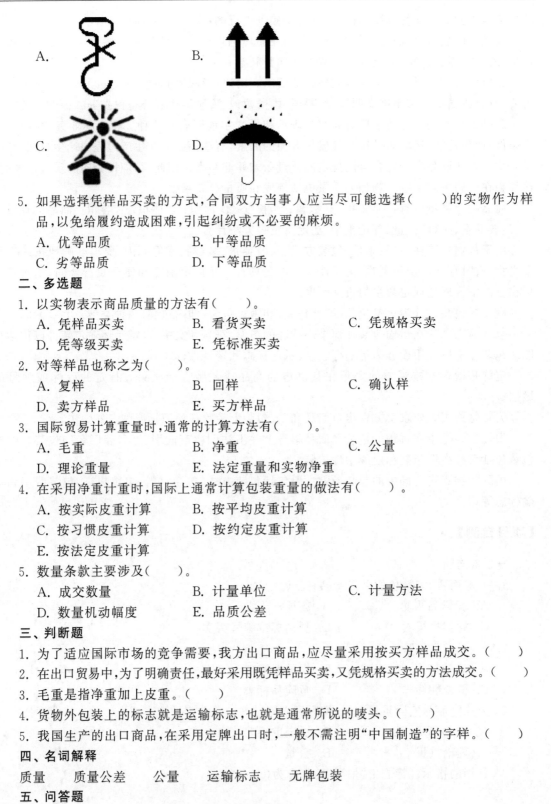 B.

C. D.

5. 如果选择凭样品买卖的方式,合同双方当事人应当尽可能选择(　　)的实物作为样品,以免给履约造成困难,引起纠纷或不必要的麻烦。
　　A. 优等品质　　　　　B. 中等品质
　　C. 劣等品质　　　　　D. 下等品质

二、多选题

1. 以实物表示商品质量的方法有(　　)。
　　A. 凭样品买卖　　　　B. 看货买卖　　　　C. 凭规格买卖
　　D. 凭等级买卖　　　　E. 凭标准买卖

2. 对等样品也称之为(　　)。
　　A. 复样　　　　　　　B. 回样　　　　　　C. 确认样
　　D. 卖方样品　　　　　E. 买方样品

3. 国际贸易计算重量时,通常的计算方法有(　　)。
　　A. 毛重　　　　　　　B. 净重　　　　　　C. 公量
　　D. 理论重量　　　　　E. 法定重量和实物净重

4. 在采用净重计重时,国际上通常计算包装重量的做法有(　　)。
　　A. 按实际皮重计算　　B. 按平均皮重计算
　　C. 按习惯皮重计算　　D. 按约定皮重计算
　　E. 按法定皮重计算

5. 数量条款主要涉及(　　)。
　　A. 成交数量　　　　　B. 计量单位　　　　C. 计量方法
　　D. 数量机动幅度　　　E. 品质公差

三、判断题

1. 为了适应国际市场的竞争需要,我方出口商品,应尽量采用按买方样品成交。(　　)
2. 在出口贸易中,为了明确责任,最好采用既凭样品买卖,又凭规格买卖的方法成交。(　　)
3. 毛重是指净重加上皮重。(　　)
4. 货物外包装上的标志就是运输标志,也就是通常所说的唛头。(　　)
5. 我国生产的出口商品,在采用定牌出口时,一般不需注明"中国制造"的字样。(　　)

四、名词解释

质量　　质量公差　　公量　　运输标志　　无牌包装

五、问答题

1. 质量机动幅度的具体规定办法有哪些?

2. 对出口商品质量的要求有哪些？
3. 重量的计量方法有哪些？
4. 什么叫定牌、无牌包装？
5. 什么叫中性包装？

【案例分析】

1. 某公司与国外某农产品贸易有限公司达成一笔出口小麦的交易，国外开来的信用证规定："数量为 1 000 公吨，散装货，不准分批装运，单价为 250 美元/公吨 CIF 悉尼，信用证金额为 25 万美元……"但未表明可否溢短装。卖方在依信用证的规定装货时，多装了 15 公吨。问：

(1) 银行是否会以单证不符而拒付？为什么？

(2)《公约》对交货数量是如何规定的？

2. 我某进出口公司与德国某贸易有限公司订立了一份出口龙口粉丝的合同，凭样品买卖，支付方式为货到目的港验收后付款。当到货经买方验收后发现货物质量与样品不符，德商决定退货并拒绝提货。后来，货物因保管不妥完全变质，且德国海关向我方收取仓储费及变质商品处理费共 3 万欧元。问：我公司应如何处理此事？

项目七　拟订商品的价格条款

【项目介绍】

本项目共有六个任务：

任务一　选择合适的贸易术语

要求学生掌握贸易术语的概念、作用和相关国际贸易惯例、主要贸易术语中买卖双方的权利和义务。

任务二　明确作价方法

要求学生掌握各种作价方法，并能灵活运用。

任务三　选择计价与结算货币

要求学生了解选择计价和结算货币的风险，并能正确地选择计价和结算货币。

任务四　运用佣金与折扣

要求学生在了解佣金和折扣的含义和作用的基础上，正确地计算和运用佣金和折扣。

任务五　核算出口成本和确定商品价格

要求学生掌握出口成本的构成，并能核算出口成本及盈亏率及确定合理的价格。

任务六　合同中的价格条款

要求学生了解合同中的价格条款所包含的内容，并能正确地拟订价格条款。

【项目目标】

知识目标：掌握贸易术语的概念、作用和相关国际贸易惯例、主要贸易术语中买卖双方的权利和义务；掌握确定进出口商品价格的基本原则、计价货币的选用和买卖合同中价格条款的规定方法以及佣金、折扣的计价和支付；掌握价格条款的构成。

能力目标：正确选择恰当的贸易术语，明确买卖双方的权利义务；掌握出口货物的成本核算和对外报价，以及不同贸易术语之间的价格转换；掌握商品的定价方法，能正确地拟订合同的价格条款。

【案例导入】

某年5月，美国某贸易公司（以下简称进口方）与我国江西某进出口公司（以下简称出口方）签订合同购买一批日用瓷具，价格条件为CIF洛杉矶，支付条件为不可撤销的跟单信用证，出口方需要提供已装船提单等有效单证。出口方随后与宁波某运输公司（以下简称承运人）签订运输合同。8月初出口方将货物备妥，装上承运人派来的货车。途中由于驾驶员的过失发生了车祸，耽误了时间，错过了信用证规定的装船日期。得到发生车祸的通知后，我出口方即刻与进口方洽商要求将信用证的有效期和装船期延期半个月，并本着诚信原则告知进口方两箱瓷具可能受损。美国进口方回电称同意延期，但要求货价应降5%。我出口方回电据理力争，同意受震荡的两箱瓷具降价1%，但认为其余货物并未损坏，不能降价。但进口方坚持要求全部降价。最终我出口方还是做出让步，受震荡的两箱降价2.5%，其余降价1.5%，为此受到货价、利息等有关损失共计达15万美元。请思考：该损失由我出口方承担是否合理？我出口方在此业务中是否存在失误？如果存在，请指出。

【分　析】　国际贸易货物的单价与国内商业的商品单价表示不同。国际贸易货物的单价(Unit Price)一般由计量单位、计价金额、计价货币名称和贸易术语四个部分组成。在对外贸易中,我国外贸企业在与国外客户磋商和订约时,应考虑各种影响因素,除了按照国际市场价格水平,结合经营意图和国别政策确定价格外,还应正确选择计价货币,适当地选用国贸术语。

任务7.1　选择合适的贸易术语

货物的价格是国际货物买卖的主要交易条件,价格条款是买卖合同中的主要条款。价格条款的确定不仅直接关系到买卖双方的利益,而且与合同中的其他条款也有密切联系。在对外贸易中,我外贸企业在与国外客户磋商和订约时,除应按照国际市场价格水平,结合经营意图和国别地区政策确定价格外,还应正确地选择计价和结算货币,适当地选用贸易术语,列明作价方法,必要时,还需规定价格调整条款。同时,对佣金和折扣应视交易的具体情况,正确地加以运用和规定。

7.1.1　贸易术语的含义和作用

在国际货物买卖中,买卖双方在货物的交接过程中会涉及许多问题。例如,货物的检验费、包装费、装卸费、运费、保险费、进出口税捐及其他杂项费用由何方负担;货物在运输途中可能发生的损坏或灭失的风险由谁承担;安排运输、装货、卸货、办理货运保险、申请进出口许可证和报关等责任又由何方承担。如果买卖双方每一次都对上述费用、风险、责任等问题进行磋商,势必延长双方洽商交易的时间和合同的订立。因此,随着国际贸易和交通运输的发展,为了明确双方的责任和义务,贸易术语应运而生。

1. 贸易术语的含义

贸易术语(Trade Terms)也称价格术语(Price Terms),它是用一个简短的概念,例如"FREE ON BOARD",或三个英文缩写字母,例如"FOB",用来表明商品的价格构成及买卖双方应承担的责任、支付的费用及风险的转移界限等问题的专门术语。

2. 贸易术语的作用

买卖双方通过使用贸易术语,既可以节省交易磋商的时间和费用,又可简化交易磋商和买卖合同的内容,有利于交易的达成和贸易的发展。

7.1.2　有关贸易术语的国际惯例

在国际贸易中使用贸易术语始于19世纪,随着国际贸易的发展,逐渐形成了一系列的贸易术语解释。但由于其行业不同,对贸易术语的解释也不同,从而出现了矛盾和分歧。为解决这些矛盾和分歧,国际法协会(International Trade Law)、国际商会(International Chamber of Commerce,ICC)等国际组织及美国一些著名的商业团体(American Organization of Commerce),经过长期的努力,分别制定了解释国际贸易术语的规则,并在国际上得到广泛使用,从而形成了国际贸易惯例。

目前,国际上影响较大的关于贸易术语的惯例有三个:第一个是国际法协会制定的《1932年华沙-牛津规则》(Warsaw-Oxford Rules 1932);第二个是美国一些著名商业团体制定的《1990年美国对外贸易定义修订本》(Revised American Foreign Trade Definition 1990);第三个是国际商会制定的《2020年国际贸易术语解释通则》(International Rules for the Interpretation of Trade Terms, INCOTERMS 2020)。

在这三个关于贸易术语的国际惯例中,影响最大及使用最普遍的是国际商会制定的《2020年国际贸易术语解释通则》。

1.《1932年华沙-牛津规则》

该规则由国际法协会制定,主要对CIF进行了解释,并具体规定了在CIF合同中买卖双方所承担的费用、责任和风险。这一规则至今仍在应用。

2.《1990年美国对外贸易定义修订本》

该惯例由美国九个著名的商业团体于1919年共同制定。其后,由于贸易习惯的改变,又对其进行了两次修订,最近的一次修订时间是1990年,故称《1990年美国对外贸易定义修订本》。《1990年美国对外贸易定义修订本》对以下六种贸易术语进行了解释:

① 工厂交货——EXW(Ex Works)。

② 运输工具边交货——FAS(Free Along Side)。

③ 运输工具上交货——FOB(Free On Board),分为六种,其中有一种为装运港船上交货——FOB Vessel(named port of shipment)。

④ 成本加运费——CFR(Cost and Freight)。

⑤ 成本加保险费、运费——CIF(Cost, Insurance and Freight)。

⑥ 码头交货——DEQ(Delivered Ex Quay)。

这六种贸易术语,除EXW(Ex Works)、DEQ(Delivered Ex Quay)和FOB Vessel分别与《2000年国际贸易术语解释通则》中的EXW、DEQ和FOB的规定相似之外,其他几种与《2000年国际贸易术语解释通则》的解释有很大的差别。

《1990年美国对外贸易定义修订本》不仅在美国使用,在加拿大和一些拉丁美洲国家也有较大影响。由于它在FOB术语的解释上与其他国际贸易惯例有所不同,因此,我国外贸企业在与美洲国家进行贸易时,应特别注意。

3.《2020年国际贸易术语解释通则》

1) 国际贸易术语解释通则的制定和修改

该惯例是国际商会(International Chamber of Commerce, ICC)为了统一对各种贸易术语的解释,于1936年在巴黎制定的,定名为INCOTERMS 1936(INCOTERMS来源于International Commercial Terms),其副标题译作《1936年国际贸易术语解释通则》。为了适应国际贸易实践不断发展的需要,国际商会先后对该通则做了多次修订和补充。2019年国际商会公布了该惯例的最新版本,即目前国际贸易中使用最为广泛和普遍的贸易术语惯例《2020年国际贸易术语解释通则》(简称《2020年通则》或《INCOTERMS 2020》),并于2020年1月1日正式生效。

《2020年通则》按照适合的运输方式将11种贸易术语分为两大类,如表7-1所列。第一类七种贸易术语可适用于任何一种或多种运输方式。它们可以在完全没有海洋运输的情况下使用,也可在运输过程中的部分路段为海洋运输的情况下使用。例如:买卖双方所在国陆地毗邻,卖方以铁路运输将货物运送到边境买方国家关境前指定地点交货;或卖方从其所在国内陆以铁路运送货物到港口,转海运到进口国港口,从船上卸货后,再以公路运输将货物运至指定的目的地。"第二类四种贸易术语,其交货地点和货物运往买方的地点都为港口。因此,FAS、

FOB、CFR 和 CIF 归属于适用于海洋和内陆水路运输方式类别的范畴。鉴于海洋运输是国际贸易中最为重要的运输方式，当前被人们所熟知并习惯使用的 FOB、CFR 和 CIF 三种传统的贸易术语，将继续在国际货物买卖中被广泛地使用。

表 7－1 《2020 年通则》对国际贸易术语的分类

运输方式	国际代码	英文名称	中文名称
适合任何或多种运输方式	EXW	Ex Works	工厂交货
	FCA	Free Carrier	货交承运人
	CPT	Carriage Paid To	运费付至
	CIP	Carriage and Insurance Paid To	运费、保险费付至
	DAP	Delivered At Place	目的地交货
	DPU	Delivered At Place Unloaded	卸货地交货
	DDP	Delivered Duty Paid	完税后交货
适合海运及内河运输	FAS	Free Alongside Ship	船边交货
	FOB	Free on Board	装运港船上交货
	CFR	Cost and Freight	成本加运费
	CIF	Cost, Insurance and Freight	成本加保险费、运费

选用《2020 年通则》应注意以下问题：

（1）通则本身不是法律，不具有强制性

有关贸易术语的国际贸易惯例是建立在当事人"意思自治"的基础上，所以当事人选择何种贸易术语及其所采用的术语受何种惯例管辖，完全根据自愿的原则来确定。如果合同的当事人在签订销售合同时，希望引用《2020 年通则》，为了避免引起不必要的纠纷，应在合同中规定：按《2020 年》通则办理。例如，"This contract is governed by INCOTERMS 2020"。

（2）尽可能精准地描述贸易术语后的地址或港口名称

买卖双方只有选定了一个特定的交货地点或港口时，所选术语才能发挥作用，且地点或港口的名称越详细，通则就越有效。例如，买卖双方打算采用 FCA 术语，那么 FCA 术语后的指定装运地点可以这样规定：FCA HONGQIAO AIRPORT ，SHANGHAI，CHINA，INCOTERMS© 2020。在使用《2020 年通则》中 EXW、DPU、DAP 和 DDP 时尤其要注意这一点。

（3）注意提单和电子商务问题

《2020 年通则》赋予电子通信方式和纸质通信相同的效果，前提是缔约双方同意这一惯例。

（4）装货费和卸货费的问题

以 CFR、CIF、CPT、CIP、DAP、DPU、DDP 为例，根据《2020 年通则》，卖方要负责办理运输并支付运费，但运费一般被卖方包含在销售价格中，如果是在使用班轮运输的情况下，货物的运费一般包含了港口或码头的卸货费，承运人或终点站的运营方可能会向买方再次收取这笔费用。对此，《2020 年通则》对装货费和卸货费由谁负担进行了明确的说明，以避免卖方或买方重复付费。在运用《2020 年通则》时，也就不存在《2000 年通则》中买卖双方为规定装卸费用由谁负担而选择何种贸易术语变形的问题了。

（5）关于 FCA 和 CIP 的新规定

《2020 年通则》为 FCA 提供了一个附加选项，即买卖双方可以约定，买方可指示其承运人在货物装船后向卖方签发装船提单,然后卖方有义务向买方提交该提单(通常是通过银行提交)。

《2020年通则》规定,CIP 使用协会货物保险条款(A),即 ICC(A)险条款,相应的保费也会更高。也就是说,在《2020年通则》中,使用 CIP 术语,卖方承担的保险义务变大,而买方的利益会得到更多保障。

【课堂讨论】

我国某服装公司向某国出口一批服装,双方约定以 FOB 条件成交,适用于《2020年通则》,但在合同中附列了一项条款,规定我方公司负责租船订舱并承担运费。两个月后,我方在交货时,以《2020年通则》规定的 FOB 术语下通常由买方支付运费条款为由拒不支付运费。我方公司的这种行为合理吗?

7.1.3 《2020年通则》中的常用贸易术语

在国际贸易中,以装运港交货的三种术语 FOB、CFR 和 CIF 最为常用;同时,随着集装箱、多式联运业务等运输方式的不断普及以及欧盟等区域经济一体化的发展,向承运人交货的三种术语 FCA、CPT 和 CIP 也被广泛采用。下面着重介绍《2020年通则》对这六种常用贸易术语的解释及使用中应注意的问题。

1. FOB

1) 对 FOB 术语的解释

Free On Board(... named port of shipment)——装运港船上交货(……指定装运港),是卖方在指定的装运港将货物交至买方指定的船上,或取得已如此交付的货物,即完成交货。卖方需承担货物运送至交付地点为止,货物灭失或毁损的一切风险和费用;买方需承担自交付地点起,货物灭失或毁损之一切风险和费用。

在适用清关的地方,FOB 术语要求卖方办理货物出口清关。该术语仅适用于海运或内河运输。如果买卖双方不拟以货物交到船上作为完成交货,而是以装船前在指定地点交给承运人完成交货,应采用 FCA 术语。

2) FOB 术语买卖双方的义务划分

按照《2020年通则》,使用该贸易术语时卖方的主要义务如下:

① 按照港口的惯常方式,在规定的装运期内将符合合同规定的货物交至买方指定的船上,或取得已如此交付的货物,并给予买方充分的通知;

② 在适用清关的地方,负责办理货物出口手续,取得出口许可证或其他核准书;

③ 承担货物在装运港交至船上为止的一切费用和风险;

④ 负责提供证明货已交至船上的装运单据、商业发票及其他有关凭证,如经买卖双方约定,上述单据和发票可被具有同等效力的电子信息(EDI Message)所替代。

按照《2020年通则》,使用该贸易术语时买方的主要义务如下:

① 按合同规定支付价款;

② 负责租船或订舱,支付运费,并给予卖方有关船名、装运港和受载日期等信息的充分通知;

③ 在适用清关的地方,取得进口许可证或其他核准书,并办理货物进口及必要时经由另一国过境运输的一切海关手续;

④ 承担货物在装运港装上船后的一切费用和风险;

⑤ 接受与合同相符的单据和收取卖方按合同规定交付的货物。

3) 使用 FOB 术语应注意的问题

使用 FOB 术语应注意的问题有以下几点：

(1) 以"装运港"船上为交货点

按照 INCOTERMS，各种贸易术语都有其特定的"交货点"(Point of Delivery)亦即"风险划分点"(Point for Division of Risk，以下简称"风险点")。INCOTERMS 2020 规定，FOB 卖方必须在装运港将货物交至船上(Deliver On Board of Vessel)或"装上船"(Load On Board of Vessel)。当货物装上船时，风险转移，即卖方完成交货。由此可见，FOB 术语的交货点(风险点)为装运港船上。

(2) 使用 FOB 术语时的船货衔接问题

按 FOB 条件成交由买方负责租船订舱，并将船名和船期等及时通知卖方，而卖方应负责在合同规定的期限在装运港将货物装上买方指定的船只，这样就存在船货衔接的问题。根据有关法律和惯例，如果船只按时到达装运港，而卖方未能备妥货物，延误了装船的时间，则卖方应承担由此造成的空舱费(Dead Freight)或滞期费(Demurrage)等损失，买方甚至可以要求解除合同。反之，如果买方延迟派船或未经卖方同意提前派船到装运港，卖方也有权拒绝交货，另外买方应赔偿卖方因此而引起的仓储等增加的费用支出，以及因迟收货款而造成的利息损失等，甚至解除合同。因此，在 FOB 合同中，买卖双方对船货衔接的事项，除了应在合同中做出明确说明外，在订约后还要加强联系，密切配合，防止船货脱节。

(3) FOB 方式中装货费用的承担

在 FOB 条件下，由买方派船接运货物，如属于件杂货，则通常采用班轮运输，而班轮运输的特点之一是运费中包括装卸费，即由船方承担装卸费，故买方不另外支付装货费。但是，如果成交的是大宗货物，则通常采用租船运输，而装货费不一定包括在租金中，船方不承担装卸费。根据《2020 年通则》，使用 FOB 以装运港船上为交货点，所以，装运费用由卖方承担。

(4)《1990 年美国对外贸易定义修订本》对 FOB 的解释

《1990 年美国对外贸易定义修订本》中将 FOB 分为六种，只有第五种 FOB Vessel(船上交货)与《2020 年通则》中的 FOB 相近，主要的区别在于出口报关的责任在买方而不在卖方。所以我国在与美国、加拿大等国家洽谈进口贸易使用 FOB 方式成交时，除了在 FOB 后注明 Vessel 外，还应明确由对方(卖方)"承担风险及费用，取得出口许可证及其他官方批准文件，并办理货物出口所必需的一切海关手续"。例如：①FOB San Francisco(Definition of America)，表示卖方只负责把货物运到旧金山城内的任何处所，不负责把货物运到旧金山港口并交到船上(由于加拿大等国也援引美国的惯例，因此，与加拿大国商人签订 FOB 进口合同时，也应注意这个问题；②FOB Vessel San Francisco(Definition of America)，表示卖方负责把货物运到旧金山港口并交到船上；③FOB San Francisco(INCOTERMS 2020)，表示卖方负责把货物运到旧金山港口并交到船上。从中可以看出①的解释与②和③的解释差别很大；②和③的表面含义很相近，但是并不相同，主要体现在费用的负担上，前者规定买方要支付卖方协助提供出口单证的费用及出口税和因出口而产生的其他费用，而后者规定卖方自付费用，两者有明显区别。

【课堂讨论】

某公司外贸业务员小王负责从美国进口一套设备，美方提供的报价单上面只有货物的

FOB 价,要求我方办理运输(Shipping is customer's responsibility. Payment is required before shipment)。小王感觉疑惑的是:他可以找货代上门取货,可美国方面的出口清关费用(包括关税)应该谁来支付呢?

2. CFR

1) 对 CFR 术语的解释

Cost and Freight(… named port of destination)——成本加运费(…指定目的港),是指在装运港货物装上船,或取得已如此交付的货物,卖方即完成交货。卖方必须支付将货物运到指定目的港所必需的费用和运费,但交货后货物灭失或损坏的风险,以及由于各种事件造成的任何额外费用,即由卖方转移到买方。

在适用清关的地方,CFR 术语要求卖方办理货物出口清关。该术语仅适用于海运或内河运输。如果买卖双方不拟以货物交到船上作为完成交货,而是以装船前在指定地点交给承运人完成交货时,应采用 CPT 术语。

2) CFR 术语买卖双方的义务划分

按照《2020 年通则》,使用该贸易术语时卖方的主要义务如下:

① 负责在合同规定的日期和期间内,在装运港将符合合同规定的货物交至运往指定目的港的船上,或取得已如此交付的货物,并给予买方充分的通知;

② 在适用清关的地方,负责办理货物出口手续,取得出口许可证或其他核准书;

③ 负责租船或订舱,支付运至目的港的运费;

④ 负担货物在装运港交至船上为止的一切费用和风险;

⑤ 负责提供商业发票和货物运往约定目的港的通常运输单据。

按照《2020 年通则》,使用该贸易术语时买方的主要义务如下:

① 按合同规定支付价款;

② 在适用清关的地方,取得进口许可证或其他核准书,并办理货物进口及必要时经由另一国过境运输的一切海关手续;

③ 负担货物在装运港交至船上后的一切费用和风险;

④ 接受与合同相符的单据,收取卖方按合同规定交付的货物。

3) 使用 CFR 应注意问题

在使用 CFR 时应注意以下几点:

(1) 卖方应及时发出装船通知

按 CFR 条件成交时,由卖方安排运输。如卖方不及时发出装船通知,则买方就无法及时办理货运保险,甚至有可能出现漏保货运险的情况。因此,卖方在装船后务必及时向买方发出装船通知,内容包括船名、航班、起航日期、货物装船日期等;否则,卖方应承担货物在运输途中的风险和损失。

(2) CFR 与 FOB 的区别

CFR 在货物装船、适用的运输方式、风险转移、办理进出口手续和接单付款方面,买卖双方的义务和 FOB 是相同的。CFR 与 FOB 的不同之处在于:

① 由卖方负责租船或订舱并支付运费。按照《2020 年通则》的解释,卖方只需按通常条件租船或订舱,使用适合装运有关货物的通常类型的轮船,经习惯行驶航线运送货物。

② 关于运输单据,CFR 术语规定,应由卖方自行承担费用,尽快向买方提供载明约定目的

港的通常运输单据,以便使买方能在目的港向承运人提取货物;而 FOB 则无此要求。

【课堂讨论】

我国某公司以 CFR 价出口一批货物,装运后由于疏忽,未能及时向买方发出装船通知,致使买方未及时投保。结果船开行不久后触礁沉没,货物全部损毁,买方由此向我方提出索赔,但我方认为货物灭失发生在越过船之后,风险应由买方承担,故拒绝赔偿,因此发生争议。你认为货损责任应由谁来承担?为什么?

3. CIF

1) 对 CIF 术语的解释

Cost, Insurance and Freight (... named port of destination)——成本加保险费、运费(……指定目的港),是指在装运港货物装上船,或取得已如此交付的货物,卖方即完成交货。卖方必须支付将货物运到指定目的港所必需的费用和运费,但交货后货物灭失或损坏的风险,以及由各种事件造成的任何额外费用,即由卖方转移至买方。在 CIF 条件下,卖方还必须办理买方货物在运输途中灭失或损坏风险的海运保险,因此,应由卖方订立保险合同并支付保险费。买方应注意到,CIF 术语只要求卖方投保最低限度的保险险别;如买方需要更高的保险险别,则需要与卖方明确地达成协议,或者自行做出额外的保险安排。

在适用清关的地方,CIF 术语要求卖方办理货物出口清关。该术语仅适用于海运或内河运输。如果买卖双方不拟以货物交到船上作为完成交货,而是以装船前在指定地点交给承运人完成交货,则应采用 CIP 术语。

2) 双方基本义务的划分

按 CIF 术语成交,是指卖方必须在合同规定的日期内或期间在装运港将货物交至船上或取得已如此交付的货物;负担货物交至船上为止的一切费用和货物灭失或损坏的风险;负责租船订舱,支付从装运港到目的港的正常运费;负责办理货运保险,支付保险费;负责提供商业发票、保单和货物运往目的港的通常运输单据。

买方义务同 CFR。

3) 使用 CIF 术语应注意的问题

(1) CIF 合同属于"装运合同"

在 CIF 术语下,卖方在装运港将货物装上船后,即完成了交货义务。因此,采用 CIF 术语订立的合同属于"装运合同"。但是,由于在 CIF 术语后所注明的是目的港(例如"CIF 伦敦"),在我国曾将 CIF 术语译作"到岸价",所以 CIF 合同的法律性质常被误解为"到货合同"。为此必须明确指出:CIF 以及其他 C 组术语(CFR、CPT、CIP)与 F 组术语(FCA、FAS、FOB)一样,卖方在装运港(地)完成交货义务,采用这些术语订立的买卖合同均属于"装运合同"性质。按此类术语成交的合同,卖方在装运港(地)将货物交付装运后,对货物可能发生的任何风险不再承担责任。

(2) 卖方办理保险的责任

在 CIF 合同中,卖方是为了买方的利益办理货运保险的,因为此项保险主要是为了保障货物装船后在运输途中的风险。《2020 年通则》对卖方的保险责任规定:如无相反的明示协议,卖方只需按《协会货物保险条款》或其他类似的保险条款中最低责任的保险险别投保。如买方有要求得到更大责任保险险别的保障,或要求投保战争、罢工、暴动和民变险等,就必须与卖方明示达成协议,或者自行安排额外保险。最低保险金额应为合同规定的价款加 10%,并以合同货币投保。有关责任起讫必须与货物运输相符合,并必须最迟自买方需负担货物灭失或损坏的风险时(即自货物在装运港装上船时)起对买方的保障生效。该保险责任必须延展至货物达到约定目港为止。

在实际业务中,为了明确责任,我外贸企业在与国外客户洽谈交易采用 CIF 术语时,一般都应在合同中具体规定保险金额、保险险别和适用的保险条款。

(3) 象征性交货问题

从交货方式来看,CIF 是一种典型的象征性交货(Symbolic Delivery)。所谓象征性交货是针对实际交货(Physical Delivery)而言的。前者指卖方只要按期在约定地点完成装运,并向买方提交合同规定的包括物权凭证在内的有关单证,就算完成了交货义务,而无须保证到货。实际交货则是指卖方要在规定的时间和地点,将符合合同规定的货物提交给买方或其指定人,而不能以交单代替交货。

在象征性交货方式下,卖方是凭单交货,买方是凭单付款,只要卖方按时向买方提交了符合合同要求的全套单据,即使货物在运输途中损坏或灭失,买方也必须履行付款义务。反之,如果卖方提交的单据不符合要求,则即使货物完好无损地运达目的地,买方仍有权拒付货款。由此可见,CIF 交易实际上是单据的买卖。所以,单据在 CIF 交易中具有特别重要的意义。

(4) 风险和费用的划分

关于 CIF 风险和费用的划分,《2000 年通则》和《2020 年通则》的显著区别在于:《2000 年通则》中的 CIF 以"越过船舷"作为划分买卖双方所承担的风险和费用责任的界限。这里的风险是指货物灭失或损坏的风险,费用是指正常运费以外的费用。但从实际作业来看,装船是一个连续的过程。从岸上起吊到装船入舱,均不可能在船舷这条界限划分双方的责任。由于《2000 年通则》作为惯例并不是强制性的,因此在买卖合同中,双方可以另行约定。按照国际惯例,卖方应向买方提交"已装船提单",这表明双方约定由卖方承担货物装入船舱为止的一切风险和费用责任。提单上表明的装船日期为买方开始承担风险的日期。

【课堂讨论】

我国某出口公司按 CIF 伦敦向英商出售一批核桃仁,由于该商品季节性较强,双方在合同中规定,买方需于 9 月底前将信用证开到,卖方保证货运船只不迟于 12 月 2 日驶抵目的港。如货轮迟于 12 月 2 日抵达目的港,买方有权取消合同,如货款已收,卖方必须将货款退还买方。试分析这是真正的 CIF 合同吗?为什么?

4. FCA

1) 对 FCA 术语的解释

Free Carrier(... named place of delivery)——货交承运人(……指定交货地),是指卖方必须在合同规定的交货期内,在卖方处所或指定发货地将经出口清关的货物交给买方指定的承运人时,即完成交货。货物灭失或损坏的风险在该地点转移至买方。买方必须自负费用,订立从指定地发运货物的运输合同,并将有关承运人的名称、要求交货的时间和地点充分地通知卖方;负担货交承运人后的一切费用和风险;负责按合同规定收取货物和支付价款。

FCA 术语中的"承运人"可以是货物运输的实际承运人(如运输公司),也可以是订约承运人(如货运代理商),甚至可以是非承运人。如果买方指定一个非承运人收取货物,当货物被交予该人时,应认为卖方已履行了交货义务。

在适用清关的地方,FCA 术语要求卖方办理货物出口清关。该术语适用于各种运输方式,包括多式运输。

2) 使用 FCA 应注意的问题

在采用 FCA 术语时,需注意以下几点:

① 交货点和风险转移点是买方指定的承运人对货物接受监管的指定地。上述指定地点可能是铁路终点站、起运机场、货运站、集装箱码头或堆场、多用途货运终点站或类似的收货点。如承运人将装货的集装箱送至卖方所在处所收取货物,则交货点和风险转移点将在卖方所在处所。卖方承担将货物交给承运人之前的一切风险。

在上述两种情况下,买卖双方的义务是不同的:

如果交货地点是卖方所在处所,则当货物被装至买方指定承运人的运输工具上时,卖方即完成了交货义务;如果交货地在其他地点,则当卖方要把货物运至交货地(货物无需卸下)交由买方指定的承运人处置时,卖方才算完成了交货义务。

② FCA 术语下买方必须自负费用,订立自指定地运输货物的合同,但若卖方能协助取得更好的效果时,可由卖方协助订立运输合同,但有关费用和风险仍由买方负担。

③ 在采用 FCA 术语时,货物大多都做了集合化或成组化处理,例如装入集装箱或装上托盘,因此,卖方应考虑将货物集合化所需的费用也计算在价格之内。

④《2020 年通则》关于 FCA 的新规定。《2020 年通则》为 FCA 提供了一个附加选项。买卖双方可以约定,买方可指示其承运人在货物装船后向卖方签发装船提单,然后卖方有义务向买方提交该提单(通常是通过银行提交)。

5. CPT

1) 对 CPT 术语的解释

Carriage Paid To(... named place of destination)——运费付至(……指定目的地),是指在货物被交由卖方指定的承运人时,卖方即完成了交货。货物灭失或损坏的风险,以及由于货物在交给承运人后发生的事件而引起的额外费用,即从卖方转移至买方。卖方要支付货物运至指定目的地的运费。

在清关适用的地方,CPT 术语要求卖方办理货物出口清关。CPT 术语适用于各种运输方式,包括多式运输。

2) 使用 CPT 术语应注意的问题

在 CPT 合同中,卖方负责安排运输,而买方负责货物运输保险。为了避免两者脱节,造成货物装运(货交承运人监管)后失去对货物必要的保险保障,卖方应及时向买方发出装运通知。

6. CIP

Carriage and Insurance Paid To (... named place of destination) ——运费、保险费付至(……指定目的地),是指在货物被交由卖方指定的承运人时,卖方即完成了交货。货物灭失或损坏的风险,以及由于货物在交给承运人后发生的事件而引起的额外费用,即从卖方转移至买方。卖方要安排运输支付货物运至指定目的地的运费,办理保险并支付保险费。

在清关适用的地方,CIP 术语要求卖方办理货物出口清关。CIP 术语适用于各种运输方式,包括多式运输。

值得注意的是,根据《2020 年通则》规定,CIP 使用协会货物保险条款(A),即 ICC(A)险条款,相应的保费也会更高。也就是说,在《2020 年通则》中,使用 CIP 术语,卖方承担的保险义务变大,而买方的利益会得到更多保障。

7.1.4 《2020年通则》中的其他贸易术语

1. EXW

EX Works(... named place of delivery)——工厂交货(……指定交货地),是指卖方在其所在处所(工厂、工场、仓库等)将货物置于买方的处置之下时,即履行了交货义务。除非另有约定,否则卖方不负责将货物装上买方备妥的车辆,也不负责出口清关。买方承担自卖方所在处所提取货物至目的地所需的一切费用和风险。因此,使用这个术语是卖方承担最少义务的术语,也即买方承担最多义务的术语。

如果买方要求卖方在发货时负责将货物装上收货车辆,并承担相应的费用和风险,则应在合同中明确加以规定。

本术语适用于任何一种或多种运输方式。

如买方不能直接或间接地办理出口手续,则不应使用本术语,而应使用FCA术语。

2. FAS

Free Alongside Ship(... named port of shipment)——船边交货(……指定装运港),是指卖方要在约定的时间内,在指定装运港将符合合同规定的货物放置于买方指定的船边,即完成了交货义务。买卖双方承担的风险和费用,均以船边为界。如果买方所指派的船只不能靠岸,卖方则要负责用驳船把货物运至船边,仍在船边交货。货物的出口清关由卖方负责办理,但装船的责任和费用由买方承担。

本术语只适用于海运或内河运输。

在适用清关的地方,本术语要求卖方办理货物出口清关。

3. DAP

Delivered At Place(... named place of destination)——目的地交货(……指定目的地),是指卖方在约定的时间内,在(进口地)指定目的地(named place of destination)将已运送抵达指定地点、但未从运输工具上卸下且未办妥进口通关的货物,交付买方处置时,即为交货。

在适用清关的地方,本术语要求卖方办理货物出口清关,但无义务办理进口清关。如当事人拟由卖方办理进口清关,支付进口关税、税捐等费用,则应采用DDP术语。

本术语适用于任何一种或多种运输方式。

4. DPU

Delivered At Place Unloaded(... named place of destination)——卸货地交货(……指定目的地),卖方须于约定的时间内,将已运送抵达指定目的地并已从运输工具上卸下、但尚未办理进口通关的货物置于买方处置之下时,即完成交货。

在适用清关的地方,本术语要求卖方办理货物出口清关,但无义务办理进口清关。

本术语适用于任何一种或多种运输方式。

5. DDP

Delivered Duty Paid (... named place of destination)——完税后交货(……指定目的地),是指卖方将货物运至进口国的指定目的地(待卸),交由买方处置之下时,即履行了交货义务。卖方必须承担货物运至该处的风险和费用,包括关税、税捐和其他费用,并办理货物进口的清关。

与EXW相反,DDP是卖方承担最多义务的术语,也即买方承担最少义务的术语。如果卖方不能直接或间接地取得进口许可证，则不应使用本术语。

本术语适用于任何一种或多种运输方式。

7.1.5 选用贸易术语应考虑的主要因素

在实际业务中，选用何种贸易术语，密切关系到买卖双方的经济利益。因此，它是买卖双方都十分重视的问题。就我方外贸企业而言，贸易术语的选用应遵循以下原则。

1. 与运输方式相适应

使用较多的三种术语 FOB、CFR、CIF 仅适用于海洋或内河运输方式，不宜在其他运输方式中使用。另外，FAS 术语也适用于海洋或内河运输，但其交货地点及风险分界点是以船边或码头为准。其他几种术语 EXW、FCA、CPT、CIP、DAP、DPU、DDP 则可适用于任何一种或多种运输方式。其中 FCA、CPT、CIP 类似于船运的 FOB、CFR、CIP。随着运输方式的发展，集装箱运输和多式联运得以广泛运用，所以应适当扩大使用 FCA、CPT、CIP 术语，尤其是在出口业务中以集装箱或多式联运方式运输的。

2. 视具体情况选择适当的贸易术语

总体上讲，在出口业务中力争采用 CIF 或 CIP 术语成交，在进口业务中应尽量采用 FOB 或 FCA 术语成交。

无论采取哪种贸易术语成交，都应有利于卖方统筹安排备货、装运、投保等事宜，保证作业流程上的相互衔接。应根据交易商品的具体情况首先考虑自身安排运输有无困难，而且经济上是否合算等因素。另外，应有利于发展双方的合作关系，如有些国家规定进口贸易必须在本国投保，有些买方为谋求保险费的优惠或较低的运价，我方也可以考虑对方的要求。

3. 重视规避风险

慎重选择适当的贸易术语对于防范收汇风险、诈骗货款及提高经济效益是十分必要的。如在我方进口大宗货物需以租船方式装运时，原则上应采用 FOB 方式，由我方自行租船、投保，以避免卖方与船方勾结，利用租船提单，骗取货款。再比如，我方出口时如果采用货到付款或托收等商业信用的收款方式，则应尽量避免采用 FOB 或 CFR 术语。

当然，贸易术语只是诸多交易条件中的一个方面，它的选用还必须考虑其他方面的问题，如客户的资信、国际市场行情、企业的经营战略等。

任务7.2 明确作价方法

在国际货物买卖中，作价的方法多种多样，我们可以根据不同情况，分别选择和使用不同的作价办法。

7.2.1 固定作价

我国的进出口合同绝大部分是采取固定作价的方法，明确地规定具体价格，这也是国际上常见的做法。按照各国法律的规定，合同价格一经确定，就必须严格执行，任何一方都不得擅自更改。在合同中规定固定价格是一种常规做法，它具有明确、具体、肯定和便于核算的特点。

不过，由于国际市场行情的多变性，价格涨落不定，因此，在国际货物买卖合同中规定固定价格，就意味着买卖双方要承担从订约到交货付款以至转售时价格变动的风险。并且，如果行市变动过于剧烈,这种做法还可能影响到合同的顺利执行,一些不守信用的商人很可能为逃避损失,而寻找各种借口撕毁合同。

为了减少价格风险,在采用固定价格时,首先必须对影响商品供需的各种因素进行仔细研究,并在此基础上,对价格的前景作出判断,以此作为决定合同价格的依据;其次,对客户的资信进行了解和研究,慎重选择订约的对象。但是,国际商品市场的变化往往受各种临时性因素的影响,变幻莫测。特别是自20世纪60年代末期以来,由于各种货币汇价波动不定,商品市场变动频繁,剧涨暴跌的现象时有发生,在此情况下,固定价格给买卖双方带来的风险比过去更大,尤其是在价格前景捉摸不定的情况下,更容易使客户裹足不前。因此,为了减少风险,促成交易,提高合同的履约率,在合同价格的规定方面,也应采取一些变通的做法。

7.2.2 非固定作价

1. 非固定价格的种类

非固定作价,即一般业务上所说的"活价",大体上可分为下述几种:

(1) 暂不固定价格

这种规定又可分为下列两种方式:一是在价格条款中明确规定定价时间和定价方法。例如,"在装船月份前50天,参照当地及国际市场的价格水平,协商议定正式价格";或"按提单日期的纽约期货市场的收盘价结算"。二是只规定作价时间,如"由双方在××年×月×日协商确定价格"。这种方式由于未就作价方式作出规定,容易给合同带来较大的不稳定性,双方可能因缺乏明确的作价标准,而在商订价格时各执己见、相持不下,导致合同无法执行。因此,这种方式一般只应用于双方有长期交往,已形成比较固定的交易习惯的合同。

(2) 暂定价格

即买卖双方在洽谈价格变化比较大的商品的远期交易时,在合同中先订立一个暂定价格,作为开立信用证和初步付款的依据,待日后交货期前一段时间双方再确定最后价格后进行最后结算,多退少补。

(3) 部分固定价格,部分非固定价格

有时为了照顾双方的利益,解决双方因采用固定价格或非固定价格产生的分歧,也可采用部分固定价格、部分非固定价格的做法,或是分批作价的办法,即交货期近的价格在订约时固定下来,余者在交货前一定期限内作价。

(4) 滑动作价

滑动作价法是指交易双方在签订合同时,先规定一个基础价格,并同时订立价格调整条款,约定价格调整的百分比,交货时或交货前一段时间再根据工资、物价的变动情况对原定价格进行调整,计算出最终的成交价格。

选用滑动作价方法时,通常使用下面的公式来确定价格:

$$P = P_0 \left(A + B \frac{M}{M_0} + C \frac{W}{W_0} \right)$$

式中:P 代表成交的最终价格;

P_0 代表签约时约定的基础价格;

M 代表计算最终价格时引用的有关材料的平均价格或指数;

M_0 代表签约时有关材料的平均价格或指数;

W 代表计算最终价格时引用的有关工资的平均价格或指数;

W_0 代表签约时有关工资的平均价格或指数;

A 代表经营管理费用和利润在价格中所占的比重,是基础价格的固定部分;

B 代表原料在价格中所占的比重,是基础价格可变部分;

C 代表工资在价格中所占的比重,是基础价格可变部分。

A、B、C 的大小由买卖双方在订约时商定,但三者之和应等于1。

滑动作价法主要适用于市场价格变动较大的大宗交易,如农产品、矿产品,尤其适用于加工周期长的大型成套机器设备、大型机械的交易。因为大宗交易从合同成立到履行完毕需时较长,可能因为原材料、工资等而影响生产成本,从而导致价格的升降幅度较大,为了避免承担过大的价格风险,可采用滑动价格。

2. 采用非固定价格的利弊

非固定价格是一种变通的做法,在行情变动剧烈或双方未能就价格取得一致意见时,采用这种做法有一定的好处,具体表现在以下方面:

① 有助于暂时解决双方在价格方面的分歧,先就其他条款达成协议,早日签约。

② 解除客户对价格风险的顾虑,使之敢于签订交货期长的合同。数量、交货期的早日确定,不但有利于巩固和扩大出口市场,也有利于生产、收购和出口计划的安排。

③ 对进出口双方而言,虽不能完全排除价格风险,但对出口方来说,可以不失时机地做成生意;对进口方来说,可以保证一定的转售利润。

当然,此种做法也有一定的弊病,即这种做法是先订约后作价,对合同的关键条款——价格,是在订约后由双方按一定的方式来确定的,这就不可避免地给合同带来较大的不确定性,存在着双方在作价时不能取得一致意见,而使合同无法执行的可能;或由于合同作价条款规定不当,而使合同失去法律效力的危险。

3. 采用非固定价格条款应注意的问题

1) 酌情确定作价标准

为减少非固定价格条款给合同带来的不确定因素,消除双方在作价方面的矛盾,明确订立作价标准就是一个重要的、必不可少的前提。作价标准可根据不同商品酌情作出规定,例如,以某商品交易所公布的价格为准,或以某国际市场价格为准等。

2) 明确规定作价时间

关于作价时间的确定,可以采用下列几种做法:

(1) 装船前作价

装船前作价一般是规定在装船前若干天作价。采用此种作价办法,交易双方仍要承担自作价至付款转售时的价格变动风险。

(2) 装船时作价

装船时作价一般是指按提单日期的行市或装船月的平均价作价。这种做法实际上只能在装船后进行,除非有明确的客观的作价标准,否则卖方不会轻易采用,因为卖方担心承担风险。

(3) 装船后作价

装船后作价一般是指在装船后若干天,甚至在船到目的地后始行作价,采用这类做法,卖方承担的风险也较大,故一般很少使用。

4. 非固定作价对合同成立的影响

在采用非固定作价的场合,由于双方当事人并未就价格取得一致,因此,就存在着按此种方式签订的合同是否有效的问题。目前,大多数国家的法律都认为,合同只要规定了作价办法即是有效的,有的国家法律甚至认为合同价格可留待以后由双方确立的惯常交易方式决定。《联合国国际货物销售合同公约》允许合同只规定"如何确定价格",但对"如何确定价格"却没有具体规定或作进一步的解释,为了避免争议和保证合同的顺利履行,在采用非固定价格时,应尽可能将作价办法做出明确具体的规定。

任务 7.3 选择计价和结算货币

7.3.1 认识外汇标价和汇率风险

1. 认识外汇标价

计价货币(Money of Account)是指合同中规定用来计算价格的货币。结算货币(Money of Payment)是指合同中规定用来结算货款的货币。在国际贸易中两者可以是同一货币,也可以是不同的货币。我国的涉外企业在出口时,通常采用美元、欧元、日元等外汇作为报价和结算货币;而在国内采购原料或成品时则采用人民币支付,因此,涉外企业就要涉及本币和外汇之间汇率的换算和兑换,也就存在汇率的风险。

外汇标价,又称外汇牌价、外汇汇率,是指用一国货币兑换成另一国货币时的比价或比率;或以一国货币所表示的另一国货币的价格。外汇牌价一般由外汇的买入价和卖出价构成,两者均是从银行的角度出发,针对报价中的前一个币种而言的,即银行买入前一个币种的价格和卖出前一个币种的价格。例如,在 2022 年 3 月 25 日和 2023 年 3 月 25 日中国银行公布的美元兑人民币的外汇牌价中(见表 7-2 和表 7-3),USD1=CNY6.352 5/6.379 5,6.352 5 是银行买入外汇即美元的价格,即银行买入 1 美元需要支付 6.352 5 元人民币;6.379 5 是银行卖出外汇即美元的价格,银行卖出 1 美元需要收取 6.379 5 元人民币。银行买入外汇价格和银行卖出外汇价格之间的差价是银行从事外汇买卖的毛利润。

表 7-2 中国银行外汇牌价(2022-3-25)

币 种	单 位	买入价	卖出价
英镑	100	837.67	834.84
美元	100	635.25	637.95

(数据来源:中国银行网站)

表 7-3 中国银行外汇牌价(2023-3-25)

币 种	单 位	买入价	卖出价
英镑	100	837.38	843.55
美元	100	685.66	688.56

(数据来源:中国银行网站)

2. 汇率风险

1) 汇率风险的概念

在国际贸易中,虽然买卖双方的立场不同,使用货币的出发点不同,但双方都要考虑汇率风险问题。在当前国际金融市场普遍实行浮动汇率制的情况下,货币价值不是一成不变的,买卖双方都将承担汇率变化带来的风险,因此在选择使用何种货币时,就不能不考虑货币汇率升降的风险。

汇率风险(Exchange Risks),又称外汇风险,指经济主体在持有或运用外汇的经济活动中,因汇率变动而蒙受损失的可能性。

【例 7-1】 我国某出口商和美国进口商于 2022 年 3 月 25 日签订出口 100 万美元机电产品的合同,装运月份是 2023 年的 3 月,装运后凭单结算。假设提单日期是 2023 年 3 月 15 日,结算日为 2023 年 3 月 25 日。2022 年 3 月 25 日和 2023 年 3 月 25 日的即期汇率见表 7-2 和表 7-3。那么,由于美元兑人民币汇率的变化(本案例中美元汇率上升),导致我出口商实际得到的货款为 685.66 万元人民币(未考虑银行费用),由于汇率变化,我出口商多收入 50.41 万元人民币(因为如果汇率不变,按签订合同时的汇率结算,我出口商可以得到 635.25 万元人民币)。

如果美元汇率上升幅度变大,我出口商因美元汇率变化的收益就会更多。当然,如果美元贬值,在其他条件不变的情况下,我出口商可能会因此承担汇率变化带来的损失。因此,汇率风险可能带来收益,也可能带来损失。

2) 汇率风险的种类

汇率风险可分为交易风险、折算风险、经济风险。

① 交易风险,是指经济主体在运用外币进行计价收付的交易中,因外汇汇率的变动而蒙受损失的可能性。

② 折算风险又称会计风险,是指经济主体对资产负债表的账面进行会计处理时,将功能货币转换成记账货币时由于汇率变动而导致账面损失的可能性。

③ 经济风险又称经营风险,是指由于汇率变动使企业未来现金流量折现值发生损失的可能性。

7.3.2 选择计价和结算货币的方法

在国际贸易中,选择何种计价和结算货币首先要考虑货币的自由兑换性,既有利于资金的调拨和运用,在必要时还可转移货币汇价的风险。对于可自由兑换的货币,还需考虑其稳定性。常见的选择计价和结算货币的方法有以下几种。

1. 收硬付软

在出口贸易业务中,一般应选择有上浮(升值)趋势的货币("硬币"或"强币")作为计价和结算货币;在进口贸易业务中,则应争取选择有下浮(贬值)趋势的货币("软币"或"弱币")作为计价和结算货币。

但是在实际业务中,货币选择并不是一厢情愿的事,因为交易双方都希望选择对自己有利的货币,从而将汇率风险转嫁给对方。因此交易双方在计价货币的选择上往往产生争论,甚至出现僵局。为打破僵局、促成交易,使用"收硬付软"原则要灵活多样。比如,可以采用"硬币"和"软币"组合的方法,使升值的货币所带来的收益用以抵消贬值的货币所带来的损失。如果在交易中双方都坚持选择对自己一方有利的货币,则可通过协商,使买卖双方互不吃亏。

2. 压低进口价格或提高出口价格

如在商订进口合同时使用当时视为"硬币"的货币作为计价货币和结算货币,则在确定价格时,可将该货币在付汇时可能上浮的幅度考虑进去,将进口价格相应压低。如在商订进出口合同时使用当时视为"软币"的货币作为计价和结算货币,则在确定价格时,可将该货币在收汇时可能下浮的幅度考虑进去,将出口价格相应提高。鉴于汇价变动十分频繁,原因复杂多样,特别是较长时期的,如一年以后的趋势,更难预测,所以,这一办法通常较多适用于成交后进口付汇或出口收汇间隔时期较短的交易。

3. 订立外汇保值条款

【例7-2】 2023年,我国某外贸公司与英国某进口商签订了一项货物买卖合同。双方经过洽谈商定,用人民币计价,英镑支付,签订合同时人民币对英镑的汇率为1元人民币兑换0.119 1英镑,合同总金额为231 600元人民币,按照当时汇率折合为27 583.56英镑。鉴于当时英镑有不断下跌的不良趋势,中方外贸公司及时提出合同中应设立"外汇保值条款"。经与对方多次交涉,双方协商一致确立了外汇保值条款。合同从2023年开始分6批履行。按照每批货物装运前2周的汇率,分6次把计价货币人民币折合为支付英镑的结果,人民币总金额231 600元不变,英镑的数额则由签订合同时的27 583.56英镑调整到27 699.36英镑。中方实收英镑比签订合同时多115.8英镑,基本上可以弥补英镑下浮的损失。

在出口合同金额较大,付款期限较长,而进口商坚持用软币支付的情况下,或者预计从成交到收汇期间计价货币有下浮趋势,则应考虑在出口合同中订立外汇保值条款。

在国际贸易合同中,外汇保值条款的适用已经非常普遍。作为抵消或减少汇率风险的一项较为有效的措施,外汇保值条款通常包括两项基本内容:一是选择合适的货币作为合同的计价或支付货币;二是按照汇率规定进行相应调整的具体步骤。两方面相辅相成,才能保证外汇保值条款的作用充分实现。

在出口合同中规定外汇保值条款的办法主要有三种:

(1) 计价货币和支付货币均为同一"软币",用"硬币"保值

确定订约时这一货币与另一"硬币"的汇率,支付时按当日汇率折算成原货币支付。

(2) "软币"计价,"硬币"支付

即将商品单价或总金额按照计价货币与支付货币当时的汇率,折合成另一种"硬币",用"硬币"支付。

(3) "一篮子货币计价法"

在金额较大的进出口合同中,为了缓冲汇率的急升急降,应当采用多种货币组合来计价。确定计价货币与其他几种货币的算术平均汇率,或用其他计算方式的汇率,再根据支付当日该货币与其他几种货币算出平均汇率或其他汇率的变化,作相应的调整后支付。这种保值可称为"一篮子汇率保值"。几种货币的综合汇率可有不同的计算办法,如采用简单的平均法、采用加权的平均法等,这需由双方协商决定。

例如:合同中规定,"本合同项下的欧元币值,按×年×月×日中国银行公布的瑞士法郎、美元和日元对欧元买卖中间价的算术平均汇率所确定。所确定的算术平均汇率与上述基数发生差异上下超过3%时,本合同项下的货款支付将按上述算术平均汇率的实际变动做比例调整。买方所开出的有关信用证须对此做出明确规定。"

4. 进口货币和出口货币相一致

一个外贸企业，如果进口商品使用某种货币计价和结算，出口商品也应采用该货币计价和计算，此种做法可以将汇率风险通过"收""支"部分或全部抵消。比如，计价货币升值，则进口成本因此而升高，企业也会遭受损失；反之，出口收益却因此而增加，企业有盈利。两者相抵，企业风险降低或消除。

5. 以本币作计价货币

在国际经济交易中，如果用本币计价结算，进出口商不需要买卖外汇，也就不用承担汇率变动的风险。但这种方法会给贸易谈判带来一定的困难，因为这实际上是将汇率风险转嫁给了对方，所以只有在价格或期限等其他交易条件上做出让步，作为给对方的风险补偿，交易才能达成。目前，由于人民币还未成为自由兑换货币，所以，总的来说在国际贸易中使用有限。

任务7.4 运用佣金与折扣

7.4.1 佣金与折扣的含义和作用

在价格条款中，有时会有佣金或折扣的规定。从这个角度看，价格条款中所规定的价格，可分为包含佣金或折扣的价格和不包含这类因素的净价（Net Price）。包含佣金的价格，在业务中通常称为"含佣价"。

佣金（Commission）是代理人或经纪人为委托人进行交易而收取的报酬。上述代理人或经纪人就是通常所说的中间商，委托人是指买方或者卖方。在国际货物买卖中，佣金即为出口商付给销售代理人或进口商付给购买代理人的酬金。因此，它适用于与代理人或佣金商签订的合同。按照一定的含佣价给予中间商佣金的百分比称为"佣金率"。

折扣（Discount 或 Rebate）是指卖方按原价给予买方一定百分比的价格减让，即在价格上给予适当的优惠。国际贸易中使用的折扣，名目很多，除一般折扣外，还有为扩大销售而使用的数量折扣（Quantity Discount）、为实现某种特殊目的而给予的特别折扣（Special Discount）以及年终回扣（Turnover Bonus）等。

折扣直接关系到商品的价格，货价中是否包括折扣和折扣率的大小，都会影响到商品价格，折扣率越高，则价格越低。

佣金和折扣都是市场经济的必然产物，正确运用佣金和折扣，有利于调动采购商的积极性和扩大销路；可调动中间商推销和经营我方出口货物的积极性。在国际贸易中，它是加强对外竞销的有效手段。正确运用佣金和折扣，有时还可提高货物售价。

7.4.2 佣金与折扣的表示方法和计算

1. 佣金的表示方法和计算

佣金的表示方法和计算如下：

（1）以文字说明

在商品价格中包含佣金时，通常以文字来说明。例如：每公吨1 000美元CIF香港INCOTERMS 2010，包含佣金3%（USD 1000 per M/T CIF Hong Kong INCOTERMS 2010 including 3% Commission）。

(2) 加注"C"和佣金百分比

有时候,在贸易术语上加注佣金的英文字母"C"和佣金的百分比来表示:

例如每公吨 1 000 美元 CIFC 3%上海 INCOTERMS 2010;USD 1 000 per M/T CIFC3% Shanghai INCOTERMS 2010。

在规定佣金的条件下,佣金的高低不但会影响到双方的实际利益,而且如何计算佣金,对双方的经济利益也会产生直接影响。计算佣金可以有不同的方法,最常见的是以合同价格直接乘以佣金率,得出佣金额。

例如,CIFC 3%每公吨 1 000 美元,单位货物佣金额为 1 000 美元×3%=30 美元。

关于计算佣金的公式如下:

$$单位货物佣金额=含佣价\times 佣金率$$
$$净价=含佣价-单位货物佣金额$$

在实际操作中,只有先确定净价,然后才能算出含佣价。如佣金额计算的基数是含佣价,则净价换算含佣价的计算公式为:

$$含佣价=净价/(1-佣金率)$$

在这里值得注意的是,如在洽商交易时,我方报价为 10 000 美元,对方要求 3%的佣金,在此情况下,我方改报含佣价,按净价换算含佣价计算公式算出应为 10 309.3 美元,这样才能保证实收 10 000 美元。

【例 7-3】 一批出口商品的成交金额按 FOB 条件含佣价为 400 000 美元,佣金率 2%,则佣金为多少?扣除佣金后的净价为多少?

解: 佣金=400 000 美元×2%=8 000 美元

净价=400 000 美元-8 000 美元=392 000 美元

2. 折扣的表示方法和计算

在国际贸易中,折扣通常在合同价格条款中用文字明确表示出来:

例如,"CIF 伦敦每公吨 200 美元,包含折扣 3%;USD 200 per Metric Ton CIF London INCOTERMS 2010 including 3% discount"。

此例也可这样表示:"CIF 伦敦每公吨 200 美元,减 3%折扣(USD 200 per Metric Ton CIF London INCOTERMS 2010 less 3% discount)"。此外,价格中所包含的折扣也可用绝对数来表示,如每公吨折扣 5 美元等。

在实际业务中,也有用"CIFD"或"CIFR"来表示 CIF 价格中包含折扣。这里的"D"和"R"是"Discount"和"Rebate"的缩写。鉴于在贸易往来中加注的"D"或"R"含义不清,可能引起误解,故最好不使用此缩写语。

折扣通常是以成交额或发票金额为基础计算出来的,其计算方法如下:

$$单位货物折扣额=原价(或含折扣价)\times 折扣率$$
$$卖方实际净收入=原价-单位货物折扣额$$

7.4.3 佣金与折扣的支付

佣金的支付通常有两种做法:一种是由中间代理商直接从货价中扣除;另一种是在委托人收清货款之后,再按事先约定的期限和佣金比率,另外付给中间代理商。按照一般惯例,在独家代理的情况下,如委托人同约定地区的其他客户直接达成交易,则即使未经独家代理商过手,也得按独家代理协议规定的佣金比率付给其佣金。在支付佣金时,要防止错付、漏付和重付事故发生。

折扣一般在买方支付货款时预先予以扣除。

任务 7.5 核算出口成本和确定商品价格

7.5.1 核算出口成本

外贸企业的盈亏是考核外贸企业经营管理水平的重要指标。我外贸企业在对外报价或磋商交易前,都会对拟出口的商品进行成本核算。

1. 出口商品换汇成本(换汇率)

该指标反映出口商品每取得一单位外币的外汇净收入所耗费的人民币成本。换汇成本越低,出口的经济效益越好;出口商品换汇成本如高于结汇时银行的外汇牌价,则出口为亏损;反之,则说明出口有盈利。其计算公式为:

出口商品换汇成本＝出口商品总成本(人民币元)/FOB出口外汇净收入(外币)

说　明:

① 出口商品总成本＝出口商品购进价(含增值税)＋定额费用－出口退税收入

② 定额费用＝出口商品购进价(含增值税)×费用定额率

费用定额率大小不等,一般为5%～10%,由各外贸公司按不同出口商品的经营情况自行核定。

定额费用一般包括管理费用、银行利息、工资支出、邮电通信费用、交通费用、仓储费用、码头费用以及其他费用等。

③ 出口退税收入 ＝［出口商品购进价(含增值税)÷(1＋增值税率)］×出口退税率

④ 出口盈亏额 ＝(FOB出口外汇净收入×银行外汇买入价)－出口商品总成本

或出口盈亏额＝(银行外汇买入价－出口换汇成本)×FOB出口外汇净收入

2. 出口商品盈亏率

该指标说明出口商品盈亏额在出口商品总成本中所占的百分比,正值为盈,负值为亏。其计算公式为:

出口商品盈亏率＝[(出口人民币净收入－出口总成本)/出口总成本]×100%

【例7－4】　某公司向加拿大出口某商品,外销价为每公吨500美元CIF温哥华,支付运费为70美元,保险费为6.5美元。如果该公司收购该商品的进价为每公吨1 800元人民币(含增值税),且国内直接和间接费用加17%(费用定额率为17%),该商品无出口退税收入。试计算该商品的出口总成本,FOB出口外汇净收入(美元),出口换汇成本,FOB出口外汇净收入(人民币),以及出口盈亏额;倘若当期银行买入外汇价为1美元为6.5元人民币,试计算出口盈亏率。

解:

该商品每公吨的出口总成本＝1 800元×(1＋17%)＝2 106元人民币

该商品每公吨的FOB出口外汇净收入＝500美元－(70＋6.5)美元＝423.5美元

该商品每公吨的出口换汇成本＝2 106元人民币/423.5美元≈4.972 8元人民币/美元

该商品每公吨的 FOB 出口外汇净收入 =423.5 美元×6.5 元/美元=2 752.75 元人民币
该商品每公吨的出口盈亏额=(423.5×6.5)元－2 106 元=2 752.75 元－2 106 元= 646.75 元人民币
该商品每公吨的出口盈亏率=(2 752.75－2 106)元/2 106 元×100%≈30.71%

7.5.2 确定商品价格

1. 国际贸易中的价格构成

国际贸易中的价格主要是由成本、费用、利润三部分构成的：

① 成本(Cost)。成本是整个价格的核心，它是出口企业或外贸单位为出口其产品进行生产、加工或采购所产生的生产成本、加工或采购成本，我们通称之为含税成本。

② 费用(Expenses 或 Charges)。出口报价中的费用主要有国内和国外费用两部分。其中国内费用主要包括：包装费、仓储费、国内运输费、认证费、港口费、商检报送费、捐税、购货利息、经营管理费、银行费用等；国外费用包括出口运费、出口保险费、佣金等。

③ 利润(Expected profit)。利润是指出口公司的预期利润。

2. 常用贸易术语的价格换算

装运港船上交货的三种贸易术语 FOB、CFR、CIF 的价格构成的计算公式如下：

FOB 价＝进货成本价＋国内费用－出口退税收入＋净利润

CFR 价＝进货成本价＋国内费用＋主运费－出口退税收入＋净利润

CIF 价＝进货成本价＋国内费用＋主运费＋保险费－出口退税收入＋净利润

货交承运人的三种价格术语 FCA、CPT、CIP 的价格构成与 FOB、CFR、CIF 类似。

【例 7-5】新扬公司将出口一个 20 英尺货柜的钢丝绳切割器(货号 BY350)到科伦坡，20 英尺货柜的最大载重量为 17.5 公吨。已知货物的包装方式为 4 台装 1 纸箱，装货后的每个纸箱毛重为 34.5kg，净重为 32kg，尺码为 42 cm×40 cm×20 cm。每台切割器的购货成本为 80 元，包含 17% 的增值税。出口退税率为 6%。这批货国内运杂费共计 600 元；仓储费为每天 10 元，预计存储 30 天；出口商检费 200 元；报关费 150 元；港区港杂费 800 元；其他业务费用 2 000 元。上海到科伦坡的 20 英尺 FCL 运费为 15 000 元；公司如按客户要求加一成投保一切险，费率为 0.8%。如果新扬公司的预期利润率为 7%，且该商品不需缴纳出口关税，请报出 FOB SHANGHAI、CFR COLOMBO、CIF COLOMBO 的人民币价格(最终报价取整数)。

解：首先应确定货柜的装载量。从每个纸箱的体积方面计算，20 英尺货柜可以装载：25m³÷(0.42×0.40×0.2)m³=744 箱。由于每个纸箱毛重为 34.5 kg，而 20 英尺货柜的最大载重量为 17.5 公吨，所以，如果从载重量方面计算，20 英尺货柜可以装载：17.5 公吨÷0.034 5＝507 箱。因此，每个 20 英尺货柜最多可装 507 纸箱货物。

每个 20 英尺货柜最多可装货物：4 台/箱×507 箱＝2 028 台

每台切割器的国内费用：(600＋10×30＋200＋150＋800＋2 000)÷2 028 台＝2.00 元/台

每台切割器的出口退税收入：80 元÷(1＋17%)×6%＝4.10 元/台

每台切割器的主运费：15 000 元÷2 028 台＝7.40 元/台

保险费：CIF×110%×0.8%

FOB 报价：FOB 价＝进货成本价＋国内费用－出口退税收入＋净利润

FOB＝80＋2－4.1＋FOB×7%

$$FOB=(80+2-4.1)\div(1-7\%)=83.76\text{元/台}\approx 84\text{元/台}$$

CFR 报价：CFR 价＝进货成本价＋国内费用＋主运费－出口退税收入＋净利润

$$CFR=80+2+7.4-4.1+CFR\times 7\%$$

$$CFR=(80+2+7.4-4.1)\div(1-7\%)=91.72\text{元/台}\approx 92\text{元/台}$$

CIF 报价：CIF 价＝进货成本价＋国内费用＋主运费＋保险费－出口退税收入＋净利润

$$CIF=80+2+7.4+CIF\times 110\%\times 0.8\%-4.1-CIF\times 7\%$$

$$CIF=(80+2+7.4-4.1)\div(1-7\%-110\%\times 0.8\%)=92.60\text{元/台}\approx 93\text{元/台}$$

综上所述，FOB SHANGHAI 的报价是 84 元/台，CFR COLOMBO 的报价是 92 元/台，CIF COLOMBO 的报价是 93 元/台。

任务7.6　合同中的价格条款

7.6.1　合同中的价格条款的基本内容

进出口合同中的价格条款，一般包括商品的单价和总值两项基本内容，单价通常由四个部分组成，包括计量单位、单位价格金额、计价货币和贸易术语。有时候，还包括作价方法和价格的调整条款。

7.6.2　合同中的价格条款示例

1. 净价条款示例

每公吨 CIF 纽约 2 000 美元 INCOTERMS 2020。

USD 2 000 Per M/T CIF New York INCOTERMS 2020.

2. 含佣价条款示例

单价：每件 28.70 美元 CIF 马赛港 INCOTERMS 2020 含 3%的佣金。

总值：35 817.60 美元。

Unit Price：USD28.70 Per Piece CIF Marseilles INCOTERMS 2020 including 3% Commission.

Total Value：USD35 817.60 (Say U.S. Dollars Thirty Five Thousand Eight Hundred and Seventeen and Cents Sixty Only).

3. 折扣条款示例

单价：每码 200 美元 FOB 上海 INCOTERMS 2020 减折扣 2%。

Unit Price：USD200 Per Yard FOB Shanghai INCOTERMS 2020 including 2% discount.

4. 固定价格条款示例

单价：每公吨 245 美元 CIF 纽约 INCOTERMS 2020 包含佣金 2%。合同成立后，不得调整价格。

Unit Price：USD245 Per M/T CIFC2% New York INCOTERMS 2020. No price adjustment shall be allowed after the conclusion of this contract.

【项目小结】

订立合同价格条款的难点在于事先进行准确的价格核算，并考虑各种价格影响因素。为了使价格条款的规定明确合理，必须注意下列事项：

(1) 根据经营意图和实际情况,选用适当的贸易术语

在国际贸易中,较多地使用象征性交货的术语,即以装运港或装运地交货的方式成交。在出口贸易中,争取按 CIF 或 CIP 方式成交;在进口贸易中,争取使用 FOB 或 FCA 术语,由我方自行租船、投保,以避免卖方与船方勾结,利用租船提单,骗取货款。

(2) 正确书写单价中涉及的计量单位、装卸地名称

注意价格条款与合同中其他条款的相关内容一致,如计量单位、装卸地名称等。关于计量单位,一般情况下,计量单位应该与合同数量条款中使用的计量单位一致,如数量用"公吨"表示,则单价中也应以"公吨"表示,而不应以"长吨""短吨"。对于贸易术语的应用,要注意术语中所涉地点与贸易术语相应,例如,FOB、FCA 术语所涉地点为装运地;CFR、CPT 术语所涉地点为卸货地。

(3) 考虑各种影响价格的因素,合理地确定商品的单价,以防止作价偏高或偏低

在确定进出口商品价格时,应注意国际市场价格走势和商品供求变化,并应考虑下列因素:商品的质量和档次、运输距离、交货地点和交货条件、市场需求、季节性需求变化、成交数量、支付条件和汇率变动的风险、自由贸易区或自由贸易协定的影响、客户类别(进口商、售商、超市、新老客户等)和产品类别(新老产品)等。

【项目自测】

一、单选题

1. 根据 INCOTERMS 2020,由卖方负责卸货的贸易术语是(   )。
   A. FCA   B. DDP   C. FOB   D. DPU
2. 根据 INCOTERMS 2020,由买方安排运输并支付运费的是(   )。
   A. CFR   B. FAS   C. CPT   D. CIF
3. 关于贸易术语的国际贸易惯例使用最普遍的是(   )。
   A.《2020 年通则》   B.《1932 年华沙-牛津规则》
   C.《1990 年美国对外贸易定义修订本》   D. 以上都不是
4. 根据 INCOTERMS 2020,买方欲不承担装船费用,可采用(   )。
   A. DAP   B. FAS
   C. FOB   D. FCA
5. 按《2020 年通则》的解释,在 DPU 条件下,买卖双方风险划分的界限为(   )。
   A. 出口国边境   B. 进口国边境
   C. 两国边境指定地点   D. 货交买方处置时
6. 按 DDP 合同成交,商品价格中不包括(   )。
   A. 进口通关以后的费用   B. 进口国指定交货地点以前的费用
   C. 进口国指定地点交货后的费用   D. 进口国通关的费用
7. 根据 INCOTERMS 2020,在按 FOB 术语成交时,其货物风险转移是(   )。
   A. 以装运港船舷为界   B. 以装运港吊钩下为界
   C. 以装运港船上为界   D. 以目的港吊钩下为界

二、判断题

1. 按照《2020 年通则》的解释,在 DAP 条件下,买卖双方的风险是以两国边境指定交货地点为界。(   )
2. 按照《2020 年通则》的解释,DAP 条件下卸货责任和费用均由买方承担。(   )

3. 按照《2020 年通则》的解释,如果卖方不承担进口增值税,那么可在 DDP 后面加注 "VAT unpaid"。(　　)

4. 在 DDP 条件下,进口清关由买方负责。(　　)

5. 按照《2020 年通则》的解释,按 EXW 条件成交时,买方负责出口清关。(　　)

三、计算题

1. 在实际交易过程中,我方对某一产品报价为 10 000 美元,对方要求 3% 的佣金,此时我方应改报含佣价,请问应报多少?

2. 我国某公司对某种商品报价为:CIF 鹿特丹每公吨人民币 1 950 元。应荷兰某公司请求,改报美元,应报多少(汇率为 USD 1＝CNY 6.57/6.65)?

四、问答题

1. 下列我方出口单价的写法是否正确?错误的请修改。

每码 3.50 元 CIF HONGKONG　　　　每件 580 日元 FOB SHANGHAI

每打 5.80 元 CIFC NEW YORK　　　　每吨 100 美元 FOB TOKYO

每箱 100 FOB TOKYO　　　　　　　　每公吨 200 美元 FOB 新港

每打 30 英镑 CFR 英国　　　　　　　每箱 CIF 伦敦 50.50 元

每台 300 马克 CIF 上海　　　　　　　每辆 40 美元 CFR 新加坡

2. 什么叫"贸易术语"?为什么在国际贸易中要使用贸易术语?

3. 有关贸易术语的国际贸易惯例主要有哪几种?分别解释哪些术语?

4. 按 CIF 术语出口,载货船舶在航行途中触礁沉没,货物全部灭失,买方闻讯提出拒付货款是否合理?为什么?

五、实训操作题

常州某外贸有限公司与加拿大客户 JAMES BROWN&SONS 商定 MS691 的男衬衫出口合同,该批货采用一个 40ft 集装箱装运。请你拟订具体的价格条款。

货号:MS691(男衬衫)。

含税采购成本(每件):120 人民币。

每个 40 尺 FCL 出口运费为 4 400 美元。

除此以外其他信息如下:

出口退税率:15%。

增值税:17%。

国内费用:出口包装费 15 元/纸箱,仓储费 5 元/纸箱。

一个 40 尺集装箱的其他国内费用:国内运杂费 400 元,报检费 550 元,报关费 50 元,港口费 600 元,其他费用 1 400 元。

保险:按发票金额加成 110%,投保一切险和战争险,保费费率分别为 0.6% 和 0.3%。

预期利润:报价的 10%,付款方式是即期信用证。

【案例分析】

1. 我方从泰国 A 公司进口一批大米,签订"CFR 上海"合同,货轮在台湾海峡附近沉没。A 公司未及时向我方发出装船通知,我方未办理投保,无法向保险公司索赔。故我方要求对方承担责任,但泰国 A 公司以货物离港,风险已经转移给我方为由拒绝承担。该理由是否成立?

2. 某年我方某外贸公司出售一批核桃给数家英国客户,采用 CIF 术语,凭不可撤销即期信用证付款。由于销售核桃的销售季节性很强,到货的迟早,会直接影响货物的价格,因此,在合同中对到货时间作了以下规定:"10 月份自中国装运港装运,卖方保证载货轮船于 12 月 2 日抵达英国目的港。如载货轮船迟于 12 月 2 日抵达目的港,在买方要求下,卖方必须同意取消合同,如货款已经收妥,则需退还买方。"合同订立后,我外贸公司于 10 月中旬将货物装船出口,凭信用证规定的装运单(发票、提单、保险单)向银行收妥货款。不料,轮船在航运途中,主要机件损坏,无法继续航行。为保证如期抵达目的港,我外贸公司以重金租用大马力拖轮拖带该轮继续前进。但因途中又遇大风浪,致使该轮抵达目的港的时间,较合同限定的最后日期晚了数小时。适遇核桃市价下跌,除个别客户提货外,多数客户要求取消合同。我外贸公司最终因这笔交易遭受重大经济损失。

问题:(1) 我外贸公司与英国客户所签订的合同,是真正的 CIF 合同吗?
 (2) 请说明理由。

3. 孟买一电视机进口商与日本京都电器制造商洽谈买卖电视机交易。从京都(内陆城市)至孟买,有集装箱多式运输服务,京都当地货运商以订约承运人(container contracting carrier)的身份可签发多式运单据(MTD)。货物在京都距制造商 5 千米的集装箱堆场(CY)装入集装箱后,由货运商用卡车公路运至横滨,然后装上海轮运到孟买。但京都制造商不愿承担公路路运和海洋运输的风险,进口商则不愿承担货物交运前的风险。试对以下问题,提出你的意见,并说明理由:

(1) 京都制造商是否可向孟买进口商按 FOB、CFR 或 CIF 术语报价?
(2) 京都制造商是否应提供已装船运输单据(on board transport document)?
(3) 按以上情况,你认为京都制造商应采用何种贸易术语?

4. 我某出口公司拟出口化妆品去某国。正好该国某中间商主动来函与该出口公司联系,表示愿为推销化妆品提供服务,并要求按每笔交易的成交金额给予 5% 的佣金。不久,经该中间商介绍与当地进口商达成 CIFC5% 总金额为 50 000 美元的交易,装运期为订约后 2 个月内从中国港口装运,并签订了销售合同。合同签订后,该中间商即来电要求我出口公司立即支付佣金 2 500 美元。我出口公司复电称:佣金需待货物装运并收到全部货款后才能支付。于是,出现了争议。

试问:这起争议出现的原因是什么?我出口公司应接受什么教训?

5. 某出口公司按 CFRC 5% 的价格条件出售一批货物,合同总金额为 52 500 美元。外商开来的信用证金额为 49 875 美元,并注明:"议付时扣 5% 系给某中间商的佣金"。由于卖方在审单时,忽视了核对信用证金额,故在缮制发票和汇票时,都以合同金额 52 500 美元为准。议付时,中国银行扣除 5% 的佣金,即按 49 875 美元借记开证行北京账户。开证行接单后,以发票金额超过信用证金额为由拒付。后与开证行及中间商多次交涉无效,只好在信用证有效期内另行按信用证金额 49 875 美元,再扣除 5% 的佣金,并赶制发票与汇票,结果重复支付了一笔佣金。试分析,通过本案应吸取什么教训?

项目八　拟订货物的装运条款

【项目介绍】

本项目共有两个任务：

任务一　选择运输方式

要求学生掌握国际货物运输采用的几种运输方式,了解影响运输方式的因素,能恰当地选择运输方式。

任务二　合同中的装运条款

要求学生熟悉装运期的规定方法,掌握任选港的规定,分批装运和转船；了解选择装运期时应注意的问题,理解合同中装运条款的含义。

【项目目标】

知识目标：掌握国际货物运输采用的几种运输方式,重点掌握海洋运输方式中的相关知识；理解合同中装运条款的含义。

能力目标：根据给定条件选择合适的货物运输方式,并正确地拟订运输（装运）条款。

【案例导入】

常州亚峰进出口有限公司于2022年5月23日接到一张国外开来的信用证,信用证规定受益人为常州亚峰进出口公司（卖方）,申请人为E贸易有限公司（买方）。信用证对装运期和议付有效期条款规定："Shipment must be effected not prior to 31st May, 2022. The Draft must be negotiated not later than 30th June, 2022"。

常州亚峰进出口有限公司发现信用证装运期太紧,23日收到信用证,31日装运就到期,所以有关人员即于5月26日(24日和25日系双休日)通知储运部安排装运。储运部根据信用证分析单上规定的装运期即向货运代理公司配船。因装运期太紧,经多方努力才设法商洽将其他公司已配上的货退货,换上常州亚峰进出口有限公司的货,勉强挤上有效的船期,终于于5月30日装运完毕,并取得5月30日签发的提单。6月2日备齐所有单据向开证行交单。

6月16日开证行来电提出："信用证项下的单据经审核,存在单证不符:根据你提单记载5月30日装运货物,超出我信用证规定的装运期限。以上不符点经研究不能同意接受,单据暂在我行代保存,速告如何处理。6月16日"。

常州亚峰进出口有限公司接到开证行来电后,查核留底单据,未发现我单据有与信用证不符的地方,认为对方可能有误。于18日即向开证行回电："你16日电悉。但我们认为单证不存在不符点:你信用证规定装运期为5月31日,我5月30日装运,并未超过信用证规定的装运期限——31日。所以我单证相符,请你行查核并按时付款。6月18日"。6月20日又接到开证行复电："你18日电悉。你方虽然作了一些解释,但你方没有完全理解信用证条款和我前电的要求。提请你方注意,我信用证规定的是：'装运必须不得早于2022年5月31日',也就是说只能在31日或以后装运,而你方却于31日以前装运,所以不符合我信用证要求。我行仍然不能同意接受单据,速告单据处理的意见。6月20日"。

常州亚峰进出口公司根据开证行上述意见再次对照信用证条款,才发现信用证的装运期正如开证行所说的不得早于 5 月 31 日（…not prior to 31st May）。对外贸易进出口公司经有关人员研究，认为装运期这样不可更改的实质性不符点已无法再向开证行答辩，只好改向与买方进行协商，但几经反复交涉，均未得到解决。最终只好委托船方将原货再运回内销而结案，结果损失惨重。

【分　析】　货物的运输（装运）条款是国际货物买卖合同中的主要条款之一，特别是货物装运条款中关于装运期限的规定，对合同的买卖双方都有较大的影响。因此，卖方在装运货物时，一定要严格按照买卖合同和信用证上规定的装运期装运货物。

本案例中的常州亚峰进出口公司没有认真地审核信用证，错把"不早于"想当然地理解为"不晚于"，结果导致了该公司没有按照信用证中规定的装运期装运，最终因单证不符而遭拒付，给公司带来了很大的损失，这是一个惨痛的教训。

任务 8.1　选择运输方式

国际货物运输包括海洋运输、铁路运输、公路运输、航空运输、邮包运输、管道运输、集装箱运输及国际多式联运等运输方式。这些运输方式都有各自的特点，在实际业务中，应根据贸易的具体情况进行选择。

8.1.1　海洋运输

海洋运输是国际货物运输中最常用的运输方式，据不完全统计，国际货运总量80%以上都是通过海洋运输来实现的。与其他运输方式相比，海洋运输具有不受道路和轨道的限制、运量大、运费低、对货物的适应性强等显著特点；但也有其不足之处，就是受气候和自然条件影响较大，速度相对较慢。

海洋运输按船舶经营方式的不同，可分为班轮运输（Liner Transport）和租船运输（Shipping by Chartering）。

1. 班轮运输

班轮运输又称定期船运输，是指船舶在固定的航线上和固定港口间，按事先公布的船期表航行，并按事先公布的相对固定的费率计收运费的船舶运输方式。

1) 班轮运输的特点

① 班轮运输具有"四固定"的特点，即固定航线、固定停靠港口、固定船期表和相对固定的运费。

② 具有"一负责"的特点，即船方负责货物装卸，装卸费含在运费中。

③ 船、货双方的权利义务与责任豁免，以船方签发的提单上的条款为依据。

2) 班轮运费

班轮运费是班轮公司向货主收取运输货物的费用，它以班轮运费率为基础进行计算。每一班轮公司都事先公布有班轮运价表，根据不同的货物种类，设定有不同的运价。

班轮运费包括基本运费和附加费两部分。基本运费是指货物从装运港到卸货港所收取的基本费用；附加费是班轮公司对需要特殊处理的货物或由于某些情况的变化使运输费用增加，为弥补损失而额外加收的费用。

班轮运费的计算公式：

班轮运费＝基本运费率×货运量(1＋附加费率)

(1) 基本运费的计算

基本运费有不同的计收标准,通常有下列几种:

① 按货物的毛重计收运费,称重量吨,运价表内用"W"表示。

② 按货物的体积或容积计收,称尺码吨,运价表内用"M"表示。

以上两种计算的重量吨和尺码吨统称为运费吨。

③ 按商品毛重或体积计收,由船公司选择较高的收取,运价表内用"W/M"表示。

④ 按商品价格计收,又称从价运费,运价表内用"A. V."或"Ad. Val."表示。

⑤ 在前三者中选择最高的一种计收,运价表内用"W/M 或 A. V."表示。

⑥ 按货物重量吨或尺码吨选择较高者,再加上从价运费计算,运价表中用"W/M Plus A. V."表示。

⑦ 按货物件数计收,如头(活牲畜)、辆(车辆)等。

(2) 附加费

班轮公司对需要特殊处理的货物或由于客观情况的变化使运输费用增加,为弥补损失而额外加收的费用。常见的附加费主要有:超重附加费、超长附加费、燃油附加费、装卸附加费、直航附加费、转船附加费、港口附加费、绕航附加费等等。

【例 8 - 1】 从上海运往利比亚黎波里港口一批玩具,计 100 箱,每箱体积为 20 cm×30 cm×40 cm,毛重为 25 千克。假设此时燃油附加费为 30%,的黎波里港口拥挤附加费为 10%。玩具的计收标准是 W/M,等级为 10 级,基本运费为每运费吨 443.00 港元,试计算应付运费为多少?

解:

(1) 因为计收标准是 W/M,所以,先分清该批货物是按重量(W)收费还是按体积(M)收费。因为 20 cm×30 cm×40 cm＝0.024 m³＜0.025 MT(M＜W),本题应按重量(W)收费。

(2) 算出该批商品的总运量为:

$$25 \text{ kg} \times 100 = 2\,500 \text{ kg} = 2.5 \text{ MT}$$

(3) 总班轮运费＝基本运费率×货运量(1＋附加费率)＝443 港元/MT×2.5 MT×(1＋30%＋10%)＝1 550.50(港元)

答:应付总运费 1 550.50 港元。

【课堂讨论】

我某公司出口一批箱装货物,报价为 CFR 利物浦,每箱 35 美元,英国商人要求改报 FOB 价。该批货物的体积为 45 cm×40 cm×25 cm,每箱毛重为 35 千克,商品计费标准为 W/M,基本运费为 120 美元/运费吨,并加收燃油附加费 20%,货币贬值附加费 10%。问:我方应如何报价?

2. 租船运输

租船运输是指船舶所有人把船舶租给租船人用于运输货物的运输方式。租船运输的特点与班轮运输的特点正好相反,即航线、装卸港口、船期、运费都不固定。租船运输多适用于大宗货物运输。

租船运输的方式有定程租船和定期租船两大类。

1）定程租船

定程租船（Voyage Charter）又称航次租船，是以航程为基础的租船方式。它是指由船舶所有人负责提供船舶，在指定港口之间进行运输指定货物的租船业务。定程租船又可分为单程航次、来回程航次、连续单程航次和连续来回程航次四种方式。

2）定期租船

定期租船（Time Charter）又称期租船，是指船所有人将船舶出租给承租人，供其使用一定时期的租船运输。租期内的燃料费、港口费和拖轮费等在内的一切营运费用，都由租船人支付，船东只负责船舶的维修、保险、配备船员和供给船员的给养及支付其他固定费用。

此外，还有一种属于单纯的财产租赁性质的定期租船运输方式，即光船租船。光船租船和一般定期租船不同的是，出租船舶者仅仅提供船舶，既不配备船长，也不配备船员，承租人自己要任命船长、船员，负责船只的给养和船舶营运管理所需的一切费用，并向出租船舶者支付租金。

目前，国际货物运输所使用的航线有九条：北大西洋航线、北太平洋航线、苏伊士运河航线、巴拿马航线、南非航线、基尔运河航线、南大西洋航线、南太平洋航线和加勒比海航线。

3．海上货运主要单据

海上货运主要单据为海运提单和海上货运单，下面主要介绍海运提单。

1）海运提单的定义

海运提单（Ocean Bill of Lading）是承运人或其代理人向托运人签发的，证明海运货物运输合同和货物已经被承运人接受或装船，同时也是承运人保证据以交付货物的物权凭证。

2）海运提单的性质

通过海运提单的定义不难看出，海运提单的性质可以归纳为以下三个方面：

① 海运提单是承运人或其代理人签发给托运人的承运货物的收据，表明收到了提单上所列的货物。

② 海运提单是承运人与托运人之间运输合同的证明，也是处理承托双方权利和义务的主要依据。

③ 海运提单是物权凭证。因为海运提单是货物所有权的证明，所以，只要是提单的合法持有人，承运人就有义务交货。而且除将收货人一栏做成指定人的提单（即记名提单）外，提单的持有人还可通过背书转让货物的所有权。

3）海运提单的种类

海运提单的种类很多，现列举如下：

（1）已装船提单和备用提单

根据货物是否已装船，可分为已装船提单和备用提单。已装船提单（Shipped B/L；on Board B/L）是指货物已装上船后签发的提单。备用提单（Received for Shipment B/L）是指承运人已接管货物并准备装运时所签发的提单，所以又称收讫待运提单。根据国际贸易惯例，卖方应向买方提交已装船提单。

（2）清洁提单和不清洁提单

根据提单上关于货物外表状况有无不良批注，提单可分为清洁提单和不清洁提单。清洁提单（Clean B/L）是指货物装船时表面状况良好，一般未经加添明显表示货物及/或包装有缺陷批注的提单。不清洁提单（Unclean B/L；Foul B/L）是指承运人在提单上已加注货物及/或包装状况不良或存在缺陷等批注的提单。按照国际贸易惯例,卖方应向买方提交清洁提单。

(3) 直达提单、转船提单和联运提单

根据不同运输方式,提单可分为直达提单(Direct B/L)、转船提单(Transhipment B/L)、联运提单(Through B//L)。直达提单是承运人签发的由起运港以船舶直接运达目的港的提单。转船提单是指装运港的载货船舶不直接驶往目的港,需在转船港换装另一船舶运达目的港时所签发的提单。联运提单是指货物需经两段或两段以上运输运达目的港,而其中有一段是海运时所签发的提单。而联合运输提单(又称多式联运提单)则必须是两种或两种以上不同的运输方式的连贯运输时,承运人所签发的货物提单。

(4) 记名提单、不记名提单和指示提单

根据提单收货人抬头的不同,提单可分为记名提单(Straight B/L)、不记名提单(Bearer B/L)和指示提单(Order B/L)。

记名提单在收货人一栏内列明指定的收货人名称,所以又称为收货人抬头提单,货物只能交与列明的收货人,所以这种提单不能流通和转让。

不记名提单是指在提单上收货人一栏列明,"货交持有人(To Bearer)",或者收货人一栏空白的提单。不记名提单不经过背书就可转让。

指示提单是指提单上收货人一栏内列明"凭指示"(To Order)或"凭某人指示"(To the Order of)字样的提单。指示提单必须经过背书才能转让,可以是空白背书,也可以是记名背书。空白背书(Blank Endorsement),又称不记名背书、不完全背书,是指不记载被背书人名称,只有背书人签章的背书。国外的票据实践中,存在空白背书的情况。在我国,空白背书应当补记才能产生票据效力。记名背书(Special Endorsement),又叫特别背书,是指在票据背面既有被背书人的名称和背书日期,也有背书人签章的背书。

(5) 其他提单

其他提单有全式提单和简式提单;运费预付提单和运费到付提单;正本提单和副本提单;过期提单;舱面提单(甲板提单);倒签提单;预借提单,等等。

8.1.2 铁路运输

铁路运输具有运量大、速度快、受天气影响小、安全可靠,且有高度的连续性等特点。目前,在国际贸易中,铁路运输量仅次于海洋运输。但是,与海洋运输相比,铁路运输费用较高,还要受固定线路的限制,需要进行辅助运输,如公路运输等。

我国对外贸易中使用的铁路运输可分为国内铁路货物运输和国际铁路货物联运两种。

1. 国内铁路货物运输

国内铁路货物运输是指在我国范围内办理的货物运输。大陆内地运往港澳地区的货物一般要使用铁路运输。

供港货物运输和正常的国内铁路运输稍有区别。如货物在内地装车发运到深圳北站,再由设在深圳的外贸机构通过原车直接过轨至香港九龙车站;或者将货物运至深圳北站后卸车再装汽车经公路口岸运至香港;供港货物也可将货物运至广州南站,再用驳船转运至香港。

2. 国际铁路货物联运

国际铁路货物联运是指在两国及以上的铁路运送中使用一份统一的国际联运票据,并且由一国铁路向另一国铁路移交货物时不需要发货人和收货人参加,由铁路运输方负责全程运送、办理交接的一种运输方式。

采用国际铁路货物联运,可以简化运输手续、节省运输时间,对加速资金周转、减少运输费用都非常有利。目前,我国对朝鲜和俄罗斯的大部分进出口货物,以及对东欧一些国家的进出口货物,都是采用国际铁路联运的方式运送货物。

8.1.3 航空运输

航空运输具有速度快、货运质量高且不受地面条件限制等优点。航空运输最适宜运送急需物资、鲜活商品、精密仪器和贵重物品等。但是,航空运输存在运量小、运价高、受气候影响大等不足之处。

1. 航空货运的运输方式

航空运输方式主要有班机运输、包机运输、集中托运和航空快递业务。

(1) 班机运输

班机运输(Scheduled Airline)指具有固定的开航时间、固定航线和固定停靠航站的飞机运输。班机运输通常为客货混合型飞机,货舱容量较小、运价较贵,但由于航期固定,有利于客户安排鲜活商品或急需商品的运送。

(2) 包机运输

包机运输(Chartered Carrier)是指托运人按照约定的条件和费率,租用航空公司的整架飞机进行货物运输的方式。包机运输适合于大宗货物运输,费率低于班机。

(3) 集中托运

集中托运(Consolidation)是指航空货运代理公司将若干批单独发运的货物向航空公司集中办理托运,填写一份总运单送至同一目的地,然后由其委托目的地的代理人负责分发给实际收货人。这种托运方式可降低运费。集中托运可以采用班机或包机运输方式。

(4) 航空快递业务

航空快递业务(Airline Express Service)又称航空急件传送业务,它是由一个专门经营快递业务的机构与航空公司密切合作,设专人用最快的速度传送急件。航空快递业务特别适用于急需的药品、医疗器械、贵重物品、图纸资料、货样及单证等的传送。航空快递业务是目前国际航空运输中最快捷的运输方式,可以实现"桌到桌"的运输服务。

2. 航空运单

航空运单(Airway Bill)是航空运输的承运人与托运人之间签订的运输契约,也是承运人或其代理人签发的货物收据。航空运单还可作为核收运费的依据和海关查验放行的基本单据。与海运提单不同的是,航空运单不是物权凭证;货物到达目的地后,收货人需凭承运人的到货通知提取货物。

根据签发人的不同,航空运单主要分为两大类:

(1) 航空主运单

航空主运单(Master Air Waybill, MAWB)是由航空运输公司签发的航空运单,它是航空运输公司据以办理货物运输和交付的依据,是航空公司和托运人订立的运输合约。

(2) 航空分运单

航空分运单(House Air Waybill, HAWB)是航空运输货运代理商在办理集中托运业务时所签发的航空运单。在集中托运的情况下,除了航空运输公司签发主运单外,集中托运人还要签发航空分运单。

8.1.4 集装箱运输

1. 集装箱的含义

集装箱（Container）又称"货箱""货柜"，按原文字面的含义，它是一种"容器"。但并非所有的容器都可以称为集装箱，根据国际标准化组织第104技术委员会（ISO/TC104）及我国GB 1992—85《集装箱名词术语》的规定，集装箱应符合下列条件：

① 能长期、反复地使用，具有足够的强度；
② 途中转运不用移动箱内货物，可以直接换装；
③ 可以进行快速装卸，并可从一种运输工具直接方便地换装到另一种运输工具；
④ 便于货物的装满和卸空；
⑤ 具有1立方米（即35.32立方英尺）及以上的容积。

国际上集装箱运输最常用的是20英尺（IC型）和40英尺（IA型）的集装箱。为便于统计，将20英尺的标准集装箱作为国际标准集装箱的数量的标准换算单位，称为换算箱或标准箱，简称TEU（Twenty-foot Equivalent Unit）。一个20英尺型的国际标准集装箱换算为一个TEU，一个40英尺的集装箱FEU（Forty-foot Equivalent Unit），1FEU＝2TEU。

2. 集装箱运输的优点

集装箱运输（Container Transport）是以集装箱为运输单位的一种现代化的货物运输方式，适用于水路运输、铁路运输、公路运输、航空运输和国际多式联运等。在我国，集装箱运输，尤其是集装箱海运已经成为进出口公司普遍采用的一种重要的运输方式。

与传统的货物运输相比，集装箱运输有以下优点：

① 集装箱装卸效率很高，提高了货运速度，加快了运输工具、货物及资金的周转；
② 减少了运输过程中的货损、货差，提高了货运质量；
③ 节省了货运包装费用，减少了货物运杂费的支出；
④ 方便货物的转运，简化了货运手续，可以实现"门到门"的连贯运输。

3. 集装箱货物的交接

按照货主托运的货物是否能够装满一个集装箱划分，集装箱货物可分为整箱货（Full Container Load，FCL）和拼箱货（Less Than Container Load，LCL）。

整箱货是指货主托运的货物量足以装满一个集装箱的货物。整箱货通常只有一个发货人和一个收货人。货物由发货人自行装箱，向海关办理出口清关手续，经海关检验后，由海关对集装箱施加铅封。拼箱货是指货主托运的货物量较小，不能装满一个集装箱，需由集装箱货运站将分属于不同货主的同一目的地的货物合并装箱，经海关检验后，由海关对集装箱施加铅封的货物。

集装箱货物因交接地点不同，交接方式也会不同。集装箱货物的交接过程中可能会涉及以下交接地点：收货人仓库和发货人的仓库（Door，D）、集装箱装卸作业区（集装箱堆场，Container Yard，CY）、集装箱货运站（Container Freight Station，CFS）。收、发货人的工厂和仓库交接是指承运人在托运人的工厂或仓库接收货物及在收货人的工厂和仓库交付货物。在该处交接的货物一般都是整箱货。集装箱堆场可以是内陆地区的堆场或港口的码头堆场。堆场交接的货物一般都是整箱货。集装箱货运站可以是位于内陆地区的货运站、港口码头的货运站或其附近由其他人经营的货运站。在集装箱货运站交接的货物一般是拼箱货。

集装箱货物的交接方式可以分为以下四种：

(1) 整箱整接(FCL/FCL)

货主在工厂或仓库把装满货后的整箱交给承运人，收货人在目的地整箱接货。

(2) 拼箱拼接(LCL/LCL)

货主将拼箱货物在集装箱货运站或内陆转运站交给承运人，由承运人负责拼箱和装箱运到目的地的货运站或内陆转运站，由承运人负责拆箱，收货人凭单接货。

(3) 整箱拼接(FCL/LCL)

货主在工厂或仓库把装满货后的整箱交给承运人，运到目的地的货运站或内陆转运站，由承运人负责拆箱后，各收货人凭单接货。

(4) 拼箱整接(LCL/FCL)

货主将拼箱货物在集装箱货运站或内陆转运站交给承运人，由承运人进行分类调整，把同一收货人的货物集中拼装成整箱，运到目的地后，承运人把整箱货物交给收货人。

在上述四种集装箱货物的交接方式中，以整箱整接效果最好，因为此种方式最能发挥集装箱货物运输的优越性。

4. 集装箱的运输费用

集装箱运输费用的构成计算方法与传统的运输方式有所不同。以海洋运输为例，集装箱运输费用包括海运运费、内陆或装运港市内运输费、拼箱服务费、堆场服务费、集装箱及其设备使用费等。

集装箱的海运运费有下列两种计费方法：

(1) 基本运费加附加费

这是按传统的散货(件杂货)的计算方法，以每运费吨为计费单位，在此基础上再加收一定的附加费。

(2) 包箱费率

这是以每个集装箱为计费单位，集装箱的包箱费率有三种规定方法：

① FAK 包箱费率(Freight for All Kinds)。这种费率是不分货物种类，不计货量，只按规定收取每个集装箱的费率。

② FCS 包箱费率(Freight for Class)。这种费率是按不同货物等级制定的不同的包箱费率。和杂货运输一样，集装箱普通货物运输收费标准也存在等级划分，也是按1～20级划分，但是集装箱货物的费率级差远小于杂货费率的级差，所以一般低价货物的集装箱收费高于传统运输，高价货物集装箱收费低于传统运输；同一等级的货物，重货集装箱运价高于体积货运价。承运人一般会鼓励托运人采用集装箱运输高价货物和大体积货物。

③ FCB 包箱费率(Freight for Class/Basis)。这种费率是按不同的货物等级或货类以及计算标准制订的费率。

8.1.5 国际多式联运

国际多式联运是在集装箱运输的基础上发展起来的新型的运输方式。国际多式联运是以集装箱为媒介，把海洋运输、铁路运输、公路运输、航空运输和内河运输等传统的单一方式运输有机地结合起来的一种连贯的国际运输方式。

1. 构成国际多式联运的条件

《联合国国际货物多式联运公约》对国际多式联运作了如下定义:"国际多式联运是指按照多式联运合同,以至少两种不同的运输方式,由多式联运经营人将货物从一国境内接受货物的地点运至另一国境内指定交付货物的地点"。根据这个定义,构成国际多式联运需要具备以下几个条件:

(1) 必须有一个多式联运合同

多式联运合同明确规定多式联运的经营人(承运人)和托运人之间的权利、义务、责任、豁免等内容以及多式联运的性质。多式联运经营人根据合同规定,负责完成或组织完成货物的全程运输并一次收取全程运费。所以,多式联运合同是确定多式联运性质的根本依据,也是区别多式联运和一般传统联运的主要依据。

(2) 必须是国际货物运输

国际多式联运必须是发生在不同国家或地区之间的运输,也就是说,在国际多式联运方式下,货物运输必须是跨越国境(关境)的一种国际运输。这是区别于国内运输和是否适合国际法规的限制条件。

(3) 必须是至少两种不同运输方式的连贯运输

国际多式联运需要通过两种或两种以上的运输方式来实现。同一种运输方式不属于多式联运范畴之内。所以,确定一票货运是否属于多式联运方式,至少两种不同运输方式的组合是其中一个重要因素。但为了履行单一方式运输合同而进行的该合同所规定的货物接送业务,则不应视为多式联运。例如,航空运输的汽车接送货物运输业务,从形式上看已构成航空—汽车组合形态,但这种汽车接送习惯上视同航空业务的一个组成部分,作为航空运输的延伸,不能算作多式联运的范畴。

(4) 必须使用一份全程多式联运单据

全程多式联运单据是指证明多式联运合同和多式联运经营人已接受货物,并予以交付货物所签发的单据。它也是一种物权凭证。国际商会为了促进国际多式联运的发展,于1975年颁布了《联合运输单据统一规则》,对多式联运单据作了认可的规定,如信用证无特殊规定,银行可接受多式联运经营人所签发的多式联运单据。

(5) 必须由一个多式联营经营人对全程运输负总的责任

国际多式联运的经营人也就是与托运人签订多式联运合同的当事人,在联运业务中作为总承运人对货主负有履行合同的责任,并承担从接管货物起至交付货物时止的全程运输责任。国际多式联运的经营人为了履行国际多式联运合同规定的运输责任,可以自己办理全程中的一部分实际运输,把其他部分运输以自己的名义委托给其他运输承运人办理,也可以自己不办理任何部分的实际运输,而把全程各段运输分别委托给有关运输承运人办理。

(6) 必须是全程单一运费费率

国际多式联运的经营人在对货主承担全程运输责任的基础上,按从货物发运地至目的地全程单一运费费率的形式向货主收取运输费用。

2. 国际多式联运的优势

国际多式联运是在集装箱运输的基础上发展起来的一种新型的运输方式,是货物运输的一种较高组织形式,它集中了各种运输方式的优点,形成连贯的运输。和传统的单一运输方式相比,国际多式联运的优势主要表现在:

(1) 责任明确，手续简便

在国际多式联运方式下，由一个多式联营经营人对全程运输负总的责任，一切运输事宜统一由国际多式联运经营人负责办理，货主只需要办理一次托运、签订一个合同、按单一运费率支付运费，取得一份多式联运单据即可。由此可见，与单一运输方式的分段托运、多头负责相比，多式联运责任明确、手续简便。

(2) 加快了货运速度，提高了货运质量

多式联运通常是以集装箱为媒介的连贯运输，货物从发货人仓库装箱、验关、铅封后直接运至收货人仓库交货，中途无须拆箱，这就减少了很多中间环节，加快了货运速度。集装箱即使经过多次换装，也都是使用机械装卸，对集装箱内货物的影响极小，货损货差和偷窃丢失事故就大为减少，因此大大提高了货运质量。此外，由于集装箱运输是连贯运输，减少了很多中间环节，减少了在途停留时间，故能较好地保证货物安全、迅速、准确、及时地运抵目的地。

(3) 降低了运输成本和费用

国际多式联运对货方而言，货物装上第一程运输工具后就可取得多式联运单据进行结汇，这样结汇时间就会提前，有利于加速货物资金周转，提高资金的利用效率。采用集装箱运输，可以节省货物的包装费用和保险费用；由于中途无须拆箱，因而可以节省装卸费用。此外，货主和运输方只需要签订一个合同，按单一运费率结算运费；运输方只需签发一份多式联运单据，这就大大简化了结算手续，节省了大量的人力、物力和时间。

(4) 可以实现"门到门"的服务

采用国际多式联运，可以把货物从发货人的仓库直接运到收货人的仓库，从而可以实现"门到门"的运输服务。

8.1.6 其他运输方式

1. 公路运输

公路运输的优点是机动灵活、简捷方便，受气候的影响较小，而且可以实现"门到门"的运输服务。同时，它又是海洋运输、铁路运输、航空运输等其他运输方式不可缺少的辅助运输手段。但是，公路运输也有其局限性：载货量较少、运输成本较高、风险较大。

随着汽车的生产技术和各国公路交通的迅速发展，公路运输在国际运输中的地位将会变得越来越重要。

2. 邮政运输

国际邮政运输(International Post Transport)是一种简便的运输方式，由于国际上各国邮政部门之间签订有协议和《万国邮政公约》，因而各国之间可以相互传递邮件和包裹，从而形成了全球性的邮政运输网络，具有广泛的国际性。

国际邮政运输需要经过两个或以上国家的邮政局的两种或以上不同的运输方式的联合作业才能完成，所以，国际邮政运输具有国际多式联运的性质。寄件人只需到邮局办理一次托运手续，一次付清足够邮资并取得邮政包裹收据(Parcel Post Receipt)即可，其余事宜均由各国邮局负责办理。待邮件运抵目的地，收件人即可凭邮局到件通知提取邮件。

我国与很多国家签订有邮政包裹和邮电协议，对这些国家的邮运，可以按照协议的规定办理。

3. 管道运输

管道运输(Pipeline Transport)是随着石油的生产而产生和发展的。它是一种特殊的运输方式，与普通货物运输形式不同的是：普通货物运输是货物和运输工具一起移动，把货物运送到目的地；而管道运输的运输工具是管道，是固定不动的，是货物在管道内借助高压气泵的压力将液体或气体货物输往目的地。

管道运输方式不受地面和自然条件的影响，可连续作业，并且运量大、运输速度快、运输成本低、风险小、货差货损小。但管道运输的缺点是一次性投入大。

现代管道运输起源于美国，到了20世纪初，管道运输得到了迅速的发展。现代管道运输的管径、气压泵的功率和安全性都有了很大的提高；管道运输的里程愈来愈长，最长可达数千公里。现代管道不仅可以输送原油、各种石油产品、天然气等液体和气体物品，而且还可以输送矿砂、碎煤浆等。

我国管道运输起步较晚，它是随着石油、天然气运输的需要逐步发展起来的。

4. 大陆桥运输

大陆桥运输(Land-Bridge Transport)，是指以集装箱为媒介，利用大陆的铁路和公路运输系统，作为中间桥梁，把大陆两端的海洋运输连接起来的连贯运输方式。简单地说，就是两边是海运，中间是陆运，大陆好比是"桥梁"，它把海洋连接起来，形成海—陆—海联运；而海—陆—海联运中的大陆运输部分就称之为大陆桥运输。

由于大陆桥运输是以集装箱为媒介的，所以大陆桥运输具有集装箱运输和国际多式联运两者的优点。

世界上第一条大陆桥是美国大陆桥。后来，随着苏伊士运河的开放和巴拿马运河的畅通，这条大陆桥逐渐被弃用。其后出现和发展较快而且也是最长的大陆桥是欧亚大陆桥。

第一条亚欧大陆桥（西伯利亚大陆桥）东起俄罗斯东部的符拉迪沃斯托克（海参崴），经西伯利亚铁路通向欧洲各国，最后到荷兰的鹿特丹港。其全长1.3万公里，横跨欧洲和亚洲，故称欧亚大陆桥，又称第一条欧亚大陆桥。

第二条亚欧大陆桥也称新欧亚大陆桥。该大陆桥东起我国的连云港，经陇海、兰新铁路，西出边境站阿拉山口，最西至荷兰的鹿特丹港，全长1.08万公里，途经中国、哈萨克斯坦、俄罗斯、白俄罗斯、波兰、德国和荷兰等国家，辐射30多个国家和地区。近年来，该大陆桥运量逐年增长，并具有巨大的发展潜力。新亚欧大陆桥的贯通不仅便利了我国东西交通与国外的联系，更重要的是对我国的经济发展产生了巨大的影响。

任务8.2 合同中的装运条款

8.2.1 装运时间

装运时间(Time of Shipment)又称装运期，是指卖方将合同规定的货物装上运输工具或交给承运人的期限。

装运时间是合同中的一项重要内容。在合同签订后，卖方能否按规定的装运时间交货，直接关系到买方能否按时取得货物，以满足其生产、消费或转售的需要。因此，《联合国国际货物销售合同公约》第33条规定，卖方必须按合同规定的时间交货。

1. 装运时间的规定方法

在国际贸易合同中,对于装运时间应该做出具体地规定,常用的有以下几种规定方法:

(1) 规定在某月装运

这是最常见的规定装运时间的方法。如:2023 年 5 月份装运(Shipment during/in May. 2023),则卖方在 5 月 1 日至 5 月 31 日一个月内任何时间装运都可以。

(2) 规定跨月装运

当卖方交货所面临的不确定性较大时,或装运货物量较大时,可和买方协商在合同中规定跨月装运,即从某月跨到下月,甚至更长的月份。如:2023 年 5/6/7 月装运(Shipment during May/Jun./Jul. 2023)。又如:2023 年 5/6/7 三月每月装运一批(Shipment during May/Jun/Jul. 2023, in three monthly lots)。

(3) 规定在收到信用证后的若干天内装运

这是在以信用证方式结算的交易中常见的规定装运时间的方法。如收到信用证后 30 天内装运(Shipment within 30 days after the receipt of L/C)。

(4) 规定最迟的装运时间

实践中,一般规定某月月底前或某日前装运。如:规定 2023 年 2 月底以前装运(Shipment by or before the end of Feb. 2023)。按照 UCP600 第 3 条的规定,一个月的"开始(beginning)""中间(middle)"及"末尾(end)"分别指第 1~10 日、10~20 日及第 21 日到该月的最后 1 日,起讫日期计算在内。因此,按照 UCP600 的解释,"2023 年 2 月底以前装运"是指在 2023 年 2 月 21 日(不含 21 日)前装运(当然是在合同成立之后)。因为 UCP600 第 3 条同时规定,使用"在……之前(before)"及"在……之后(after)"时则不包含提及的日期。

(5) 收到汇票后的若干天内装运

在采用预付货款结算的情况下,普遍会使用这种方法。如:收到你方即期汇票后的 30 天内装运(Shipment within 30 days after the receipt of your sight draft)。

在国际贸易的实践中,有时会在合同中笼统地规定装运时间。如:立即装运(immediate shipment)、尽早装运(shipment as soon as possible)。由于各国对"立即""尽早"等词理解不一致,所以为了避免发生争议和纠纷,除非交易双方事先有约定或贸易双方彼此较为熟悉,否则在实践中还是应尽量避免采用。

2. 规定装运时间的注意事项

对卖方而言,装运时间规定得过早或过晚都会产生不好的影响。装运时间规定得过早,由于货物不能在规定的时间内备妥,因而会影响正常的装运;若装运时间规定得太晚,就会使结汇时间推迟,影响资金的使用和周转,因此,装运时间的规定应该合理。作为卖方,在考虑规定装运时间时,一般应考虑以下因素:

(1) 货源的实际情况

考虑货源是否可以满足装运的时间。不同的商品有不同的生产周期,有的长、有的短,卖方要根据具体情况测算好生产周期和装运时间。此外,也要考虑商品的特性,如在无妥善的装载工具和设备的情况下,易腐烂、易潮、易熔化的货物一般不宜在夏季、雨季装运。

(2) 运输因素

货物能否按期运到合同规定的装运地点并按时装运。在使用 CFR、CIF、CPT、CIP 等术语,由卖方安排运输的合同时,尤其要考虑运输的因素,避免出现因安排运输失误造成的被动

（3）装运期限的长短应当适度

装运期限的长短应视实际情况而定，期限过短会给船、货的准备和安排带来困难，而且在短时间内装完全部货物也会有一定的压力；装运期限过长则会使卖方结汇的时间推迟。

（4）市场情况

有些商品的市场销售情况是随季节（或时间）变化而变化的，应予注意。

（5）注意装运期与开证日期的衔接

一般来说，开证日期比装运日期要提前15～45天（根据实际情况而定）。

8.2.2 装运港和目的港

装运港（Port of Shipment）是指货物起始装运的港口。目的港（Port of Destination）是指最终卸货的港口。确定装运港和目的港，主要是为了卖方安排装运，同时也是为了买方接货；此外，装运港和目的港的确定，不仅关系到卖方履行交货义务和货物风险何时转移，而且还关系到运费、保险费乃至成本和售价的计算等问题，所以，在合同中应明确规定装运港和目的港。

1. 装运港的规定方法及注意事项

装运港一般由卖方提出，经买方同意后确定。在实际业务中，应根据合同使用的贸易术语和运输方式等因素正确选择装运港。在出口贸易中，为了履行交货义务和节省开支，应选择接近货源地、储运设施较完备的港口，同时考虑港口和国内运输的条件及费用水平。

① 一般情况下，只规定一个装运港。例如：在上海港装运（Shipment from Shanghai Port）。

② 如果货物分散多处，或交易磋商时尚不能确定在某处装运，此种情形下可规定两个或两个以上装运港。如：装运港：上海/大连（Port of Shipment：Shanghai/Dalian）。

③ 有时货源不十分固定，可笼统地规定装运港。例如：在中国港口装运（Shipment from Chinese port）。当然，这种规定方法明显对卖方有利。

2. 目的港的规定方法及注意事项

目的港一般由买方提出，经卖方同意后确定。通常合同中只规定一个目的港；有时明确规定目的港有困难，或者在签订合同时进口商尚未找到买主时，则可以在合同中规定在两个或两个以上的港口中选择一个，即采用"选择港"的办法。

例如：CIF 伦敦/汉堡/鹿特丹，任选，选择港口的附加费由买方负担。

CIF London/Hamburg/Rotterdam optional. Optional charges for the account of the buyer.

在出口交易中，选择目的港应注意以下问题：

（1）目的港应力求明确、具体

如"欧洲主要港口"，因对主要港口的概念无统一解释，且各港口远近不同，装卸条件和运费不一，因此极易引起争议和纠纷，实践中应避免使用。但在实际业务中，为了照顾那些在订约时不能确定目的港的中间商客户，可以采用"选择港"的办法。但要明确规定选港增加的运费、附加费由买方承担；买方必须在装运前的一段时间内（如转运前的15天内）告知卖方最终的目的港，以利卖方安排装运。

(2) 注意目的港的运输、装卸条件和安全问题

例如:有无直达班轮航线、冰冻期、码头泊位深度、运费、附加费种类和收费标准等。选择目的港应力求避免把有战争或动乱的地方作为目的港。

(3) 一般不接受指定某个码头卸货

如需要可视船方能否接受,然后再做规定。

(4) 注意国外目的港有无重名问题

因为世界各国城市和港口重名者很多,为了避免错发错运,应明确目的港所在国或地区。

(5) 一般不接受内陆城市为目的港的条件(国际多式联运除外)

对内陆国家出口,应选择距离该国目的地最近的港口为目的港。

8.2.3 分批装运和转运

1. 分批装运

(1) 分批装运的含义和原因

分批装运(Partial Shipment)又称分期装运(Shipment by Installments),是指一个合同项下的货物分若干批或若干期装运。

造成分批装运的原因很多,例如:装运货物数量较大,一次装运有困难;集中安排运输难度较大;装运港和目的港装卸条件的限制;市场销售的需要等。

(2) 分批装运的规定方法

分批装运的规定方法一般有两种:

① 原则上允许分批装运,但对于分批装运的具体时间、批次和数量均不作规定,例如:合同中规定"Partial shipment is allowed"。这样的规定方法对出口方有利,因为出口方在装运时,可以根据实际情况灵活掌握是否分批装运,以及具体的分批装运的时间、批次、每批装运的数量。

② 在规定分批装运的条款时,具体订明每批装运的时间、批次和数量。

例如:2011 年 7/8/9 月装运,每月装 500 公吨。

Shipment in July/August/September 500 M/T monthly.

根据《跟单信用证统一惯例》(国际商会第 600 号出版物)(简称 UCP600)第 31 条的规定:"允许部分支款或部分发运",即除非信用证另有规定,允许分批装运。

同时,UCP600 第 31 条又做出如下规定:运输单据表面上注明同一运输工具、同一航次、同一目的地的多次装运,若使其表面上注明不同的装运日期及/或不同的装货港、接受监管地或发运地,将不视作分批装运;货物经邮运或专递运输,如邮局收据或邮寄证明或专递收据或发运单的表面上系由信用证规定的发运地并于同一日期盖戳、签署或以其他方式证实的,则该邮寄或专递装运将不作分批装运论。

2. 转运

根据 UCP600 的规定,转运是指在从信用证规定的发送、接管或者装运地至最终目的地的运输过程中,从某一运输工具上卸下货物并装上另一运输工具的行为(无论是否为不同的运输方式)。

转运的原因很多,例如:船体太大无法直接停靠目的港码头;从装运港到目的港无直达的航运线路;目的港的进口国禁止国外的汽车入境;运输线路的国家之间铁轨轨距不一致;规定用集装箱装运,但装运港无装卸设备,需集中到其他口岸装箱等。

由于近年来随着国际贸易的发展,客观情况起了很大变化,在许多情况下,转运不可避免。所以,UCP600对"转运"按不同运输方式做了不同的解释,并做了淡化处理:

① 允许转运,除非信用证另有规定。

② 即使信用证禁止转运,银行也将接受表明货物将被转运的运输单据:注明将发生或可能发生转运,只要提单(或不可转让海运单)证明有关货物是装在集装箱、拖车及/或子船中装运的;注明将发生或可能发生转运的空运单据;注明将发生或可能发生转运的公路、铁路或内河运输的运输单据。由此可见,UCP600规定的所谓"禁止转运",实际上仅是指禁止海运港至港除集装箱以外的货物(即散货)运输的转运。

尽管UCP600对转运做了淡化处理,但为了避免争议的发生,在实际业务中,尤其是在出口合同中,还是以明确规定允许转运条款为宜。

8.2.4 装运通知

1. 装运通知的含义

装运通知(Shipping Advice)一般是指货物装船后,卖方在规定的时间内将货物的品名、件数、重量、金额、船名、装船的日期等内容,以电讯的方式告知买方,以便买方核实装运信息、及时办理保险并做好报关接货的准备。

特别是按 CFR 或 CPT 条件成交时,卖方在装运后,更应及时向买方发出装运通知。这一条款的规定可以明确双方责任,相互配合,做好船货衔接并可融洽双方业务关系。如果卖方未及时发送装船通知给买方,而致使其不能及时办理保险或接货,卖方就应负责赔偿买方由此而引起的一切损失。

2. 装船通知的主要内容

(1) 装船通知的名称

在实际业务中,装船通知的名称常体现为:Shipping Advice、Shipment Advice、Advice of shipment 等,有时也称为 Shipping Statement、Shipping Declaration。如信用证对装船通知的名称有具体规定的,应从其规定。

(2) 被通知人

应按信用证的规定,一般是进口商(开证申请人)或指定人、保险公司等。

(3) 通知内容

通知的内容主要包括所发运货物的合同号、信用证号、货物的品名、数量、金额、运输工具名称、开航日期、启运地和目的地、提运单号码、运输标志等,并且与其他相关单据保持一致。如果信用证提出具体要求,则应严格按其规定制单。此外,通知中还可能包括有关包装说明、船舶预离港时间、船舶预抵港时间、预计开始装船时间等内容。

(4) 发出通知的日期

发出通知的日期不能超过信用证规定的时间,常见的有以小时计(within 24/48 hours)和以天为准(within 2 days after shipment date)两种情形。如果信用证对发出通知的时间没有规定,则应在装船后立即发出。如果信用证规定"immediately after shipment"(装船后立即通知),则应掌握在提单发出后三天之内。

(5) 需要证明的文句

L/C 无此规定可不填写。

(6) 签　署

装船通知由出口公司签署；如果信用证无此规定，则一般可不签署。

【课堂讨论】

德国某公司与我国某公司签订一份 CFR 合同，由德国公司向我国公司出口化工原料。合同规定：德国公司在 2021 年 4 月交货。德国公司按合同规定时间交货后，载货船于当天起航驶往目的港青岛。5 月 10 日，德国公司向我公司发出传真，通知货已装船；我公司于当天向保险公司投保。但货到目的港后，经我公司检验发现，货物于 5 月 8 日在海上运输途中已经发生损失。请问上述期间发生的损失应由哪一方承担？为什么？

8.2.5　速遣和滞期

在国际贸易中，大宗货物多数采用定程租船运输。在定程租船方式下，我国对装卸的规定采用较为普遍的办法是船方不负担装卸，即由货方负责装卸。而装卸时间的长短直接关系到船方的经济效益，因为装卸时间过长会影响到船方正常业务的开展，因此，在货方（租船人）负责装卸的情况下，租船合同中一般对货物的装卸时间要作出明确规定，并制定相应的奖罚措施。

此外，在实际业务中，负责装卸货物的不一定是租船人，也有可能是买卖合同的对方，如 FOB 合同的租船人是买方，而装货是卖方；反之，CIF 合同的租船人是卖方，而卸货的可能是买方。因此，负责租船的人为了敦促对方及时完成装卸任务，也需要在买卖合同中规定装卸时间、装卸率和滞期、速遣条款。

1．装卸时间

装卸时间是指为完成装卸任务所规定的时间。装卸时间一般以天数或小时来表示，常见的方法有以下几种：

① 按天（Days）或连续日（Running Days）或时（Running Hours），指从午夜零时到次日午夜零时，不管天气如何，有一天算一天，没有任何扣除。

② 按工作日（Working Days）。这是指按港口的习惯，属于正常工作的时间。

③ 按晴天工作日（Weather Working Days），指适宜装卸的工作日。

④ 连续 24 小时晴天工作日（Weather Working Days of 24 Consecutive Hours）。指在晴天工作日的情况下，连续作业 24 小时算一个工作日，因坏天气不能作业的时间扣除。

2．装卸率

装卸率是指买卖合同或租船合同中规定的每日装卸货物的数量。装卸率一般按照港口的正常装卸速度，合理地规定数量，不能过高也不能过低。

3．滞期费和速遣费

滞期费（Demurrage）又称延期费，是指在规定的装卸期限内，租船人未完成装卸任务，影响了船方的正常运输，租船人对超过的时间向船方支付一定的罚金。

速遣费（Dispatch Money）是指在规定的装卸期限内，租船人提前完成装卸任务，使船方节省了开支，船方向租船人支付一定的奖金。

按国际惯例，速遣费一般为滞期费的一半。需要注意的是，买卖合同中关于滞期和速遣条款的规定，要与租船合同规定的相应内容协调起来，避免出现既要支付滞期费，又要支付速遣费的双重损失。

8.2.6 合同中的装运条款示例

买卖合同中的装运条款一般包括装运时间、装运港(地)、目的港(地),以及分批装运和转运等内容,有时还规定了关于装运通知、滞期和速遣等条款。

合同中的装运条款示例如下:

(1) 2022年4/5月份分两批平均装运,允许转船。

Shipment during Apr/May 2022 in two equal monthly lots, transshipment allowed.

(2) 2023年3/4/5月份装运,允许分批和转船。

Shipment during Mar/Apr/May 2023 with partial shipment and transshipment allowed.

(3) 收到信用证后30天内装运,买方必须于2023年4月1日前将L/C开抵卖方。

Shipment within 30 days after the receipt of L/C. The buyers must open the L/C to reach the sellers before Apr. 1, 2023.

(4) 2022年5月前装运,由上海经香港至伦敦海运,5 000公吨分三批等量装运,每批相隔20天。

Shipment before May 2022 from Shanghai to London W/T Hong Kong by vessel, 5 000 metric tons shipment to be effected in three equal consignment at an interval of 20 days.

(5) 2022年1/2月每月平均装运;装运港:上海/天津;目的港:鹿特丹/安特卫普,选港附加费由买方负担。

Shipment during Jay./Feb. 2010 in two equal monthly lots. Port of shipment: Shanghai/Tianjin. Port of destination: Rotterdam/Antwerp optional, additional fee for buyer's account.

【项目小结】

本章介绍了海运、陆运、空运、公路、内河、邮政、管道运输、集装箱与多式联运的国际货物运输方式,以及合同装运条款的制定与注意事项。

海运主要通过班轮运输和租船运输方式。班轮运输具有固定航线、固定停靠港口、固定船期和相对固定运费率的特点,装运货物的品种数量灵活,班轮运费的计算需查阅运价表;租船运输包括程租船与期租船,大宗货物常常采用租船运输,租船时要特别注意了解船运行市及租船合同与贸易合约的衔接。

海运提单是物权凭证。应严格遵从海运出口的托运程序,留意海运事故的索赔事项。

铁路、空运、公路、内河、邮政、管道运输、集装箱及国际多式联运方式,各具特点,运作程序各异,应在实践中熟练把握。

合同装运条款是对何时交货和如何交货等问题的规定,包括装运时间、装运港和目的港、分批装运和转运、装运通知、滞期和速遣等条款。买卖双方应根据各自的实际情况,实事求是地做出安排。

【项目自测】

一、单选题

1. 国际贸易中,海运提单的出具日期被视为(   )。
   A. 货物开始装船的日期   B. 货物发运的日期
   C. 货物卸货完毕的日期   D. 货物抵达目的港的日期

2. 必须经过背书才能进行转让的提单是( )。
   A. 记名提单　　B. 不记名提单　　C. 指示提单　　D. 海运单
3. 海运提单和航空运单两种运输单据( )。
   A. 都是物权凭证
   B. 都是可转让的物权凭证
   C. 前者是物权凭证可以转让,后者不是物权凭证不可以转让
   D. 前者不是物权凭证不可以转让,后者是物权凭证可以转让
4. 出口方完成装运后,凭以向船公司换取已装船提单的单据是( )。
   A. Shipping Order　　　　　　B. Mate's Receipt
   C. Freight Receipt　　　　　　D. Invoice
5. 国际贸易中最主要的运输方式是( )。
   A. 航空运输　　B. 铁路运输　　C. 海洋运输　　D. 公路运输
6. 班轮运送货物,如果运费计收标准为"A.V",则表示( )。
   A. 按货物毛重计收　　　　　　B. 按货物体积计收
   C. 按商品价格计收　　　　　　D. 按货物件数计收
7. 某出口商品每件净重30千克,毛重34千克,体积每件40 cm×30 cm×20 cm,如果班轮运价计费标准为W/M,则船公司计收运费时应按( )。
   A. 毛重计收　　B. 净重计收　　C. 体积计收　　D. 价值计收
8. 在定程租船方式下,我国对装卸费的收取采用较为普遍的办法是( )。
   A. 船方不承担装卸费
   B. 船方承担装卸费
   C. 船方只承担装货费,而不承担卸货费
   D. 船方只承担卸货费,而不承担装货费
9. 装运时间的规定办法较合理的是( )。
   A. 规定在开立信用证前若干天内装运
   B. 规定在某一天开始装运
   C. 规定在收到信用证后若干天内装运
   D. 笼统地规定近期装运时间
10. 下列说法中,不属于班轮运输特点的是( )。
    A. 具有定线、定港、定期和相对稳定的运费费率
    B. 由船方负责对货物的装卸,运费中包括装卸费
    C. 以运送大宗货物为主
    D. 船货双方的责任和豁免以班轮公司签发的提单为准

二、多选题

1. 在国际贸易中,开展以集装箱运输的国际多式联运,有利于( )。
   A. 简化发运手续　　　　　　B. 加快货运速度
   C. 降低运输成本　　　　　　D. 提高货运质量
2. 按提单对货物表面状况有无不良批注,可分为( )。
   A. 清洁提单　　B. 不清洁提单　　C. 联运提单　　D. 舱面提单

3. 按照提单收货人抬头的不同,提单可分为(　　)。
   A. 已装船提单　　B. 指示提单　　C. 记名提单　　D. 不记名提单
4. 国际贸易中的租船运输包括(　　)。
   A. 定程租船　　B. 定期租船　　C. 班轮运输　　D. 光船租船
5. 海洋运输的特点包括(　　)。
   A. 货物的适应性强　　B. 运费低　　C. 运费高　　D. 运量大
   E. 速度快
6. 国际货物运输方式包括(　　)。
   A. 国际海上货物运输　　　　　　B. 国际航空货物运输
   C. 国际铁路货物运输　　　　　　D. 国际公路运输
   E. 国际货物多式联运
7. 海运提单的签发人可以是(　　)。
   A. 承运船船长　　　　　　　　　B. 承运船大副
   C. 承运人或其代理　　　　　　　D. 船公司或其代理
8. 在国际货物运输中,集装箱可以用于(　　)。
   A. 多式联运　　B. 公路运输　　C. 铁路运输　　D. 海洋运输
9. 构成国际多式联运必须具备的条件有(　　)。
   A. 必须有一份多式联运合同
   B. 必须是国际间两种或两种以上运输方式的连贯运输
   C. 必须使用一份包括全程的多式运输单据
   D. 必须是国际间的货物运输
   E. 必须由一个多式联运经营人对全程运输负总责
   F. 必须是全程单一的运费费率
10. 国际货物买卖合同中的装运条款通常包括(　　)。
    A. 装运时间　　　　　　　　　　B. 装运港
    C. 目的港　　　　　　　　　　　D. 分批装运或转运

三、判断题

1. 联运和多式联运是性质相同的运输方式。(　　)
2. 班轮运输一般不规定滞期费。(　　)
3. 不清洁提单是说提单上有污渍。(　　)
4. 海运提单的签发日期是指货物开始装船的日期。(　　)
5. 海运提单、铁路提单、航空运单都是物权凭证,都是可以通过背书转让的。(　　)
6. 合同中的装运条款为"9/10 月份装运",即我出口公司需将货物于 9 月、10 月两个月内,每月各装一批。(　　)
7. 按照 UCP600,凡是装在同一航次及同一条船上的货物,即使装运时间和装运地点不同,也不作为分批装运论处。(　　)
8. 空白抬头、空白背书的提单是指既不填写收货人又不需要背书的提单。(　　)
9. 按照 UCP600,如果信用证上没有规定允许转运,则货物不能转运。(　　)
10. 使用班轮运输货物时,货方不再另行支付装卸费。(　　)

四、名词解释

海运提单　　班轮运输　　指示提单　　空白背书　　记名背书
国际多式联运　集装箱运输

五、问答题

1. 如何理解海运提单是物权凭证？
2. 合同的装运条款主要包括哪些？
3. 海洋运输有何特点？
4. 国际多式联运应当具备哪些条件？
5. 装船通知有哪些主要内容？以哪天为准？

【案例分析】

1. 我国某出口公司收到国外开来的信用证，货物为10 000只玩具熊，总价值为15万美元，采用海运方式，允许分批装运。后来，进口商来传真表示急需其中2 000只玩具熊，并要求改用空运方式提前装运，并提出这部分货款采用电汇方式在发货前汇至我方。我方应如何处理？

2. 一批货物由上海港装船经香港转船运往马尼拉，承运人签发了全程运输的多式联运单据。在香港转船时，货物在码头的露天仓库遭雨淋受损。货主向承运人索赔，承运人以货物不在船上而是在陆地上受损，不属于海上运输为由拒赔。请分析，承运人拒赔理由是否充分？为什么？

项目九　拟订货物运输的保险条款

【项目介绍】
本项目共有六个任务：
任务一　海洋运输货物保险的承保范围
要求学生掌握国际海洋货物运输保险的承保责任范围。
任务二　我国海洋运输货物保险
要求学生掌握我国海洋运输货物保险的种类及相应的承保范围。
任务三　我国陆空邮运输货物保险
要求学生了解我国陆运、空运与邮包货物运输保险的种类及相应的承保范围。
任务四　伦敦保险协会《海洋运输货物保险》
要求学生掌握伦敦保险协会海洋运输货物保险的种类及相应的承保范围。
任务五　国际货物运输保险的业务程序
要求学生掌握保险费的计算及常见的保险单据。
任务六　合同中的货物运输保险条款
要求学生了解并能看懂外销合同中关于保险的条款，并加以应用。

【项目目标】
　　知识目标：了解国际货物运输风险的种类；了解实际全损、推定全损、共同海损、单独海损等的含义；了解基本险和附加险的种类；掌握保险条款的基本内容；理解保险的重要性及约定保险条款的意义。
　　能力目标：具备能正确地选择保险险别，并能在合同中正确地拟订保险条款的能力；能正确填写投保单等有关保险单据，并办理保险业务。

【案例导入】
　　某轮船载货后，在航行途中不慎发生搁浅，事后反复开倒车，强行起浮，但船上轮机受损并且船底划破，致使海水渗入货舱，造成货物部分损失；之后该船行驶至邻近的一个港口船坞进行修理，期间卸下了大部分货物，前后花费了10天时间，增加支出多项费用，包括员工工资；当船修复后装上原货起航后不久，A舱起火，A舱原载文具用品、茶叶等，船长下令对该舱灌水灭火；灭火后发现文具用品一部分被焚毁，另一部分文具用品和全部茶叶被水浸湿。试分别说明以上各项损失的性质，并指出在投保我国《海洋运输货物保险条款》何种险别的情况下，保险公司才会负责赔偿？

【分　析】
　　(1) 属于单独海损的有：搁浅造成的损失及A舱被焚毁的一部分文具用品，因为该损失是由于风险本身所导致的。
　　(2) 属于共同海损的有：强行起浮造成的轮机受损、船底划破而产生的修理费和船员工资等费用，及船长下令对A舱灌水灭火之后，在A舱被水浸湿的另一部分文具用品和全部茶叶，因为该损失是为了大家的利益而采取的对抗风险的人为措施所导致的。

（3）如果投保我国《海洋运输货物保险条款》的平安险，保险公司就负责赔偿，因为平安险承保共同海损。对于本案中的单独海损，是由于搁浅和意外失火事故导致的，意外事故导致的部分损失也属于平安险的承保范围。

任务9.1　海洋运输货物保险的承保范围

由于国际货物运输一般距离较长，在运输过程中货物极易遭受各种风险和损失，所以为了规避风险及货物受损后能得到经济补偿，当事人通常会办理货物运输保险。

国际货物运输保险起源于海洋货物运输保险，后来在此基础上陆续开办了陆运、空运和邮运货物保险。由于陆运、空运和邮运货物保险是在海洋货物运输保险基础上发展起来的，而且海洋运输是国际贸易的主要运输方式，因此，海洋运输货物保险在国际贸易中占有非常重要的地位。

海洋运输货物的保险人主要承保海上货物运输的风险、费用和损失。

9.1.1　海上货物运输的风险

海上货物运输的风险分海上风险和外来风险两类。

1. 海上风险

海上风险（Marine Perils）又称海难，是指船舶或货物在海上运输过程中发生或随附海上运输发生的各种风险。海上风险包括自然灾害和意外事故两类。

（1）自然灾害

自然灾害（Natural Calamities）是指因自然界的变异而引起的破坏力量所造成的灾害，如恶劣气候、雷电、地震、海啸、火山爆发、洪水等不可抗拒力造成的灾害。

（2）意外事故

意外事故（Fortuitous Accidents）是指因偶然的、意料不到的原因造成的事故，如船舶搁浅、触礁、沉没、碰撞以及失踪、失火、爆炸、倾覆等意外原因造成的事故或其他类似事故。

2. 外来风险

外来风险（Extraneous Risks）是指因外来原因而引起的风险。它可分为一般外来风险和特殊外来风险。

（1）一般外来风险

一般外来风险（General Extraneous Risks）是指因一般外来原因所造成的风险，如偷盗、破碎、雨淋、受潮、受热、发霉、串味、玷污、短量、渗漏、钩损、锈损等。

（2）特殊外来风险

特殊外来风险（Special Extraneous Risks）是指因政治、军事、国家禁令及管制措施等特殊外来原因所造成的风险，如战争、罢工、交货不到、拒绝收货等。

综上所述，海上货物运输风险主要是指海上所发生的风险，但又不局限于海上所发生的风险。

9.1.2　海上损失

海上损失（Marine Loss）简称海损，是指被保险货物因遭受海上货物运输风险所导致的损失。海上损失按损失程度分为全部损失和部分损失。

1. 全部损失

全部损失(Total Loss)简称全损,是指在海洋运输中的被保险货物整批或不可分割的一批被保险货物全部遭受损失。全部损失可分为实际全损和推定全损两种。

(1) 实际全损(Actual Total Loss)

实际全损是指被保险货物全部灭失,或货物严重毁损后完全失去原有的形体、效用,或者不能再归被保险人所拥有。如货物浪击落海后沉没海底无法打捞,烟叶受潮发霉后失去原有的价值,或载货轮船失踪达一定的时间等。

(2) 推定全损(Constructive Total Loss)

推定全损是指被保险货物受损后,实际全损已不可避免;或被保险货物受损后,抢救、修复受损货物的费用加上继续运抵目的地的运费之和将超过到达目的地的货物价值。

在推定全损的情况下,被保险人获得损失赔偿的情况有两种:一是获得全损的赔偿。在此情况下,被保险人必须无条件地把受损后的被保险货物的一切权益转移给保险人。二是获得部分损失的赔偿。在此情况下,被保险人保留受损后的被保险货物的权益,保险人按部分损失赔偿。

2. 部分损失

部分损失(Partial Loss)是指被保险货物的损失尚未达到全部损失的程度。部分损失分为共同海损和单独海损。

(1) 共同海损

共同海损(General Average,GA)是指载货船舶在航行途中遇到威胁船、货的共同安全的危险时,船方为了船、货的共同安全,以使同一航程中的船、货脱离危险,有意而合理地做出的牺牲或引起的特殊费用。

构成共同海损的条件是:

① 共同海损的危险必须是真实存在的或者是不可避免的,而不是主观臆测的。

② 必须是为了船、货的共同安全,有意识地采取合理的措施所造成的损失或发生的费用。

③ 必须是为使同一航程中的船、货脱离危险,而采取的谨慎行为或措施时所做的牺牲或引起的特殊费用。

④ 采取的措施最终是有效的,即避免了船、货的全损。

共同海损的牺牲和费用是为了使船、货免于遭受损失而支出的,因而,不论损失与费用的大小,都应由船方、货主和运费方等各受益方按最后获救价值的比例共同分摊。在分摊共同的海损费用时,不仅要包括未受损失的利害关系人,而且还需包括受到损失的利害关系人。

(2) 单独海损

单独海损(Particular Average,PA)是指被保险货物遭受除共同海损外的部分损失。单独海损由受损方自行承担损失。

与共同海损相比较,单独海损的特点是:

① 它是保险责任范围内的风险直接造成的损失,而不是人为因素造成的损失。

② 它是被保险货物本身的损失,而不是解除危险所做的牺牲或引起的特殊费用。

③ 单独海损由受损失的被保险人单独承担,但其可根据损失情况从保险人那里获得赔偿;而共同海损则由各受益方按比例共同分摊。

9.1.3 海上费用

海上费用是指被保险货物遭遇灾害事故时,为避免损失进一步扩大,而采取适当的措施所支出的费用。海上费用包括施救费用和救助费用。

1. 施救费用

施救费用(Sue and Labour Expenses)是指被保险货物遭遇灾害事故时,被保险人或其代理人或其他受雇人员为避免和减少损失,采取适当措施而支出的费用。这种费用属于自救费用的支出,又称单独海损费用,按照保险惯例,保险人对这种施救费用应予以赔偿。

2. 救助费用

救助费用(Salvage Charges)是指被保险货物遭遇灾害事故时,由保险人和被保险人以外的第三者采取措施并救助成功后,由被救方对其支付的报酬。救助费用采用国际上习惯的"无效果、无报酬"原则,若救助成功,救助费用则由保险人赔付。

【课堂讨论】

某载货轮船在某港口不慎和别的轮船相撞,导致载货轮船上的部分货物落入海中。请问此风险属于海上风险吗?部分货物落入海中的损失是属于共同海损或是单独海损?为什么?

任务9.2 我国海洋运输货物保险

9.2.1 我国海洋运输货物保险的险别及责任范围

在我国,中国人民财产保险股份有限公司根据我国保险业务的实际情况,并参照国际保险市场的习惯做法,制定了"中国保险条款"(China Insurance Clauses,CIC)。该条款按运输方式的不同分为海洋、陆上、航空和邮包运输保险条款四种;对某些特殊商品,还设有海运冷藏货物、陆运冷藏货物、海运散装桐油及活牲畜、家禽的海陆空运输保险条款。以上八种条款,投保人可根据货物的特点、航线及港口的实际情况等选择适当的险别。

我国的货物运输保险险别,按照可否单独投保分为基本险和附加险两类。基本险可以单独投保,而附加险不能单独投保,只有在投保基本险的基础上才能加保。

1. 基本险别

根据"中国保险条款"中的《海洋运输货物保险条款》的规定,海洋运输货物保险的基本险别包括平安险、水渍险和一切险三种。

1)平安险

平安险(Free from Particular Average,FPA)是我国保险业沿用已久的名称,原文含义是"单独海损不赔偿",并不是"保证平安的保险"。"单独海损不赔偿"是指对仅由于自然灾害所引起的单独海损不赔偿。

保险公司对平安险的承保范围包括:

① 被保险的货物在运输过程中,由于恶劣气候、雷电、海啸、地震、洪水等自然灾害造成整批货物的全部损失。当被保险人要求赔付推定全损时,需将受损货物及其权利委付给保险公司。被保险货物用驳船运往或运离海轮的,每一驳船所装的货物可视作一个整批。

委付是指被保险人将保险标的物的一切权利和义务转移给保险人,并请求保险人赔偿全部损失的一种行为。

② 由于运输工具遭受搁浅、触礁、沉没、互撞、与流冰或其他物体碰撞以及失火、爆炸等意外事故造成货物的全部或部分损失。

③ 在运输工具已经发生搁浅、触礁、沉没、焚毁等意外事故的情况下,货物此后又在海上遭受恶劣气候、雷电、海啸等自然灾害所造成的部分损失。

④ 在装卸或转运时由于一件或数件、整件货物落海造成的全部或部分损失。

⑤ 被保险人对遭受承保责任内危险的货物采取抢救、防止或减少货损的措施而支付的合理费用,但以不超过该批被救货物的保险金额为限。

⑥ 运输工具遭遇海难后,在避难港由于卸货所引起的损失以及在中途港、避难港由于卸货、存仓以及运送货物所产生的特别费用。

⑦ 共同海损的牺牲、分摊和救助费用。

⑧ 运输契约中如订有"船舶互撞责任"条款的,则根据该条款的规定应由货方偿还船方的损失。

【课堂讨论】

我国某外贸公司向美国出口服装2 000件,装入100个纸箱中。我方按CIF合同规定加一成投保平安险。货在海运途中因触礁致使该批货物中的10箱落入海中。请问保险公司应赔偿此损失吗?

2) 水渍险

投保水渍险(With Average or With Particular Average,WA or WPA)后,保险公司除承保上述平安险的各项责任外,还负责被保险货物因恶劣气候、雷电、海啸、地震、洪水自然灾害所造成的部分损失。

3) 一切险

投保一切险(All Risks,AR)后,保险公司除承保平安险和水渍险的各项责任外,还对被保险货物在运输途中因一般外来原因而遭受的全部或部分损失负赔偿责任。

从三种基本险别的责任范围来看,平安险的责任范围最小,它对仅由自然灾害造成的部分损失不负赔偿责任。水渍险的责任范围比平安险的责任范围大,凡因自然灾害和意外事故造成的全部和部分损失,保险公司均负责赔偿。一切险的责任范围在三种基本险别中最大,它除包括水渍险的责任范围外,还包括被保险货物在运输途中,因一般外来原因造成的全部或部分损失。

2. 附加险别

附加险不能单独投保,只有在投保基本险的基础上才能加保一种或数种附加险。附加险别包括一般附加险和特殊附加险两种。

1) 一般附加险

一般附加险(General Additional Risks)又称为普通附加险,所承保的责任范围是因一般外来原因所造成的损失。我国承保的一般附加险有以下11种:

① 偷窃、提货不着险(Theft,Pilferage and Non-delivery)。承保被保险货物遭受下列损失:偷窃行为所致的损失;整件提货不着;根据运输契约规定船东和其他责任方免除赔偿的部分。

② 淡水、雨淋险(Fresh Water and/or Rain Damage)。承保被保险货物因直接遭受雨淋

或淡水所致的损失负责赔偿。

③ 短量险(Shortage)。承保被保险货物在运输过程中,因外包装破裂或散装货物发生数量散失和实际重量短缺的损失负责赔偿。但正常的途耗保险公司不负责赔偿。

④ 混杂、沾污险(Intermixture and Contamination)。承保被保险货物在运输过程中,因混杂、沾污所致的损失。

⑤ 渗漏险(Leakage)。承保被保险货物在运输过程中,因容器损坏而引起的渗漏损失,或用液体储藏的货物因液体的渗漏而引起的货物腐败等损失。

⑥ 碰损、破碎险(Clash and Breakage)。承保被保险货物在运输过程中因震动、碰撞、受压造成的破碎和碰撞损失。如玻璃制品在运输途中由于碰撞发生破碎的损失。

⑦ 串味险(Taint of Odour)。承保对被保险食物、中药材、化妆品原料等货物在运输过程中,因受其他物品的影响而引起的串味损失。

⑧ 受潮受热险(Sweating and Heating)。承保被保险货物在运输过程中因气温突然变化或由于船上通风设备失灵致使船舱内水汽凝结、发潮或发热所造成的损失。

⑨ 钩损险(Hook Damage)。承保被保险货物在装卸过程中因遭受钩损而引起的损失,以及对包装进行修补或调换所支付的费用。

⑩ 包装破裂险(Breakage of Packing)。承保被保险货物在运输过程中因搬运或装卸不慎,包装破裂所造成的损失,以及为继续运输安全所需要对包装进行修补或调换所支付的费用。

⑪ 锈损险(Rust)。承保被保险货物在运输过程中发生的锈损。

当投保险别为平安险或水渍险时,可加保上述11种一般附加险中的一种或多种险别。由于一切险的责任范围包括了一般附加险,所以如果已投保了一切险,就不需要再加保一般附加险。

2) 特殊附加险

特殊附加险(Special Additional Risks)所承保的范围是因特殊的外来风险所带来的损失,如：

① 战争险。根据《海洋运输货物战争险条款》的规定,战争险(War Risks)的承保范围：直接由于战争或类似战争的行为和敌对行为、武装冲突或海盗行为所致的损失,及由以上行为所引起的捕获、拘留、扣留、禁制、扣押所造成的损失；各种常规武器,包括水雷、鱼雷、炸弹所致的损失；上述责任范围引起的共同海损的牺牲、分摊和救助费用。

② 罢工险。罢工险(Strike risks)承保被保险货物由于罢工者被迫停工,工人或参加工潮、暴动、民众斗争的人员的行动,或任何人的恶意行为所造成的直接损失和上述行动或行为所引起的共同海损的牺牲、分摊和救助费用。

根据国际保险市场的惯例做法,已投保战争险后另加保罢工险,不另增收保险费；如仅要求加保罢工险,则按战争险收费。

③ 其他特殊附加险。除了战争险和罢工险之外,中国人民财产保险股份有限公司承保的特殊附加险还有交货不到险、进口关税险、舱面险、拒收险、黄曲霉素险以及出口货物到中国香港(包括九龙在内)或中国澳门存仓火险责任扩展条款等。

3. 专门险别

我国海洋运输货物保险中,还有专门针对特殊货物的保险险别：海洋运输冷藏货物保险、海洋运输散装桐油保险、活牲畜与家禽的海上运输保险三种专门险别。这三种专门险别是属于基本险性质的保险,因此均可以单独投保。

9.2.2 我国海洋运输货物保险的起讫期限和除外责任

1. 保险期限

1) 基本险的起讫期限

根据我国《海洋运输货物保险条款》,在海运保险中,平安险、水渍险的保险责任的起讫采用"仓至仓"条款(Warehouse to Warehouse Clauses,W/W Clauses),即自被保险货物运离保险单所载明的起运地仓库或储存处所开始运输时生效,包括正常运输过程中的海上、陆上、内河和驳船运输在内,直至该项货物到达保险单所载明目的地收货人的最后仓库、储存处所或被保险人用做分配、分派或非正常运输的其他储存处所为止。

如未抵达上述仓库或储存处所,则以被保险货物在最后卸载港全部卸离海轮后满六十天为止。如在上述六十天内被保险货物需转运到非保险单所载明的目的地,则以该项货物开始转运时终止。

2) 战争险的起讫期限

战争险的保险责任不采取"仓至仓"条款,而是自被保险货物装上保险单所载起运港的海轮或驳船时开始,到卸离保险单所载明的目的港的海轮或驳船时为止。如果被保险货物不卸离海轮或驳船,保险责任最长期限以海轮到达目的港的当日午夜起算,满十五天为限,海轮到达上述目的港是指海轮在该港区内一个泊位或地点抛锚、停泊或系缆,如果没有这种泊位或地点,则指海轮在原卸货港或地点或附近第一次抛锚、停泊或系缆。

如在中途港转船,不论货物在当地卸载与否,保险责任均以海轮到达该港或卸货地点的当日午夜起算,满十五天为止,直至再装上续运海轮时恢复有效。

如运输契约在保险单所载明目的地以外的地点终止,则该地即视为本保险目的地,仍照前述规定终止责任;如需运往原目的地或其他目的地时,在被保险人于续运前通知保险人并加交保险费的情况下,则可自装上续运的海轮时重新有效。

如运输发生绕道、改变航程或承运人运用运输契约赋予的权限所做的任何航海上的改变,在被保险人及时将获知情况通知保险人,在必要时加交保险费的情况下,则本保险仍继续有效。

2. 除外责任

1) 基本险的除外责任

我国《海洋运输货物保险条款》不仅规定了三种基本险的责任范围,还同时规定了下列除外责任,即保险公司对由下列除外责任引起的费用和损失不负责赔偿:

① 因被保险人的故意行为或过失所造成的损失。
② 属于发货人责任所引起的损失。
③ 在保险责任开始前,被保险货物已存在的品质不良或数量短差所造成的损失。
④ 被保险货物的自然损耗、本质缺陷、特性以及市价跌落、运输延迟所引起的损失或费用。
⑤ 本公司《海洋运输货物战争险条款》和《货物运输罢工险条款》规定的责任范围和除外责任。

2）战争险和罢工险的除外责任

（1）战争险的除外责任

战争险的除外责任除了上述基本险的除外责任外，还包括：由于敌对行为使用原子或热核制造的武器所致的损失和费用；以及因执政者、当权者或其他武装集团的扣押、拘留引起的承保航程的丧失和挫折而提出的任何索赔。

（2）罢工险的除外责任

罢工险的除外责任除了上述基本险的除外责任外，还包括：在罢工期间由于劳动力短缺或不能履行正常职责所致的保险货物的损失，包括因此而引起的动力或燃料缺乏使冷藏机停止工作所致的冷藏货物的损失。

9.2.3　我国海洋运输货物保险中被保险人的义务

根据我国《海洋货物运输保险条款》的规定，被保险人应按照以下规定的应尽义务办理有关事项，如因未履行规定的义务而影响保险人利益，则保险公司对有关损失有权拒绝赔偿。

① 当被保险货物运抵保险单所载明的目的港（地）以后，被保险人应及时提货，当发现被保险货物遭受损失时，应立即向保险单上所载明的检验、理赔代理人申请检验；如发现被保险货物整件短少或有明显残损痕迹的，应立即向承运人、受托人或有关当局（海关、港务当局等）索取货损货差证明。如果货损货差是由于承运人、受托人或其他有关方面的责任所造成的，应以书面方式向他们提出索赔，必要时还需取得延长时效的认证。

② 对遭受危险的承保责任内的货物，被保险人和保险公司都可迅速采取合理的抢救措施，防止或减少货物的损失。被保险人采取此项措施时，不应视为放弃委付的表示，本公司采取此项措施时，也不得视为接受委付的表示。

③ 如遇航程变更或发现保险单所载明的货物、船名或航程有遗漏或错误，则被保险人应在获悉后立即通知保险人并在必要时加缴保险费，保险才继续有效。

④ 在向保险人索赔时，必须提供下列单证：保险单正本、提单、发票、装箱单、磅码单、货损货差证明、检验报告及索赔清单。如涉及第三者责任的，还需提供向责任方追偿的有关函电及其他必要的单证或文件。

⑤ 在获悉有关运输契约中"船舶互撞责任"条款的实际责任后，应及时通知保险人。

9.2.4　我国海洋运输货物保险的索赔时效

我国《海洋货物运输保险条款》（2009版）规定，海洋运输货物保险的索赔时效为从保险事故发生之日起起算，最多不超过两年。一旦超过了索赔时效，被保险人就丧失了向保险人请求赔偿的权利。

需要注意的是，我国以前版本的《海洋货物运输保险条款》规定的索赔时效为从被保险货物在最后卸载港全部卸离海轮后起算，最多不超过两年。

任务9.3 我国陆空邮运输货物保险

9.3.1 我国陆上运输货物保险

1. 陆运风险与损失

货物在陆上运输过程中,可能遭受的风险包括自然灾害、意外事故及外来风险。

具体来说,常见的风险有:雷电、洪水、地震、火山爆发、暴风雨以及霜雪冰雹等自然灾害;车辆相撞、倾覆和出轨、路基坍塌、桥梁折断和道路损坏,以及火灾和爆炸等意外事故;战争、罢工、偷窃、货物残损、短少、渗漏等外来原因所造成的外来风险。这些风险会给货物造成损失,货主为了转嫁风险,就需要办理陆运货物保险。

2. 陆运货物保险的险别

根据中国人民财产保险股份有限公司2009年修订的《陆上运输货物保险条款(火车、汽车)》的规定,陆运货物保险的基本险别有陆运险(Overland Transportation Risks)和陆运一切险(Overland Transportation All Risks)两种。此外,还有两种专门险:陆上运输冷藏货物险和活牲畜、家禽的陆上运输险,这两种专门险具有基本险的性质,均可以单独投保。

陆运险的承保责任范围与海运水渍险相似,包括:

① 被保险货物在运输途中遭受暴风、雷电、洪水、地震等自然灾害;由于运输工具遭受碰撞、倾覆、出轨;在驳运过程中因驳运工具遭受搁浅、触礁、沉没、碰撞;由于遭受隧道坍塌、崖崩,或失火、爆炸意外事故等,所造成的全部或部分损失。

② 被保险人对遭受危险的承保责任内的货物采取抢救、防止或减少货损的措施而支付的合理费用,但以不超过该批被救货物的保险金额为限。

陆运一切险的承保责任范围与海运的一切险相似,它承保除包括上列陆运险的责任外,还负责被保险货物在运输途中由于外来原因所致的全部或部分损失。

陆运险与陆运一切险的责任起讫,也采用"仓至仓"责任条款。保险责任自被保险货物运离保险单所载明的起运地仓库或储存处所开始运输时生效,包括正常运输过程中的陆上和与其有关的水上驳运在内,直至该项货物运达保险单所载目的地收货人的最后仓库或储存处所或被保险人用做分配、分派的其他储存处所为止,如未运抵上述仓库或储存处所,则以被保险货物运抵最后卸载的车站满60天为止。

陆运货物在投保陆运险与陆运一切险之一的基础上可以加保附加险。如投保陆运险,则可加保一般附加险和特殊附加险;如投保陆运一切险,则可以加保特殊附加险,而无须再加保一般附加险。

值得注意的是,我国《陆上运输货物战争险条款(火车)》(2009年版)仅限于火车运输,即我国暂时还没有开办公路运输的战争险业务。此外,《陆上运输货物战争险条款(火车)》的承保范围比海洋运输货物战争险小,因为它仅对直接由于战争、类似战争行为和敌对行为、武装冲突所致的损失;以及各种常规武器,包括地雷、炸弹所致的损失。

9.3.2 我国航空运输货物保险

1. 空运风险与损失

货物在航空运输过程中,可能遭受的风险包括自然灾害、意外事故及外来风险。具体来说,常见的风险有:雷电、火灾、爆炸、飞机遭受碰撞、坠落、失踪、战争破坏以及被保险物由于飞机遇到恶劣气候或其他危险而被抛货等。为了转嫁风险,以便货物遭到在承保范围内的风险损失时,可以从保险公司获得赔偿,故航空运输的货物一般都需要办理保险。

2. 空运货物保险的险别

根据中国人民财产保险股份有限公司 2009 年修订的《航空运输货物保险条款》的规定,航空运输货物保险的基本险别分为航空运输险(Air Transportation Risks)和航空运输一切险(Air Transportation All Risks)两种。此外,还有一种专门险,即活牲畜、家禽的航空运输保险,此专门险具有基本险的性质,可以单独投保。

航空运输险的承保范围包括:

① 被保险货物在运输途中遭受雷电、火灾或爆炸,或由于飞机遭受恶劣气候或其他危难事故而被抛弃,或由于飞机遭受碰撞、倾覆、坠落或失踪意外事故所造成的全部或部分损失。

② 被保险人对遭受危险的承保责任内的货物采取抢救、防止或减少货损的措施而支付的合理费用,但以不超过该批被救货物的保险金额为限。

航空运输一切险的承保范围除包括上列航空运输险的责任外,本保险还承保被保险货物由于外来原因所致的全部或部分损失。

航空运输险和航空运输一切险的责任起讫也采用"仓至仓"条款。保险责任自被保险货物运离保险单所载明的起运地仓库或储存处所开始运输时生效,包括正常运输过程中的运输工具在内,直到该项货物运达保险单所载明目的地收货人的最后仓库或储存处所,或被保险人用做分配、分派或非正常运输的其他储存处所为止。如未运抵上述仓库或储存处所,则以被保险货物在最后卸载地卸离飞机后满 30 天为止。如在上述 30 天内被保险的货物需转送到非保险单所载明的目的地,则以该项货物开始转运时终止。

被保险人在投保航空运输险和航空运输一切险之一的基础上可以加保附加险,如投保航空运输险,则可加保一般附加险和特殊附加险;如投保航空运输一切险,则可以加保特殊附加险,而无须再加保一般附加险。

9.3.3 我国邮包运输货物保险

1. 邮包运输风险与损失

邮包运输提供的是"门到门"的运输服务,被保险货物(邮包)在长途运送过程中可能会遭受自然灾害、意外事故以及各种外来风险,为了转嫁货物的风险及损失,故需办理邮包运输货物保险。

2. 邮包运输保险的险别

根据中国人民财产保险股份有限公司 2009 年修订的《邮包险条款》的规定,邮包运输货物保险的基本险别分为邮包险(Parcel Post Risks)和邮包一切险(Parcel Post All Risks)两种。

邮包险的承保范围包括:

① 被保险邮包在运输途中由于恶劣气候、雷电、海啸、地震、洪水等自然灾害,或由于运输

工具遭受搁浅、触礁、沉没、碰撞、倾覆、出轨、坠落、失踪,或由于失火、爆炸意外事故所造成的全部或部分损失。

② 被保险人对遭受在承保责任内危险的货物采取抢救、防止或减少货损的措施而支付的合理费用,但以不超过该批被救货物的保险金额为限。

邮包一切险的承保范围除包括上述邮包险的各项责任外,本保险还负责被保险邮包在运输途中由于外来原因所致的全部或部分损失。

邮包险和邮包一切险的保险责任自被保险邮包离开保险单所载起运地点寄件人的处所运往邮局时开始生效,直至该项邮包运达本保险单所载目的地邮局,自邮局签发到货通知书当日午夜起算,满十五天终止。但在此期限内,邮包一经递交至收件人的处所,保险责任即行终止。

被保险人在投保邮包险和邮包一切险之一的基础上可以加保附加险,如投保邮包险,则可加保一般附加险和特殊附加险;如邮包一切险,可以加保特殊附加险,而无须再加保一般附加险。

任务9.4 伦敦保险协会《海洋运输货物保险》

9.4.1 伦敦保险协会《海洋运输货物保险》险别及责任范围

现行的伦敦保险协会《海洋运输货物保险》条款主要有六种险别:协会货物(A)险条款、协会货物(B)险条款、协会货物(C)险条款、协会战争险条款(货物)、协会罢工险条款(货物)和协会恶意损害险条款。前三种保险属于基本险,可单独投保;后三种保险是附加险,一般不能单独投保。但是,和"中国保险条款"不同的是,在需要时,伦敦保险协会《海洋运输货物保险》条款可单独投保战争险与罢工险。

1. 协会货物(A)险条款(简称ICC(A)险)

协会货物(A)险的承保责任范围是承保被保险货物的损失或损害的一切风险,但不包括除外责任,即其承保责任范围是一切风险减除外责任。

协会货物(A)险条款的除外责任有下列四类,即:

(1)普通除外责任

包括可归咎于被保险人的蓄意恶行的损失、损害或费用;保险标的的通常渗漏、通常重量和体积损失或通常磨损;保险标的的包装准备不足或不当引起的损失、损害及因此产生的费用;保险标的固有缺陷或性质引起的损失、损害和费用;延迟直接造成的损失、损害和费用;因船舶的所有人、经营人、承租人、经营人破产或经济困境产生的损失、损害和费用;因使用原子或核裂变和/或聚变或其他类似反应或放射性力量或物质所制造的战争武器产生的损失、损害和费用。

(2)不适航和不适货除外责任

指被保险人在保险货物装船时已知船舶不适航,以及船舶、运输工具、集装箱等不适货。

(3)战争除外责任

指由于战争、内战、革命、造反、叛乱或由此引起的内乱或任何交战双方之间的敌对行为造成的损失和费用;由于捕获、扣押、扣留、拘禁、羁押(海盗除外)和这种行为引起的后果或企图进行这种行为造成的损失;由于被遗弃的水雷、鱼雷、炸弹或其他被遗弃的战争武器造成的损失和费用。

(4) 罢工除外责任

协会货物(A)险不承保下列损失、损害和费用:罢工者、被迫停工工人,或参加工潮、暴动或民变的人员造成者;罢工、停工、工潮、暴动或民变造成者;恐怖分子或出于政治动机而行为的人员造成者。

2. 协会货物(B)险条款(简称 ICC(B)险)

协会货物(B)险的承保范围是采用"列明风险"的方式,即把承担的风险——列举,凡属承保责任范围内的损失,保险人按损失程度给予赔偿。

协会货物(B)险承保保险标的的损失或损害,可以合理归因于下列原因:① 火灾或爆炸;② 船舶或驳船触礁、搁浅、沉没或者倾覆;③ 陆上运输工具翻倒或出轨;④ 船舶、驳船或运输工具与水以外的任何外部物体碰撞或接触;⑤ 在避难港卸货;⑥ 地震、火山爆发或雷电;⑦ 共同海损牺牲;⑧ 抛货或浪击落海;⑨ 海水、湖水或河水进入船舶、驳船、船舱、运输工具、集装箱、托盘或储存处所;⑩ 装上或卸离船舶过程中掉落或从船上落入水中或坠落而发生的整件货物的全损。

协会货物(B)险的除外责任方面,除对"海盗行为"和恶意损害险的责任不负责外,其余均与(A)险的除外责任相同。

3. 协会货物(C)险条款(简称 ICC(C)险)

协会货物(C)险的承保范围和协会货物(B)险一样,也是采用"列明风险"的方式,但仅对"重大意外事故"所致损失负责,对非重大意外事故和自然灾害所致损失均不负责。

协会货物(C)险承保保险标的的损失或损害,可以合理归因于下列原因:① 火灾或爆炸;② 船舶或驳船触礁、搁浅、沉没或倾覆;③ 陆上运输工具翻倒或出轨;④ 船舶、驳船或运输工具与水以外的外部物体发生碰撞或接触;⑤ 在避难港卸货;⑥ 共同海损牺牲;⑦ 抛货。

协会货物(C)险的除外责任与(B)险完全相同。

4. 协会恶意损害险条款

恶意损害险属于附加险,不可以单独投保。它承保被保险人以外的其他人的故意破坏行为所致的保险标的的损失或损害。由于协会货物(A)险的承保范围包括恶意损害险,因此投保了协会货物(A)险,就不需要再加保恶意损害险。在投保(B)险和(C)险的情况下,可以加保恶意损害险。

但是,如果是出于政治动机的行为所造成的保险标的的损失或损害,就不属于恶意损害险的承保范围,而属于罢工险的承保范围。

9.4.2 伦敦保险协会《海洋运输货物保险》的起讫期限

现行伦敦保险协会《海洋运输货物保险》的起讫期限与我国《海洋运输保险》条款的"仓至仓"保险条款的规定基本相同。伦敦保险协会海洋运输货物保险的起讫期限主要有以下规定:

① 其保险责任始于货物运离保险单载明的地点仓库或储存处所开始运送之时,在通常运送过程中连续,终止于:在保险单载明目的地交付到收货人的或其他最后仓库或储存处所;在保险单载明的目的地或之前交付的任何其他仓库或储存处所,其通常由被保险人用做除运送过程以外的存储分配、分派;或者被保险货物在最后卸货港全部卸离海船满 60 天。

② 如果在最后卸货港卸离海船后,但在保险终止之前,货物被发送到非保险承保的目的地,保险在依然受前述规定的终止所制约的同时,截止于开始向此种其他目的地运送之时。

③ 在被保险人不能控制的延迟、任何绕航、强制卸货、重装或转载期间,以及船东或承租人行使根据运输合同赋予的在自由权产生的任何航海上的变更期间,保险继续有效。

④ 如果因被保险人不能控制的情况,运输合同在载明的目的地以外的港口或地点终止,或运送在上述规定的交付货物前另行终止,那么保险也终止;但若迅速通知了保险人并在保险有效时提出了继续承保的要求,以受保险人要求的附加保险费的制约为前提,保险将继续有效。

以上规定均受被保险货物卸离海轮60天的限制。

任务9.5 国际货物运输保险的业务程序

9.5.1 保险险别的选择

在我国,对出口货物一般采取逐笔投保,即对每一笔国际货运业务,出口方都向保险公司办理一次投保手续。按FOB、CFR、FCA、CPT术语成交的出口合同,卖方无办理保险的义务,但货物自仓库到装运期间,卖方仍要承担货物可能灭失的风险,因此,卖方需要自行安排这段时间内的保险事宜。按CIF或CIP术语成交的出口合同,卖方有办理保险的义务,一般应在货物从装运仓库运往码头或车站之前办妥投保手续。

我国进口货物大多采用预约保险的办法,即进口企业或其代理人同保险公司事先签有预约保险合同(Open Cover)。签订合同后,保险公司负有自动承保的责任。

选择投保险别一般要考虑下列因素:货物的性质和特点;货物的运输工具和路线;进出口国和过境国的政治局势;货物的途损规律等。当然,如果我方是CIF或CIP合同的卖方,则我方只需按照合同要求的险别投保即可,无须选择投保何种险别。

9.5.2 保险金额的确定和保险费的计算

1. 保险金额的确定

保险金额(Insured Amount)是保险人所应承担的最高赔偿金额,同时也是计算保险费的基础。

保险金额一般由国际货物买卖合同的买卖双方经协商后确定。如果买卖双方未在合同中规定保险额,按照INCOTERMS 2020和UCP600的规定,卖方有义务按CIF或CIP总值加10%作为保险额。所加的"10%"被称为投保加成率,它作为买方的交易费用和预期利润加保。在CIF或CIP合同中,若买方要求以较高的保险加成率计算保险金额,则在征得保险公司同意的前提下,买方也可接受,但因此而增加的保险费,原则上应由买方支付。

保险金额计算的公式是:

$$保险金额 = CIF(或CIP)价 \times (1 + 投保加成率)$$

在仅有CFR(或CPT)价格的情况下,CIF(或CIP)价的计算公式是:

$$\text{CIF(或 CIP)} = \frac{\text{CFR(或 CPT)}}{1-[\text{保险费率}\times(1+\text{投保加成率})]}$$

在我国的进口业务中,若采用 CIF 术语进口货物,保险金额一般按进口货物的 CIF 价计算,不另加成。目前,我国较多的是按 FOB(或 FCA)术语进口货物,为计算方便,一般采取以下计算公式确定保险金额:

$$\text{保险金额} = \text{FOB(或 FCA)价} \times (1+\text{平均运费率}+\text{平均保险费率})$$

2. 保险费的计算

保险费是保险人经营业务的基本收入。按 CIF 或 CIP 术语成交的出口合同,卖方有办理保险的义务。卖方在办理保险时,有义务按规定向保险人交纳保险费,否则,保险人有权拒签保险单据。

保险费率(Premium Rate)是计算保险费的依据。保险费率的大小由保险公司根据一定时期、不同种类的货物的损失率和赔付率,按不同险别、不同的运输工具和目的地确定。

保险费的计算公式是:

$$\text{保险费} = \text{保险金额} \times \text{保险费率}$$

如果按 CIF 或 CIP 加成投保,则保险费的计算公式是:

$$\text{保险费} = \text{CIF(或 CIP)价} \times (1+\text{投保加成率}) \times \text{保险费率}$$

【课堂讨论】

上海某外贸公司对外出售货物一批,合同规定:数量 1 000 公吨,单价每公吨 1 000 美元,采用 CIF 的黎波里(利比亚)术语;卖方按发票金额加一成投保水渍险和战争险,保险费率分别为 0.5% 和 0.2%。试计算该公司的投保金额是多少?应向保险公司支付多少保险费?

9.5.3 办理投保和取得保险单据

在我国,出口合同多采用 CIF 或 CIF 术语,在此情况下,保险由我方办理。我出口商在向保险公司办理投保手续时,应按规定填写投保单。投保单是投保人向保险公司对运输货物进行投保的申请书,投保单经投保人据实填写交付给保险人就成为投保人表示愿意与保险人订立保险合同的书面要约。保险公司在收到投保单后即缮制保险单据。

投保人交纳保险费后,投保人取得保险单据。保险单据是保险人与被保险人之间保险合同的证明,是保险人对被保险人的承保证明。在发生保险范围内的损失时,它是投保人向保险人索赔的重要凭证。保险单据的种类主要有:

(1) 保险单(Insurance Policy)

保险单因其内容完整,故俗称"大保单",也是国际贸易中使用最多的保险单据。保险单有正面条款和背面条款。其正面条款的内容是有关保险的基本信息,如有关当事人的名称和地址、保险标的的名称和数量、保险险别、保险金额、保险费等;保险单背面印有货物运输保险条款(一般表明承保的基本险别条款之内容),还列有保险人的责任范围及保险人与被保险人各自的权利、义务等方面的条款。

(2) 保险凭证(Insurance Certificate)

保险凭证俗称"小保单",是保险人为了简化手续,把保险单的条款做了简略,对背面条款并不做详细记载的一种文件。但它与保险单具有同等法律效力。

（3）联合保险凭证（Combined Insurance Certificate）

联合保险凭证是在商业发票的上面加盖保险章，注明保险的编号、险别、金额、装载船名、开船日期等，以此作为保险的凭证。联合保险凭证是一种将发票和保险单相结合的、比保险凭证更为简化的保险单据，它与保险单具有同等效力，但不能转让。联合保险凭证一般用于港澳地区中资银行开来的信用证项下的业务中。

（4）预约保单（Open Policy）

预约保单又称预约保险合同，是被保险人与保险人之间订立的总合同。预约保单是为了简化保险手续，又可使货物一经装运即可取得保障的一种文件。

在实际业务中，预约保单适用于我国以 FOB 或 CFR 进口的货物，为简化手续，并防止进口货物在国外装运后因信息传递不及时而发生漏保或来不及办理保险，就使用预约保险的形式。凡属预约保单规定范围内的进口货物，一经起运，我国保险公司即自动按预约保单所订立的条件承保。

（5）暂保单（Binder Cover Note）

暂保单又称"临时保险单"，是保险单或保险凭证在签发之前，保险人出具的临时证明。当投保的货物数量、保险金额、船名等尚未确定时，保险人可根据概算的金额签发这种临时性的文件。暂保单内容比较简单，只载明保险标的等重要事项，表明投保人已经办理了保险手续。暂保单虽是临时的，但在有效期内（一般为 30 天）与正式保单的法律效力是一样的。另外，买方只有在收到卖方发出的装船通知后，才能向保险人申请正式的保险单。当正式保险单出立后，暂保单即自动失效。如果保险人最后考虑不出立保险单，则也可终止暂保单的效力，但必须提前通知投保人。

9.5.4 保险索赔和理赔

当被保险货物发生属于保险责任范围内的损失时，被保险人按保险单的有关规定向保险人提出赔偿要求，称为保险索赔。

当被保险人得知或发现被保险货物遭受损失时，应立即通知保险公司或其代理人，并申请检验。如果是提货时发现被保险货物整件短少或有明显的残损痕迹，除向保险公司或其代理人报损外，还应立即向承运人或有关方面索取货损或货差证明；如果货损或货差涉及承运人及责任人，还应及时以书面形式向有关责任人索赔。同时，当被保险货物受损后，为防止损失进一步扩大，被保险人应迅速采取合理而有效的施救措施。如果是属于保险责任范围的风险所造成的损失，被保险人可备齐索赔单证向保险公司索赔。索赔单证包括损失的检验鉴定报告、保险单或保险凭证正本、运输单据、发票、装箱单或重量单、货损或货差证明、向承运人等责任方索赔的函件、索赔清单等。

索赔应当在保险有效期内提出并办理，否则保险公司可以不予办理。

对易碎和易短量货物的索赔，被保险人还应了解是否有免赔的规定；对于无免赔规定的货物，保险公司不论损失程度，均予以赔偿；而对于有免赔规定的货物，如果损失额没有超过免赔率，保险公司则不予赔偿；如果超过免赔率，则分为两种情况：① 相对免赔率，即不扣除免赔率全部予以赔偿；② 绝对免赔率，即扣除免赔率，只赔超过的部分。我国保险公司目前实行的是绝对免赔率。

任务9.6　合同中的货物运输保险条款

9.6.1　货物运输保险条款的基本内容

在国际货物买卖合同中,保险条款是重要内容之一,必须明确。但国际货物买卖合同中的保险条款因贸易术语的不同,其内容会有所不同。在 FOB、CFR、FCA、CPT 合同中,因为保险由买方负责办理,所以,保险条款的内容比较简单,可以写明"保险由买方办理",而无其他内容。在以 CIF、CIP 术语成交的买卖合同中,保险条款内容则较多,主要包括:投保人、保险公司及条款、保险险别、保险金额、保险单据的约定等事项。

1. 投保人的约定

投保人的约定,即保险由谁办理的问题。保险由谁办理,取决于双方约定的交货条件和使用的贸易术语。在 FOB、CFR、FCA、CPT 合同中,因为保险由买方负责办理,所以,在保险条款中,一般只订明"保险由买方办理"。若买方要求卖方代办的,则应订明"由买方委托卖方按发票金额××%代为投保××险,保险费由买方负担"。在以 CIF、CIP 术语成交的买卖合同中,可在保险条款中订明"保险由卖方办理"。

2. 保险公司及条款的约定

按 CIF 或 CIP 条件成交时,如果买方要求在买卖合同中指定保险公司及其保险条款,以利日后保险索赔工作的顺利进行,合同中通常会订明"由卖方向中国人民财产保险股份有限公司投保,并按该公司的现行保险条款办理"。

3. 保险险别的约定

按 CIF 或 CIP 条件成交时,买卖双方约定的险别通常为平安险、水渍险、一切险三种基本险别中的一种;或是伦敦保险协会货物(A)险、(B)险、(C)险三种基本险别中的一种。有时,也可根据货物的情况加保一种或若干种附加险。如果买卖合同中未约定保险险别,则按惯例,卖方可按最低的基本险的险别予以投保,即可以投保平安险或伦敦保险协会货物(C)险。

在 CIF 或 CIP 价格中,一般不包括加保战争险等特殊附加险的费用,因此,如买方要求加保战争险等特殊附加险,则一般规定加保的保险费用由买方负担。

4. 保险金额的约定

对于以 CIF 或 CIP 条件成交的合同,根据国际保险市场的习惯做法,保险金额一般是按 CIF 价或 CIP 价加成计算,即按发票金额再加 10% 计算保险金额;如买方要求保险加成率超过 10%,则卖方应与保险公司商妥后方可接受。

5. 保险单据的约定

卖方投保时,通常还规定卖方应向买方提供何种保险单据,如保险单或保险凭证。如果被保险的货物发生承保范围内的风险损失,买方可凭保险单向保险公司索赔。

9.6.2　货物运输保险条款示例

1. Insurance: To be covered by the seller. The seller should provide the buyer with insurance policy or certificate in duplicate, endorsed in blank, for full invoice value plus 10 percent, stating claim payable at New York, and covering All Risks as per and subject to the rel-

evant Marine Cargo Clauses of China Insurance Clauses(2009).

保险由卖方办理,卖方应向买方提供保险单或保险凭证,一式两份,空白背书,按发票金额加10%投保,声明在纽约赔付,按《中国保险条款(2009年版)》中有关海洋运输货物的保险条款投保一切险。

2. Insurance:To be covered by the seller. The seller should provide the buyer with insurance policy in duplicate,endorsed in blank for 110% of invoice value,covering FPA and War Risks as per CIC(2009) with payable at Hongkong in the currency of draft.

保险由卖方办理,卖方应向买方提供保险单一式两份,空白背书,按发票金额的110%投保《中国保险条款(2009年版)》的平安险和战争险,按汇票所使用的货币在香港赔付。

3. Insurance:To be covered by the seller for 110% of total invoice value against ICC(A) as per latest Institute Cargo Clauses with payable at Tokyo in USD.

保险由卖方办理,按发票总金额的110%投保现行的协会货物条款的(A)险,按美元在东京赔付。

【项目小结】

在国际货物运输的过程中,可能会遇到各种风险,从而使货物遭受损失。为了能使货物遭受的损失得到一定的补偿,被保险人需要和保险公司订立保险合同,办理保险手续。按保险合同的规定,被保险人向保险人按一定的金额(即保险金额)投保一定的险别,交纳一定的保险费,从而将货物风险转移由保险公司承担。

国际货物运输保险包括海洋运输货物保险、陆上运输货物保险、航空运输货物保险、邮包运输货物保险等多种形式。

目前,我国海运货物保险的险别包括基本险和附加险,其中,基本险又分为平安险、水渍险和一切险;附加险分为一般附加险和特殊附加险。此外,还有专门针对特殊货物的保险险别:海洋运输冷藏货物保险、海洋运输散装桐油保险与活牲畜、家禽的海上运输保险三种专门险别。这三种专门险别是属于基本险性质的保险,均可以单独投保。

英国伦敦保险协会制定的《协会货物保险条款》(ICC)对世界各国有着广泛的影响,因此,对其必须有所了解,以利于订好保险条款和正确处理有关货运的保险事宜。

在国际货物买卖合同中,保险条款是重要内容之一,必须明确。但国际货物买卖合同中的保险条款因贸易术语的不同,其内容会有所不同。在以CIF、CIP术语成交的买卖合同中,保险条款内容较多,主要包括:投保人、保险公司及条款、保险险别、保险金额、保险单据的约定等事项。

【项目自测】

一、单选题

1. 在海运货物保险业务中,共同海损是属于( )。
   A. 实际全损   B. 部分损失   C. 单独海损   D. 推定全损

2. 某外贸公司以CIF条件与国外客户达成一笔出口业务,由出口商负责投保,但合同中没有规定保险险别,按照UCP600的规定可以投保( )。
   A. 一切险   B. 水渍险   C. 平安险   D. 一般附加险

3. "仓至仓"条款是( )。
   A. 出口人负责交货责任起讫的条款　　B. 承运人负责交货责任起讫的条款
   C. 保险责任起讫的条款　　D. 买卖双方的风险划分点
4. 按照我国《海洋运输保险条款》的规定,一切险的责任范围是指( )加上一般外来原因所致的全部和部分损失。
   A. 水渍险的责任范围　　B. 平安险的责任范围
   C. 平安险和水渍险的责任范围　　D. 战争险的责任范围
5. 国外来证规定:"最迟装运期为2022年9月15日,有效期为2022年9月30日,单据必须在提单日后15天内提交。"若提单日期为2022年9月10日,则保险单的出单日期应为( )。
   A. 2022年9月10日　　B. 2022年9月10日以前
   C. 2022年9月15日以前　　D. 2022年9月25日以前
6. 在保险人所承保的海上风险中,雨淋、渗漏属于( )。
   A. 自然灾害　　B. 意外事故
   C. 一般外来风险　　D. 特殊外来风险
7. 在海运过程中,整批货物的损失属于( )。
   A. 实际全损　　B. 推定全损　　C. 共同海损　　D. 单独海损
8. 船舶搁浅时,为使船舶脱险而雇佣驳船强行脱浅所支出的费用,属于( )。
   A. 实际全损　　B. 推定全损　　C. 共同海损　　D. 单独海损
9. 某海贸公司出口茶叶10公吨,在海运途中遭受暴风雨,海水涌入舱内,致使一部分茶叶发霉变质,这种损失属于( )。
   A. 实际全损　　B. 推定全损　　C. 共同海损　　D. 单独海损
10. 战争、罢工风险属于( )。
    A. 自然灾害　　B. 意外事故　　C. 一般外来风险　　D. 特殊外来风险

二、多选题

1. 以下属于平安险承保范围的是( )。
   A. 意外事故引起的全部损失　　B. 自然灾害引起的单独海损
   C. 自然灾害引起的推定全损　　D. 自然灾害引起的共同海损
   E. 合理的施救费用
2. 以下属于一般附加险的是( )。
   A. 战争险　　B. 钩损险　　C. 淡水、雨淋险
   D. 短量险　　E. 罢工险
3. 为了防止运输途中货物被偷窃,应投保( )。
   A. 偷窃提货不着险　　B. 一切险
   C. 一切险加保偷窃险　　D. 水渍险加保偷窃提货不着险
   E. 平安险加保偷窃提货不着险
4. 属于保险单据的有( )。
   A. 保险单　　B. 暂保单　　C. 保险凭证
   D. 联合保险凭证　　E. 预约保单

项目九　拟订货物运输的保险条款

5. 土畜产公司出口肠衣一批,为了防止在运输途中因为容器被破坏而引起渗漏损失,应投保(　　)。
   A. 渗漏险
   B. 一切险
   C. 一切险加保渗漏险
   D. 水渍险加保渗漏险
   E. 平安险加保渗漏险

6. 在海上保险业务中,构成被保险货物"实际全损"的情况有(　　)。
   A. 保险标的物完全灭失
   B. 货物浪击落海后沉没海底无法打捞
   C. 货物严重毁损后完全失去原有的形体、效用
   D. 船舶失踪达到一定时期
   E. 烟叶受潮发霉后失去原有价值

7. 我公司以 CFR 条件进口一批货物,在海运途中部分货物丢失,要得到保险公司的赔偿,我公司在装运前应投保(　　)。
   A. 平安险
   B. 一切险
   C. 平安险加保偷窃提货不着险
   D. 一切险加保偷窃提货不着险
   E. 一切险加战争险

8. 根据我国现行《海洋货物运输保险条款》的规定,能够独立投保的险别有(　　)。
   A. 平安险　　　B. 水渍险　　　C. 一切险
   D. 战争险　　　E. 罢工险

9. 根据伦敦协会的《货物条款》的规定,下列险别中,可以单独投保的是(　　)。
   A. ICC(A)险　　B. ICC(B)险　　C. ICC(C)险
   D. 战争险　　　E. 恶意损害险

10. 根据我国现行《海洋货物运输保险条款》的规定,下列损失中,属于水渍险承保范围的有(　　)。
    A. 由海啸造成的被保货物的全部损失
    B. 由于偷窃造成的被保货物的损失
    C. 由于船舱淡水水管渗漏造成的被保货物的损失
    D. 由于船舶搁浅造成的被保货物的损失
    E. 战争造成的损失

三、判断题

1. 全部损失分为共同海损和单独海损。(　　)
2. 一切险承保的是所有海上风险。(　　)
3. 水渍险承保的是淡水水渍引起的损失。(　　)
4. 在平安险中不包括自然灾害引起的部分损失。(　　)
5. 水渍险的责任范围比平安险大。(　　)
6. 根据国际保险市场的习惯做法,已经投保战争险的,再加保罢工险,不另收保险费。(　　)
7. 按照我国《海洋货物运输保险条款》的规定,三种基本险和战争险均使用"仓至仓"条款。(　　)

8. 在国际贸易中,向保险公司投保一切险后,在运输途中因任何外来原因造成的一切货损,保险公司均应该赔偿。（　　）

9. 所谓的"仓至仓"条款,就是指船公司负责将货物从装运地发货人的仓库运送到目的地收货人的仓库的运输条款。（　　）

10. 偷窃、提货不着险和交货不到险均在一切险的范围内,只要投保一切险,收货人如果提不到货,保险公司均应该负责赔偿。（　　）

四、名词解释

实际全损　共同海损　施救费用　一般附加险　特殊附加险

五、问答题

1. 什么叫共同海损？什么叫单独海损？两者有何区别？
2. 我国基本险的除外责任有哪些？
3. 何谓保险单据？保险单据的主要作用是什么？保险单据有哪几种？

【案例分析】

1. 某轮船在航行途中因电线走火以致第三舱内发生火灾,经灌水灭火后统计损失,被火烧毁货物价值 5 000 美元,因灌水救火被水浸坏货物损失 6 000 美元。试根据上述案例回答下列问题：

   (1) 被救烧毁的货物损失 5 000 美元,船方是否应负责赔偿？理由是什么？

   (2) 被水浸的货物损失 6 000 美元属于什么性质的损失？应由谁负责？

2. 有一份 FOB 合同,买方已向保险公司投保"仓至仓"条款的一切险。货物在从卖方仓库运往装运码头的途中,发生承保范围内的风险损失,事后卖方以保险单含有"仓至仓"条款为由,要求保险公司赔偿,但遭到拒绝。后来卖方又请买方以买方的名义凭保险单向保险公司索赔,同样遭到拒绝。请分析,保险公司拒赔是否合理？为什么？

项目十　拟订合同中的支付条款

【项目介绍】

本项目共有六个任务:

任务一　支付工具

要求学生理解各种支付工具的含义和特点;掌握各种支付工具的使用程序,并能在国际货款结算中正确选择和使用各种支付工具。

任务二　支付方式——汇付和托收

要求学生理解汇付和托收的含义和性质;掌握汇付和托收的种类和业务流程,并能正确运用这两种支付方式进行国际贸易货款的结算。

任务三　支付方式——信用证

要求学生掌握信用证的定义、种类、特点和收付程序,并能正确运用信用证进行国际贸易货款的结算。

任务四　支付方式——银行保证书和备用信用证

要求学生了解银行保证书和备用信用证的定义和性质;理解备用信用证和一般跟单信用证的异同;掌握银行保证书和备用信用证的使用范围。

任务五　选择支付方式

要求学生能够根据进出口贸易的实际情况,灵活地选择和运用各种支付方式。

任务六　合同中的支付条款

要求学生能够根据交易磋商的结果和国际惯例的规定,在合同中正确地拟订支付条款。

【项目目标】

知识目标:理解各种支付工具和支付方式的含义和特点;了解有关支付的国际惯例;掌握各种支付方式的收付程序。

能力目标:能够灵活地运用各种支付工具和支付方式,进行国际结算;能够在合同中正确地订立支付条款。

【案例导入】

甲交给乙一张经付款银行承兑的远期汇票作为向乙订货的预付款,乙在票据上背书后转让给丙,以偿还原来欠丙的款项;丙于汇票到期日向承兑银行提示取款,恰遇当地法院公告该银行当天起进行破产清算,因而被退票;丙随即向甲追索,甲以乙所交货物质量次为由拒绝,并称已于10天前通知银行止付,止付通知及止付理由也同时通知了乙。在此情况下,丙再向乙追索,乙以票据系甲开立为由推诿不理。丙遂向法院起诉,被告为甲、乙与银行三方。你认为法院将如何判决?为什么?

【分　析】　法院应判甲向丙清偿被拒付的汇票票款、自到期日或提示日起至清偿日止的利息,以及丙进行追索所支付的相关费用。甲与乙的纠纷则应另案处理。理由:① 由于票据具有流通性、无因性、文义性、要式性,因此只要丙是票据的合法持有人就有权要求票据债务人支付票款,并且此项权利并不受其前手乙的权利缺陷(乙所交货物质量次)的影响;② 丙在遭到主债务人(承兑银行)退票后,即有权向其前手甲、乙进行追索。同样由于票据的特性,甲不能以抗辩乙的理由抗辩丙。

国际货款结算使用的支付工具和方式与国内不同,而且还涉及不同国家的有关法律、国际惯例和银行的结算习惯,因而在做法上也和国内有很大的差异,所以,国际货款的结算比国内结算复杂得多。

支付条件是国际货物买卖合同中的主要交易条件之一,原因是支付条件涉及使用何种货币和何种票据结算,在何时采用何种支付方式结算,而采用何种方式结算又涉及不同的信用问题,这些均关系到买卖双方的切身利益,所以支付条件经买卖双方磋商达成一致后,必须在买卖合同中明确予以规定。

任务10.1　支付工具

在国际货物买卖中使用现金结算的极少,绝大多数都采用票据进行结算。采用票据进行结算,可以避免因现金往返运送发生风险和因此产生的费用,避免占压资金,从而可以促进国际贸易的发展。

票据是以无条件支付确定金额为目的,用来清偿债权债务的可流通凭证。票据具有四个特性:流通性、无因性、文义性和要式性。流通性是指票据可以在票据市场上流通转让;无因性是指票据的持票人只要是依法取得的,票据的债务人就必须对其进行付款;文义性是指票据的债务人只能根据票据的文字记载来履行付款义务;要式性是指票据的形式和内容,以及票据的使用都必须符合规定的要求。

为方便票据的流通,规范当事人的行为,大多数国家都制定了票据法。目前,国际上影响比较大的票据法有两类:一类是以《英国票据法》为代表的英美法系;另一类是以《日内瓦统一法》为代表的大陆法系,《日内瓦汇票和本票统一法公约》和《日内瓦支票统一法公约》合起来简称《日内瓦统一法》。但是,目前国际上并没有统一的票据法。我国于1995年5月10日通过了《中华人民共和国票据法》,并已于1996年1月1日起施行。

票据包括汇票、本票和支票,在国际贸易结算中,使用最多的是汇票,本票和支票次之。

10.1.1　汇　票

1. 汇票的定义和必备内容

1) 汇票的定义

《中华人民共和国票据法》(以下简称我国《票据法》)对汇票(Bill of Exchange 或 Draft)下的定义是:"汇票是出票人签发的,委托付款人在见票时或者在指定日期无条件支付确定的金额给收款人或者持票人的票据。"

根据各国广泛引用或参照的《英国票据法》对汇票的定义是:"汇票为书面的无条件支付命令,由一人开至另一人,并由发出命令者签名,要求受票人见票或定期或在可确定的日期,将一定金额的款项付与某一特定的或其指定人或持票人。"

由汇票的定义不难看出,汇票要涉及至少三个方面的当事人:出票人、付款人和收款人(或持票人)。

2) 汇票的必备内容

汇票是要式性的有价凭证,所以汇票必须具备《票据法》规定的形式和内容,载明必要的事项,才能成为完整的汇票。我国《票据法》第二十二条规定,汇票必须记载下列事项:

① 表明"汇票"的字样。目的是方便有关当事人辨认。

② 无条件支付的委托。"无条件支付"的意思是指付款人在支付给收款人时必须无条件,不能附加任何条件;"委托"的意思是付款人不是出票人本人,所以是出票人"委托"他人付款。

③ 确定的金额。汇票上的金额必须是确定的,我国还要求汇票金额的大小写必须一致,否则汇票无效。

④ 付款人名称。汇票的付款人又称汇票受票人,即接受支付命令的人。在进出口业务中,通常是指进口方或者其指定的银行。

⑤ 收款人名称。汇票的收款人就是收取款项的人,即汇票的抬头。在进出口业务中,通常是指出口方或其指定的银行。汇票的收款人有不同的写法,其写法不同,汇票的性质也不同。

⑥ 出票日期。汇票的出票日期即汇票的签发日期。

⑦ 出票人签章。出票人签章可以是签名、盖章或者是签名加盖章。

汇票上未记载前款规定事项之一的,汇票无效。

在实际业务中,汇票还需明确付款日期、付款地和出票地等事项。按照我国《票据法》,汇票上未记载付款日期的,为见票即付;汇票上未记载付款地的,付款人的营业场所、住所或者经常居住地为付款地;汇票上未记载出票地的,出票人的营业场所、住所或者经常居住地为出票地。

2. 汇票的种类

汇票的种类主要有以下几种:

(1) 按出票人(Drawer)的不同划分,汇票分为银行汇票和商业汇票

银行汇票(Banker's Draft)是指出票人是一家银行,而付款人是另一家银行的汇票。在国际贸易货款的结算中,银行签发汇票后,一般会交付给汇款人,由汇款人自行交给国外收款人,国外收款人再向指定银行收款。银行汇票结算时,一般是光票,即不随附货运单据。

商业汇票(Commercial Draft)是指由企业或者个人签发的汇票。汇票的付款人可以是企业或者个人,也可以是银行。在我国,只有在银行开立存款账户的法人,才可以使用商业汇票,个人不能使用商业汇票。

(2) 按是否附有商业单据划分,汇票分为光票和跟单汇票

光票(Clean Bill)是不附有发票和运输单据等商业单据的汇票,银行汇票多为光票。光票一般用于支付佣金、货款的位数和赔款等。跟单汇票(Documentary Draft)指附有发票和运输单据等商业单据的汇票。跟单汇票多是商业汇票。

(3) 按付款时间的不同划分,汇票分为即期汇票和远期汇票

即期汇票(Sight Draft)是指付款人收到提示后或见票时立即付款的汇票。远期汇票(Time Bill or Usance Bill)是指在出票后或见票后一定期限内或特定日期付款的汇票。在实际业务中,远期汇票的付款时间有以下几种规定办法:

① 见票后若干天付款(At ××days after sight)。

② 出票后若干天付款(At ××days after date)。

③ 提单签发日后若干天付款(At ××days after date of Bill of Lading)。
④ 指定日期付款(Fixed date)。

(4) 按承兑人的不同划分,汇票可分成商业承兑汇票和银行承兑汇票

承兑(Acceptance),即承诺兑付,是汇票付款人承诺在汇票到期日支付汇票金额的票据行为。承兑行为只发生在远期汇票的有关活动中,即期汇票不需承兑。商业承兑汇票(Commercial Acceptance Draft)是指经企业或个人承兑的汇票。银行承兑汇票(Banker's Acceptance Draft)是经银行承兑的汇票。

3. 汇票的使用程序

汇票的使用程序,也称为汇票的票据行为。因汇票的种类不同,其使用程序也有所不同,即期汇票的使用包括出票、提示和付款环节;而远期汇票包括出票、提示、承兑和付款等环节,如需转让,通常应经过背书行为;如汇票遭拒付,还需做成拒绝证书和行使追索权。

1) 出票(To Draw 或 To Issue)

出票是指出票人签发票据并交付给收款人的行为。出票由两个行为组成:一是出票人填写汇票并签章;二是出票人将汇票交付给收款人。所以,出票行为可以用六个字来概括,即"填写、签章、交付"。

汇票出票后,出票人即承担保证汇票得到承兑和付款的责任。汇票遭到拒付时,出票人应接受持票人的追索,清偿汇票金额、利息和有关费用。

商业汇票通常要签发一式两份,其中一份写明"第一份汇票"(First of Exchange),另一份写明"第二份汇票"(Second of Exchange)。两份具有同等的法律效力,使用时分次寄发,以防丢失,但付款人和承兑人只对其中的一份付款和承兑。为防止重复承兑和付款,汇票均应写明"付一不付二"或"付二不付一"。银行汇票只签发一份。

在填写"收款人"一栏时,有不同的写法,写法不同,汇票的性质也不同。

(1) 持票人抬头或来人抬头

如果汇票的"收款人"一栏写成"付给来人"(Pay bearer)或"付给持票人"(Pay holder),这种汇票不经背书即可流通转让。按照我国《票据法》的规定,凡是签发持票人抬头或来人抬头的,汇票无效。涉外汇票中,一般也不使用持票人抬头或来人抬头。

(2) 指示性抬头

如果汇票的"收款人"一栏写成"付给××公司或其指定人"(Pay...Co. or order 或 Pay to the order of...Co.),这种汇票经过出票人背书后,可以交付给第三方进行转让。

(3) 限制性抬头

如果汇票的"收款人"一栏写成"仅付给××公司"(Pay...Co. only)或"付给××公司,不能转让"(Pay...Co. not negotiable),那么这种汇票的款项只能付给指定的公司,不能转让。

2) 提示(Presentation)

提示是持票人将汇票提交付款人要求承兑或付款的行为。

提示又分提示承兑和提示付款。提示承兑是指持票人向付款人出示汇票,并要求付款人承诺按期付款的行为。提示付款是持票人向付款人出示汇票要求付款人付款的行为。

提示承兑和提示付款均应在法定期限内进行。

关于提示付款,我国《票据法》的规定是:见票即付的汇票,自出票日起一个月内向付款人提示付款;定日付款、出票后定期付款或者见票后定期付款的汇票,自到期日起10日内向承兑

人提示付款。但是，持票人未按照规定期限提示付款的，在做出说明后，承兑人或者付款人仍应当继续对持票人承担付款责任。

关于提示承兑，我国《票据法》的规定是：定日付款或者出票后定期付款的汇票，持票人应当在汇票到期日前向付款人提示承兑；见票后定期付款的汇票，持票人应当自出票日起一个月内向付款人提示承兑。付款人对向其提示承兑的汇票，应当自收到提示承兑的汇票之日起三日内承兑或者拒绝承兑。

3）承兑（Acceptance）

承兑是汇票付款人承诺在汇票到期日支付汇票金额的票据行为。承兑行为的具体做法是付款人在汇票正面写明"承兑（Accepted）"字样，注明承兑日期，在签章后交还持票人。付款人一旦对汇票作承兑，即成为汇票的主债务人，承担汇票到期时付款的主要法律责任。

付款人对向其提示承兑的汇票，应当自收到提示承兑的汇票之日起三日内承兑或者拒绝承兑。

4）付款（Payment）

付款即付款人在汇票到期日，向持票人按汇票金额支付票款。

即期汇票的付款人应在提示付款的当日付款；远期汇票经过承兑后，应在汇票到期日付款。持票人获得付款后，应当在汇票上签收，并将汇票交给付款人。持票人委托银行收款的，受委托的银行将代收的汇票金额转账到持票人账户后，视同签收。付款后，汇票所代表的债权债务关系即告终止。

5）背书（Endorsement）

汇票具有可流通性的特性，除非出票人在汇票上记载"不得转让"和"收款人"作成限制性抬头外，汇票的收款人可以通过背书的方式转让汇票。

背书是指在票据背面或者粘单上记载有关事项并签章的票据行为。汇票经背书后交给被背书人（Endorsee）即受让人，受让人成为持票人后，即是票据的债权人。受让人有权以背书方式再行转让汇票的权利。对受让人来说，所有以前的背书人（Endorser）和出票人都是他的"前手"，对背书人来说，所有以后的受让人都是他的"后手"，"前手"对"后手"承担汇票承兑和付款的责任。

背书通常有三种方式：

（1）空白背书（Blank Endorsement）

空白背书又称不记名背书，是指不记载被背书人名称而仅由背书人签章的背书。经空白背书的汇票，受让人仅凭交付即可转让。在日内瓦票据法体系中，空白背书的效力与正式背书的效力相同。在我国，空白背书应当补记才具有票据效力。

（2）记名背书（Special Endorsement）

记名背书又称特别背书，是指在汇票背面既记有背书人名称，也有背书人签章的背书。例如："付给××公司或其指定人"（Pay...Co. or order 或 Pay to the order of...Co.）。

经过记名背书的汇票，被背书人（受让人）可以再做背书转让给他人，这种再背书可以是记名背书，也可以是空白背书。

（3）限制性背书（Restrictive Endorsement）

限制性背书是指背书人对支付给被背书人的指示带有限制性的词语，例如："仅付给××公司"（Pay...Co. only）或"付给××公司，不能转让"（Pay...Co. not negotiable）。限制性背书汇票只能由指定的被背书人凭票取款,而不能转让或流通。

远期汇票的收款人可以在付款到期日前,到票据市场上转让汇票,受让人按票面金额扣除一定利息后,支付给收款人,这种行为叫贴现(Discount)。

6) 拒付和追索(Dishonour & Recourse)

持票人向付款人提示时,付款人拒绝付款或拒绝承兑,均称拒付。另外,如果发生了付款人或承兑人逃匿、死亡或宣告破产等情况,以致持票人无法实现提示的,也称拒付。出现拒付时,持票人有追索权,即有权向其前手要求偿付汇票金额、利息和其他费用。

按照我国《票据法》的规定,持票人提示承兑或者提示付款被拒绝的,承兑人或者付款人必须出具拒绝证明,或者出具退票理由书。持票人不能出示拒绝证明、退票理由书或者未按照规定期限提供其他合法证明的,将丧失对其前手的追索权。但是,承兑人或者付款人仍应当对持票人承担责任。

汇票的出票人、背书人、承兑人和保证人对持票人承担连带责任。持票人可以不按照汇票债务人的先后顺序,对其中任何一人、数人或者全体行使追索权,可以请求被追索人支付下列金额和费用:被拒绝付款的汇票金额;汇票金额自到期日或者提示付款日起至清偿日止的利息;取得有关拒绝证明和发出通知书的费用。被追索人清偿债务时,持票人应当交出汇票和有关拒绝证明,并出具所收到的利息和费用的收据。

10.1.2 本 票

1. 本票的定义和必备内容

1) 本票的定义

我国《票据法》对本票(Promissory Note)下的定义是:"本票是出票人签发的,承诺自己在见票时无条件支付确定的金额给收款人或者持票人的票据。"

英国《票据法》对本票下的定义是:"本票为一项书面的无条件支付的承诺,由一人开给另一人,并由出票人签名,保证凭票或在规定日期,或在某一可预定的日期,将一定金额之货币付与规定的人或其指定人或持票人。"

本票的基本当事人只有两方:出票人和收款人。

2) 本票的必备内容

本票也是要式性的有价凭证,所以本票必须具备《票据法》规定的形式和内容,载明必要的事项,才能成为完整的本票。我国《票据法》第七十五条规定,本票必须记载下列事项:

① 表明"本票"的字样;
② 无条件支付的承诺;
③ 确定的金额;
④ 收款人名称;
⑤ 出票日期;
⑥ 出票人签章。

本票上未记载上述规定事项之一的,本票无效。

我国《票据法》还规定,本票上记载付款地、出票地等事项的,应当清楚、明确;本票上未记载付款地的,出票人的营业场所为付款地;本票上未记载出票地的,出票人的营业场所为出票地。

2. 本票的种类

（1）按出票人（Maker）划分，本票分为银行本票和商业本票

银行本票（Banker's Promissory Note）的出票人是银行。

商业本票（General Promissory Note）又叫一般本票，是指由企业或者个人签发的本票。

我国目前只有银行本票，尚无商业本票。我国的市场经济尚不发达，信用制度还不成熟、不完善，人们的法制意识和信用观念尚待加强。本票具有通过信用进行融资的功能，签发本票必须具有相应的实力和高度的信用。如果本票的融资功能利用不当，有可能产生信用膨胀，并扰乱经济秩序，特别在目前我国信用制度尚不健全的阶段，这些情况很有可能发生。所以，我国在现阶段对签发本票的主体进行限制是非常有必要的。

（2）按付款时间划分，本票分为即期本票和远期本票

即期本票就是见票即付的本票。远期本票是指承诺在未来的某一规定的或可以确定的时间支付票款的本票。

商业本票有即期和远期本票，但银行本票都是即期的。因为我国目前只有银行本票，所以我国只有即期本票。

3. 本票的使用程序

本票的使用程序和汇票基本相同，也包括出票、提示、付款等环节，背书后可以转让，遭拒付时进行追索等。但是，本票的使用也有和汇票不同的地方，例如，我国《票据法》规定：本票自出票日起，付款期限最长不得超过两个月；本票的持票人未按照规定期限提示见票的，丧失对出票人以外的前手的追索权。

4. 本票和汇票的区别

本票和汇票同属金融票据，都具有金融票据的一般特性。但两者之间也存在区别，主要体现在以下四个方面：

（1）当事人不同

本票的基本当事人有两个，即出票人与收款人；而汇票有出票人、付款人和收款人三个基本当事人。

（2）承兑不同

本票是无条件支付的承诺，因为本票的出票人即是付款人，所以远期本票不需要承兑；而汇票为无条件支付的命令，远期汇票则必须办理提示要求承兑和承兑手续。

（3）份数不同

商业汇票可以签发一式两份；而本票只能签发一份，不能多签。

（4）付款责任不同

本票在任何情况下，出票人都是主债务人；而汇票在承兑前出票人是主债务人，在承兑后，承兑人是主债务人。

10.1.3 支 票

1. 支票的定义和必备内容

1）支票的定义

我国《票据法》对支票（Cheque 或 Check）下的定义是："支票是出票人签发的，委托办理支票存款业务的银行或者其他金融机构，在见票时无条件支付确定的金额给收款人或者持票人

的票据。"

英国《票据法》对支票的定义是:"支票是以银行为付款人的即期汇票。"

支票涉及三个基本当事人:出票人、付款人和收款人(或持票人)。

2) 支票的必备内容

支票也是要式性的有价凭证,所以支票必须具备《票据法》规定的形式和内容,载明必要的事项,才能成为完整的支票。

我国《票据法》第八十四条规定,支票必须记载下列事项:① 表明"支票"的字样;② 无条件支付的委托;③ 确定的金额;④ 付款人名称;⑤ 出票日期;⑥ 出票人签章。支票上未记载上述规定事项之一的,支票无效。

值得注意的是,在填写金额时,一定不能超过付款时在付款人处实有的存款金额,如果超过,则为空头支票。空头支票被世界各国所禁止。

我国《票据法》还规定,支票上未记载收款人名称的,经出票人授权,可以补记;支票上未记载付款地的,付款人的营业场所为付款地;支票上未记载出票地的,出票人的营业场所、住所或者经常居住地为出票地。出票人可以在支票上记载自己为收款人。

2. 支票的种类

支票无即期和远期之分,因为支票都是即期的。在国际结算业务中,常见的支票种类有:

1) 普通支票、现金支票和转账支票

根据我国《票据法》,支票有普通支票、现金支票和转账支票。普通支票是指可以支取现金,也可以转账的支票。支票中专门用于支取现金的,可以另行制作现金支票,现金支票只能用于支取现金。支票中专门用于转账的,可以另行制作转账支票,转账支票只能用于转账,不得支取现金。

2) 记名支票和不记名支票

记名支票(Cheque Payable to Order)是在支票的"收款人"一栏,写明收款人姓名,取款时需由收款人签章,方可支取。如"付给××公司或其指定人"(Pay...Co. or order 或 Pay to the order of...Co)。

不记名支票(Cheque Payable to Bearer)又称空白支票,支票上不记载收款人姓名,只写"付来人"(Pay Bearer)。这种支票,取款时持票人无须在支票背后签章,即可支取;而且仅凭交付即可转让。

3) 其他支票

(1) 划线支票(Crossed Cheque)

划线支票又称平行线支票,是在支票正面划两道平行线的支票。划线支票只能在银行转账而不能取现。使用划线支票的目的,是为了在支票遗失被人冒领时有可能通过银行代收的线索,追回票款。

划线支票又分为一般划线支票和特别划线支票。一般划线支票(General Crossed Cheque)在支票上没有写明具体取款银行名称,仅划两条平行线的支票。特别划线支票(Special Crossed Cheque),是在平行线中写明具体取款银行的名称,其他银行不能持票取款。

(2) 保付支票(Certified Cheque)

保付支票是指为了避免出票人开出空头支票,以保护收款人或持票人的利益,支票由银行进行"保付"。保付是由付款银行在支票上加盖"保付"戳记,以表明在支票提示时一定足额付款。支票一经保付,银行承担绝对付款责任,而且出票人和背书人都可免于被追索。保付支票保付的信用度更高,更有利于转让流通。

3. 支票与汇票的区别

支票与汇票的区别主要表现在以下几个方面:

(1) 出票人与付款人关系不同

支票的出票人是存款人,付款人是银行,出票人与付款人之间必须先有资金关系,才能签发支票;汇票的付款人可以是银行,也可以是企业或个人,出票人与付款人之间不必先有资金关系。

(2) 承兑不同

支票都是即期的,不需要承兑;而汇票为无条件支付的命令,远期汇票则必须办理提示要求承兑和承兑手续。

(3) 份数不同

商业汇票可以签发一式两份,不可以划线;而支票可以划线,但只能签发一份,不能多签。

(4) 用途不同

支票主要用于结算;而汇票则不仅可以用于结算,也可用于融资。

【课堂讨论】

我国某公司在"广交会"上和某外商签订一项出口合同,并凭外商在"广交会"上递交的以外国某银行为付款人的金额为6万美元的支票,并在两天后将合同货物装运出口。随后,我出口公司将支票通过我国国内某银行向国外付款行托收支票时,被告知该支票为空头支票。试分析我方应吸取什么教训?

任务10.2 支付方式——汇付和托收

国际结算有三种基本支付方式:汇付、托收和信用证。其中,汇付和托收属于商业信用,信用证属银行信用。如果按照资金的流向和支付工具的传递方向是否相同来划分,支付方式可分为顺汇和逆汇。如果资金的流向和支付工具的传递方向相同,这种支付方式就是顺汇,汇付属顺汇性质的支付方式。反之,如果资金的流向和支付工具的传递方向相反,就是逆汇,托收和信用证属于逆汇性质的支付方式。

10.2.1 汇 付

1. 汇付的含义和当事人

1) 汇付的含义

汇付(Remittance)又称汇款,是付款人主动通过银行将货款汇交收款人的一种结算方式,汇付是一种最简单的国际货款的结算方式。国际贸易货款的结算在采用汇付方式时,一般由进口方在国际买卖合同规定的时间内,将货款通过银行汇交给出口方。汇付属于商业信用。

2) 汇付的当事人

和在国内结算中使用的汇付不同,国际结算方式的汇付涉及的当事人较多,其收付程序也较复杂。在国际贸易货款结算中,汇付方式涉及的基本当事人有四个:

① 汇款人(Remitter),即付款人,汇出款项的人。在国际贸易结算中通常是国际货物买

卖合同中的进口方。

② 汇出行（Remitting Bank），即接受汇款人的委托，汇出款项的银行，通常是进口方所在地的银行，即进口地银行。

③ 汇入行（Receiving Bank），又称解付行（Paying Bank），是接受汇出行的委托解付款项给收款人的银行。汇入行通常是汇出行在收款人所在地的分行或代理行，即出口地银行。

④ 收款人（Payee），即从汇入行收取款项的人，在国际贸易结算中通常是国际货物买卖合同中的出口方。

2. 汇付的种类

按照汇出行向汇入行发出支付指示的方式划分，汇付可分为三种方式：

1）电汇（Telegraphic Transfer，T/T）

电汇是汇出行应汇款人的申请，通过加押电报、电传或者SWIFT（Society for Worldwide Interbank Financial Telecommunication，即环球银行金融电讯协会）等电讯手段，给在另一国家的分行或代理行（即汇入行）发出付款委托通知书，由汇入行解付一定金额给收款人的一种汇付方式。

汇入行在收到电汇通知，并经过核对密押无误后，便通知收款人取款，收款人出具收据作为收到款项的凭证。汇入行解付汇款给收款人后，向汇出行寄发付讫借记通知进行转账，并将收据寄交汇出行，以备查验。

电汇方式的优点在于汇付速度快，收款人可以迅速收到货款，其安全性和准确性高。所以，电汇已成为目前汇付中使用最普遍的方式。电汇汇率可以作为外汇市场的基本汇率，其他汇率以电汇汇率作为计算的基础。但采取电汇方式银行收取的费用较高。

电汇/信汇方式的业务流程如图10-1所示。

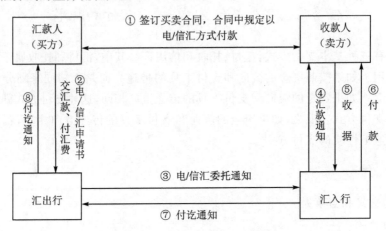

图 10-1 电汇/信汇业务流程图

2）信汇（Mail Transfer，M/T）

信汇是汇出行应汇款人的申请，用信汇委托通知（M/T Advice）的形式，指示汇入行解付一定金额的款项给收款人的汇款方式。

图10-1表明，电汇和信汇的业务程序是相同的，区别在于：电汇时，汇款人在汇出行提交的是电汇申请书，而信汇提交的是信汇申请书；汇出行在电汇情况下，向汇入行发出的是电汇委托通知，而信汇情况下，汇出行是通过航邮的方式发出信汇委托通知。

信汇的优点是费用较低廉,但收款人收到汇款的时间较迟;而电汇的优点则是速度快,安全性和准确性高,但银行收取的费用较高。

3) 票汇(Remittance by Banker's Demand Draft,D/D)

票汇是以票据作为结算工具的一种汇付方式,是指汇出行应汇款人的申请,代汇款人开立以其分行或代理行为汇入行的银行即期汇票,由汇入行支付一定金额给收款人的汇款方式。

票汇方式的业务流程如图10-2所示。

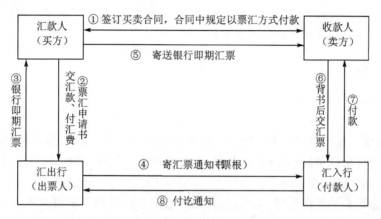

图10-2 票汇业务流程图

票汇与电汇、信汇的不同之处在于:票汇的汇入行无须通知收款人取款,而由收款人持票据到银行取款,这种汇票除有限制流通的规定外,经收款人背书后可以转让流通,而电汇、信汇的收款人则不能将收款权转让。

票汇多用于小额汇款以及国际贸易中从属费用的结算。在国际贸易中,票汇大多使用银行汇票,有时也使用银行本票和支票。例如,在非贸易结算方式中经常使用的旅行支票,就是银行或旅行社为旅游者备付旅途费用所开出的定额支票,也是银行汇款的一种凭证,属于票汇方式。

票汇的优点是结算方式灵活,汇款人可以有充足的时间寻找客户。但票汇方式也有其不足之处,一是票据有丢失和毁损的风险;二是如果收款人和汇入行不在同一个国家或城市,收款人收到汇款的时间较迟。

3. 汇付方式的特点及应用

1) 汇付方式的特点

(1) 手续简便、费用低廉

汇付方式的手续比较简便,银行收费低廉,所以,如果交易双方彼此都相互熟悉和了解,或者提供信用和融资的一方比较信任对方,以及跨国公司的内部结算,都比较适合采用汇付方式结算。

(2) 商业信用

汇付方式属于商业信用,因为在汇付方式下,汇款人通过银行汇款给收款人,其中的一方给另一方提供信用,但银行不提供信用。

(3) 风险大,资金负担不平衡

对于货到付款的卖方或预付货款的买方来说,资金负担较重,整个交易过程中需要的资金,几乎全部由他们来提供。一旦付了款或发了货就会失去制约对方的手段,能否及时安全地收货或收款,完全依赖于对方的信用,如果对方信用不好,则可能钱货两空。

2) 汇付方式的应用

在我国外贸实践中,汇付方式通常用于预付货款(Payment in Advance)、寄售(Consignment)、随订单付款(Cash with Order)和交货后付款(Cash on Delivery)、记账赊销(Open Account Trade)等方式;此外,汇付还用于支付订金、货款尾数、佣金等费用。在大宗交易的分期付款和延期付款的交易中,买方往往也会用汇付方式支付货款,但通常需辅以银行保函或备用信用证,所以,此时的结算方式又不是单纯的汇付了。

10.2.2 托 收

1. 托收的含义和当事人

1) 托收的含义

按照《托收统一规则》(国际商会第522号出版物)(URC522)的定义:"托收是指银行依据所收到的指示处理金融单据和/或商业单据,以便于取得付款和/或承兑;或凭已付款或承兑交单;或按照其他条款和条件交单。"

定义中的金融单据是指汇票、本票、支票或其他类似的可用于取得款项支付的凭证;商业单据是指发票、运输单据、所有权文件或其他类似的文件,或者不属于金融单据的任何其他单据。

在国际贸易中,托收(Collection)的具体做法是:出口方在货物装运后,开具以进口方为付款人的汇票,随附或不随附货运单据,委托出口地银行通过其进口地的分行或代理行代为收取货款一种结算方式。

托收属于商业信用,采用的是逆汇法,即资金的流向与支付工具的传递方向相反。

2) 托收的当事人

托收方式的当事人主要有:

(1) 委托人(Principal)

委托人指托收方式的发起人,是指委托银行办理托收业务的客户,通常是出口方。

(2) 托收行(Remitting Bank)

托收行又称委托行或寄单行,是指接受委托人的委托,办理托收业务的银行,一般为出口地银行。

(3) 代收行(Collecting Bank)

代收行是指接受托收行的委托向付款人收取款项的银行,在实践中一般为托收行在进口地的分行或代理行。

(4) 付款人(Payer)

付款人是指根据托收指示做出付款的人,通常为进口方。

在托收方式下,以上四个方面的当事人一般是必不可少的,所以被称为托收方式的基本当事人。但是,有时候还涉及提示行和委托人的代表。

(5) 提示行(Presenting Bank)

提示行是指向付款人提示单据的银行。提示行可以是代收行委托与付款人有往来账户关系的银行,也可以由代收行自己兼任提示行。

(6) 委托人的代表(Principal's Representative)

委托人的代表又叫"需要时的代理"。在需要时,委托人可以指定在进口地的代表或代理,代为办理货物的存仓、转售、运回和保险等事宜。根据《托收统一规则》(国际商会第522号出版物)的规定,如果委托人指定代表,在托收指示书(即托收申请书和托收委托书)中应清楚、详尽地指明该代表的权限,否则,银行将不接受来自委托人代表的任何指示。

2. 托收的种类

根据托收时是否向银行提交商业单据,可将托收分为光票托收和跟单托收两种。在国际贸易中使用的多为跟单托收。

(1) 光票托收

光票托收(Clean Collection)是指金融单据不附有商业单据的托收。光票托收一般以汇票作为收款凭证。在国际贸易中,光票托收多用于贸易的从属费用、货款尾数、佣金、样品费的结算和非贸易结算等,大多是即期付款,远期付款的比较少。

(2) 跟单托收

跟单托收(Documentary Collection)是指金融单据附有商业单据,或者不用金融单据的商业单据的托收。做法是,由出口方开立汇票连同整套商业单据一起交给银行,委托其代收货款。

根据交单条件的不同,跟单托收又可分为付款交单和承兑交单。

1) 付款交单

付款交单(Documents against Payment, D/P)是只有在进口方付清货款后,代收行才能将单据交给进口方的托收方式。具体做法是,出口方把金融单据连同商业单据交给托收行时,指示托收行只有在进口方付清货款的条件下才能交出货运单据。这种托收方式对出口方及时取得货款有一定的保证。

付款交单跟单托收根据付款时间的不同可分为两种:

(1) 即期付款交单

即期付款交单(D/P at Sight)是出口方通过银行向进口方提示即期汇票和商业单据,进口方对汇票和商业单据审核无误后立即支付货款,才能取得有关单据以便提取货物。

即期付款交单的业务流程见图10-3。

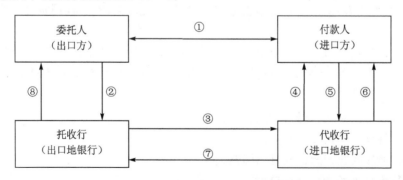

图10-3 即期付款交单的业务流程图

关于图10-3的说明:

① 进出口方签订买卖合同,规定以即期付款交单方式结算。

② 出口方(委托人)发运货物后签发即期汇票(或不签发汇票),填写托收申请书,连同货运单据交付托收行,委托其代为收款。

③ 托收行按照托收申请书的要求缮制托收委托书,连同全套单据寄交代收行。

④ 代收行向进口方(付款人)提示汇票和单据(或仅提示单据)。

⑤ 进口方审核全套单据准确无误后,付清货款。

⑥ 代收行将全套单据交进口方。

⑦ 代收行通知托收行款已收妥,并转账。

⑧ 托收行将收到的货款交付出口方。

(2) 远期付款交单

远期付款交单(D/P after Sight)是出口方通过银行向进口方提示远期汇票和商业单据,进口方对汇票和商业单据审核无误后进行承兑,在付款到期日付清货款取得有关单据提取货物。

进口方出口人开具远期汇票托收,根据远期汇票的特点,进口人要先行承兑,待汇票到期日才能付清货款领取货运单据。

远期付款交单的业务流程见图10-4。

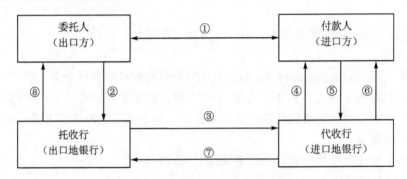

图 10-4 远期付款交单的业务流程图

关于图10-4的说明:

① 进出口方签订买卖合同,规定以远期付款交单方式结算。

② 出口方(委托人)发运货物后签发远期汇票、填写托收申请书,连同货运单据交托收行,委托其代为收款。

③ 托收行按照托收申请书的要求缮制托收委托书,连同全套单据寄交代收行。

④ 代收行向进口方(付款人)提示汇票和单据,进口方审核全套单据准确无误在远期汇票承兑后,代收行收回全套单据。

⑤ 进口方于付款到期日付清货款。

⑥ 代收行将全套单据交进口方。

⑦ 代收行通知托收行款已收妥,并转账。

⑧ 托收行将收到的货款交出口方。

2) 承兑交单

承兑交单(Documents Against Acceptance,D/A)是指出口方通过银行向进口方提示远期汇票和商业单据,进口方对汇票和商业单据审核无误后进行承兑,即取得有关单据提取货物,待付款到期日再行付款。

因为只有远期汇票才存在承兑,即期汇票无须承兑,所以这种托收方式只适用于远期汇票的托收。采取承兑交单托收方式,进口方只要对远期汇票承兑后就可以取得单据,因此,这种托收方式就相当于出口方给进口方提供了资金融通。但和付款交单相比,出口方的风险增加了,因为进口商无须付款即可得到货运单据,如果汇票到期,进口商违约拒付,或者发生破产、倒闭等事件而无力偿付货款,那么出口商就会陷于既得不到货款又收不回货物的境地,因此,在我国对外贸易实践中很少使用承兑交单的托收方式。

承兑交单的业务流程见图 10-5。

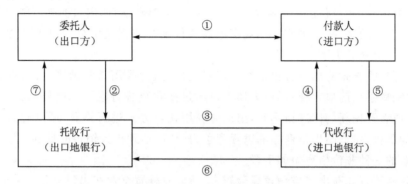

图 10-5 承兑交单的业务流程图

关于图 10-5 的说明:

① 进出口方签订买卖合同,规定以承兑交单方式结算。

② 出口方(委托人)发运货物后签发远期汇票,填写托收申请书,连同货运单据交付托收行,委托其代为收款。

③ 托收行按照托收申请书的要求缮制托收委托书,连同全套单据寄交代收行。

④ 代收行向进口方(付款人)提示汇票和单据,进口方审核全套单据准确无误,在远期汇票承兑后,代收行收回汇票,将货运单据交付进口方。

⑤ 进口方于付款到期日付清货款。

⑥ 代收行通知托收行款已收妥,并转账。

⑦ 托收行将收到的货款交出口方。

3. 托收的性质和利弊

托收的性质是商业信用。托收方式是进出口方通过银行收付的,但银行只是按照出口方(委托人)的托收指示办理收付,并不承担付款的责任,也不承担辨别单据真伪和货物质量好坏及保管的责任。所以,出口方发货后,能否收回货款,以及进口方能否提到符合合同要求的货物,这完全取决于买卖双方的信用。因此,托收是建立在商业信用基础上的。

托收方式对进口方而言,是非常有利的,主要体现在:

① 在即期付款交单托收的情况下,进口方付款后就可以取得货运单据,在货物到达目的港(地)时就可以领取货物,因而占压资金时间较短。

② 在使用远期付款交单方式时,虽然在一般情况下,只有进口方于付款到期日付款后才能取得货运单据,但进口方如果发现市场行情有变,也可以通过信托收据先把单据借出,这是银行对进口方的融资。

③ 在承兑交单的情况下,进口方承兑后即可取得货运单据,待到付款到期日再行付款,这实际上是出口方对进口方的融资。

对进口方来说,使用托收方式也是有一定风险的,特别是在使用付款交单时,进口方可能要承担付清货款后,货物质量不符合要求,或者提不到货物的风险。

托收方式对出口方而言风险较大,因为货物已经先期发运,一旦遭到进口方的拒付,就会使出口方陷入非常被动的境地。在付款交单的情况下,如果进口方拒付货款,就不能取得单据,出口方虽然可以通知其代理,将货物处理或运回,但要额外承担运输费、保险费、代理费和降价处理的损失;如果处理不及时,还可能被进口地海关视作无主货物没收。在承兑交单情况下,进口商只要承兑、无需付款即可得到货运单据;待汇票到期日,出口商则可能陷于钱货两空的困境。值得注意的是,有的国家法律规定把远期付款交单当做承兑交单来处理,这样一来,出口方承担的风险就更大了。

当然,采用托收方式对出口方也是有一定好处的,因为采用托收结算,可节省到银行开证的费用;托收结算手续简单方便;出口方还可以通过托收行进行融资。此外,在出口方所销货物供大于求,或者开拓新的国际市场时,出口方利用托收方式进行结算,可以起到调动进口方经营和购买的积极性,提高出口商品的国际竞争力,从而达到扩大销售的目的。因而托收常常是出口商采取的一种非价格竞争的手段。

由于托收结算方式对出口方而言风险较大,所以我外贸企业在出口业务中采取托收时,应注意以下问题:

① 交易前必须选择好可靠的交易伙伴,要认真调查和考察进口方的资信情况和经营作风,对不同进口方按其具体情况确定不同的信用额度,并根据情况的变化,及时调整信用额度。

② 充分了解进口国家的贸易管制和外汇管制的规定,以免货到目的地后,由于收不到外汇或不准进口而造成损失。对于进口需要许可证的商品,成交时应规定进口人将领得的许可证或已获准进口外汇的证明在发运有关商品前寄达,否则不予发运货物。此外,我方最好争取由进口方预付一部分货款,以降低和减少风险。

③ 当只能选择以托收方式进行结算时,从降低风险方面考虑,应采取即期跟单托收的方式为宜,采取远期付款交单要慎重,最好不选承兑交单进行结算;因为对出口方而言,即期交单的结算风险相对小于远期付款交单,而远期付款交单的风险相对小于承兑交单。按有的国家法律规定,在采用远期交单时,只要进口方在远期汇票上承兑,代收行就把货运单据交予本国进口方,这实际上是将远期付款交单当做承兑交单来处理,这样出口方的风险就加大了。

④ 选用适合托收且由我方办理运输和保险的贸易术语,投保的险别宜选一切险和战争险,必要时加保拒收险。我方在采取以托收方式出口时,宜选择由我方办理运输和保险的 CIF 或 CIP;如果争取不到 CIF 或 CIP,非采用 CFR、CPT 或 F 组贸易术语时,为防范风险,我方应另行投保"卖方利益险"。"卖方利益险"是一个特殊的独立险别,依此险别,在买方拒收时,保险人承担被保险人卖方利益的责任,赔偿保险单需载明承保险别的条款责任范围内的货物损失。在办理此项业务时,卖方缴纳保险费的费率按正常规定保险费率的 25% 计收。

为了减少和降低风险,还需要注意的是,国外代收行一般不能由进口方确定,如有必要,应征得托收行的同意;出口方严格按照合同装运货物和缮制单据,以免给进口方落下口实而拒付货款;选择可靠的"需要时的代理",并在托收申请书和托收委托书中明确其职责。

4. 跟单托收方式下的融资

前面已经叙述过，托收方式本身是商业信用，但是，在跟单托收方式下，交易双方可以通过押汇银行进行融资，加快资金周转，促进国际贸易的发展。

1) 托收方式下的出口押汇

托收方式下的出口押汇，简称托收出口押汇(Collection Bill Purchased)，是指出口商在采用跟单托收提交全套单据时，委托其所在地银行(即托收行)收取款项的同时，要求托收行先预支部分或全部货款，待托收款项收妥后再偿还垫款的融资方式。

其具体做法是：出口商按照买卖合同的要求装运货物后，开出以进口方为付款人的汇票，将全套单据交付托收行委托其收取货款，由托收行买入全套单据。托收行按照汇票金额扣除从付款日到汇票到期日的利息及手续费，将货款先行付给出口商。这种先付款的做法，实际上是托收行对出口商的一种垫款，也是以汇票和单据作为抵押，对出口商的一种融资方式。托收行先行垫款后，即作为汇票的善意持票人，将汇票和商业单据寄交代收行，待进口商付款后，即归还托收行的垫款。

但托收行做出口押汇业务时存在较大的风险，在进口商资信不佳或情况不明，或者所销货物市场行情不好时，托收行一般不愿意做出口押汇。即使进口商资信和所销货物市场行情良好时，出口押汇大多也局限于付款交单，而且只发放一部分或者大部分货款，很少像信用证项下的出口押汇那样发放全额货款。

2) 托收方式下的进口押汇(托收进口押汇)

托收方式下的进口押汇，又叫凭信托收据借单，是指进口商凭信托收据，从代收行先行借出单据提货，进行资金融通的方式。

在即期付款交单情况下，进口商付款有困难；或者在远期付款交单情况下，进口商为了抓住有利的市场行情，不失时机地销售货物，希望能在汇票到期日前先行提货，则可以要求代收行做托收进口押汇。托收进口押汇的具体做法是：在征得代收行同意的前提条件下，进口商出具信托收据(Trust Receipt，简称 T/R)向代收行借取货运单据，先行提货。信托收据是进口商借单时提供的一种书面担保文件，用以表示出据人愿意以代收行的受托人身份代为提货、报关、存仓、保险、出售；同时承认货物所有权仍属于银行，货物售出后所得货款在汇票到期日偿还代收行。

如果凭信托收据借单是代收行自己向进口商提供的融资，那就与出口商和托收行无关，风险则由代收行自己承担。但是，如果凭信托收据是出口商的授权，指示银行允许进口商承兑汇票后可以凭信托收据借单提货，日后进口商到期拒付时，则与银行无关，一切风险由出口人自己承担，因此，出口商在采取这种做法时要慎重。

5. 《托收统一规则》

在国际贸易采用托收方式结算时，由于当事人各方对权利、义务和责任的理解不一致，各银行的具体业务做法也存在差异，从而导致争议和纠纷时有发生。为了统一托收业务的做法，规范各当事人的行为，以避免和减少贸易中误解、争议和纠纷的发生，国际商会于 1967 年公布了《商业单据托收统一规则》，并建议各国采用。随着国际贸易的发展，国际商会于 1978 年对该规则进行了第一次修订，并改名为《托收统一规则》(Uniform Rules for Collection)。之后，国际商会又对该规则进行了第三次修订，并作为国际商会的第 522 号出版物公布，即现行版本的《托收统一规则》，简称 URC522。

《托收统一规则》是国际商会制定的一项重要的国际惯例,自公布实施以来,对减少托收业务中的争议和纠纷起到了很大的作用,已被各国银行所采用。但是,《托收统一规则》是一项国际惯例,没有强制性,只有在当事人事先在托收指示书中约定以该规则为准时,才受其约束。

URC522共26条,包括总则和定义、托收的形式和结构、提示的形式、义务和责任及付款、利息、手续费等其他条款,其主要内容有以下几个方面:

① 凡在托收指示书中写明按URC522行事的托收业务,除非另有明文规定或与一国、一州、地方等不得违反的法律、法规相抵触,否则本规则对有关当事人均具有约束力。托收指示应载明付款人或将要办理提示的场所之完整地址。如果地址不全或有错误,代收银行可尽力查明适当的地址,但其本身不承担任何义务和责任。

② 托收指示应列明付款人将要采取行动的确切期限。诸如"首先、迅速、立即"和类似的表述,不应用于指提示、付款人赎单或采取任何其他行动的任何期限。如果采用了该类术语,银行将不予理会。

③ 为了使委托人的指示得以实现,托收行将以委托人所指定的银行作为代收行。在未指定代收行时,托收行将使用自己的任何银行,或者在付款或承兑的国家中,或必须遵守其他条件的国家中选择另外的银行。

④ 未经银行事先同意,货物不得直接发送到该银行地址,或者以该行作为收货人或者以该行为抬头人的地址。然而,如果未经银行事先同意而将货物直接发送到该银行地址,或者以该行作为收货人或者以该行为抬头人,并请该行凭付款或承兑或其他条款,将货物交付给付款人,但该行没有提取货物的义务,其风险和责任仍由发货方承担。

⑤ 收妥的款项(扣除手续费、支出、可能的花销)必须按照托收指示中规定的条件和条款,毫不延误地付给向其发出托收指示的一方;如果单据是以付款地国家的货币(当地货币)付款的,除托收指示另有规定外,提示行必须以当地货币付款,发放单据给付款人,只要该种货币按托收指示规定的方式能够随时处理。

⑥ 在任何情况下,若托收指示中清楚地规定或根据本规则的具体规定,支付款项、费用、托收手续费应由委托人承担,代收行应有权从向其发出托收指示的银行立即收回所支出的有关支付款、费用和手续费,而托收行不管该托收结果如何,应有权向委托人立即收回它所付出的任何金额,连同它自己的支付款、费用和手续费。

⑦ 如果托收被拒付,托收行在收到此通知后,必须在合理地时间内对代收银行做出进一步处理有关单据的指示。提示行如在送出拒付通知60天内仍未接到该项指示时,可将单据退回托收银行,而不负任何责任。

【课堂讨论】

我国某公司与外商达成一项出口合同,付款条件为付款交单,见票后90天付款。当汇票及随附单据通过托收行寄交代收行后,外商及时在汇票上履行了承兑手续。货物抵达目的港后,由于用货心切,外商出具信托收据向代收行借单,先行提货转售。汇票到期后,外商因经营不善,失去偿还能力。代收行以汇票付款人拒付为由通知托收行,并建议我公司直接向外商索取货款。对此,你认为我公司应如何处理?

任务10.3 支付方式——信用证

在国际贸易中采用托收和汇付结算时,由于交易是建立在商业信用基础上,买卖双方可能互不信任,买方担心预付款后,卖方不按合同要求发货,卖方也担心在发货或提交货运单据后买方不付款,因此,商业信用对买卖双方都存在一定的风险,从而影响了国际贸易业务的开展。信用证方式出现以后,由于信用证是银行信用,而银行信用比商业信用可靠,所以,以银行信用代替商业信用,可以在一定程度上解决进出口双方互不信任的矛盾;同时,进出口双方也可以通过信用证方式从银行方面得到融资等好处。目前,信用证已成为国际贸易中采用的一种主要支付方式。

10.3.1 信用证的定义和当事人

1. 信用证的定义

在国际贸易结算中,信用证(Letter of Credit,L/C)是一种银行开立的有条件的承诺付款的书面文件,是开证银行根据进口方(开证申请人)的申请和指示,向出口方(受益人)开立的承诺在一定期限内,对符合规定的单据支付一定金额或承兑的书面保证文件。从这个意义上讲,信用证是开证银行以其本身的信用向受益人保证付款的文件;开证银行的付款或承兑保证,要以受益人提交的单据符合信用证规定为条件。

《跟单信用证统一惯例》(国际商会第600号出版物,简称UCP600)第2条对信用证下的定义是:"信用证指一项不可撤销的安排,无论其名称或描述如何,该项安排构成开证行对相符交单予以承付的确定承诺。"

同时,UCP600在第2条对信用证的定义作了进一步的解释:"承付是指:a.如果信用证为即期付款信用证,则即期付款;b.如果信用证为延期付款信用证,则承诺延期付款并在承诺到期日付款;c.如果信用证为承兑信用证,则承兑受益人开出的汇票并在汇票到期日付款。"

2. 信用证的当事人

信用证的基本当事人有三方:开证申请人、开证行、受益人。有时候还会根据实际业务的需要,涉及通知行、议付行、付款行、偿付行、保兑行、转让行、承兑行等当事人。

1)开证申请人(Applicant)

开证申请人又称开证人(Opener),指向银行申请开立信用证的人,一般为进口方。有时候,银行也会根据自身需要开立信用证,这时候就不存在开证申请人了。

2)开证行(Opening Bank;Issuing Bank)

开证行指受开证申请人的委托开立信用证的银行,它承担对受益人保证付款的责任。开证行一般为进口地银行。

3)受益人(Beneficiary)

受益人指信用证上所指定的有权使用该证的人,一般为出口方。

4)通知行(Advising Bank;Notifying Bank)

通知行指受开证行的委托,将信用证转交出口方的银行,它负责向受益人通知和传递信用证,并鉴别信用证的真实性。一般是出口方所在地银行。

5) 议付行(Negotiating Bank)

议付行又称购票行、押汇行和贴现行,指愿意买入或贴现受益人按信用证规定开立跟单汇票的银行。议付行有限定议付和自由议付之分,限定议付是指在信用证中指定议付行;自由议付是指信用证中未指定议付行,所有银行均可议付。在我国外贸业务中,议付行一般由通知行兼任,即出口方所在地银行。

根据UCP600的规定,议付行索偿遭拒时,可以向受益人追索垫款。

6) 付款行(Paying Bank;Drawee Bank)

付款行又称受票银行,指信用证上指定付款的银行,开证行一般兼任付款行,也可以委托另一家银行为付款行。付款行一经付款后,即使事后发现有误,也无权向受款人追索。

7) 偿付行(Reimbursement Bank)

偿付行又称信用证的清算行,指受开证行指示或由开证行授权,对信用证的付款行、承兑行、保兑行或议付行进行付款的银行。偿付行只付款不审单;只管偿付不管退款;不偿付时由开证行偿付。

8) 保兑行(Confirming Bank)

保兑行指受开证行委托,在信用证上以自己的名义加具保兑条款,表明该行与开证行一样,对收益人所提示的符合信用证规定的单据负有承付责任的银行。保兑行自对信用证加具保兑之时起,即不可撤销地承担承付或议付的责任。保兑行一般由通知行兼任,也可由其他银行加具保兑。

9) 转让行(Transferring Bank)

转让行指受可转让信用证的受益人(第一受益人)的委托,将信用证转让给受让人(第二受益人)的银行。信用证转让的原因大都是中间商(第一受益人)因缺乏资金,把自己签订的合同转让给第二受益人(一般为生产商)执行,从中赚取差价,因而开立可转让信用证。转让行一般为通知行、议付行、付款行或保兑行。

根据UCP600的规定,第二受益人受让信用证后,不得对信用证再转让,但允许信用证转回第一受益人,即信用证的原受益人,第一受益人不视为其后受益人。

10) 承兑行(Accepting Bank)

承兑行指对受益人提交的远期汇票进行承兑的银行。承兑行可以是开证行,也可以是通知行或其他银行。承兑行不是开证行时,承兑行对汇票承兑后不能履行付款的,由开证行负最终的付款责任。

10.3.2 信用证的内容

在国际贸易中,由于各国的交易习惯和做法有所区别,各国银行开出的信用证也不相同,因此目前国际上没有统一的信用证格式,但其基本内容大致相同。一般来说,信用证的基本内容包括关于买卖合同的有关条款、受益人提交单据的条款和银行保证责任条款等几个方面。信用证的基本内容通常包括以下内容:

1. 关于信用证本身的说明

这部分内容包括:

(1)信用证的种类

包括信用证是否可转让、是否有另一家银行保兑,即期付款还是延期付款等几种。

（2）信用证号码

信用证的号码是开证行的银行编号，在与开证行的业务联系中必须引用该编号。

（3）开证日期

信用证中必须明确表明开证日期，信用证的开证日期应当明确、清楚、完整。

（4）信用证的货币和金额

信用证应支付的货币和最高金额。

（5）到期日和到期地点

信用证的到期日，即信用证的有限期限，是受益人向银行提交单据的最后日期。信用证的到期地点，即信用证的有效地点，是受益人在有效期限内向银行提交单据的地点。

（6）信用证交单期限

信用证的交单期限，是指受益人在一定时间内向银行交单的期限。

2. 信用证当事人条款

信用证应包括开证申请人、受益人、开证行等。此外，当开证行指定议付行、保兑行、付款行、偿付行、承兑行时，信用证还应该包括这些银行的内容。当事人的描述包括当事人名称和地址等内容，应完整、清楚。如果发现有错误或遗漏，受益人应立即电洽开证行确认或要求开证申请人进行修改。

3. 关于汇票条款

信用证的汇票条款一般包括汇票种类、出票人、出票日期、付款人、付款期限、出票条款等。无需汇票的信用证则无此内容。

4. 关于单据条款

信用证单据条款：开证行在信用证中列明受益人必须提交的单据种类、份数、签发条件等，否则将视为单证不符。信用证结算涉及的单据主要有：商业发票；运输单据（海运提单、多式联运单等）；保险单据（保险单）、包装单据（装箱单、重量单、尺码单、包装明细单等）；其他单据，如产地证明书、检验证明书等。信用证单据之间要注意保持一致，不能出现有矛盾的地方。

5. 关于货物条款

信用证货物条款包括货物的品名、规格、数量、包装、价格等。货物的描述应准确、明确和完整。

6. 关于运输和保险条款

信用证的运输条款包括装运港或启运地、卸货港或目的地、装运期限、可否分批装运及如何分批装运、可否转运等；在出口方办理保险的情况下，还需规定有保险条款，即保险的险别、保险金额等。

7. 特殊条款

特殊条款根据交易的需要而定，如指定某银行议付，不准在某港口停靠或不准行驶在某条航线，信用证的生效条件等。

8. 其他条款

其他条款包括开证行的责任条款、开证行对议付行的指示、背书议付金额条款、索汇方法、寄单方法、惯例适用条款、开证行签字、密押等内容。

10.3.3 信用证的性质、作用和特点

1. 信用证的性质——银行信用

信用证是汇付和托收等商业信用在不能满足国际贸易发展的情况下产生的,也是银行在国际贸易结算中发挥越来越重要的作用的结果。在信用证结算方式下,银行充当保证人的角色,提供银行信用,保证进口方付款后可以取得单据取货,保证出口方交货可以得到货款。由于信用证的银行信用优于商业信用,在一定程度上解决了进出口双方互不信任的矛盾,增加了交易的安全性,从而促进了国际贸易的发展。

2. 信用证的作用

前面叙述,信用证对交易双方都有好处,实际上,信用证业务的开展对银行同样有积极的作用。信用证对出口商、进口商和银行各方的作用,主要体现在:

1) 对出口商的作用

信用证对出口商的作用主要有以下两点:

(1) 收款有保证

信用证结算属银行信用,银行信用要比商业信用可靠。只要出口商交货后提交的单据,做到"单证一致、单单一致",银行就保证支付货款。这样,在信用证的支付方式下,出口商交货后就不用担心进口商拒付货款。因此,信用证结算为出口商收取货款提供了较为安全的保证。

(2) 可以通过信用证融资

在货物装运前,出口商有时可凭信用证向其所在地银行申请打包贷款(Packing Credit);或在货物装运后,提交汇票和信用证规定的各种单据,交议付行叙作押汇以便能及时取得货款。这是出口地银行对出口商的资金融通,从而有利于出口商资金的周转,扩大出口销售。

2) 对进口商的作用

信用证对进口商的作用主要有以下两点:

(1) 收货有保证

在信用证方式下,进口商在申请开证时可以通过规定信用证的条款,来约束出口商的装运期限、交货的品质、数量、包装、检验条件等,以保证出口商按时、按质、按量发出货物。此外,出口商装运后提交的单据,一般要经议付行、保兑行(如有的话)、开证行等银行的审核,如果不能做到"单证一致、单单一致",银行就不会付款。因此,可以保证进口商取得代表货物所有权凭证的单据。

(2) 可以通过信用证融资

进口商只需要在申请开证时交纳一定的押金,如果开证行认为进口商的经营作风和信誉良好,就有可能在进口商免交押金的情况下给其开立信用证,这相当于银行对进口商的融资,因为开证行的付款时间总是比进口商的付款时间早。另外,在开证行履行付款义务后,如果进口商资金周转有困难,不能按期付款赎单时,也可以凭信托收据向银行借单,先行提货、转售,到期再付款,这就为进口商提供了资金融通的便利。

综上所述,信用证对进出口双方的作用主要表现在两点:一是安全保证的作用,即保证进口商安全收到货物,出口商安全发出货物。二是资金融通的作用,即在信用证方式下,进出口双方可以通过当地的银行进行融资。

3）对银行的作用

信用证对银行的作用主要有以下两点：

（1）增加收益，拓展银行业务

银行在办理信用证业务中，每提供一项服务都可取得收益，开证行开立信用证有开证费；通知行通知和传递信用证有通知费；议付行对出口商的单据议付有议付费；保兑行对信用证加具保兑有保兑费；第一受益人通过转让行转让信用证时，也要向转让行交纳银行费用，等等。因此，银行开办信用证业务在促进国际贸易发展的同时，也促进了信用证业务的不断发展和完善，从而拓展了银行的业务，以及有利于银行提高服务水平。

（2）为银行利用资金提供了便利

开证行在接受进口商的开证申请时，即承担了开立信用证和对受益人相符交单付款的责任，这是银行以自己的信用作出的保证，用银行的信用代替了进口商的商业信用。所以，进口商在申请开证时要向银行交纳一定的押金或担保品，为银行利用资金提供了便利。再者，银行提供信用风险也不大，因为银行在对出口商或议付行交来的单据偿付前，已经掌握了代表物权的单据，若进口商不付款赎单，银行可通过转让单据，获得一部分款项；再加上开证申请人交纳的押金或担保品；而且，银行还有向进口商追偿的权利，所以银行并没有承担多大的风险。

当然，信用证结算方式也并不是完美无缺的，与汇付和托收方式相比，信用证业务程序比较繁琐、复杂；银行的收费也较高；而且开证、审证和审单都是技术性比较强的工作，稍有不慎，就有可能出现差错带来损失。此外，信用证业务对进口商、出口商和银行各方还是有一定风险的，例如，出口商货物质量有问题甚至不发货，只要单据符合信用证要求，就能从银行取得货款，这样进口商就会遭受损失；如果进口商发现市场行情有变，所购买货物的国际市场价格急剧下跌时，可能不按时开证或故意让银行开出不符合合同要求的信用证，使出口商发货交单后不能符合信用证的规定而遭拒付；如果出口商伪造单据，或者进口商不按时付款赎单甚至拒绝付款赎单时，银行还是要承担一定风险的。

3．信用证的特点

根据 UCP600 的规定，信用证的结算方式具有以下三个特点：

1）开证行负首要付款责任

UCP600 对信用证的定义："信用证指一项不可撤销的安排，无论其名称或描述如何，该项安排构成开证行对相符交单予以交付的确定承诺。"根据该定义，开证行以自己的信用做保证，只要受益人提交了相符的交单，开证行就必须兑现在信用证中作出的承诺。所以，作为一种银行保证文件的信用证，开证行负首要的付款责任。开证银行的付款责任，不仅是首要的，而且是独立的和终局的，即使进口商在开证后失去偿付能力，只要出口方提交的单据符合信用证要求，开证行也要负责付款，付款后即使发现有误，也不能追索。

2）信用证是一项自足文件

不可否认，信用证的主要内容条款是来源于进口商的开证申请书，而开证申请书是根据买卖合同填写的，也就是说，信用证是根据合同开立的。但是，信用证一经开立，它就成为独立于买卖合同以外的文件。信用证当事人的权利、义务和责任完全以信用证所列条款为依据，不受买卖合同的约束。银行审单的主要依据是信用证，而不是合同，审单的原则是"单证一致、单单一致"。因此，出口商提交的单据即使符合买卖合同的要求，但若与信用证条款不一致，仍会遭银行拒付。对此，UCP600 第 4 条明确规定："就其性质而言，信用证与可能作为其开立基础的销售合同或其他合同是相互独立的交易,即使信用证中含有对此类合同的任何援引,银行也与该合同无关,且不受其约束。因此,银行关于承付、议付或履行信用证项下其他义务的承诺,不受申请人基于与开证行或与受益人之间的关系而产生的任何请求或抗辩的影响。"

用一个词语来比喻合同和信用证的关系——"母子"关系。信用证就像"儿子"一样,他的生命来源于"母亲"——合同,但是,一旦"儿子"——信用证从母体中脱离出来,降临到这个世界,他就是一个"独立"于母亲的生命。

3)信用证方式是纯单据业务

银行在处理信用证业务时,只看有关单据,而不问货物,即银行只审查受益人或索偿行提交的单据是否与信用证相符,以决定其是否履行承付的责任。只要受益人提交符合信用证条款的单据,银行就承担承付的责任,进口商也必须接受单据并向开证行付款赎单,即使付款赎单后发现货物有缺陷,也只能凭单据向有关责任方提出损害赔偿要求,而不能向银行退单或向银行提出赔偿的要求。对此,UCP600第5条"单据与货物、服务或履约行为"是这样规定的:"银行处理的是单据,而不是单据可能涉及的货物、服务或履约行为。"UCP600第7条关于开证行责任,规定:"只要规定的单据提交给指定银行或开证方,并且构成相符交单,则开证行必须承付"。UCP600第8条关于保兑行责任,规定:"只要规定的单据提交给保兑行,或提交给其他任何指定银行,并且构成相符交单的,则保兑行必须承付和无追索权地议付。"

值得注意的是,银行要求信用证与单据"表面严格相符""严格相符的原则"不仅要求"单、证一致",还要求"单、单一致",即各种单据之间也要一致。UCP600第14条明确规定:"按指定行事的指定银行、保兑行(如果有的话)及开证行需审核交单,并仅基于单据本身确定其是否在表面上构成相符交单。"银行依据严格一致原则付款,如果单据违背了"严格相符的原则",银行则有权拒付。

【课堂讨论】

我国某出口商在合同规定的时间内收到一份国外开来的不可撤销的即期议付信用证。该出口商正准备装运货物,突然接到开证行的通知,声称开证申请人(进口商)已经倒闭,并建议我出口商不要装运货物,否则后果自负。根据信用证的特点,请思考:我出口商应如何处理?

10.3.4 信用证的种类

在实际业务中,信用证的种类很多。按不同的划分标准,信用证可分为不同的种类。

1. 按信用证项下的汇票是否附有货运单据划分

按信用证项下的汇票是否附有货运单据划分,可分为:

(1)跟单信用证(Documentary L/C)

跟单信用证是凭跟单汇票或仅凭单据付款的信用证。信用证业务下的单据包括商业发票、海运提单、保险单据、装箱单、重量单、尺码单、产地证明书及检验证明书等。在国际贸易的货款结算中,绝大部分使用跟单信用证。

(2)光票信用证(Clean L/C)

光票信用证是凭不随附货运单据的汇票付款的信用证。光票信用证主要用于贸易的从属费用及非贸易的计算。

2. 按是否有另一银行对信用证加具保兑划分

按是否有另一银行对信用证加具保兑划分,可分为:

(1) 保兑信用证

指开证行开出的信用证,由另一银行对信用证加具保兑的信用证。对信用证加以保兑的银行,称为保兑行。信用证加具保兑后,其信用程度就提高了,但保兑信用证的银行费用也增加了。

保兑行的付款责任和开证行相同,也是第一性的付款责任,其付款以后如果开证行倒闭或破产,保兑行也不能向出口商和索偿行追索。UCP600 第 8 条关于保兑行的责任规定:"只要规定的单据提交给保兑行,或提交给其他任何指定银行,并且构成相符交单的,则保兑行必须承付和无追索权地议付。"

保兑信用证产生的主要原因是出口商对开证行的资信不了解,或者因开证行所在国家的政治局势、贸易和金融政策发生变化,影响其收取货款,而要求它所熟悉的银行对信用证加具保兑,从而使收取货款得到双重保障。

(2) 非保兑信用证

开证行开出的信用证没有经另一家银行保兑。

3. 按开证行对其所开出的信用证承担的责任划分

(1) 不可撤销信用证(Irrevocable L/C)

不可撤销信用证是指信用证开出后,在有效期内未经受益人及有关当事人同意,开证行不得修改和撤销的信用证。

(2) 可撤销信用证(Revocable L/C)

可撤销信用证是指信用证开出后,不必征得受益人或有关当事人同意,开证行有权随时撤销的信用证。

根据 UCP600 对信用证的定义可以看出,信用证开出后开证行是不可以随意撤销的。也就是说,自 UCP600 生效以后,如果当事人选择适用 UCP600,那么,未经受益人及有关当事人同意,开证行不得修改和撤销该信用证。

4. 按付款时间和结算方式的不同划分

(1) 即期信用证(Sight L/C)

即期信用证指开证行或付款行对收到的符合信用证条款的单据,立即履行付款义务的信用证。

(2) 远期信用证(Usance L/C)

远期信用证指开证行或付款收到符合信用证的单据时,不立即付款,而是待信用证到期日时再履行付款义务的信用证。远期信用证又分为:

① 承兑信用证(Acceptance L/C):开证行或付款行在收到符合信用证要求的远期汇票后,先进行承兑,等付款到期时才付款的信用证。

② 延期付款信用证(Deferred payment L/C):开证行或付款行在收到符合信用证要求的单据(无汇票)后,等付款到期时才付款的信用证。

延期付款信用证适用于出口大型机电设备,出口商为了加强竞争可采用延期付款信用证进行结算,以提高进口商购买的积极性。这种信用证一般期限较长,出口商不必签发汇票,开证银行也不承兑汇票,只是于到期日履行付款义务。

(3) 议付信用证(Negotiation L/C)

议付信用证是指信用证指定某一银行议付或任何银行都可议付的信用证。议付行对受益人的议付,就相当于对受益人的先行审单垫款,这有利于出口商的资金融通。但开证行对议付行寄来的不符单据有权拒付,或者开证行无力偿付信用证款项时,议付行可以对受益人行使追索权。

议付信用证通常可以分为:

① 公开议付信用证(Open Negotiation L/C):任何银行均可按信用证的条款自由议付的信用证。

② 限制议付信用证(Restricted Negotiation L/C):开证行指定某一银行或只有开证行本身自己进行议付的信用证。

(4) 假远期信用证(Usance L/C Payable at Sight)

假远期信用证是指信用证规定受益人开立远期汇票,但开证行或付款行可以立即贴现或付款,并规定贴现费用由开证申请人承担的信用证。这种信用证对受益人来讲,实际上仍属即期收款,但在信用证中的有"假远期"的条款。开立这种信用证实际上是开证行对开证申请人的融资。

5. 按受益人对信用证的权利可否转让划分

(1) 可转让信用证(Transferable L/C)

可转让信用证是开证行在信用证中规定受益人(第一受益人)可以将使用信用证的权利转让给其他人(第二受益人)的信用证。根据 UCP600 的规定,第二受益人受让信用证后,不得对信用证再转让,但允许信用证转回第一受益人,即信用证的原受益人,第一受益人不视为其后受益人,即信用证只能转让一次。

(2) 不可转让信用证(Non transferable L/C)

不可转让信用证指受益人不能将信用证的权利转让给他人使用的信用证。

凡信用证中未注明"可转让"的,即是不可转让信用证。

6. 按进出口业务和国际贸易方式的不同划分

按进出口业务和国际贸易方式的不同划分,可分为:

(1) 循环信用证(Revolving L/C)

循环信用证指可以循环使用的信用证,信用证被全部或部分使用后,其金额又恢复到原金额,可再次使用,直至达到规定的次数或规定的总金额为止。当买卖双方订立长期合同,或分批装运时,进口商可申请开立循环信用证,这样既可以使进口商节省开证时间和费用,也可以使出口商免去多次审证的麻烦。

按循环的方式不同,循环信用证分为:

① 自动式循环,即信用证每次被使用后,不需等待开证行的通知,即可自动恢复到原金额。

② 半自动循环,即信用证每次被使用后的若干天内,开证行未给出停止循环使用的通知,即可自动恢复至原金额。

③ 非自动循环,即信用证每次被使用后,必须等待开证行开具同意循环的通知,信用证才能恢复到原金额使用。

(2) 对开信用证(Reciprocal L/C)

对开信用证指两张信用证申请人互以对方为受益人而开立的信用证,即一张信用证的申请人是另一种信用证的受益人,一张信用证的受益人是另一种信用证的申请人。对开信用证的进出口商互为受益人和申请人。两张信用证的金额相等或大体相等,可同时互开,也可先后开立。对开信用证多用于易货贸易或来料加工及补偿贸易业务等,交易的双方都担心凭第一张信用证出口或进口后,另一方不履行相应的义务,于是采用了这种对开信用证的办法,来进行彼此约束。

(3) 对背信用证(Back to Back L/C)

对背信用证又称背对背信用证、从属信用证、转开信用证、桥式信用证。指受益人要求原信用证的通知行或其他银行以原证为基础,另开一张内容相似的新信用证给另一受益人。对背信用证的金额一般少于原证,装运期和到期日早于原证,但货物的质量、数量和包装等和原证相同。

对背信用证主要用于:中间商转售货物,从中图利,又害怕泄露商业秘密;或两国不能直接办理进出口贸易时,通过第三国来进行贸易。

(4) 预支信用证(Anticipatory L/C)

预支信用证是指开证行授权保兑行或其他指定银行,允许受益人在装运交单前预支一部分或全部货款的信用证。开立预支信用证,出口商可以提前得到一部分或全部货款。此做法实际上是进口商给予出口商的一种融通资金的便利。

7. SWIFT 信用证

SWIFT 是"环球银行金融电讯协会"(Society for Worldwide Interbank Financial Telecommunication)的简称,是国际银行同业间的国际合作组织,是为了解决各国金融通信不能适应国际支付清算的快速增长而设立的非盈利性组织。SWIFT 总部设在比利时的布鲁塞尔,成立于 1973 年。

使用 SWIFT 网络系统不仅可以开立信用证,还可以办理外汇买卖、证券交易、信用证项下的汇票和托收业务等,同时还可以办理国际财务清算和银行间的资金划拨业务。

凡是依据国际商会制定的电讯信用证格式设计,利用 SWIFT 网络系统设计的特殊格式,通过 SWIFT 网络系统传递信用证的信息,即通过 SWIFT 开立或通知的信用证称为 SWIFT 信用证,也称"环银电协信用证"。采用 SWIFT 信用证,必须遵守 SWIFT 手册规定的代号(Tag),而且信用证必须遵守 UCP600 的规定。目前,开立 SWIFT 信用证的代号有 MT700 和 MT701 两种。如果要对已经开出的 SWIFT 信用证进行修改,则只能采用唯一的一种格式,即代号 MT707 传递信息。

SWIFT 信用证的特点是传递速度快捷、安全可靠、成本低、通讯服务标准化和自动化。目前世界上大多数国家的银行均使用 SWIFT 网络系统,我国银行在电开信用证和收到的电开信用证中,SWIFT 信用证的使用占有很大的比重。

10.3.5 信用证的业务程序

信用证属银行信用,采用信用证方式结算时,支付工具(如汇票、单据和索偿证明等)的流向和资金的流向相反,因此,信用证采用逆汇法结算。因信用证种类不同,其业务程序也会有所差异,以现在常见的即期跟单议付信用证为例,简要介绍其业务程序和各环节的操作内容。

即期跟单议付信用证的业务流程如图 10-6 所示。

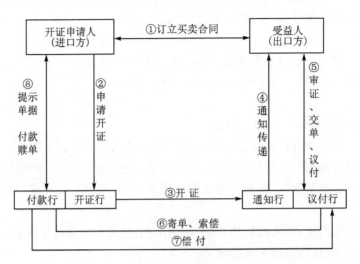

图 10-6 即期跟单议付信用证的业务程流程图

1. 订立买卖合同

进出口双方订立买卖合同,在合同支付条款中规定采用即期跟单议付信用证进行结算,支付条款还包括开证银行的资信、信用证的货币和金额、开证日期、信用证送达出口商的时间、到期日和到期地点等。

2. 申请开证

开证申请人(进口商)在合同规定的期限内,向其所在地的银行申请开立信用证。开证申请人(进口商)申请开立信用证时,开证行向其提供已经印就的、格式化的开证申请书,让开证申请人填写。

开证行申请书的主要内容包括:

(1) 要求开证行开立信用证的具体内容

一般有受益人的名称和地址,信用证种类、货币和金额,到期日和到期地点,受益人提交的单据等;此外,还应列明应用何种方式,即信函、电报还是电传通知,如有特殊要求的事项,如货物数量与支付金额允许增减与增减幅度、迟到提单是否可接受等,也需逐一列明。

(2) 开证人对开证银行的保证和声明

"保证"指的是:开证人保证单据到达后,如期付款赎单,否则,开证银行有权没收开证人所交纳的押金和抵押品,作为开证人应付价款的一部分。"声明"指的是:开证人承认开证银行在其付清货款赎单之前,对单据及单据所代表的货物拥有所有权;承认开证行有权接受"表面合格"单据。

开证申请人在填写申请书时,要注意一些问题:开证行申请书的内容应与合同保持一致,不应有矛盾之处;开证申请书的内容应按照 UCP600 的要求填写;与信用证无关的内容或模棱两可而易引起争议的内容不要填入。

进口商申请开证时,开证行视进口商的经营作风和水平、资信情况,要求其交纳相当于信用证额度的一定比例的保证金(或称押金)或抵押品。此外,银行为进口商开证时,开证申请人还需按规定支付一定比例的开证手续费。

3. 开 证

开证行在确信可以接受开证人的申请并收到开证申请人提交的押金及开证手续费后,即向信用证受益人开出信用证。

开立信用证有两种方式:信开和电开。采用信开信用证,通常航邮给通知行;电开信用证采用电报、电传或SWIFT网络等电讯形式通知受益人(出口商)所在地的分行或代理行(即通知行),让通知行通知传递给受益人(出口商)。电开信用证还有一种方式——简电开证。简电开证的意思是指开证行把信用证的某些主要内容电告通知行,由通知行预先通知受益人,供受益人备货或安排运输参考,开证行随即电告信用证全文。

4. 通知传递

通知行收到信用证,对开证行的签字和密押进行核对无误后,除了留存副本或复印件备查外,应尽快将信用证通知传递给受益人。根据UCP600的规定,通知行应合理审慎地核验所通知信用证的表面真实性;如果通知行决定不通知信用证,它必须不延误地告知开证行;如果通知行不能确定信用证的表面真实性,它必须不延误地告知开证行,说明它不能确定该信用证的真实性;通知行在不能确定信用证表面真实性的情况下,仍决定通知该信用证,则必须告知受益人它不能核对信用证的真实性。

5. 审证、交单、议付

受益人在收到信用证后,应立即对其进行认真审核。受益人审核信用证和通知行审核的重点不同,受益人审核信用证的重点是对信用证具体条款的审核,即信用证中的条款与买卖合同中的相关条款是否相符;如发现有的信用证条款与合同不符、不能接受或无法照办的内容时,均应通知开证人,请求修改信用证。为了保护相关当事人的合法权益,UCP600规定:"除本惯例第38条(即可转让信用证)另有规定外,凡未经开证行、保兑行(如有)以及受益人同意,信用证既不能修改也不能撤销。"

受益人在收到信用证或信用证修改通知书,经审查无误后发运货物,在货物发运完毕后,缮制信用证所要求的全部单据,开立汇票,连同信用证正本(如经修改的还需连同修改通知书)在信用证规定的交单期和信用证的到期日内,递交有权议付的银行办理议付。所谓议付是议付行在收到受益人递交的符合信用证要求的全套单据后,向受益人垫款。议付行在议付后,通常在信用证正本背面做必要的有关议付事项的记录,俗称"背批",其目的主要是防止超额或重复议付。议付实际上是银行对受益人叙作的"出口押汇"业务,也是一种汇票的贴现行为。议付行办理议付后成为汇票的善意持票人,如果开证行拒付,议付行有权向受益人进行追索。

6. 寄单、索偿

在信用证业务程序中,索偿的意思是指议付行对受益人议付后,按信用证的规定,凭单向开证行或其指定的付款行或偿付行请求偿付的行为。其具体做法是:由议付行按信用证的要求将单据连同汇票和索偿证明,分次航邮给开证行或其指定的付款行;如果信用证指定偿付行,议付行在办理议付后,一面把单据直接寄给开证行,一面向偿付行发出索偿书,说明对单据已作议付,并请求按指定的方法进行偿付。凡信用证规定有电汇索偿条款的,议付行需以电报、电传或SWIFT网络传递的方式,向开证行或其指定的银行进行索偿。

7. 偿付

偿付是和索偿相对应的一个概念,是指开证行或被指定的银行(付款行或偿付行)向议付行进行付款的行为。

根据UCP600的规定,开证行或付款行在收到议付行寄来的汇票和单据后,从交单次日起,银行在至多五个工作日内确定交单是否相符,并在此期限内通知议付行表示拒绝或接受单据。这一期限不因在交单日当天或之后信用证截止日或最迟交单日届至而受到缩减或影响。

如果开证行指定了偿付行进行偿付，偿付行在收到索偿书后，只要索偿金额不超过授权书金额，就立即根据索偿书的指示向议付行付款，这种行为叫见索即偿。如果偿付行未按信用证条款见索即偿，则开证行将承担利息损失以及产生的任何其他费用。

8. 提示单据和付款赎单

开证行履行偿付责任后，即向开证申请人提示单据；如果开证申请人审核单据无误后，即办理付款手续；如开证申请人在申请开证时，曾向开证行交纳押金，则付款时可予扣减；如曾提交抵押品，则在付款时由开证行退还开证申请人；开证申请人付款后，即可取得全套单据。若此时货物已经到达，便可凭运输单据立即提货。

【课堂讨论】

我国某出口商与外商达成一项支付方式为即期议付 L/C 的、数量较大的 CIF 出口合同，合同规定 11 月装运，但未规定具体的开证时间，后因该商品市场价格趋降，外商便拖延开证。我出口商为防止延误装运，从 10 月中旬开始多次电催开证，终于迫使外商于 11 月中旬开来信用证。由于开证时间太晚，使我出口商安排装运发生困难，遂要求外商对信用证的装运期和议付期进行修改，使其能分别延长 1 个月，但外商不答应并以我方未能按期装运为由单方面解除合同；否则，如果我方不能按期装运，外商将就此提出赔偿。在此情况下，我方只好同意外方解除合同的要求。请分析：我方如此处理是否适当？为什么？应从中吸取怎样的教训？

10.3.6 《跟单信用证统一惯例》（国际商会第 600 号出版物）

信用证结算方式产生以后，极大地促进了国际贸易的发展。但是，由于长期以来国际上缺少对信用证有关当事人的责任、信用证的条款和术语定义的统一解释，因而信用证的各当事人之间经常发生争议和纠纷。为了减少各有关当事人之间的争议和纠纷，国际商会于 1933 年颁布了第一个跟单信用证的惯例——《商业跟单信用证统一惯例》（Uniform Customs and Practice for Commercial Documentary Credits）。随着国际贸易的变化，国际商会分别于 1951 年、1962 年、1974 年、1978 年、1983 年和 1993 年对其进行了多次修订。值得一提的是，从 1962 年开始，《商业跟单信用证统一惯例》改名为《跟单信用证统一惯例》（Uniform Customs and Practice for Documentary Credits，UCP）。现行的《跟单信用证统一惯例》，是国际商会第 600 号出版物（简称 UCP600），并已于 2007 年 7 月 1 日生效。需要注意的是，虽然《跟单信用证统一惯例》现在已被大多数国家的银行和贸易界所广泛采用，成为信用证业务的国际惯例，但其本身并不是一个国际性法律。

由于信用证在进出口结算中扮演重要角色，在此，仅对 UCP600 相比 UCP500 进行的重要变动加以介绍和分析，以帮助同学们更好地理解和运用惯例的条款。

UCP600 共有 39 条条款，比 UCP500 减少了 10 条，但却比 UCP500 更准确、清晰；更易读、易掌握、易操作。和 UCP500 相比，UCP600 的主要变化有两点。

1. 结构上的主要变化

UCP600 在结构上的一个重要变化，即在第 2 条、第 3 条两个条款中集中归结了定义和某些词语在本惯例中的特定解释，这样的结构变化，使惯例的整体结构显得更加完整。和 UCP500 相比，UCP600 在个别用词上更加清晰和简洁，并补充了一些 UCP500 中没有明确的定义。这样的结构调整对于涉足信用证业务不多的企业来讲，是比较有利的，因为这将更便于学习和运用惯例。

UCP600在结构上的另一个重要变化是,按照业务环节对条款进行了归结,即把通知、修改、审单、偿付、拒付等环节涉及的条款分别集中,使得对某一问题的规定更加明确和系统化。如果使用者在处理业务时,对某一环节不太清楚,就可以很方便地在UCP600中查到相关的规定,这比从UCP500纷繁复杂的条款中寻找相关规定要轻松得多。

2. 内容上的主要变化

1) 取消了"可撤销信用证"等一些无实际意义的条款

根据UCP500第6条和第8条的规定,信用证可分为可撤销和不可撤销两种。可撤销信用证是指信用证开出后,不必征得受益人或有关当事人同意,开证行有权随时撤销的信用证。我们知道,信用证之所以得到广泛应用的重要原因之一就是因为信用证是银行信用,比托收和汇付等商业信用可靠,如果受益人得到的是可撤销信用证,那么信用证的银行信用的优越性就得不到体现,所以,UCP600取消了可撤销信用证的说法。UCP600中对信用证下的定义是:"信用证指一项不可撤销的安排,无论其名称或描述如何,该项安排构成开证行对相符交单予以承付的确定承诺。"UCP600第10条a款规定:"除第38条另有规定者外,未经开证行、保兑行(如有的话)及受益人同意,信用证即不得修改,也不得撤销。"

此外,UCP600还取消了UCP500中关于"风帆动力批注""货运代理提单"及UCP500第5条"信用证完整明确要求"及第12条有关"不完整不清楚指示"等无实际意义的条款。

2) 银行审核单据的时间减为五个银行工作日

关于开证行、保兑行、指定行在收到单据后的处理时间,在UCP500第13条"审核单据的标准"中规定为"……合理的审单时间,不超过收单次日起七个银行工作日";而在UCP600第14条"单据审核标准"中规定:"按指定行事的指定银行、保兑行(如有的话)及开证行各有从交单次日起至多五个银行工作日用以确定交单是否相符,这一期限不因在交单日当天或之后信用证截止日或最迟交单日届至而受到缩减或影响。"

UCP600取消UCP500中"合理的审单时间"的主要原因是:首先是对"合理"的理解存在争议,还受法官和仲裁员主观判断的影响,因此,为了减少不必要的争议和纠纷,UCP600把单据处理时间的双重判断标准简化为单纯的天数标准,使得判断依据简单化;其次,UCP600把银行审核单据的时间由七个银行工作日减为五个银行工作日,提高了银行的工作效率,受益人可以较早地收取货款,因而对受益人是有利的。

3) 新增融资许可条款

UCP600在第2条中"议付"的定义和第12条中明确了指定银行对受益人预付款项,同时还明确了开证行对于指定行进行承兑、做出延期付款承诺的授权,同时包含允许指定行进行提前买入的授权。UCP600做出这种规定的目的是保护指定行在信用证下对受益人进行融资的行为。由于各国在如何认定指定行的行为效力方面存在较大的差异,决定了相关银行在信用证业务中的地位,进而影响相关的银行叙作业务的意愿,这在一定程度上阻碍了信用证业务的顺利开展,更带来了一些理解上的混淆。国际商会在融资许可的规定上进行的尝试,对于统一银行的业务方面具有一定的积极意义。但是,如果开证行信誉不佳,或是进口国国家风险较高,则出口商获得融资的机会并不会仅凭新增融资许可条款而增加。

4) 细化了银行拒付后对单据的处理

根据UCP600第16条"不符单据、放弃及通知"的规定,银行处理不符单据可以选择以下方法：

① 当按照指定行事的指定银行、保兑行（如有的话）或者开证行确定交单不符时，可以拒绝承付或议付。

② 开证行留存单据，直到其从申请人处接到放弃不符点的通知并同意接受该放弃。

③ 银行留存单据，听候交单人的进一步指示。

④ 银行将退回单据。

⑤ 银行将按之前从交单人处获得的指示处理。

需要注意的是，上述提到的"通知"必须以电讯方式进行；如不可能，则以其他快捷方式，在不迟于自交单之翌日起第五个银行工作日结束前发出。这些条款的规定都大大便利了国际贸易及结算的顺利运行。

5）对可转让信用证中有关当事人行为的要求更加合理

UCP600 第 38 条"可转让信用证"规定："第二受益人或代表第二受益人的交单必须交给转让行"，这样做的主要目的是为了避免第二受益人绕过第一受益人直接交单给开证行，损害第一受益人的利益。同时，为了保护没有过错的第二受益人的合法权益，UCP600 第 38 条规定："如果第一受益人应提交自己的发票和汇票（如有的话），但未能按第一次要求的照办，或第一受益人提交的发票导致了第二受益人的交单中本不存在的不符点，而其未能在第一次要求时修正，转让行有权将从第二受益人处收到的单据照交开证行，并不再对第一受益人承担责任。"

6）单据遗失风险责任规定的变化

UCP600 保留了 UCP500 中关于"银行对报文传输或信件及单据的递送过程中发生的延误、中途遗失、残缺或其他错误产生的后果概不负责"的条款。但是，UCP600 增加了"如果指定银行确定交单相符并将单据发往开证行或保兑行，无论指定银行是否已经承付或议付，开证行或保兑行必须承付或议付，或偿付指定银行，即使单据在指定银行送往开证行或保兑行的途中，或保兑行送往开证行的途中丢失"的规定。根据此规定，如果发送"交单相符"的单据给开证行的银行是一家被指定银行，而单据在途中遗失，那么开证行或保兑行有责任付款，前提是单据是以信用证规定的方式寄送的。如果信用证没有规定寄送单据的方式，则指定行可以选择寄送单据的方式，风险仍由保兑行或者开证行承担，而不是受益人或指定行承担。

任务10.4　支付方式——银行保证书和备用信用证

在国际贸易中，有的交易没有采用跟单信用证的方式结算，而一方当事人担心对方违约给自己带来损失，于是要求对方出具银行开立的银行保证书或备用信用证。银行保证书和备用信用证都属于银行信用。由于银行资金雄厚，资信情况一般较好，所以两者广泛应用于期限较长、交易条件较复杂的国际货物买卖、国际工程的承包，以及项目融资等国际经济合作业务。但是，严格来说，银行保证书和备用信用证都不是一种独立的结算方式。

10.4.1　银行保证书

1. 银行保证书的定义和性质

银行保证书（Banker's Letter of Guarantee，L/G）又称银行保函，是银行根据申请人的请求,向受益人开立的一种书面信用担保文件,保证申请人在没有履行其约定义务时,由银行作为保证人承担向受益人支付一定的款项或经济赔偿的责任。

从银行保证书的定义不难看出,作为保证人的银行为申请人做担保,向受益人提供保证(信用),所以银行保证书属于银行信用。

2. 银行保证书的当事人

银行保证书可能涉及的当事人有:

(1) 委托人

委托人(Principal)又称申请人,是指向银行申请开立保证书的当事人。委托人是银行保证书的发起人,所以又称银行保证书的被保证人。委托人的主要责任是向受益人履行约定的义务和责任,并在保证人履行担保责任后,补偿保证人所做的支付。

(2) 保证人

保证人(Guarantor)又称担保人,即开立保证书的银行。保证人的主要责任是保证申请人在没有履行其约定义务时,承担向受益人支付一定的款项或经济赔偿的责任。保证人一般是委托人所在地的银行。

(3) 受益人

受益人(Beneficiary)是委托人的对方,即当委托人未履行合同时,可通过银行保证书从保证银行处取得款项或经济赔偿的一方。

上述三个方面的当事人是银行保证书的基本当事人,即银行保证书涉及的基本当事人。

在实际业务中,除了上述的基本当事人外,银行保证书还可能涉及的当事人有:

(1) 通知行

通知行(Advising Bank)又称转递行,即按开立保证书的银行的要求,将银行保证书通知转递给受益人的银行。通知行一般为受益人所在地的银行。

(2) 保兑行

保兑行(Confirming Bank)是对银行保证书加具保兑的银行。保兑行一般为受益人所在地的银行。银行保证书加具保兑后,其信用程度就提高了。受益人要求保兑行加具保兑的主要原因是受益人对保证人的资信不了解,或者担心保证人所在国家的贸易和金融政策发生变化,而要求它所熟悉的银行对银行保证书加具保兑。

(3) 反担保人

反担保人(Counter Guarantor)是应委托人的要求,向保证银行开立反担保函的一方,他是指示银行向受益人开立保函的人。反担保人的责任是保证委托人履行合同义务,以及保证人付出款项后,保证向保证人进行补偿。

3. 银行保证书的主要内容

银行保证书没有统一的格式和内容,但一般情况下包括下列内容:

(1) 基本栏目

基本栏目包括银行保证书的编号、开立日期、有关当事人的名称和地址、有关交易或项目的名称、有关合同或标书的编号和订约或签发日期等。

(2) 责任条款

责任条款即开立保证书的银行在保证书中承诺的责任条款,即银行承担什么样的付款责任,这是银行保证书的主要内容。

(3) 保证金额

保证金额即开立保证书的银行对受益人进行支付款项或经济赔偿的最高金额。保证金额可以是一个具体的金额,也可以是合同中有关金额的某个百分率,例如,保证金额为所保证合同金额的 90%。

(4) 有效期

有效期指最迟的索赔日期,它既可以是一个具体的日期,也可以是在某一行为或某一事件发生后的一个时期到期。例如:在交货后三个月或六个月、工程结束后 30 天等。

(5) 索偿条件

索偿条件指受益人在什么情况下向开立保函的银行要求赔偿。国际上有两种不同的处理方法:一是无条件的,即"见索赔偿"保函;另一种是有条件的保函,即银行保函附加一定的条件。从实践来看,绝对无条件的银行保函是不存在的,只不过索偿的条件宽严程度不同而已。

4. 银行保证书的种类

在进出口贸易中,按银行在保证书中承担的责任不同,银行保证书可分为以下几种:

1) 银行进口保证书

银行进口保证书是银行应申请人(进口方)的请求,向受益人(出口方)开立的保证书,如果出口方按合同规定交货后,进口方未按合同规定付款,则由银行作为担保人承担付款责任。在实际业务中,一般在签订合同后,由进口方支付合同价款的一定比例(如合同价款的 10%)作为预付款,其余的大部分货款由进口地银行开立保证书给受益人(出口方),由银行承担保证付款责任。

2) 银行出口保证书

银行出口保证书是银行应申请人(出口方)的请求,向受益人(进口方)开立的保证书,如果出口方未按合同规定交货,将由银行作为担保人偿还进口方先前支付给出口方的预付款、定金或对进口方进行经济赔偿。当银行在保证书上注明仅承担偿还进口方预付款或定金的责任时,这种保证书又叫还款保证书。

3) 投标保证书

投标保证书是银行应申请人(投标人)的请求,向受益人(招标人)开立的保证书。在投标中,招标人为防止由于投标人的不当行为而使其遭受损失,要求投标人提供的银行保证书。在此情况下,投标人向招标人递交投标书时,同时必须递交银行开立的投标保证书,否则无权参加竞标。银行在投标保证书承担的保证责任有:在标书规定的期限内,投标人投标后,不得中途撤标或片面修改标书;投标人中标后,必须与招标人签订合同并在规定的时间内提供银行的履约保证书或保证金。若投标人未履行上述义务,则担保银行在受益人提出索赔时,须按保证书的规定,向招标人履行赔偿的义务。

在进出口贸易中,除上述三种银行保证书外,还有其他功能和用途的保证书,如:补偿贸易保证书、来料加工保证书、技术引进保证书、维修保证书、租赁保证书、借款保函保证书、提货保证书,等等。

10.4.2 备用信用证

1. 备用信用证的含义和性质

在使用银行保证书的实际业务中,如果有关当事人对问题有不同解释,则往往依据保证书的条文,由保证书的开立地的法律解释来进行解决,所以,极易引起争议和纠纷。为了避免银行涉及经济纠纷中,世界上许多国家(如美国和日本)政府不允许本国银行开立保证书,在此情况下,备用信用证便由此产生了。

备用信用证(Standby L/C)又称担保信用证、履约信用证或保证信用证,是信用证的一种,是指代开证申请人向受益人承担一定条件下付款、赔款或退款责任的信用证。备用信用证是集担保、融资、支付及相关服务为一体的多功能金融产品,因其用途广泛及运作灵活,在国际贸易中得以普遍应用。

从备用信用证的定义中我们可以看出,备用信用证属于银行信用。在备用信用证项下,如果开证申请人违约,开证行对受益人承担独立的、第一性的付款责任。如果开证申请人按约履行了与受益人之间的合同义务,受益人就无须要求开立备用信用证的银行支付任何款项,在这种情况下,备用信用证就成了"备而不用"的信用证,这就是"备用"的原因所在。

备用信用证的种类很多,根据在基础交易中备用信用证的不同作用和用途,主要有履约保证备用信用证、投标备用信用证、预付款保证备用信用证、反担保备用信用证及直接付款备用信用证等。

2. 备用信用证和一般跟单信用证的异同

备用信用证和一般跟单信用证的共同点主要体现在:

(1) 银行信用

备用信用证和一般跟单信用证都是银行开立的书面信用文件,同属于银行信用。

(2) 开证行承担独立的和第一性的付款责任

不管是备用信用证,还是一般跟单信用证,开证行开证后,就要承担独立的和第一性的付款责任;未经有关当事人同意,不得修改或撤销银行的义务。

(3) 跟单性

开证行及其指定银行付款的前提,都是受益人提交相符的交单,即银行对所要求单据的表面进行审查,只对和信用证要求相符的单据付款。

但是,备用信用证和一般跟单信用证又有明显的区别,主要体现在以下几个方面:

(1) 银行付款依据不同

一般跟单信用证项下,受益人在正常履约后,提交有关单据时,开证行才支付信用证项下的款项;而备用信用证则是在开证申请人未履行合同义务时,只需受益人提供有关证明,开证行即支付信用证项下的款项。

(2) 使用的范围不同

一般跟单信用证主要用于进出口贸易的结算,开证申请人是进口方;而备用信用证用途极为广泛,除了用于进出口贸易的结算之外,还可用于银行为履约、投标、预付款、货到付款、反担保等,因此备用信用证在不同场合使用时,申请人也不同,有的场合下可能是进口方,有的情况下则可能是其他当事人(如出口方)。

(3) 受益人提交的单据不同

一般跟单信用证要求受益人提交提单、商业发票、保险单等大量的单据,作为银行付款的依据;而备用信用证通常只需要受益人签发开证申请人的违约声明和汇票等文件或单据,银行即可付款。但是,少数情况下,备用信用证会规定受益人必须提交大量的商业单据,银行才予以付款。

(4) 开证行承担的风险大小不同

在一般跟单信用证的情况下,由于开证行付款后已掌握了代表货物所有权的单据,而且还有开证时收取开证申请人的押金和抵押品,所以银行的风险较小;而开立备用信用证时,银行主要依据开证申请人的资信和履约能力,故其承担的风险较大。

(5) 适用的国际惯例不同

一般的跟单信用证适用于《跟单信用证统一惯例》的全部条款;而备用信用证主要适用于《国际备用证惯例1998》(*International Standby Practices 1998*,简称ISP98);也可以适用于《跟单信用证统一惯例》的部分条款,UCP600在第1条"适用范围"中明确规定"……适用于所有的其文本中明确表明受本惯例约束的跟单信用证(下称信用证)(在其可适用的范围内,包括备用信用证。)"除此之外,由于备用信用证具有银行保证书的性质,所以,备用信用证的当事人也可以选择适用《见索即偿保证书统一规则》(URDG758)。

【课堂讨论】

买卖合同规定买方开立以卖方为受益人的全部金额的不可撤销信用证,但卖方需先期提供一份金额为价金10%的备用信用证。卖方按合同要求按时开出备用信用证,但买方未能按合同要求开出令卖方满意的信用证,因此卖方拒绝装运货物。买方根据备用信用证向开证行要求付款。卖方以不交货是由于未能收到满意的信用证为由,要求开证行拒绝付款,并上诉法院要求颁布不准开证行付款的禁令。请思考:开证行和法官应如何处理?理由是什么?

任务10.5　选择支付方式

10.5.1　选择支付方式考虑的主要因素

由于每一种支付方式都有它的优缺点,所以在实际业务中应针对不同的具体情况采用不同的支付方式或者它们的组合。总的来说,进出口商在选择支付方式时,首先应考虑收汇和收货的安全性,其次需考虑资金占用时间的长短,最后还要考虑各种支付方式相应的费用成本等。具体来说,在选择支付方式的时候,应该考虑以下几方面的因素。

1. 支付方式本身的性质和特点

每一种支付方式的性质和特点是不同的,例如,汇付和托收是商业信用的结算方式,其中预付货款对进口商来说风险较大;货到付款和托收对出口商来说风险较大;但汇付和托收结算和信用证相比,对进出口商来说则银行收取的费用较高,如果进出口商彼此熟悉或信任,采用汇付结算是一个很好的选择。信用证属于银行信用,对彼此不十分信任的进出口商来说,风险相对较小;但使用信用证结算则银行收取的费用较高,信用证的收付程序较复杂,而且审核信用证的技术性较强,对审证的人员要求也较高。因此,进出口商在实际业务中应针对不同的情况,采用不同的支付方式或者将几种支付方式组合来使用。

2. 客户信用

从理论上讲,进出口商考虑支付方式的收汇和收货的安全性时,首先应想到客户的信用问题。实际上,进出口商彼此是多年的交易伙伴的情况并不是很多;大多数情况下,双方彼此都不了解对方,此时,客户的信用就成为合同能否顺利得到履行的关键因素。因此,进出口商必须事先做好交易对方的信用调查,以便有针对性地选择支付方式。对于信用状况不佳或者不十分了解的客户,应选择风险较小的支付方式。例如在出口业务中,一般可采用跟单信用证方式,争取 T/T 以前结算全部货款为最佳选择;如果客户信用等级较高,交易风险较小,则可选择手续比较简单、费用较少的方式,即采用即期付款交单(D/P at sight)的托收方式等;原则上,远期的付款交单(D/P after sight)、承兑交单(D/A)和赊销(O/A),应仅限于本企业的联号或分支机构,或者彼此十分熟悉的老客户,一般客户不宜采用此方式。

3. 贸易术语

不同的贸易术语所表明的交货方式与适用的运输方式是不同的,而不同的交货方式和运输方式适用的结算方式也不同,即不同的贸易术语所适用的结算方式不同。所以,在选择结算方式时,应考虑贸易术语的运用。例如,在使用 CIF、CFR、CIP、CPT 等象征性交货方式的贸易术语时,卖方交货与买方收货不同时发生,转移货物所有权是以单据为媒介,此种情况下就可选择跟单信用证结算;在买方信用较好时,也可采用即期跟单托收(D/P at sight)的方式收取货款。但在使用 EXW、DDP 等属于实际交货术语的交易中,卖方无法通过单据控制物权,因此一般不能使用托收;因为通过银行向进口方收款,其实质是货到付款,即属赊销交易性质,卖方承担的风险极大。FOB、FCA 条件下达成的买卖合同,虽然也可凭运输单据付款,但这种合同的运输由买方安排,卖方或接受委托的银行很难控制货物,所以也不宜采用托收的方式。

4. 运输单据

如果货物通过海上运输或多式联运,出口商在装运货物后即取得代表物权的海运提单或多式联运单(不能转让的海运提单和多式联运单除外),故在交付给进口商前,出口商可以控制货物,所以海上运输或多式联运可适用于信用证和托收的方式结算货款。但是,如果货物通过航空、铁路或邮政运输时,出口商在装运货物后得到的运输单据为航空运单、铁路运单或邮包收据,由于这些单据都不是物权凭证,收货人在提取货物时也不需要这些单据,因此,在这些情况下都不宜做托收,银行一般也不愿意开立信用证。

5. 企业经营战略和国际市场行情

企业在选择结算方式时,应考虑到企业的经营战略和所交易商品的国际市场行情。企业经营战略是企业面对激烈变化、严峻挑战的环境,为求得生存和发展而采取的长期的、根本性的总体性谋划;它是企业战略思想的集中体现,是企业经营范围的科学规定,同时又是制定规划(计划)的基础。所以,在进行结算方式的选择时,企业应考虑到本企业经营战略的需要。例如,当前企业经营战略的重点是开拓国外市场,那么企业在对国外客户调查后确认其资信较好的情况下,可以考虑采取风险较大的结算方式,如即期跟单托收(D/P at Sight)的方式。

此外,所交易商品的国际市场行情也是要考虑的因素,因为在交易磋商的过程中,国际市场行情是决定交易双方谈判地位的重要因素,例如商品畅销时,出口商不仅可以提高售价,而且也可以选择对自己有利的结算方式;如果商品滞销时,则出口商不仅要降低售价,而且还要在结算方式上做出让步,否则就难以达成交易。

10.5.2 不同支付方式的结合使用

在国际贸易中,每笔交易通常只采用一种支付方式,但有时为了促进交易的达成,也可以将两种或多种支付方式结合使用。结合使用主要有以下几种方式。

1. 信用证与汇付相结合

信用证与汇付相结合是指大部分货款用信用证方式支付,余款用汇付方式支付。这种结合方式通常用于合同中有溢、短装条款的某些初级产品的交易,例如在粮食、煤炭或矿砂等散装货物的买卖中,合同规定货款的90%用跟单信用证结算,其余的在货物运到目的地后,按实到货物的数量确定余额,用汇付的方式进行支付。对于有些商品的买卖,有的合同规定进口商先汇付一定的款项作为预付款或定金(例如合同价款的10%),其余货款在货物装运后,由出口商用信用证结算。

2. 信用证和托收相结合

信用证与托收相结合又称"部分信用证、部分托收",是指一笔交易的货款一部分用信用证支付,其余部分用托收方式结算。一般做法是,信用证规定受益人(出口人)开立两张汇票,信用证结算部分凭光票付款,而全套货运单据则附在托收汇票项下,按付款交单托收(D/P)。采用信用证与托收相结合的方式对进口商来讲,可减少开立信用证的保证金或押金,减少资金的占压,而且可节约在银行花费的费用。对出口商来讲,虽然采用托收结算的部分需承担一定的风险,但由于部分货款采取信用证结算,这样的结合方式,出口商的风险也不大。因为如果进口商拒付货款,银行就不会交出代表物权的单据,出口商便可以变卖货物或者通知其代表将货物运回,这样虽然可能会遭受一些损失,但通过光票信用证结算,出口商会得到一部分货款,所以出口商的风险并不大。

3. 托收与汇付相结合

托收与汇付相结合的一般做法是,在跟单托收方式下,出口商要求进口商先用汇付方式支付一定的定金或预付款,在货物装运后,出口商可从货款中扣除已预付的款项,其余货款则通过银行进行跟单托收。如果进口商拒付托收项下的货款,出口商也可以用进口商先前交纳的定金或预付款来补偿自己的损失。

4. 托收和备用信用证相结合

采取托收的方式出口商承担的风险较大,为了防止跟单托收项下的货款遭进口商拒付,出口商可以让进口商申请开立备用信用证。采用跟单托收和备用信用证相结合的支付方式的具体做法是:出口商装运货物后将全套单据交银行进行跟单托收,若进口商拒付货款,出口商就可凭备用信用证利用开证行的保证索要货款。

5. 汇付、托收、信用证、银行保证书等多种结算方式的结合

在大型成套设备或机械产品的进出口贸易中,由于成交金额巨大,以及生产工期较长,进出口双方可以按生产进度和交货进度分期支付货款;此时,可以将汇付、托收、信用证、银行保证书等多种结算方式结合起来进行结算。

【课堂讨论】

我国某公司与美国一进口商洽谈一笔金额为20万美元的出口我国土特产的交易,在多方面已达成协议的情况下,唯独在支付条款上发生了争议,我方坚持以不可撤销即期L/C结算,美方坚持按即期D/P结算。为达成交易,经过协商双方都做出了让步,最后以10万美元即期L/C、10万美元即期D/P结算成交。请分析:货物装运后,货运单据和汇票应如何处理?

任务10.6 合同中的支付条款

国际货物买卖合同中有关货款收付的规定通常以"支付条款"的形式出现。支付条款是合同中的重要条款之一,拟订和审核支付条款都需要认真对待,不同的交易方式、不同的结算方

法,合同中具体的支付条款也会有所不同。

10.6.1 汇付条款

汇付一般用于预付货款和货到付款的交易。国际货物买卖合同中的汇付条款一般包括汇付的时间、汇付的方式(电汇、信汇或票汇)、汇付的金额等。现举例如下：

① 买方应于4月25日前将全部货款电汇预付至卖方。

The buyer shall pay the total value to the seller in advance by T/T before Apr. 25.

② 买方应不迟于6月20日将50%的货款用电汇预付至卖方,其余货款收到正本提单传真后5日内支付。

The buyer shall pay 50% of the sales proceeds in advance by T/T to reach the seller not later than June 20. The remaining value will be paid to the seller within 5 days after receipt of the fax concerning original B/L by the buyer.

10.6.2 托收条款

合同中的托收条款一般包括交单条件(即跟单托收的种类)、付款时间,以及买方的承付责任等。举例如下：

(1) 即期付款交单

例：买方根据卖方开具的即期跟单汇票,于见票时立即付款,付款后交单。

Upon first presentation, the buyer shall pay against documentary draft drawn by the seller at sight. The shipping documents are to be delivered against payment only.

(2) 远期付款交单

例：买方根据卖方开具的跟单汇票,于见票后30天付款,付款后交单。

The buyer shall pay against documentary draft drawn by the seller at 30 days after sight. The shipping documents are to be delivered against payment only.

(3) 承兑交单

例：买方凭付款日为提单装船日后30天的汇票付款,承兑交单。

The buyer shall make payment by draft payable 30 days after the date of shipped B/L, documents against acceptance.

10.6.3 信用证条款

因信用证的种类不同,合同的信用证条款也会不同。在使用信用证结算时,应在合同的支付条款中明确开证时间、开证行、受益人、信用证金额、种类、装运时间、到期日、到期地点等内容。现举例如下：

(1) 即期信用证

例：买方应于装运月份前10天,通过卖方可接受的银行开立即期信用证并送达到卖方,有效期到装运月后的第15天在上海议付。

The buyer shall open through a bank acceptable to the seller a Sight L/C to reach the seller 10 days before the month of shipment, valid for negotiation in Shanghai until the 15th day after the month of shipment.

(2) 远期信用证

买方应于2023年5月10日前,通过中国银行南京分行开立以卖方为受益人的可转让的见票后30天付款的银行承兑信用证,信用证议付有效期至上述装运期后15天在纽约到期。

The buyer shall open through Bank of China Nanjing Branch a Transferable banker's acceptance L/C in favor of the seller before May 10, 2023. The L/C shall be available by draft at 30 days after sight and remain valid for negotiation in New York until the 15th day after the forementioned time of shipment.

【项目小结】

本项目主要介绍了国际贸易货款结算有关支付工具、支付方式、选择支付方式应考虑的因素,以及根据不同的支付工具和支付方式,在合同中应拟订的支付条款等内容。

在汇票、本票和支票三种支付工具中,汇票是使用最为广泛的票据。国际货款可以通过汇付、托收、信用证等支付方式进行结算。由于汇付和托收属于商业信用,没有信用证的银行信用可靠,所以在国际贸易中常采用信用证进行结算。实际上,每一种支付方式都有它的利弊,这就要求国际贸易工作者在国际贸易中,根据支付方式本身的特点以及客户资信、交易所采用的贸易术语和运输单据、企业的经营战略、市场行情等具体情况,灵活地选用某一种支付方式或者它们的组合,进行国际货款的结算;并能在合同中正确地拟订相应的条款。

【项目自测】

一、单选题

1. 某银行签发一张汇票,以另一家银行为受票人,则这张汇票是(　　)。
   A. 商业汇票　　　　B. 银行汇票　　　　C. 商业承兑汇票　　　　D. 银行承兑汇票
2. 属于顺汇方法的支付方式是(　　)。
   A. 汇付　　　　　　B. 托收　　　　　　C. 信用证　　　　　　D. 银行保函
3. 属于银行信用的国际贸易支付方式是(　　)。
   A. 汇付　　　　　　B. 即期跟单托收　　C. 信用证　　　　　　D. 远期跟单托收
4. 在国际贸易中,用以统一解释调和信用证各有关当事人矛盾的国际惯例是(　　)。
   A. URC522　　　　B. URDG758　　　　C. INCOTERMS 2010　　D. UCP600
5. 按照《跟单信用证统一惯例》的规定,受益人最后向银行交单议付的期限是不迟于提单签发日的(　　)。
   A. 11天　　　　　　B. 15天　　　　　　C. 21天　　　　　　D. 25天
6. 保兑行对保兑信用证承担的付款责任是(　　)。
   A. 第一性的　　　　B. 第二性的　　　　C. 第三性的　　　　D. 第四性的
7. 在用信用证支付的情况下,货物装船后,受益人得到已装船清洁提单,但尚未送银行议付,闻悉开证申请人已破产倒闭,凭该证所开汇票(　　)。
   A. 只要是相符交单,受益人仍可从银行得到货款
   B. 由于付款人破产,货款将落空
   C. 受益人应立即通知承运人行使停运权
   D. 受益人应通知银行改为托收

8. ( )不是票据的特点。
   A. 无因性　　　B. 要式性　　　C. 无风险性　　　D. 流通性
9. 对卖方而言,以下最安全的支付方式是( )。
   A. 即期信用证　　B. 即期付款交单　　C. 远期付款交单　　D. 承兑交单
10. 在用于国际贸易的结算工具中,( )使用最多。
    A. 汇票　　　B. 本票　　　C. 支票　　　D. 现金
11. 在国际贸易中,大多数货款是通过( )结算的。
    A. 汇付　　　B. 托收　　　C. 信用证　　　D. 银行保证书
12. 本票与汇票( )。
    A. 当事人相同　　B. 份数相同　　C. 都需要承兑　　D. 同属票据
13. ( )不是信用证的基本当事人。
    A. 开证行　　　B. 开证人　　　C. 转让行　　　D. 受益人
14. 对卖方而言,以下风险最大的支付方式是( )。
    A. 信用证　　　B. 即期付款交单　　C. 预付货款　　D. 承兑交单
15. 根据UCP600,银行处理单据的时间是( )个银行营业日。
    A. 3　　　B. 5　　　C. 7　　　D. 9
16. ( )负首要付款责任。
    A. 议付行　　　B. 开证行　　　C. 通知行　　　D. 付款行
17. 可转让信用证可以转让( )。
    A. 一次　　　B. 两次　　　C. 多次　　　D. 无数次
18. 某信用证每期用完一定金额后即可自动恢复到原金额使用,无需等待开证行的通知,这份信用证是( )。
    A. 自动循环信用证　　　　　B. 非自动循环信用证
    C. 半自动循环信用证　　　　D. 按时间循环信用证
19. 由出口商签发的,要求银行在一定时间内付款的汇票是( )。
    A. 商业汇票　　B. 银行即期汇票　　C. 银行承兑汇票　　D. 本票
20. 假远期信用证,就出口商的收汇时间来说等于( )。
    A. 远期信用证　　　　　　B. 即期信用证
    C. 备用信用证　　　　　　D. 备用承兑信用证

二、多选题

1. 下列属于信用证可能涉及的当事人有( )。
   A. 开证申请人　　B. 通知行　　C. 议付行
   D. 受益人　　　　E. 开证行
2. 下列属于银行信用的支付方式有( )。
   A. 跟单信用证　　B. 备用信用证　　C. 托收
   D. 汇付　　　　　E. 银行保证书
3. 汇付的基本当事人有( )。
   A. 汇款人　　　B. 汇出行　　　C. 汇入行

D. 收款人　　　　　E. 开证行

4. 本票和汇票的区别有（　　）。
   A. 当事人的不同　　B. 承兑的不同　　C. 份数不同
   D. 收款人不同　　　E. 付款责任不同

5. 信用证结算（　　）。
   A. 是银行信用　　　　　　　　　B. 银行费用一般比汇付和托收高
   C. 程序一般比汇付和托收复杂　　D. 审核信用证技术性较强
   E. 对出口商来说风险较小

6. 选择支付方式考虑的主要因素有（　　）。
   A. 支付方式本身的性质和特点　　B. 企业经营战略
   C. 市场行情　　　　　　　　　　D. 客户信用
   E. 贸易术语

7. 备用信用证和一般跟单信用证的共同点有（　　）。
   A. 使用的范围相同
   B. 开证行承担独立的和第一性的付款责任
   C. 适用的国际惯例相同
   D. 都具有跟单性
   E. 同属银行信用

8. 以开证行所负的责任为标准,信用证可分为（　　）。
   A. 保兑信用证　　B. 不保兑信用证　　C. 不可撤销信用证
   D. 可撤销信用证　E. 循环信用证

9. 在国际货款支付中,托收和信用证（　　）。
   A. 两者使用的汇票都是商业汇票
   B. 两者使用的汇票都是银行汇票
   C. 托收使用商业汇票,信用证使用银行汇票
   D. 托收使用银行汇票,信用证使用商业汇票
   E. 两者都有可能不使用汇票

10. 一般情况下,银行保证书的基本当事人有（　　）。
    A. 委托人　　　　B. 受益人　　　　C. 保证人
    D. 通知行　　　　E. 转让行

三、判断题
1. 如果信用证中没有注明"可转让",则认为该信用证是不可以转让的。（　　）
2. 银行保证书和备用信用证都属于银行信用。（　　）
3. 根据 UCP600 的规定,银行不应该开立可撤销信用证。（　　）
4. 在承兑交单情况下,是由代收行对汇票进行承兑后,向进口商交单。（　　）
5. 在票汇情况下,买方购买银行汇票径寄卖方,因采用的是银行汇票,故这种付款方式属于银行信用。（　　）
6. 在一般情况下,汇票一经付款,出票人对汇票的责任即告解除。（　　）
7. 贴现是指远期汇票经承兑后,汇票持有人在汇票尚未到期前在贴现市场上转让,受让

人扣除贴现息后将票款付给出票人的行为,或是指银行购买未到期票据的业务。(   )

8. 和信汇相比,电汇收取外汇的时间较短,出口商可尽快收回货款,加速资金周转,节约利息支出,同时由于收汇时间短,一定程度上可减少汇率波动的风险。(   )

9. 信用证修改申请可以由受益人直接向开证行提出。(   )

10. 在信用证结算情况下,通知行没有鉴别信用证真伪的责任。(   )

四、名词解释

汇票　　保付支票　　汇付　　托收　　付款交单　　承兑交单　　信用证
银行保证书　　备用信用证　　出口保证书　　循环信用证

五、问答题

1. 汇票的必备内容有哪些?
2. 本票和汇票的区别体现在哪些方面?
3. 汇付方式有哪些特点?
4. 托收方式对进口方而言,其有利作用主要体现在哪些方面?
5. 信用证的特点有哪些?
6. 请以即期跟单议付信用证为例简述信用证的收付程序。
7. 备用信用证和一般跟单信用证的区别主要有哪些?

【案例分析】

1. 我国某外贸公司以CIF向美国出口一批货物,合同的签订日期为2023年5月3日。到5月28日由日本东京银行开来了即期L/C,金额为1 000万日元,L/C中规定装船时间为6月份,偿付行为美国的花旗银行。我国中国银行收证后于6月1日通知出口公司。6月4日我方获悉国外进口商因资金问题濒临破产倒闭。在此情况下,我方应如何处理?

2. 我国某出口商和外商签订了CIF出口合同,合同规定2023年9月份装船。买方如期开来的信用证规定,装船时间不得迟于9月30日。因安排轮船困难,我出口方无法在9月30日以前装船,于是立即去电要求买方将装船时间延长至10月31日,买方来电表示同意。但我方在10月15日装船完毕后,持全套单据向银行办理议付时却遭银行拒付,请问银行的做法是否合理?为什么?我出口商应如何处理?

3. 我国某外贸公司与荷兰某进口商在2023年10月间按CIF术语签订了出口金额为100万欧元的服装合同,支付方式为即期信用证。荷兰进口商如期通过银行开来符合合同要求的信用证,其中保险金额为发票金额加10%。我方正在备货期间,荷兰商人通过银行传递给我方一份信用证修改书,内容为将投保金额改为按发票金额加30%。我方按原证规定投保、发货,并于货物装运后在信用证有效期内向议付银行提交全套装运单据。议付行议付后将全套单据寄往开证行,开证行以保险单与信用证修改书不符为由拒付。试问,开证行拒付的理由是否合理?为什么?

4. 我国某出口商收到当地中国银行分行(通知行)转递的、由日本东京银行开来的SWIFT信用证一份,金额为1 000万日元,用于购买我国土特产,目的港为日本东京,证中有下列条款:

(1)检验证书于货物装运前开立并由开证申请人授权的签字人签字,该签字必须由开证行检验。

（2）货物只能由开证申请人指定的船只运输，并由开证行给通知行加押电通知后装运，而该加押电必须随同正本单据提交议付。

问：如果你是出口商，这样的信用证可否接受？为什么？

5. 我国某出口公司向日本某进口商以 D/P 即期推销某商品，对方答复：如我方接受 D/P 在见票后 90 天，并通过该进口商指定的 A 银行作为代收行则可接受。请分析日方提出此项要求的出发点是什么？

项目十一　拟订争议的预防和处理条款

【项目介绍】

本项目共有四个任务：

任务一　拟订商品的检验条款

要求学生掌握检验的时间和地点、检验机构和检验证书以及合同当中的检验检疫条款。

任务二　拟订异议和索赔条款

要求学生了解发生争议和索赔的原因及合同中的异议和索赔条款。

任务三　拟订不可抗力条款

要求学生了解不可抗力的含义、法律后果以及合同中的不可抗力条款。

任务四　拟订仲裁条款

要求学生了解仲裁的含义、特点、仲裁程序及合同中的仲裁条款。

【项目目标】

知识目标：掌握进出口货物的检验和索赔的基本知识，为订好合同的索赔条款和解决争议纠纷奠定基础；了解不可抗力的含义，掌握不可抗力事件的认定与处理原则；了解仲裁的意义和仲裁协议的作用，掌握仲裁条款的内容以及仲裁规则和仲裁裁决的执行等基本知识。

能力目标：能正确地拟订商品的检验条款、异议和索赔条款、不可抗力条款及仲裁条款，并能处理相关的实际问题。

【案例导入】

2022年10月，我国某公司与国外某公司签订了一个购买生产食品的二手生产线合同，共10条生产线，价值50多万欧元。合同规定，卖方保证设备在拆运前均能正常运转，否则更换或退货。合同同时规定如要索赔，需有"货到现场后15天内"由商检部门出具的检验证明。

设备在运抵目的地后我方发现，部分设备在拆运前早已停止使用，在目的地装配后也因部分设备损坏根本无法马上投产使用。但是，由于货物运抵工厂并进行装配已经超过15天，所以无法在这个期限内向对方索赔。后来，我国该公司又重新进口了部分设备，以及主要的零部件，结果直接经济损失达30多万欧元。请分析该案例。

【分　析】　该案例的关键问题是我国某公司忽略了检验和索赔这两个重要环节，特别是索赔有效期的问题。事实说明，索赔有效期定得不合理，其他条款写得再好也都成了空话。因此，有关争议的预防和处理条款（正如本案例中的检验和索赔条款）同样应引起足够的重视。

任务11.1　拟订商品的检验条款

11.1.1　商品检验的意义

商品检验（Commodity Inspection）是指进出口商品检验机构对商品的品质、重量、数量、包装、安全、卫生、短损等方面进行检验、检疫或鉴定，以确定商品是否符合合同的要求及责任的归属,并出具相应的检验证书的行为。

在国际贸易中,卖方所交货物的品质、数量、包装等必须符合合同规定,因此,对商品进行检验并出具检验证书,是一个不可缺少的环节。但在国际贸易中,大多数场合下买卖双方并不是当面交接货物,而且在长途运输和装卸过程中,又可能由于各种风险和承运人等的责任而造成货差或货损;所以买卖双方为了便于分清责任,确认事实,常常在合同中约定由独立的第三方商检机构对商品进行检验并出具检验证书。这种由商检机构出具的检验证书,已成为国际贸易中买卖双方交接货物和索赔的主要依据,同时也是结算货款的主要依据。

《中华人民共和国进出口商品检验法实施条例》规定:"法定检验的进口商品未经检验的,不准销售,不准使用","法定检验的出口商品未经检验或者经检验不合格的,不准出口"。

《联合国国际货物销售合同公约》第 38 条规定:"① 买方必须在按情况实际可行的最短时间内检验货物或由他人检验货物。② 如果合同涉及货物的运输,检验可推迟到货物到达目的地后进行。③ 如果货物在运输途中改运或买方需再发运货物,没有合理机会加以检验,而卖方在订立合同时已知道或理应知道这种改运或再发运的可能性,检验可推迟到货物到达新目的地后进行。"

11.1.2 检验的时间和地点

《联合国国际货物销售合同公约》和各国法律都规定,买方有权对其所购货物进行检验,如果发现货物与合同规定不符,而确属卖方责任的,买方有权表示拒收,并有权索赔;但是,各国法律对于何时何地进行检验并没有统一规定。在国际贸易的实践中,规定检验的时间和地点的基本做法主要有以下三种:

1. 在出口国检验

在出口国检验一般可分为在产地检验及在装运前或装运时检验两种做法:

(1) 在产地检验

即在货物离开生产地点前,由卖方的检验人员或其委托的检验机构或买方的验收人员或其委托的检验机构,对商品进行检验或验收。

(2) 在装运前或装运时检验

即以离岸品质和重量(或数量)为准(Shipping Quality and Weight or Quantity as Final)。具体做法是在装运前由买卖双方委托的检验机构对商品进行检验;而对于有些散装货物采用传送带或其他机械操作办法装船的,其抽样检验和衡量工作,一般是在装运时进行。

由于在出口国检验,商品的品质和重量(或数量)以在工厂检验或在装运前或装运时检验结果为准,所以卖方只承担货物到检验为止的相应责任,在运输途中品质和重量(或数量)等发生的风险将由买方负担。由此可见,这种做法对卖方较为有利。

2. 在进口国检验

在进口国检验一般可分为在目的港(地)卸货时检验与在买方营业处所或最后用户所在地检验两种做法。

(1) 在目的港(地)卸货时检验

即以到岸品质和重量(或数量)为准(Landing Quality and Weight or Quantity as Final)。具体做法是在货物抵达目的港(地)卸货后,在约定的时间内进行检验,并以其商品的检验结果作为货物质量和重量(或数量)的最后依据。商品检验地点可能因商品性质的不同而不同,一般货物可在码头仓库进行检验,易腐货物通常应于卸货后,在关栈或码头尽快进行检验。

(2) 在买方营业处所或最后用户所在地检验

对于一些不便在目的港(地)卸货时检验的货物,例如:对于密封包装的商品,打开包装可能有损于货物质量或会影响使用;精密程度高仪器或是需要安装后才能使用的设备,一般不能在卸货地进行检验,需要将检验延迟到在买方营业处所或最后用户所在地进行检验。此种做法,货物的品质和重量(数量)是以买方营业处所或最后用户所在地的检验结果为准。

采用在进口国进行检验的做法时,商品的品质和重量(或数量)以在目的港(地)卸货时检验或在买方营业处所或最后用户所在地检验结果为准,因此,卖方应承担货物在运输途中的相应风险。由此可见,这种做法对买方较为有利。

3. 在出口国检验、在进口国复验

这种做法是货物在出口国(一般是在装运前)进行商品检验,由卖方凭商检证书连同其他装运单据,交银行议付货款。货物抵达目的港后,再由买卖双方约定的检验机构对货物进行复检,如发现货物的品质或重量(数量)与买卖合同规定不符,买方有权在规定的时间内提出异议,并向有关责任人索赔。

由于这种做法对买卖双方来说都比较方便且公平合理,所以为世界上大多数当事人所接受,因而在国际贸易中使用也最多。目前,我国对外签订的买卖合同,大多采用的也是这种做法。

11.1.3 检验机构和检验证书

1. 检验机构

1) 国际商品检验机构

国际商品检验机构按其性质可分为三种类型:

① 官方检验机构,即由政府进行投资,并按照国家有关的法律、法规或条例对出入境商品实施检验检疫及监管的机构。

② 半官方检验机构,是指由政府授权或代表政府对某些出入境商品实施检验检疫即监管的非官方机构。

③ 非官方机构,即由私人进行投资的、具有专业检验能力的检验公司、公证行、行业协会等。

国际上的检验机构很多,比较著名的有:美国食品药物管理局、美国粮谷检验署、美国保险人实验室(又称美国安全实验所)、法国国家实验室检测中心、日本通商产业检查所、日本海事鉴定协会、日本海外货物检查株式会社、瑞士通用公证行、国际羊毛局、英国英之杰检验集团等。

2) 我国的商品检验机构

根据《中华人民共和国进出口商品检验法实施条例》第2条的规定,中华人民共和国国家质量监督检验检疫总局(简称国家质检总局)主管全国进出口商品的检验工作。国家质检总局设在省、自治区、直辖市以及进出口商品的口岸、集散地的出入境检验检疫局及其分支机构(简称出入境检验检疫机构),各管理所负责地区的进出口商品检验工作。

出入境检验检疫机构有三项基本任务:

(1) 对进出口商品实施法定检验

法定检验指根据法律规定,对某些商品必须实施的强制性的检验或检疫。《中华人民共和国进出口商品检验法实施条例》规定,国家质检总局应当依照商检法即《中华人民共和国进出口商品检验法》的规定:"制定、调整必须实施检验的进出口商品目录(简称目录)并公布实施"。该条例同时还规定:"出入境检验检疫机构对列入目录的进出口商品以及法律、行政法规规定需经出入境检验检疫机构检验的其他进出口商品实施检验"。

(2) 对法定检验外进出口商品实施抽查检验

《中华人民共和国进出口商品检验法实施条例》第4条规定:"出入境检验检疫机构对法定检验以外的进出口商品,根据国家规定实施抽查检验。"

(3) 对进出口商品的质量和检验工作实施监督管理

对进出口商品的质量和检验工作实施监督管理,是通过行政管理手段,推动和组织有关部门对进出口商品按规定进行检验。其基本内容包括:对其检验组织机构、检验人员和设备、检验制度、检验标准、检验方法和检验结果等进行监督检查;对其他与进出口商品检验有关的工作进行监督检查;对进出口商品实施质量认证、质量许可制度,加贴检验检疫标志或封识以及指定、认可、批准检验机构等工作。

2. 检验证书

检验证书(Inspection Certificate)是指商品检验机构对进出口商品进行检验、检疫或鉴定后出具的书面证明性文件。

检验证书的种类很多,在实际业务中,常见的检验证书主要有:

① 品质检验证书,是证明进出口商品品质、规格的证书。

② 重量或数量检验证书,是证明进出口商品重量或数量的证书。

③ 兽医检验证书,是证明出口动物产品或食品经过检疫合格的证书。

④ 卫生/健康证书,是证明可供人类食用的出口动物产品、食品等经过卫生检验或检疫合格的证书。

⑤ 消毒检验证书,是证明出口动物产品经过消毒处理,保证安全卫生的证书。

⑥ 熏蒸证书,是用于证明出口粮谷、油籽、豆类、皮张等商品,以及包装用木材与植物性填充物等,已经过熏蒸灭虫的证书。

⑦ 残损检验证书,是证明进口商品发生残、短、渍、毁等情况的证件。

⑧ 其他检验证书,如积载鉴定证书、财产价值鉴定证书、船舱检验证书、货载衡量检验证书等。

11.1.4 合同中的检验条款

1. 国际货物买卖合同中的检验条款的内容

国际货物买卖合同中的检验条款一般包括的内容有:有关检验权的规定、检验的时间和地点、检验机构、检验项目及检验证书。必要时,在合同中应标明明确适用的检验标准和检验方法。

订立检验条款应注意的问题:

① 明确规定商品检验的时间和地点。在国际贸易中,使用最多、而且也较合理的规定检验的地点是在出口国进行检验,在进口国复验。一般规定在货物装运前或装运时检验,复验地点一般为目的港,机器设备可在目的地检验。复验时间不宜过长,通常视商品的性质而言,一

般为货到目的港后 30 至 180 天不等。

② 明确规定买卖双方对进出口商品进行检验和复验的机构,以示确立其合法性;明确出具检验和检疫证书的名称和份数,以满足不同部门的需要。

③ 检验条款应避免和合同中的其他条款相矛盾,例如,与合同中的索赔条款或信用证条款相矛盾。

2. 国际货物买卖合同中的检验条款示例

检验条款

示例 1:It is mutually agreed that the goods are subject to the Inspection Certificate of Quality and Inspection Certificate of Quantity issued by Changzhou Entry – Exit Inspection and Quarantine Bureau. The certificates shall be binding on both parties.

买卖双方同意以常州出入境检验检疫局签发的品质及数量检验证书为最后依据,该证书对双方均有约束力。

示例 2:Before shipment the manufacturer should make a precise inspection of the quality and quantity of the goods, and issue Quality Certificate and Quantity Certificate indicating the goods in conformity with the stipulation of the contract. The certificates are one part of the documents presented to the bank for negotiation and should not be considered as final regarding quality and quantity. Besides this, the manufacturer should put the written report of the inspection in the Quality Certificate.

在装运前,制造商应就货物的质量和数量做出准确的检验,并出具货物与本合同规定相符的品质和数量检验证书。该证书为议付时向银行交单的一部分,但不作为货物质量及数量的最后依据。此外,制造商应将检验的书面报告附在品质检验证书内。

任务 11.2 拟订异议和索赔条款

11.2.1 发生争议的原因

在进出口贸易中,买卖双方在履行合同中发生争议有时是不可避免的。发生争议的原因很多,主要有合同方面的原因以及违约方面的原因。

1. 合同方面的原因

因合同发生争议的原因主要有以下几点:

① 合同条款的内容不明确,即合同中虽订有某些条款,但条款内容不明确、模糊,从而导致争议和纠纷的发生。例如买卖合同中关于装运时间规定"卖方收到信用证后应立即装运",由于目前国际上对"立即装运"尚无统一的解释,结果就导致了争议和纠纷的发生。

② 合同内容与交易磋商的内容不一致,即拟订合同的一方没有完全按照交易磋商的内容去拟订合同条款,而另一方在签章时没有发现。

③ 合同内容不严密或不完整,例如,合同条款有关买卖双方的责任权利规定不明确,双方权利义务不对等,片面地规定约束一方的条款,对双方的约束力不同。如合同中规定:"出口商应在收到信用证后的 15 天内装运全部货物",但合同却并没有规定进口商何时将信用证开给出口商。

④ 合同条款之间不一致,例如,合同中的保险条款规定由卖方办理保险,投保一切险;但合同中的信用证条款中却规定"卖方交单时应提供包含一切险和战争险的保险单"。

⑤ 其他有关合同方面的原因,例如,买卖双方对合同中的有关国际惯例或不可抗力等条款理解不一致等。

2. 违约方面的原因

因违约发生争议的原因主要有两点:

(1) 卖方违约

卖方违约主要表现为卖方未按合同规定的时间交货;因卖方行为不当而使所交货物的品质或数量(重量)与合同不符;货物由于包装不慎或包装物不符合合同规定而导致货物破损;货物因包装不良或包装物出现问题而导致货物漏失;不提供或未能按合同和信用证规定的提供单据或单据内容不符等。

(2) 买方违约

买方违约主要表现为:买方故意不开信用证或迟开信用证;买方开来的信用证内容故意不符合合同的规定;买方无理拒收货物;在买方负责运输的情况下,不按时派船、指定承运人和指定交货地点等。

【课堂讨论】

我国某公司以 CIF 伦敦出口食品 1 000 箱,计 20 000 公吨,即期信用证付款,投保一切险和战争险。但是,货物到达目的港后,按合同规定,进口地的检验机构对该批货物进行复验,发现以下问题:① 货物数量只有 999 箱,但提单上显示是"1 000 箱";其中的 10 箱货物外包装状况良好,但每箱货物均短少 10 千克;有 10 箱货物的包装因在运输过程中受海水浸泡而使食品变质。② 抽查了 100 箱包装完好的货物,发现食品中所含沙门氏细菌的数量远远超过了合同的规定标准。请讨论:进口商应向谁索赔?为什么?

11.2.2 合同中的异议和索赔条款

1. 基本内容

异议和索赔条款主要是针对货物质量、数量或包装等不符合合同的规定而订立的。异议和索赔条款一般包括索赔依据、索赔期限、索赔金额以及索赔的处理办法等内容。

1) 索赔依据

合同当事人在提出索赔时,必须有充分的依据,即索赔依据。索赔依据包括法律依据和事实依据,法律依据是指买卖合同和有关法律的规定;事实依据是指违约的事实和情节及有关的证明。买卖合同中有关索赔依据的条款主要包括索赔时提供的证据和出具证明的机构,如果证据不全或不清、出证机构不符合合同的规定,都可能遭到对方拒赔。

2) 索赔期限

索赔期限又称索赔的有效期限,是指索赔方向违约方提出赔偿要求的有效时限。索赔期限的规定方法一般有两种:约定索赔期限和法定索赔期限。约定索赔期限是指买卖合同中规定的索赔期限;法定索赔期限是指有关法律规定的索赔期限。

3) 索赔金额

索赔金额一般在买卖合同中只做笼统的规定,因为双方当事人在订约时很难预计未来货物受损的程度,从而难以确定索赔金额。

如果买卖合同中约定了损害赔偿的金额或计算赔偿金额的方法,则索赔方可按约定的赔偿金额或按照赔偿额的计算方法计算出赔偿金额,提出索赔。

4)索赔的处理办法

被索赔方对索赔方提出的赔偿进行处理即理赔。索赔和理赔是一个问题的两个方面。为了使损失发生后,索赔和理赔工作顺利进行,买卖合同不仅要对索赔做出规定,而且还要规定索赔的处理办法(理赔的办法),如:卖方应在收到买方索赔书的15天内做出书面答复,并提出相应的处理意见。

2. 异议和索赔条款示例

Any discrepancy about quality should be presented within 20 days after the arrival of the goods at the port of discharge. Any discrepancy about quantity should be presented within 10 days after the arrival of the goods at the port of discharge. In both of cases, the buyer should provide the seller with the certificates issued by the related inspection organization. If the seller is liable that he should send the reply together with the proposal for settlement within 15 days after receiving the said discrepancy.

有关品质的异议应于货物到达卸货港20天内提出,数量异议须于货物到达目的港10天内提出,均需提供相关检验机构的证明。如属卖方责任,卖方应予以收到异议15天内答复,并提出处理意见。

【课堂讨论】

上海某外贸公司以CFR条件向美国出口一批小五金工具。买卖合同中规定,买方应在货物到目的港后30天内进行检验,并凭某检验机构的检验证书提出索赔。我公司按期发货,美国客户也如期凭单支付了货款。半年后,我公司收到美国客户的索赔文件,称上述小五金工具有50%已锈损,并附有合同规定的检验机构出具的检验证书。请讨论,对美国客户的索赔要求,我公司应如何处理?

任务11.3 拟订不可抗力条款

11.3.1 不可抗力的含义和认定

不可抗力(Force Majeure)或称不可抗拒力,是指买卖合同签订后,由于发生了合同当事人无法预见、无法预防、无法避免和无法控制的事件,以致履约方不能履行或不能如期履行合同。

根据我国的法律规定,不可抗力是指"不能预见、不能避免并不能克服的客观情况"。《联合国国际货物销售合同公约》第79条规定:"当事人不履行义务,不负责任,并能证明此种不履行义务是由于某种非他所能控制的障碍所造成的,而且对于障碍,没有理由预期他在订立合同时能考虑到或能避免及克服它。"

尽管对不可抗力的说法不一,但一般认为构成不可抗力应当具备以下条件:

① 事件必须发生在合同成立之后;
② 事件不是由于合同当事人的故意、过失或疏忽造成的;
③ 事件的发生及其造成的后果是当事人无法预见、无法控制、无法避免和无法克服的。

引起不可抗力事件的原因有自然原因和社会原因两种:自然原因是指发生洪水、海啸、干旱、暴风雪、地震等人类无法控制的自然界力量所引起的灾害;社会原因是指发生战争、罢工、政府禁令(如禁止某些商品的进出口)等事件。但对不可抗力的认定应是严格和慎重的,要把不可抗力与某些贸易风险,如怠工、关闭工厂、船期变更等区别开来,防止当事人随意扩大不可抗力事件的范围,推卸应承担的责任。因此,不能错误地认为,所有自然原因和社会原因引起的事件都属于不可抗力事件。

11.3.2 不可抗力的法律后果

买卖合同中的不可抗力条款属于免责条款,即如果发生不可抗力事件,致使合同无法得到全部、部分或如期履行的,有关当事人可依据法律或合同的规定,免除其相应的责任,即可解除合同或变更合同,并对由此而给另一方当事人造成的损害免负赔偿责任。

但不可抗力事件发生后,合同是否继续履行,要根据不可抗力事件对履行合同影响的程度而定,如果不可抗力事件造成的后果使当事人无法继续履行合同,则可以解除合同;如果不可抗力事件的发生只是暂时影响合同的履行,则一旦事故消除,当事人应该继续履行合同。《联合国国际货物销售合同公约》规定,一方当事人享受的免责权利只对履约障碍存在期间有效。如果合同未经双方同时宣告无效,则合同关系继续存在;一旦履行障碍消除,双方当事人仍需继续履行合同义务。再者,一方当事人对于上述障碍不履行合同义务的免责,只以免除损害赔偿的责任为限,而且不妨碍另一方行使《公约》规定的要求损害赔偿以外的任何权利。

但是,不可抗力事件发生后,一方当事人要取得免责的权利,必须及时通知另一方,并提供必要的证明文件,在通知中提出处理意见。一方接到对方的不可抗力的通知和证明文件后,应及时答复,否则将被视做默认。

【课堂讨论】

有一份国际货物买卖合同,卖方 A 出售一批原料给买方 B,合同规定在 2022 年 6 月份交货。但 2022 年 5 月 30 日,A 的工厂遭雷击失火,导致部分生产设备及仓库烧毁。到 7 月 1 日,B 未见来货,便向 A 查问,并催促交货。这时 A 才把失火的情况通知 B,并以不可抗力为理由,要求解除合同。B 由于急需原料生产,于是立即从市场补购了替代物,但由于市场价格上涨,货款支出比合同价款多支付了 10 万美元。试问 B 能否要求 A 赔偿损失?为什么?

11.3.3 合同中的不可抗力条款

1. 基本内容

为避免因发生不可抗力事件引起不必要的争议和纠纷,买卖双方通常会在买卖合同中订立不可抗力条款。国际货物买卖合同中的不可抗力条款主要包括不可抗力的性质和范围、对不可抗力事件的处理方法、不可抗力事件发生后通知对方的期限与方式、不可抗力事件的出证机构等内容。

1) 不可抗力事件的性质与范围

不可抗力事件的性质与范围,常见的规定方法有三种:

(1) 概括式规定

这种方法比较笼统,不具体规定哪些事件属于不可抗力事件,一般不宜采用。例如:由于发生不可抗力的原因,致使卖方不能部分或全部装运或延迟装运合同货物,卖方对于这种不能装运或延迟装运本合同货物不负有责任。

(2) 列举式规定

这种方法详细列举可能发生的不可抗力事件,即列举的事件属于不可抗力,没有列举的均不属于不可抗力。但这种规定方法不利于发生不可抗力的一方(一般为卖方),例如:由于发生战争、海啸、地震、洪水、火灾、雷击和暴风雪的原因,致使卖方不能全部或部分装运或延迟装运合同货物,卖方对于这种不能装运或延迟装运本合同货物不负有责任。

(3) 综合式规定

这种规定是概括式和列举式的综合。此方法既具体明确,又有灵活性,是种可取的办法。不足之处是,如发生了列举之外的事件,对判断其是否属于不可抗力,则可能会引起争议。例如发生战争、海啸、地震、洪水、火灾、雷击和暴风雪的原因或双方同意的其他不可抗力事件,致使卖方不能全部或部分装运或延迟装运合同货物,卖方对于这种不能装运或延迟装运本合同货物不负有责任。

2) 对不可抗力事件的处理

对不可抗力事件的处理主要有解除合同和变更合同两种,变更合同指合同内容的变更,包括替代履约、减少履约和延迟履约等。

3) 不可抗力事件发生后通知对方的期限与方式

在不可抗力条款中要具体规定事件发生后通知对方的期限与方式,如一方遭受不可抗力事件之后,应以电讯方式在24小时之内通知对方,并在15天内以航邮的方式提供事件的详细情况、对合同履行影响程度等内容的书面证明文件。

4) 不可抗力事件的出证机构

即在合同中规定发生事件的一方在规定时限内,向对方提供由指定机构出具的证明文件,作为不可抗力事件的证明。在国外,出证机构大多是事发地的商会、注册公证行;在我国,出具证明文件的机构一般是中国国际贸易促进委员会。

2. 不可抗力条款示例

If the shipment is delayed by the reason of war, fire, earthquake, flood or other causes of Force Majeure. The seller shall not be liable for the results. However, the seller shall notify the buyer by cable and furnish the buyer by registered Air—Mail with a certificate attesting such event(s) issued by China Council for the Promotion of International Trade.

如因战争、火灾、地震、水灾或其他不可抗力的原因,致使卖方延迟装运,卖方对此不承担责任,但卖方应用电报通知买方,并以航空信件向买方提供由中国国际贸易促进委员会出具证明该事件的证书。

任务 11.4 拟订仲裁条款

11.4.1 仲裁的含义和特点

1. 仲裁的含义

所谓仲裁(Arbitration)是指买卖双方签订书面协议,自愿将争议提交双方所同意的仲裁机构进行裁决(Award)以解决争议的一种方式,该裁决是终局性的,对双方均有约束力,双方必须遵照执行。

仲裁机构是属于社会性民间团体所设立的组织,不是国家政权机关,不具有强制管辖权,对争议案件的受理,以当事人自愿为基础。中国国际经济贸易仲裁委员会(China International Economic and Trade Arbitration Commission,简称 CIETAC),同时启用中国国际商会仲裁院的名称,是我国常设的涉外经济贸易的仲裁机构。仲裁委员会总会设在北京,并在上海、深圳、重庆和天津分别设有仲裁委员会上海分会、华南分会、西南分会和天津仲裁中心,另设有若干个专门委员会、行业委员会和办事处。中国国际经济贸易仲裁委员会受理争议的范围包括:国际的或涉外的争议案件;涉及中国香港特别行政区、中国澳门或台湾地区的争议案件;国内的争议案件。

2. 仲裁的特点

由仲裁的含义不难看出,仲裁具有两个明显的特点:

① 自愿性,即争议双方提交仲裁是自愿的。仲裁机构对争议案件的受理,以当事人自愿为基础。我国《仲裁法》第 4 条规定:"当事人采用仲裁方式解决纠纷,应当双方自愿,达成仲裁协议;没有仲裁协议,一方申请仲裁的,仲裁委员会不予受理。"

② 强制性,这是指仲裁裁决的结果,即仲裁裁决的结果对双方均有约束力,双方必须遵照执行。

11.4.2 仲裁协议的形式和作用

1. 书面仲裁协议的形式

在我国,解决国际贸易争议的仲裁协议必须是书面的。许多国家的立法、仲裁规则及一些国际公约也规定,仲裁协议必须以书面形式签订。

仲裁协议包括合同中订立的仲裁条款和以其他书面方式在纠纷发生前或者纠纷发生后达成的请求仲裁的协议。

(1) 合同中订立的仲裁条款

它是指双方当事人在签订合同时订立的、表示同意将可能发生的争议提交仲裁裁决的内容。

(2) 以其他书面方式达成的请求仲裁的协议

它是双方当事人在纠纷发生前或者纠纷发生后,表示同意将已经发生的争议提交仲裁裁决的协议。这种协议可以采用协议书的形式,也可以通过双方的往来函件、电报或电传来表示。

2. 仲裁协议的作用

按照我国和多数国家仲裁法的规定,仲裁协议的作用主要有以下三方面:

(1) 表明双方当事人是自愿提交仲裁的

仲裁协议表明双方当事人在发生争议时自愿以仲裁的方式解决,而不得向法院起诉。

(2) 使仲裁机构取得对争议案件的管辖权

任何仲裁机构都无权受理没有仲裁协议的案件,这是仲裁的基本原则。

(3) 排除法院对于争议案件的管辖权

仲裁协议对当事人具有约束力,仲裁协议具有排除法院管辖权的作用,法院不得受理就同一争议事项提出诉讼的案件。

上述三方面的作用既是相互联系、相互制约,又是不可分割的。

11.4.3 仲裁程序

仲裁程序(Arbitration Procedure)是指进行仲裁的过程和做法，主要包括提交仲裁申请、仲裁庭的组成、仲裁审理和作出裁决等环节。

1. 提交仲裁申请

仲裁申请是仲裁机构受理争议案件的前提，也是仲裁程序开始的首要手续。各国法律对申请书的规定不一。在我国，根据《中国国际经济贸易仲裁委员会仲裁规则》第14条规定："申请书应写明：① 申诉人和被申请人的名称和地址（邮政编码、电话、电传、传真和电报号码，如有，也应写明）；② 申诉人所依据的仲裁协议；③ 案情和争议要点；④ 申诉人的请示及所依据的事实和证据。仲裁申请书应由申诉人及/或申诉人授权的代理人签名及/或盖章。"

申请人提交仲裁申请书时，应当附具本人要求所依据的事实的证明文件，指定一名仲裁员，或者委托仲裁委员会主席指定，并预缴一定数额的仲裁费。如果委托代理人来办理仲裁事项或参与仲裁的，应提交书面委托书。

仲裁机构收到仲裁申请书及其附件后，经过审查，认为申请仲裁的手续已经完备，应立即向被申请人发出仲裁通知，并将申请人的仲裁申请书及其附件，连同仲裁委员会的仲裁规则、仲裁员名册和仲裁费用表各一份，发送给被申请人。

被申请人应在收到仲裁通知之日起20天内在仲裁委员会仲裁员名册中指定一名仲裁员，或者委托仲裁委员会主席指定；在收到仲裁通知之日起45天内向仲裁委员会秘书局提交答辩书及有关证明文件。被申请人如有反请求，最迟应在收到仲裁通知之日起60天内以书面形式提交仲裁机构。被申请人提出反请求时，应在其书面反请求书中写明具体的反请求要求及其理由，以及所依据的事实和证据，并随附有关的证据文件。被申请人提出反请求时，也应当按照仲裁委员会的规定预缴仲裁费。

2. 仲裁庭的组成

根据《中国国际经济贸易仲裁委员会仲裁规则》的规定，仲裁庭可以由3名仲裁员或者1名仲裁员组成。由3名仲裁员组成的，设首席仲裁员。当事人约定由3名仲裁员组成仲裁庭的，应当各自选定或者各自委托仲裁委员会主任指定一名仲裁员，第3名仲裁员由当事人共同选定或者共同委托仲裁委员会主任指定。第3名仲裁员是首席仲裁员。当事人约定由一名仲裁员成立仲裁庭的，应当由当事人共同选定或者共同委托仲裁委员会主任指定仲裁员。

被指定的仲裁员，与案件有利害关系的，应当自行向仲裁委员会披露并请求回避，然后由仲裁委员会主席作出其是否回避的决定。仲裁员因回避或者由于其他原因不能履行职责的，应按照原指定该仲裁员的程序，重新指定替代的仲裁员。替代的仲裁员经指定后，由仲裁庭决定以前进行过的全部或部分审理是否需要重新进行。

3. 仲裁审理

仲裁庭审理案件的形式有两种：一是书面审理，即经双方当事人申请或者征得双方当事人同意，仲裁庭也认为不必开庭审理的，仲裁庭可以只依据书面文件进行审理并做出裁决。二是开庭审理，即按照仲裁规则的规定，采取不公开审理，如果双方当事人要求公开进行审理的，由仲裁庭做出决定。

根据《中国国际经济贸易仲裁委员会仲裁规则》的规定，仲裁案件第一次开庭审理的日期，经仲裁庭决定后，由秘书局于开庭前20天通知双方当事人。当事人有正当理由的，可以请求延期,但必须在开庭前 10 天以书面向秘书局提出;是否延期,由仲裁庭决定。第一次开庭审理以后的开庭审理的日期的通知,不受 20 天期限的限制。

4. 作出裁决

作出裁决是仲裁程序的最后一个环节。作出裁决后,审理案件的程序即告终结,因而这种裁决被称为最终裁决。

根据《中国国际经济贸易仲裁委员会仲裁规则》的规定,仲裁庭应当在组庭后九个月内作出仲裁裁决书。在仲裁庭的要求下,仲裁委员会认为确有必要和确有正当理由的,可以适当延长期限。由 3 名仲裁员组成的仲裁庭审理的案件,仲裁裁决依多数仲裁员的意见决定;仲裁庭不能形成多数意见时,仲裁裁决依首席仲裁员的意见作出。

在我国,仲裁实行的是一裁终局制,《中国国际经济贸易仲裁委员会仲裁规则》第 60 条规定:"仲裁裁决是终局的,对双方当事人均有约束力。任何一方当事人均不得向法院起诉,也不得向其他任何机构提出变更仲裁裁决的请求。"

需要说明的是,为了满足某些争议案件当事人的要求,简化仲裁程序,提高仲裁效率,对于争议金额不超过人民币 50 万元的,或争议金额超过人民币 50 万元但经一方当事人书面申请并征得另一方当事人书面同意的,可以适用简易仲裁程序。

11.4.4 仲裁裁决的承认和执行

仲裁裁决是终局的,对双方当事人均有约束力,当事人应当自觉履行裁决。但是,由于国际贸易的当事人往往涉及不同的国家或地区,就会出现一个国家的仲裁机构作出的裁决要由另一个国家的当事人去执行的问题;特别是在胜诉方国家的仲裁机构所作出的裁决,要求败诉方国家的当事人去执行时,就可能会面临很大困难。

为了解决在执行外国仲裁裁决问题上的困难,除通过双方国家签订协定就相互承认与执行仲裁裁决问题作出规定外,还订立了多边国际公约。其中,国际上最重要的是在联合国主持下于 1958 年在纽约缔结的《承认及执行外国仲裁裁决公约》(Convention on the Recognition and Enforcement of Foreign Arbitral Awards),简称《1958 年纽约公约》,其主要内容是要求缔约国承认双方当事人签订的仲裁协议的法律效力;承认根据仲裁协议所作出的仲裁裁决的法律效力,并有义务执行。

我国 1987 年 1 月 22 日递交加入书,该公约于 1987 年 4 月 22 日对我国生效。我国在参加《1958 年纽约公约》时作了两点保留:互惠保留声明和商事保留声明。互惠保留是指我国只在互惠的基础上承认和执行对在另一缔约国领土内作出的仲裁裁决。商事保留是指我国只承认和执行对属于契约性和非契约性商事法律关系争议作出的仲裁裁决。具体是指由于合同、侵权或者根据有关法律规定而产生的经济上的权利义务关系,例如货物买卖、财产租赁、工程承包等。

11.4.5 合同中的仲裁条款

1. 合同中仲裁条款的基本内容

国际买卖合同中的仲裁条款通常包括仲裁范围、仲裁地点、仲裁机构、仲裁规则和程序、仲裁裁决的效力等内容。

仲裁范围是指当事人提交仲裁解决的争议范围,也是仲裁庭依法管辖的范围,因为如果以后发生的争议超出了规定的范围,仲裁庭则无权受理,所以,有必要在合同的仲裁条款中明确仲裁范围。

仲裁地点与仲裁时适用的规则、程序和法律有密切的关系,因此,确定仲裁地点对当事人来说十分重要。在确定仲裁条款时,应首先争取规定在我国仲裁;如果争取不到在我国仲裁,可以选择在被申请方所在国仲裁;必要时,可以规定在双方同意的第三国仲裁。

仲裁费用一般规定由败诉方承担,有时也规定由仲裁庭酌情决定。

2. 仲裁条款示例

All disputes about the contract shall be settled through friendly negotiation. In case no settlement can be reached through negotiation, the case should be submitted to China International Economic and Trade Arbitration Commission(CIETAC). The arbitration shall be conducted in Shanghai. The decision by the said commission shall be final and binding upon both parties. The arbitration fees shall be borne by the losing party.

凡有关本合同所发生的一切争议,应通过友好协商解决,若通过协商达不成协议,则提交中国国际经济贸易仲裁委员会,仲裁在上海进行。该委员会的裁决为终局的,并对双方均有约束力,仲裁费由败诉方承担。

【课堂讨论】

申请人(买方)和被申请人(卖方)签订了买卖 1 000 套服装的一份 CIF 合同,采取预付货款的结算方式。申请人如期预付了全部 1 000 套服装的货款,但被申请人只在超过合同规定的装运期后的 15 天内装运了 500 套服装,其余服装至申请仲裁时尚未装运。在此情况下,申请人申请仲裁,要求被申请人退还未装运的 500 套服装的货款和利息,并按合同中的有关规定,向申请人支付罚款。被申请人辩称:货物迟交系船运方面发生故障所致;500 套服装未装运是因为生产商未按协议办事,所以他没有交付全部货物。如果你是仲裁员,你应该如何裁决?

【项目小结】

商品的检验条款、异议和索赔条款、不可抗力条款和仲裁条款是买卖双方为了预防争议的发生,或争议发生后使争议能得到恰当解决而签订的条款。

国际货物买卖合同中的检验条款一般包括:有关检验权的规定、检验的时间和地点、检验机构、检验项目、检验证书。必要时,可在合同中明确适用的检验标准和检验方法。

异议和索赔条款主要是针对货物质量、数量或包装等不符合合同的规定而订立的。异议和索赔条款一般包括索赔依据、索赔期限、索赔金额以及索赔的处理办法等内容。

买卖合同中的不可抗力条款属于免责条款。为避免因发生不可抗力事件引起不必要的争议和纠纷,通常在买卖合同中订立不可抗力条款,国际货物买卖合同中的不可抗力条款主要包括不可抗力的性质和范围、对不可抗力事件的处理方法、不可抗力事件发生后通知对方的期限与方式、不可抗力事件的出证机构等内容。

仲裁是解决争议的一种方式,仲裁的裁决结果是终局性的,对双方均有约束力,双方必须遵照执行。但是,由于国际贸易的当事人往往涉及不同的国家或地区,为了解决在执行外国仲裁裁决问题上的困难,除通过双方国家签订协定就相互承认与执行仲裁裁决问题作出规定外,还订立了多边国际公约,其中,国际上最重要的是《1958 年纽约公约》。国际买卖合同中的仲裁条款通常包括仲裁范围、仲裁地点、仲裁机构、仲裁规则和程序、仲裁裁决的效力等内容。

【项目自测】

一、单选题

1. 在我国出具不可抗力事件发生证明的一般是（　　）。
   A. 商务部　　　　　　　　　　　B. 中国国际贸易促进委员会
   C. 海关　　　　　　　　　　　　D. 商检局
2. 仲裁裁决是终局性的,这体现了仲裁的（　　）。
   A. 自愿性　　　B. 强制性　　　C. 灵活性　　　D. 迅速性
3. 国际上使用最多的是（　　）。
   A. 在出口国检验　　　　　　　　B. 在进口国检验
   C. 在出口国检验,在进口国复验　　D. 在进口国检验,在出口国复验
4. 不可抗力条款是一项（　　）。
   A. 维护卖方权益的条款　　　　　B. 维护买方权益的条款
   C. 免责条款　　　　　　　　　　D. 无法免责的条款
5. 仲裁的受理要有争议双方达成的仲裁协议,这体现了仲裁的（　　）。
   A. 灵活性　　　B. 强制性　　　C. 自愿性　　　D. 简便性

二、多选题

1. 国际货物买卖合同中的检验条款一般包括（　　）。
   A. 有关检验权的规定　　　　　　B. 检验的时间和地点
   C. 检验机构　　　　　　　　　　D. 检验项目
   E. 检验证书
2. 国际商品检验机构按其性质可分为三种类型（　　）。
   A. 官方检验机构　　　　　　　　B. 非官方检验机构
   C. 半官方检验机构　　　　　　　D. 用货单位或买方
3. 在国际贸易中,争议产生的原因主要有（　　）。
   A. 在履约过程中遭遇不可抗力事故
   B. 缔约双方中的一方故意不履约
   C. 当事人一方的过失或疏忽,导致合同不能履行
   D. 缔约双方对合同条款理解不一
4. 一般认为构成不可抗力应当具备以下条件（　　）。
   A. 事件必须发生在合同成立之后
   B. 事件必须发生在合同成立之前
   C. 事件不是由于合同当事人的过失或疏忽造成的
   D. 事件的发生及其造成的后果是当事人无法预见、无法控制、无法避免和无法克服的
5. 仲裁程序主要包括以下环节（　　）。
   A. 提交仲裁申请　　B. 仲裁庭的组成　　C. 仲裁审理　　D. 作出裁决

三、判断题

1. 国际买卖合同的买方认为卖方未能按照合同的规定履行义务而引起的纠纷是索赔。（　　）

2. 汇率变动和物价上升可能导致争议发生。（　　）
3. 我国常设的仲裁机构是法院。（　　）
4. 仲裁裁决结果是非终局性的。（　　）
5. 不可抗力属于免责条款。（　　）

四、名词解释
商品检验　　索赔期限　　仲裁　　不可抗力

五、问答题
1. 国际货物买卖合同中的检验条款的内容有哪些？
2. 国际货物买卖合同中的不可抗力条款有哪些？
3. 仲裁协议的作用有什么？

【案例分析】

我国某进口商和某国木材出口商签订了进口木材的合同，合同规定："如因不可抗力的原因，致使卖方延迟装运，甚至不能装运的，卖方对此不承担责任"。签约后不久，由于某国颁布禁令，禁止对木材的出口，致使某国出口商在合同规定期内难以履行合同，并以不可抗力为由要求解除合同。我方不同意对方要求，并提出索赔。请分析我方的索赔要求是否合理？为什么？

项目十二　签订书面合同

【项目介绍】
本项目共有两个任务：
任务一　书面合同的意义和种类
要求学生掌握签订书面合同的意义；了解书面合同的种类。
任务二　书面合同的结构与内容
要求学生了解书面合同的结构和内容。

【项目目标】
知识目标：掌握签订书面合同的意义；了解书面合同的种类、结构和内容。
能力目标：能够在思想上重视签订书面合同的意义，并能根据交易磋商的内容，正确地拟订和签订书面合同。

【案例导入】
我国某公司与外商磋商出口机电产品，经往来函电协商，已经就合同的基本条款达成协议。但是，我方出于谨慎的需要，因而在所发的接受函中标明"以签署购货合同为准"的字样。事后，外商拟好购货合同书，要求我方确认，但我方认为其中个别条款需要修改。此时，恰遇该机电产品市场价格上涨，故我方拒绝对购货合同书进行确认。试分析这一拒绝是否合理。

【分　析】 在本案中，因我方在其接受函中已标明"以签署购货合同为准"字样，所以，此时签订书面合同是合同生效的条件，故我方拒绝对购货合同书进行确认是合理的。

任务 12.1　书面合同的意义和种类

12.1.1　书面合同的意义

买卖双方经过磋商，一方的发盘被另一方有效接受，交易即告达成，合同即告成立。但是，在实际业务中，买卖双方交易后，通常还需要签订书面合同，将各自权利与义务用书面形式加以明确。签订书面合同的意义主要有以下几点：

1. 签订书面合同是合同成立的证据

根据法律的要求，凡是合同必须能得到证明，提供证据，包括人证和物证。在用信件、电报或电传磋商时，往来函电就是证明。口头合同成立后，如不用一定的书面形式加以确定，那么它将由于不能被证明而不能得到法律的保障，甚至在法律上成为无效合同。

2. 签订书面合同是合同生效的条件

一般情况下，一方的发盘被另一方有效接受，交易即告达成，合同即告成立。但在有些情况下，签订书面合同是合同生效的条件。

我国《合同法》第10条规定："当事人订立合同，有书面形式、口头形式和其他形式。法律、行政法规规定采用书面形式的，应当采用书面形式。当事人约定采用书面形式的，应当采用书面形式。"由此可以看出,尽管我国允许合同的订立可以采取口头或书面形式,但同时还规定了应当采用书面合同的情况。因涉外合同是重要的合同,所以当事人应当签订书面合同。我国在签署《公约》时对有关合同形式的条款也作了保留,即涉外合同的订立、修改、终止等均需采用书面形式。此外,当事人约定以签订书面合同为合同生效条件的,只有当事人签订了书面合同才能意味着合同生效。

3. 签订书面合同是合同履行的依据

交易双方经过交易磋商达成交易后,双方往来的函电即是履行合同的依据,但是,如果合同的履行以分散的函电为依据,则会给合同的履行造成诸多不便。因此,交易双方应当将交易达成后的交易条件,完整、清楚地列明在书面合同中,这为方便而准确地履行合同提供了更好的依据。

12.1.2 书面合同的种类

在国际贸易中,书面合同的形式很多,主要有正式合同、确认书、协议、备忘录、意向书和订单等形式。

1. 正式合同(Contract)

正式合同分为"销售合同"(Sales Contract)和"购货合同"(Purchase Contract)两种。正式合同一般适用于大宗商品或成交金额大的交易,其内容比较全面、详细,除了包括交易的主要条件如品质、数量、包装、价格、交货、支付外,还包括商检、异议索赔、仲裁和不可抗力等条款。

2. 确认书(Confirmation)

确认书是合同的简化形式,可分为售货确认书(Sales Confirmation)和购货确认书(Purchase Confirmation)两种。由于确认书一般只包括交易的主要条款,对买卖双方的权利和义务规定不是很详细,所以它一般适用于成交金额不大、批数较多的商品,或者已订有代理、包销等长期协议的交易。

3. 协议(Agreement)

协议又称协议书,它在法律上和合同同义,因为我国《合同法》第2条规定:"合同是平等主体的自然人、法人、其他组织之间设立、变更、终止民事权利义务关系的协议",协议一经签署,即与合同具有同等的法律效力。

4. 备忘录(Memorandum)

备忘录也是书面合同的形式之一,它是记录买卖双方磋商内容,以被日后核查的文件。如果交易磋商的当事人将交易条件记入备忘录中,并经当事人签字认可,那么备忘录就具有合同的性质。但是,如果当事人仅将某些事项达成一定程度的理解与谅解,并将这种理解或谅解以备忘录的形式记录下来,作为今后进一步磋商的参考,或作为今后双方交易、合作的依据,那么这样的备忘录称为"理解备忘录"或"谅解备忘录",不具有法律效力。

5. 意向书(Letter of Intent)

意向书是当事人之间在达成最后协议前,表达初步设想的意向性文书。尽管意向书只是当事人一种意思的表示,不是最后的契约,对当事人不具有法律约束力,但双方当事人进一步洽谈的内容一般和意向书中的内容偏离不大。

6. 订单(Order)

订单是指进口方发出的货物订购单。在国际贸易的实践中,有的进口商在交易达成后直接将其拟制的订单发给出口商,这样的订单实际上就相当于购货确认书的性质,所以,一经出口商签署就具有了法律效力。

【课堂讨论】
我国的涉外合同都应当签订书面合同吗?为什么?

任务12.2 书面合同的结构与内容

12.2.1 书面合同

在进出口贸易中,书面合同无论采取何种形式,从结构上看,通常包括三部分内容:约首、正文和约尾。

1. 约　首

约首即合同的首部,包括合同的名称、编号、买卖双方的名称和地址、序言等内容。有的合同会将订约的时间和地点在约首订明。

序言主要是写明双方订立合同的意义和执行合同的保证,对双方都有约束力。订约双方的名称应用全称,地址要详细列明。

2. 正　文

正文又叫本文,它是合同的主体部分,其内容包括合同的各项交易条款,如商品名称、品质、规格、数量、包装、单价和总值、交货期限、支付条款、保险、检验、索赔、不可抗力和仲裁条款等,以及根据不同商品和不同的交易情况加列的其他条款,如保值条款和合同适用的法律等。

3. 约　尾

约尾是合同的尾部,包括合同文字的效力、份数、生效的时间、附件的效力以及双方签字等,这也是合同不可缺少的重要组成部分。有的合同会将订约的时间和地点在约尾订明。我国的出口合同的订约地点一般都写在我国。

12.2.2 国际货物买卖合同示例

在2023年广交会上,常州市亚峰进出口公司出口一部经理邵伊琳小姐接待前来洽谈生意的美国SEAKING(海京)公司的Judson(贾德胜)先生。Judson先生对亚峰公司出口的工艺品很感兴趣,表示要与常州市亚峰进出口公司建立业务关系。

一段时间以后,Judson先生于5月10日向邵伊琳发出询盘,希望购买货号为ART. NO. JF212和货号为ART. NO. JF207的HOOK RUG(钩针地毯),要求亚峰公司报出这些货物的CIF SAN FRANCISCO价格。

邵经理选定了这两种货号的部分规格,经过出口成本核算,并申报公司领导批准后,在5月15日向SEAKING公司的Judson(贾德胜)先生报价:"Judson先生,5月10日函收悉,现报价如下:HOOK RUG ART. NO. JF212规格2×3″ 2000pcs USD17.10 PER PC;ART. NO. JF212规格3×5″ 1000pcs USD18.10 PER PC;ART. NO. JF207规格2×3″ 1000pcs USD19.10 PER PC CIF SAN FRANCISCO。不可撤销的即期信用证支付。有效期为6月10日,请回复。"

6月9日,Judson先生来电表示接受。2023年6月15日双方正式签订了书面合同。

根据交易磋商的结果,常州市亚峰进出口公司的邵经理拟订了如下的销售合同:

SALES CONTRACT

Contract No.: 04F3-780

Date: Jun. 15, 2023

Sellers: CHANGZHOU YAFENG IMP. & EXP. CORP. LTD

Address: 3 GEHU MIDDLE ROAD, CHANGZHOU, JIANGSU, CHINA

　　　　　Telex:0985　Fax:6332136　Tel:6332138

Buyers: THE SEAKING HANDCRAFT, INC.

Address: 138 SAN MATEC AVENUE, SAN FRANCISCO

　　　　　CA-94080-6501, U.S.

This Sales Contract is made by and between the Sellers and the buyers, whereby the Sellers agree to sell and the Buyers agree to buy the under mentioned goods according to the terms and conditions stipulated below:

(1) Name of Commodity and specifications	(2) Quantity	(3) Unit Price	(4) Amount
HOOK RUG ART. NO. JF212 2 3″ ART. NO. JF212 3 5″ ART. NO. JF207 2 3″ Shipment 5% more or less at the Seller's option	2000 pcs 1000 pcs 1000 pcs	CIF SAN FRANCISCO USD17.10 PER PC USD18.10 PER PC USD19.10 PER PC	 USD34,200.00 USD18,100.00 USD19,100.00
		Total Amount	USD 71,400.00

(5) Shipping Mark: To be designated by the Seller's.

(6) Insurance: To be covered by the Sellers for 110% of full invoice value against <u>ALL RISKS</u> up to <u>SAN FRANCISCO</u>, as per China Insurance Clauses.

(7) Port of Shipment: <u>ANY CHINESE PORT</u>.

(8) Port of Destination: <u>SAN FRANCISCO</u>.

(9) Time of Shipment: During July 2023.

(10) Terms of Payment: By irrevocable Letter of Credit in favor of the Sellers to be available by sight draft to be opened and to reach China before <u>Jun. 30, 2023</u> and to remain valid for negotiation in China until the 15th days after the foresaid Time of Shipment, failing which the Sellers have the right either to cancel the contract or to postpone the shipment.

(11) Packing: <u>CARTON</u>.

(12) Inspection: The Certificate of Quality, Quantity/Weight issued by China Commodity Inspection and Quarantine Bureau shall be taken as the basis of delivery.

(13) Force Majeure: The Sellers shall not be held responsible if they, owing to Force Majeure cause or causes, fail to make delivery within the time stipulated in the Contract or cannot deliver the goods. However, in such a case, the Sellers shall inform the Buyers im-

mediately by cable and if it is requested by the Buyers, shall also deliver to the Buyers by Registered letter, a certificate attesting the existence of such a cause or causes.

(14) Discrepancy and Claim: In case the Sellers fail to ship the whole lot or part of the goods within the time stipulated in this Contract, the Buyers shall have the right to cancel the part of the Contract which has not been performed 30 days following the expiry of the stipulated time of shipment, unless there exists a Force Majeure cause or the contract stipulation has been modified with the Buyers' consent. In case discrepancy on the quality of the goods is found by the Buyers after arrival of the goods at the port of destination, the Buyers may within 30 days after arrival of the goods at the port of destination, lodge with the Sellers a claim which should be supported by an Inspection Certificate issued by a public surveyor approved by the Sellers. The Sellers shall, on the merits of the claim, either make good the loss sustained by the Buyers or reject their claim, it being agreed that the Sellers shall not be held responsible for any loss or losses due to natural cause or causes falling within the responsibility of Ship-owners or the Underwriters. In case the Letter of Credit does not reach the Sellers within the time stipulated in the Contract, or if the Letter of Credit opened by Buyers does not correspond to the Contract terms and that the Buyers fail to amend thereafter its terms in time, after receipt of notification by the Sellers, the Sellers shall have the right to cancel the contract or to delay the delivery of the goods and shall have also the right to claim, for compensation of losses against the Buyers.

(15) Arbitration: All disputes arising from the execution of, or in connection with this contract shall be settled amicably by negotiation. In case of settlement can be reached through negotiation the case shall then be submit China International Economic & Trade Arbitration Commission in Beijing for arbitration in act with its sure of procedures. The arbitration shall be borne by the losing party unless otherwise awarded.

(16) Obligations: Both the Signers of this Contract, i. e. the Sellers and the Buyers as referred to above, shall assume full responsibilities tin fulfilling their obligations as per the terms and conditions herein stipulated. Any dispute arising from the execution of or in connection with, this Contract shall be settled in accordance with terms stipulated above between the Signers of this Contract only, without involving any third party.

The Sellers: (SIGNED)   The Buyers: (SIGNED)

【项目小结】

买卖双方经过交易磋商,一方的发盘或还盘被对方有效接受后,就算达成了交易,双方之间就建立了合同关系。但是,在实际业务中,买卖双方交易后,通常还需要签订书面合同,将各自的权利与义务用书面形式加以明确。签订书面合同的意义在于:书面合同是合同成立的证据;书面合同是合同生效的条件;书面合同的签订便于合同的履行。

在国际贸易的实践中,书面合同的形式很多,既可以采用正式的合同、确认书、协议的形式,也可以采用备忘录、意向书和订单等形式。

书面合同无论采取何种形式,从结构上看,通常包括三部分内容:约首、正文和约尾。

【项目自测】

一、单选题

1. 根据我国合同法规定,涉外交易达成后,(　　)签订书面合同。
   A. 需要　　　　B. 不需要　　　　C. 有时需要　　　　D. 视情况而定

2. (　　)是合同的主要部分。
   A. 约首　　　　B. 正文　　　　C. 约尾　　　　D. 附加条款

二、多选题

1. (　　)属于书面合同形式。
   A. 正式合同　　　B. 购货确认书　　　C. 销售确认书
   D. 采购协议　　　E. 订单

2. 利比亚某公司向我国某公司签订石油出口合同一批,价格条款为 CIF 上海,合同订有不可抗力条款。合同订立后因国际上油价受石油输出国组织原油集体减产的影响大幅上扬,利比亚公司于是要求提高油价,并称如协商不成将解除合同。你认为下列哪种选择是正确的?(　　)
   A. 油价上涨构成合同基础的变更,卖方有权要求重新定价。
   B. 油价上涨只是普通的商业风险,应由合同各方自己承担。
   C. 国际石油价格上涨构成不可抗力。
   D. 如利比亚公司拒绝交货,我国公司可终止履行合同,从他方购进替代石油,利比亚公司无需支付差价。
   E. 如利比亚公司拒绝交货,我国公司可终止履行合同,从他方购进替代石油并由利比亚公司支付差价。

3. 我国法律把订立合同的必要过程分为(　　)。
   A. 要约邀请　　　B. 要约　　　C. 反要约
   D. 承诺　　　　　E. 确认

三、判断题

1. 合同当事人在履行义务的同时,也有权按自己的意愿变更或者解除合同。(　　)
2. 合同只能采用书面形式,口头形式和其他形式没有法律效力。(　　)
3. 谅解备忘录也是书面合同的一种。(　　)
4. 合同的主要条款应在约尾中订明。(　　)
5. 按国际惯例,接受生效时合同成立。(　　)
6. 所有的订单都应是书面合同形式。(　　)

四、名词解释

意向书　　备忘录

五、简答题

1. 书面合同的意义有哪些?
2. 书面合同主要有哪些形式?

【案例分析】

2022 年 5 月 28 日,加拿大某进口商在互联网上了解到苏州某外贸公司销售某种手工艺品的信息后,直接向该外贸公司发出订购价值 10 万人民币的手工艺品的订单。你认为,该订单是书面合同吗?为什么?

模块四　进出口合同的履行

项目十三　出口合同的履行

【项目介绍】

本项目共有六个任务：

任务一　备货和报检

要求学生了解货物出口前的备货准备及货物报检工作。

任务二　落实信用证

要求学生了解信用证的催证、审证和改证的流程，并能够对信用证进行审核并修改。

任务三　出口报关

要求学生熟练掌握货物出口的报关流程，并能够制作出口货物报关单。

任务四　安排运输和保险

要求学生掌握在CIF条件下办理租船订舱、装船和投保流程。

任务五　制单结汇

要求学生能够根据信用证的要求制作商业发票、提单、保单和汇票。

任务六　出口善后

要求学生能了解办理出口退税和出口收汇核销的流程。

【项目目标】

知识目标：掌握出口合同的履行程序和内容。

能力目标：能够正确地履行出口合同，并能解决在出口合同履行中可能遇到的问题。

【案例导入】

某A公司在2021年11月与阿联酋迪拜B公司签订了一份出口合同，货物为一次性打火机，运输方式为1×20集装箱。不久B公司开来一份即期信用证，来证规定装船期限为2022年1月31日，要求提供"Full set original clean on board ocean Bill of Lading……"（全套正本清洁已装船海运提单）。由于装船期太紧，A公司便要求B公司改期，装船期限改为2022年3月31日。B公司接受了A公司的要求修改了信用证。A公司收到信用证并经全面审查后未发现问题，于3月30日办理了货物装船，4月13日向议付行交单议付。

4月27日接收到议付行转来的开证行的拒付通知："你第xxxx号信用证下的单据经我行审查，发现如下不符点：提单上缺少"已装船"批注。以上不符点已经与申请人联系，亦不同意接受。单据暂代保管，听候你方的处理意见。"

A公司的有关人员立即审复查了提单，同时与议付行一起翻阅研究了《跟单信用证统一惯例》600号出版物（以下简称UCP600）的有关规定，证实了开证行的拒付是合理的。A公司立即电洽申请人，告知提单缺少"已装船"批注是我方业务人员的疏忽所致，货物确实是被如期装船的,而且货物将在5月3日左右如期到达目的港,我方同意在收到目的港船代的提货通知书后再向开证行付款赎单。B公司回复,由于当地市场上一次性打火机的售价大幅下降,只有在我方降价30%后方可向开证行赎单。我方考虑到自己理亏在先,同时通过国内同行与其他客户又了解到,进口国当地市场价格确实已大幅下降,我方处于十分被动地位,只好同意降价30%,了结此案。

【分　析】　此案的案情并不复杂,却给我方带来巨大的损失,不得不引起人们的深思。我们应该从中吸取以下教训:

(1) 应尽早办理装运

A公司虽然在信用证规定的装船期限内办理了装运,满足了信用证的要求,但距B公司开证已4个多月了。在这段时间内,由于货物本身的消费特征以及国际市场供求情况的变化,货物的当地市场价格有可能大幅下降,为避免价格下降给我方带来损失(其实也为避免我方的损失),我方应尽快办理装运。在此案中,B公司曾多次来电要求我方尽早装运,但我方认为装运期仍未到,没有很合理地安排生产进度,以致在装船期即将临近时才办理装运,等货物到港时已距B公司开证5个多月,又恰逢当地市场价格下降,此前的行为恰好成为客户拒付货款的理由。

(2) 应严格按照信用证与UCP600的要求制作与审核单据

信用证要求提供"已装船"提单,我方应提供相应的提单,以便做到"单证相符"。根据UCP600第23条A款第2项的规定,除非信用证另有规定,否则提单应注明货物已装船或已装具名船只,可由提单上印就的"货物已装上具名船只"或"货物已装运具名船只"的词语来表示,在此情况下,提单的出具日期即视为装船日期与装运日期。在所有其他情况下,装上具名船只,必须以提单上注明货物装船日期的批注来证实,在此情况下,装船批注日期即被视为装运日期。本案中的提单(提单上没有印就上述词语)则属于后一种情况,所以只要在提单上注明货物装船日期的批注就行了。如果我方业务人员能按照信用证的要求制作托运单(在托运单上注明要求提供"已装船"提单),承运人或其代理能根据托运单内容与UCP600的规定制作并签发提单,银行能根据信用证与UCP600来审核A公司交来的议付单据,那么上述案例也许就不会发生了。

因此,本案例的拒付带给我们的启示是,应在信用证的装船期内尽快办理装运,严格按照信用证与UCP600的要求制作与审核单据。

出口合同订立后,交易双方就要按照重合同、守信用的原则,认真履行各自承担的义务。在我国出口贸易中,大多数交易采用CIF或CFR贸易术语,以信用证方式结算货款。履行采用信用证结算的CIF合同的主要环节包括备货、报检、落实信用证、出口报关、安排运输、办理投保、制单结汇等。概括起来,出口合同履行的基本环节就是四个字:"货""证""运""款"。货,即认真备货,按时、按质、按量交付约定的货物;证,即落实信用证,做好催证、审证、改证工作;运,即及时租船订舱,安排运输、保险,并办理出口报检和报关手续;款,即缮制、备妥有关单据,及时向银行交单结汇,收取货款。

下面以采用CIF贸易术语、跟单信用证结算的合同为例,将履行出口合同所涉及的环节阐述如下。

任务13.1　备货和报检

13.1.1　准备货物

1. 备货工作的主要内容

备货工作是指卖方根据出口合同的规定，按时、按质、按量准备好应交的货物，并做好申请报验领取出口许可证的工作。备货工作的主要内容包括：及时向生产、加工或供货单位下达任务，安排生产、加工、收购和催交货物，核实货物的品质、规格、数量、包装、刷唛等情况，验收和清点货物以及办理申报报验和领证等工作。在备货工作过程中，应注意下列要点：

1) 按合同规定的品质备货

货物的品质是出口交易中的一项重要内容，许多国家的法律与国际公约均把品质与合同规定不符视为严重违约，买方有权撤销合同，同时要求损害赔偿，因此，出口商在备货时要注意把握货物的品质尺度，保证货物种类及各项品质指标严格符合合同和信用证要求。凡凭规格、等级、标准等文字说明达成的合同，只要合同列出的，如货号、标准、商标、产地等，则交付的货物的品质必须与合同规定的完全相符；如系凭样品达成的合同，则必须与样品一致；如既凭文字说明、又凭样品达成的合同，则两者均需相符。

所备货物不仅要符合合同的明文规定，还必须符合合同的默示条件，即买卖双方未在合同中列明，但法律认为应包括在合同之内的条件，除非买卖双方作出相反规定。默示条件有两个方面的内容：第一，货物应具有同一规格货物通常使用的用途，即具有适销品质；第二，货物应适于订立合同时买方曾明示或默示地通知卖方的任何特定用途，除非情况表明买主并不依赖卖方的技能和判断力。

2) 按合同规定的数量备货

货物数量是国际货物买卖合同中的主要交易条件之一。卖方备货数量应与合同规定的数量一致，如卖方不能按约定的数量交货，则可能导致违反合同的法律后果。所以，卖方在备货过程中，如发现货物数量不符合合同要求时，应及时采取有效措施补足。此外，在保证满足合同和信用证对数量的要求之外，还应考虑到自然损耗、搬运损耗、调换以及适应溢短装条款中溢装的需要，备货的数量应以略有富余为宜。

3) 货物的包装与合同和信用证的规定需一致，并符合运输要求

在国际货物买卖中，包装是作为货物说明的组成部分；同时，包装条款是买卖合同中的主要条款，因此，卖方必须按约定的包装方式备货。在内包装方面，需注意包装上的文字说明、包装材料、包装数量是否符合合同的规定。在外包装方面要注意运输标志是否符合合同和信用证的规定。当根据国外客户要求只用中性包装时，需注意符合中性包装的要求。

4) 在约定的装运期限内备妥货物

在规定的交货期内交货是卖方应尽的基本义务之一，也是国际货物买卖合同的重要内容，如有违反，买方不仅有权拒收货物并提出索赔，甚至还可宣告合同无效。为了避免延迟交货，出口商应当依据合同和信用证有关装运期的规定，结合船期安排，把握备妥货物的时间。如果合同规定卖方在收到信用证后若干天内装运时，要注意催促买方及时开证，以便卖方在审核无误后及时安排生产、组织进货和办理装运。

5) 卖方对其所交货物必须具有完全的所有权,并无侵权行为

通常在卖方按照合同规定,根据买方提供的图样、方案或要求交付货物时,很难确定在这种情况下是否可能会对第三方造成知识产权上的侵权。《联合国国际货物销售合同公约》规定,卖方所交的货物,必须是第三方不能提出任何权利和要求的货物。我国《合同法》也规定,卖方出售的货物,应当属于卖方所有或者卖方有权处分。因此,备货时,必须注意所备货物是否符合有关法律的要求。

【课堂讨论】

常州宏健体育器材公司接到一笔国外订单,要求其生产2008年世界杯图案足球一批。足球图案是按买方提供的样品所制,结果在出货时被上海海关查出其侵犯了世界杯组委会的知识产权。请问,这是谁的责任?

2. 采购合同的签订

为了保证能按时、按质、按量交付约定的货物,在订立出口合同之后,外贸公司必须及时落实货源,与货物的生产厂家签订采购合同。采购合同的各项条款必须能够保证出口合同顺利地履行。

采购合同的品质、包装条款必须和出口合同的品质、包装条款一致;数量可以比出口合同的数量略多一些,以确保出口合同的数量不短缺;交货时间应该比出口合同的装运时间早一些,以安排装运。

采购合同的价格一般应该充分考虑各种因素,确保出口合同履行后的利润。采购合同的支付条款一般也应该考虑到出口合同的支付条款,这样可以少占用外贸公司的资金。当然,如公司的资金充裕或所采购的商品价格优惠等情况则另当别论。

外贸公司或生产厂家在合同签订后,需要将合同转化为生产通知单下发到具体车间。在转化时,注意要将外商的联系资料以及价格等机密隐去,产品规格、型号、数量、包装、出货时间等具体要求则应该明确,不能模糊,并且要落实分解,逐一与生产部门衔接好。

【课堂讨论】

常州光华外贸公司2023年3月接到一笔订单,要求2023年7月发货。光华外贸公司决定向扬州某生产厂采购。在签订采购合同时,光华外贸公司应采取什么措施,以保证生产企业生产的产品数量、质量和交货期呢?

3. 申领出口许可证

一般来说,为了鼓励出口,我国对绝大多数外销商品不加任何限制,出口企业在出口其经营范围内的商品时,无须申报出口和申领出口许可证;但有时国家为了特定的目的,也对某些商品实行出口许可证管理。因此,如出口属许可证管理范围内的商品,则必须在货物出口前向管理部门(商务部及其驻各地特派办事处和各省、自治区、直辖市及计划单列市外经贸机构)领取货物出口许可证。

1) 企业申请取得货物出口许可证的程序

企业申请取得货物出口许可证的程序如下:

① 明确该合同商品确实属于出口许可证管理范围内的商品以及该商品属于哪个发证机关发证。

② 认真填写出口许可证申请表,于货物出口报关前向有权签发该商品出口许可的发证机关办理出口许可证申请手续。企业申领出口许可证一般需提交下列文件资料:出口许可证申

请表及填好的出口许可证;出口报关合同的复印件一式两份,其中,一份由发证机关留存,另一份加盖出口许可证专用章后退回申领单位,作为出口许可证的一部分,报关时交海关验核。

③ 发证机关审核出口单位申请,经审核,如认为手续完备、符合有关规定的,一般于3个工作日内签发许可证。

2) 出口许可证申请表及出口许可证的缮制

出口许可证与出口许可证申请表的项目、结构、内容相同,发证机关发证时往往要求出口企业在填写出口许可证申请表时,将出口许可证的部分内容事先填好,待其审核通过时签字盖章即可。出口许可证与出口许可证申请表见附录A。

出口许可证与出口许可证申请表用中文填写,具体如下:

① 领证和发货单位名称及编码,这两栏一般填写出口及出口合同履约单位的名称及其编码。填写时除应注意填写上述单位全称外,还需将单位编码写在规定的方格内(每格一个数字)。

② 出口许可证编号。出口许可证编号及出口许可证申请表中的"初审意见""处领导意见"栏由发证机关填写。

③ 出口许可证的有效期。出口许可证的有效期按是否实行"一批一证"分为两种情况:实行"一批一证"的,出口许可证有效期为3个月;不实行"一批一证"的,出口许可证有效期为6个月。

④ 其他,包括贸易方式、进口国(地区)、合同号、支付方式、报关口岸、运输方式、商品名称及编码、规格等级、单位、数量、单价、总值(美元)、总计等,上述内容均需按合同实际情况填写。

13.1.2 出口报检

根据我国法律规定,凡属于《出入境检验检疫机构实施检验检疫的进出境商品目录》(简称《法检目录》)中需要法定检验和合同或信用证规定由商检机构检验出证的出口商品,出口单位在装运前必须到商检机构申请检验。检验合格者,商检机构在出口货物报关单上加盖放行章,海关凭单放行,非法定检验但需商检出证的商品,没有经过商检机构检验和发放证书,银行不予结汇。

根据《中华人民共和国进出口商品检验法》的规定,下列商品在出口前,必须经当地商检机构或者国家商检部门指定的检验机构检验:

① 列入国家商检部门公布的《出入境检验检疫机构实施检验检疫的进出境商品目录》内的出口商品;

② 其他法律、行政法规规定需经商检机构检验的出口商品;

③ 对外贸易合同(包括信用证、购买证、)规定由商检机构检验的商品;

④ 对外贸易关系人规定需要商检机构检验的商品;

⑤ 输入国政府规定需经我国商检机构检验出证的商品。

上述出口商品未经商检机构或者国家商检部门指定的检验机构检验的,一律不准出口。

办理申请出口商品报检的基本程序是:

(1) 报 检

具有该商品出口经营权的单位或受其委托的单位需要填写"出境货物报检单",向当地商检机构申请报检。

报检时,除"出境货物报检单"外,还需随附下列单据或证件:

① 出口货物明细单;

② 发票、装箱单;

③ 对外贸易合同或售货确认书及有关函电、信用证(如用信用证的话),如信用证有修改的,要提供修改函电;

④ 凭样成交的,提供成交小样;

⑤ 经生产经营单位自行检验的,需附厂检结果单或化验报告单,如同时申请鉴重的,需加附重量明细单(磅码单)。

当以上报验资料准备齐全后,可以向商检局申请报检。

(2) 检　验

检验的内容包括商品的品质、数量、重量、包装等是否符合要求。检验的依据是法律、行政法规规定有强制性标准或者其他必须执行的检验标准(如输入国政府法令、法规规定)或对外贸易合同约定的检验标准。

(3) 出　证

出口商品经检验合格的,由商检机构签发"检验证书",或在"出口货物报关单"上加盖检验印章;检验不合格的,由商检机构签发"不合格通知单"。对于检验不合格的商品,申请人可以申请复验,复验原则上仅限一次,或由申请单位重新加工整理后申请复验。复验时应随附加工整理情况报告和"不合格通知单",经复验合格后,商检机构签发"检验证书"。办理申请进出口商品免验放行程序。

任务13.2　落实信用证

当采用信用证支付方式时,受益人(一般为出口方)为了维护自己的权益,应做好对信用证的催证、审证和改证工作。

13.2.1　催　证

催证是指出口用电信等方式催促进口方开立信用证,以便出口方履行交货义务。按合同规定及时开证本是进口方的主要义务,因而在正常情况下无须催证;但在实际业务中,有时国外进口商在遇到市场发生变化或资金发生短缺的情况时,往往会拖延开证。对此,出口方应催促对方及时开证,特别是在大宗商品交易或按买方要求而特制的商品交易时,更应结合备货情况及时进行催证。

对于我国企业来说,必要时,也可请我驻外机构或中国银行协助或代为催证,当对方仍不开证时,我方要声明保留索赔权或拒交货物。

在下列情况下,卖方应注意向买方发出函电提醒或催促对方开立信用证:

① 合同内规定的装运期距合同签订的日期较长,而合同规定买方应在装运期前一定时期内开出信用证。

② 卖方提早将货备妥,可以提前装运,此种情况下可与买方商议提前交货。

③ 国外买方没有在合同规定期限内开出信用证。

④ 发现买方信誉不佳,故意拖延开证,或因资金等问题无力向开证行交纳押金等。

13.2.2 审　证

审证即是对信用证进行审核,这是信用证业务中极为重要的环节。

从理论上来讲,信用证是依据合同开立的,信用证内容应该是与合同条款一致的;但在实践中,由于种种原因,如工作的疏忽、电文传递的错误、贸易习惯的不同、市场行情的变化,或进口商有意利用开证的主动权加列对他有利的条款等,往往会出现开立的信用证条款与合同规定不符的情况。为确保安全收汇和合同的顺利执行,出口商应该依据买卖合同和国际商会现行的《跟单信用证统一惯例》的规定,对信用证进行认真仔细的审核。

审核信用证是银行(通知行)与出口企业的共同责任,但由于银行与出口企业的分工不同,审核内容各有侧重,银行着重审核开证行的政治背景、资信能力、信用证的真伪、付款责任和索汇路线等方面的内容,出口企业则着重审核信用证内容与买卖合同是否一致。

1. 银行审证

银行比出口企业更早收到信用证,它对来证的审核主要包括以下内容:

1) 政策方面的审核

来证国家和地区必须是与我国有经济往来的国家和地区,应拒绝接受与我国无往来关系的国家和地区开立的信用证。信用证各项内容应符合我国的方针政策,不得有歧视性内容,否则应根据不同情况同开证行进行交涉。对与我国签有贸易协定的国家的来证,要看其是否符合支付协定,其开证行、货币名称、记账方法是否与协定中的规定相符合。

2) 开证银行的资信、信用证的真伪和索汇路线的审核

为了保证安全收汇,必须对开证行的背景、资信能力、经营作风以及印鉴密押是否相符,索汇路线如何,收汇是否安全等进行审核。对于资信不佳的银行,应酌情采取适当措施,如要求另一家银行加以保兑,则应加列电报索偿条款或在信证中规定分批装运、分批收汇的办法。

3) 对信用证的性质及开证行付款责任的审核

这里主要审查信用证的性质和信用证中对开证行的付款责任是否加列有"软条款"条款。

"软条款"是指信用证中存在若干隐蔽性的改变信用证性质的条款,这些条款的存在可能会使受益人处于完全被动的境地,而开证申请人或开证行则可以随时以单据不符等为由,解除信用证项下的付款责任。例如,信用证中存在"领到进口许可证后信用证方可生效""租用的轮船须征得开证申请人同意后方可装运货物""买方收到货物后方可支付货款"等内容。对此出口商必须特别注意。

银行审核信用证的主要依据是 UCP600 和《关于审核跟单信用证项下单据的国际标准银行实务》(ISBP)等国际惯例。

2. 出口商审证

银行在对信用证进行审核后,将其交给出口企业;出口企业既要对银行审核的内容进行复核,又要着重对信用证的具体内容作专项审核。出口企业审核信用证的主要依据是买卖合同和 UCP600 等国际惯例。

出口商审证主要包括以下几点:

1) 对信用证的开证日期、开证地点、开证申请人、受益人的名称和地址等的审核

这些内容应符合买卖合同的要求,如发现有误,应及时要求开证行证实、修改、更正,以免我方在交单议付时发生问题,影响我方正常结汇。

2）对信用证商品的品质、规格、数量、包装等条款的审核

信用证中有关商品品质、规格、数量、包装等内容必须和合同规定的相符,出口商应与合同内容进行认真比对,做出能否接受或是否修改的决定。

3）对信用证结算货币和金额的审核

信用证结算货币和金额应与合同一致,如果合同订有溢短装条款,那么信用证金额也应有相应的规定。信用证金额中单价与总值要填写正确,大、小写并用,且大、小写应一致。

4）对信用证规定的装运期、有效期和到期地点的审核

装运期必须与合同规定一致,若信用证中未规定装运期,则信用证的有效期即被视为装运期,信用证有效期一般应与装运期有一定的合理间隔,以便在装运货物后有足够的时间办理制单结汇工作。UCP600规定信用证的到期日是运输单据日期后21天。在我国的出口业务中,通常要求信用证的议付到期日规定在装运期限后15天。若信用证规定的最迟装运期与交单到期日是同一天,或信用证内只注明了有效期、未注明最迟装运期,业务上则称其为"双到期"。遇到这种情况,出口企业应在装运期内尽快完成装运工作,否则就可能来不及在有效期前或交单到期日前向银行交单。

关于信用证的到期地点,通常要求规定在受益人所在国境内到期,如信用证将到期地点规定在国外,我方则不易掌握国外银行收到单据的确切日期,因此会影响我方正常收汇,故一般不宜接受。

5）对信用证运输条款的审核

出口商应审查信用证对装运港(地)、目的港(地)以及对转运和分批转运的规定是否与合同相符。另外,还应审查来证对分批装运是否有特殊要求,如有的信用证在规定允许分批装运的同时,也同时规定了各批装运的具体数量和批次,在此情况下,只要分批装运中有一期未能按规定装运,则信用证对该期及以后各期均告失效。若出口企业对这些特殊要求难以办到,就应向对方提出修改要求。

6）对信用证保险条款的审核

出口企业应对信用证中规定的保险险别、保险金额和投保加成率等内容进行审核,确定其是否与合同规定相符。

7）对信用证付款期限的审核

出口企业应审核信用证付款期限是否与合同相符,如果是即期信用证,只要开证行资信可靠,我方也可以接受对方开来的假远期信用证。在远期付款条件下,主要审核信用证中对买方负担利息的条款是否与合同一致。

8）对信用证单据条款的审核

出口企业对于信用证中要求提供的单据种类和份数及填制方法等,要进行仔细审核,如发现有异常的规定,例如要求受益人提交的检验证书需由开证人授权的检验人员签字,这实质上是"软条款",千万不能接受。

9）对信用证其他条款的审核

在审证时,除对上述内容进行仔细审核外,还应对信用证中其他条款进行审核,例如对航线有无限制、信用证适用的惯例是否是现行的国际惯例等。

【课堂讨论】

常州光华外贸公司出口一批货物,在规定的期限内收到了信用证。常州光华外贸公司的

业务员在审核信用证时发现,信用证规定的货名和商业发票的货名均为"Canned Pears",而进出口合同中的品名为"Canned Goods"。请问:常州光华外贸公司可否接受此信用证?

13.2.3 改 证

1. 改证的基本环节

审证之后,若发现信用证有误,出口方应立即和开证申请人进行沟通;需要改证时,应及时办理改证手续。按惯例,受益人通知开证人改证的时间是在收到信用证之日起3个工作日内。

改证的具体做法是:受益人填写改证通知书寄交开证人或以电报、电传等方式通知开证人改证,同时说明需要修改的内容和理由。开证人若同意受益人的修改要求,即可向开证行申请改证。

改证函是受益人致信给开证申请人要求其通过开证银行对信用证进行修改的信函。改证函主要表述三个方面的内容:首先是感谢对方及时开来了信用证;之后是逐项列明信用证中的不符点,并告知对方如何修改;最后是希望能早日收到信用证修改书,以便能按时发货。

【例 13-1】 改证函文如下:

We are pleased to receive your L/C No. ×× yesterday.

However, we find that the L/C stipulates for the invoice to be certified by your consul, which is unacceptable to us as there is no consul of your country here.

It is our usual practice to have our invoice certified by the China Council for the Promotion of International Trade and this has universally been accepted by our clients abroad. We hope you will agree to it as well.

You are, therefore, requested to contact your bank to delete this clause immediately upon receipt of this letter, or you may replace it by inserting the clause to read "Invoice in triplicate to be certified by the China Council for the Promotion of International Trade."

If your amendment could reach us by the end of this month, we would effect shipment in the first half of next month.

Thank you in advance for your cooperation.

开证行若同意对原信用证进行修改,就向通知行发出"信用证修改通知书",由通知行通知出口商。

2. UCP600关于信用证修改的规定

对于信用证的修改,UCP600第10条作了详细的规定,其内容有:

① 除第38条(即可转让信用证)另有规定外,未经开证行、保兑行(如有的话)及受益人同意,信用证既不得修改,也不得撤销。

② 开证行自发出修改之时起,即不可撤销地受其约束。保兑行可将其保兑扩展至修改,并自通知该修改时,即不可撤销地受其约束。但是,保兑行可以选择将修改通知受益人而不对其加具保兑,若如此,其必须毫不延误地将此告知开证行,并在其给受益人的通知中告知受益人。

③ 在受益人告知通知修改的银行其接受该修改之前,原信用证(或含有先前被接受的修改的信用证)的条款对受益人仍然有效,受益人应提供接受或拒绝修改的通知。如果受益人未能给予通知,当交单与信用证以及尚未表示接受的修改的要求一致时,即视为受益人已作出接

受修改的通知,并且从此时起,该信用证被修改。

④ 通知修改的银行应将任何接受或拒绝的通知转告发出修改的银行。

⑤ 对同一修改的内容不允许部分接受,部分接受将被视为拒绝修改的通知。

⑥ 修改中关于除非受益人在某一时间内拒绝修改否则修改生效的规定应不予理会。

根据 UCP600 的规定,信用证的修改必须经过有关当事人的同意,信用证才能修改和撤销,这就保护了有关当事人的合法权益。而 UCP500 无此规定,这是和 UCP600 本质的区别之一。在 UCP500 适用的情况下,信用证甚至可以不经过受益人的同意直接撤销(如可撤销信用证)。

根据 UCP600 的规定,开证行自发出修改之时起,就要不可撤销地对修改的内容负责,而且在受益人对修改的内容表态之前(包括没有收到信用证修改通知的情况),原信用证依然有效。这说明以下几点:一是开证行始终对其开出的信用证负首要付款责任,而且这种付款责任是不可撤销的。因为信用证修改通知书中的内容是信用证内容的一部分,所以开证行应不可撤销地对其开出的修改通知内容负责。二是在受益人没有收到信用证修改通知的情况下,可以按原信用证的规定制单结汇。因为原信用证继续有效,所以受益人的权益不会出现"空白点"。三是即使在受益人收到信用证修改通知的情况下,如果受益人对修改内容不满意,他可以拒绝或不表态,仍然可以按原信用证的规定制单结汇;如果受益人对修改内容满意,则他可以按修改后的信用证的规定制单结汇,这样受益人的选择就增加了。这些条款的规定无不体现了保护受益人合法权益的思想,这对于受益人正常装运及制单结汇,起到了一定的促进作用。

UCP600 还规定了受益人对信用证修改内容的表态的选择:"对同一修改的内容不允许部分接受",即受益人对同一修改的内容只能在两种表态中选择:要么全部接受,要么全部拒绝。如果受益人"对同一修改的内容"表示"部分接受"或"部分拒绝",按 UCP600 的理解是"拒绝修改的通知"。

此外,UCP600 再次坚持了国际上公认的"沉默不等于接受"这一原则。根据 UCP600 的规定,受益人在收到信用证修改通知书后,"如果受益人未能给予通知,当交单与信用证以及尚未表示接受的修改的要求一致时,即视为受益人已作出接受修改的通知,并且从此时起,该信用证被修改",也就是说受益人尽管没有"提供接受或拒绝修改的通知",但他可以用行动(交单)表示出来,如果他提交符合修改后的信用证规定的单据,说明他接受了信用证的修改;如果他提交的单据符合原信用证规定的单据,说明他拒绝了信用证的修改。此外,UCP600 条款内容"修改中关于除非受益人在某一时间内拒绝修改否则修改生效的规定应不予理会",其意思是不应该在修改通知中规定"除非受益人在某一时间内拒绝修改,否则修改生效",如果信用证修改通知中有这样的规定,将不予被理会,这也体现了"沉默不等于接受"这一原则。当然,受益人还是明确表态为好,因为 UCP600 也规定了"受益人应提供接受或拒绝修改的通知"。

3. 出口方应注意的问题

在改证工作中,出口方应注意以下问题:

① 凡需要对信用证修改的内容,应尽可能做到一次向进口方提出,尽量避免由于我方考虑不周而多次提出修改要求,否则,会使履约受到影响,而且其手续繁琐,改证费用过高,会引起进口方的不满。

② 接到国外银行寄来的信用证修改通知书后,应仔细审核。如发现修改内容仍难以接

受,应在 3 个工作日内将修改通知书退给通知行,并说明有关情况。

③ 对提出修改的信用证,出口方应在收到修改通知书并已审核同意后,方可将货物按修改后的信用证要求装运,否则,会使出口方陷入被动,影响正常收汇。

④ 对信用证和合同不一致的具体情况,要作具体分析,不一定只要信用证和合同不一致就要求开证申请人办理改证手续,如果来证内容不违反有关政策和原则,并能保证我方安全迅速收汇或经过适当努力可以办到而并不造成损失的,我方也可以酌情接受;因为改证毕竟要花费费用、时间、精力,甚至会影响出口方正常履约。

⑤ 因为信用证修改书作为信用证一个不可分割的部分,所以出口方应在交单时连同原信用证一起提交给银行。

【课堂讨论】

我国福建一家进出口公司与泰国一家商贸公司达成一笔出口合同,公司经理将这项业务交给了小王。经过催证后,小王收到了泰国公司委托某银行开来的信用证,小王对其进行审核后发现如下问题:信用证上列出的支付币种与合同规定不同;金额大小写不一样;信用证缺少保兑行。小王立即写了一份函电,列出上述问题,传真发给了泰国商贸公司,要求就以上问题修改信用证;同时,小王也发觉信用证交货期比合同规定早一天,但是,他觉得货源充足,可以提前完成装运,所以并未要求修改装运日期。

在等待泰国公司答复的时候,小王又让同事帮忙审核,发现以下问题:要求的单证我方早就不用了,根本不可能提供;受益人的地址拼写也有错误,小王该怎么办呢?

任务 13.3 出口报关

13.3.1 出口报关程序

报关是指进出口货物收发货人、进出境运输工具负责人、进出境物品所有人或其代理人向海关办理货物、物品或运输工具进出境手续及相关海关事务的过程,包括向海关申报、交验有关单证,并接受海关的监管和检查、纳税等环节。

出口报关程序如下:出口货物的申报、单据的审核、出口货物的查验、出口货物的纳税和清关放行。

1. 出口货物的申报

出口货物的发货人或其代理人,在货物出口时,应在海关规定的期限内,按海关规定的格式填写出口货物报关单,随附有关的货运、商业单据,同时提供批准货物出口的证件,向海关进行申报。

我国对出口货物的报关时限是在装货抵达海关监管后,装货的 24 小时以前(海关特别批准的除外)。

出口报关的主要单证有以下几种:

(1) 出口货物报关单

出口货物报关单一般填写一式两份(有的要求一式三份),如因填报有误或需变更填报内容而未主动、及时更改,在出口报关后发生退关情况的,报关单位应在三天内向海关办理更正手续。

（2）随出口报关单交验的货运、商业单据

随出口报关单同时交验的货运和商业单据有：海运出口装货单（需报关单位盖章）；陆、空装运单；货物的商业发票；货物的装箱单（散货或单一品种且包装内容一致的货物不需要）；出口收汇核销单；出口货物明细单等。如海关认为有必要的，报关单位还应交验贸易合同、产地证明等。另外，按规定享受减、免税或免验的货物，应在向海关申请并已办妥手续后，随报关单交验有关证明文件。

（3）我国法律规定实行特殊管制的证件或证书

如出口货物许可证、商检证书等。凡按国家规定应申领出口货物许可证的商品，报关时必须交验商务主管部门签发的出口许可证，并经海关查验合格无误后方能放行。凡列入《出入境检验检疫机构实施检验检疫的进出境商品目录》的法定检验的进出口商品，均应在报关前向商品检验机构报验，报关时必须交验经商检机构签发的商检证书。

2. 单据的审核

海关接受出口货物的申报后，应对递交的所有单据进行审核。审核以出口报关单为基础，核对出口企业或其代理人递交的单据是否齐全、内容是否正确和有效、各种单据之间有无不一致之处等。如果单据符合我国法律和法规的规定，而且单据齐全、内容正确有效、单据之间内容一致，海关就要对出口货物进行查验。

3. 出口货物的查验

海关查验的目的是核对交验的单据所报内容与实际货物是否相符，有无错报、漏报、瞒报、伪报等情况，审查货物的出口是否合法。

海关查验货物，应在海关规定的时间和场所进行。如有特殊理由，事先报经海关同意，海关则可以派人员在规定的时间和场所以外查验。申请人应提供往返交通工具和住宿并支付费用。

进出口货物应当接受海关查验。海关查验货物时，进口货物的收货人、出口货物的发货人应当到场，并负责搬移货物、开拆和重封货物的包装。海关认为必要时，可以径行开验、复验或者提取货样。

4. 出口货物的纳税

因为征收出口税会增加出口商品的成本，影响出口商品在国际市场的竞争力，所以我国和其他国家一样，只对少数的货物征收出口税。

按规定需要缴纳出口税的出口货物，出口企业或其代理人应在规定的期限内向海关缴纳税款。我国《中华人民共和国海关法（2021 修正）》规定，进出口货物的纳税义务人，应当自海关填发税款缴款书之日起 15 日内缴纳税款；逾期缴纳的，由海关征收滞纳金；纳税义务人、担保人超过 3 个月仍未缴纳的，经直属海关关长或者其授权的隶属海关关长批准，海关可以采取下列强制措施：

① 书面通知其开户银行或者其他金融机构从其存款中扣缴税款；
② 将应税货物依法变卖，以变卖所得抵缴税款；
③ 扣留并依法变卖其价值相当于应纳税款的货物或者其他财产，以变卖所得抵缴税款。

海关采取强制措施时，对纳税义务人、担保人未缴纳的滞纳金同时强制执行。

计算出口关税时，应先确定计算税额的价格，即完税价格。我国《海关法》规定，出口物以海关审定的正常离岸价格（FOB 价格）扣除出口税后为完税价格。离岸价格不能确定的，完税价格由海关估定。

应纳出口税税额的计算公式为：

$$完税价格 = \frac{货物 FOB 价格}{1 + 出口税率}$$

$$出口税额 = 完税价格 \times 出口税率$$

出口货物以 FOB 条件成交的，可按上述两个公式直接计算出税款；如出口货物是以其他条件成交，则需先将货价的国际运输费用、保险费用扣除，得到 FOB 价，再计算税款。

5. 清关放行

海关对出口货物的报关，经过审核报关单证、查验实际货物，并依法办理了征收货物税费手续或减免税手续后，在装货单（S/O）（海运情况下）上盖放行章，货物的发货人或其代理人凭装货单才能要求船方装运货物。此时，海关对出口货物的监管才算结束。

【课堂讨论】

常州宏健体育器材公司接到国外订单生产足球，从上海口岸出口，应该如何办理报关？报关时，应交验哪些单据？

13.3.2 缮制出口报关单

货物出境时，发货人或其代理人应在海关规定的期限内向海关申报，报关时需递交海关规定的包括报关单在内的一系列单据。

完整、准确、有效地填制出口货物报关单直接关系到报关效率、企业的经济效益、海关征税、减免税及查验、放行等工作的顺利进行。出口报关单的填制规范如表 13-1 所列。

表 13-1 出口报关单的填制规范

栏 目	填制规范
① 预录入编号	预录入编号是指预录入单位录入报关单的编号，用于申报单位与海关之间引用其申报后未被接受申报的报关单。预录入标号由接受申报的海关决定标号规则，由计算机自动打印
② 海关编号	海关编号是指海关接受申报时给予报关单的 18 位顺序编号。海关编号由各直属海关在接受申报时确定，并标示在报关单的每一联上。一份报关单对应一个海关编号
③ 出口口岸	应填报货物实际运出我国关境口岸海关的名称及代码，按《海关名称及代码表》规定填制，如在深圳办理报关手续，陆路运输至上海吴淞港出境的货物，其"出口口岸"栏申报为"吴淞海关"+"2202"
④ 备案号	指经营进出口业务的企业在向海关办理加工贸易合同备案或征、减、免税审批备案手续时，由海关给予加工贸易手册、征免税证明或其他有关备案审批文件编号；一份报关单只允许填报一个备案号。备案号长度为 12 位字符，第一位是标记代码；无备案审批文件的报关单，本栏目免予填报
⑤ 出口日期	填入申报货物的运输工具出境的日期。本栏目为 8 位数，顺序为年（4 位）、月（2 位）、日（2 位），如 20080325
⑥ 申报日期	申报日期指海关接受出口货物的收发货人或其代理人申报办理货物出口手续的日期。本栏目为 8 位数
⑦ 生产销售单位	生产销售单位填报出口货物在境内的生产或销售单位的名称。本栏目可选填 18 位法人和其他组织统一社会信用代码或 10 位海关注册编码或 9 位组织机构代码任一项。没有代码的应填报"NO"

续表 13-1

栏 目	填制规范
⑧ 运输方式	指运载货物进出境所使用的运输工具分类。本栏目应根据实际运输方式,按海关规定的"运输方式代码表"选择填报相应的运输方式或代码
⑨ 运输工具名称	一份报关单只允许填报一个运输工具名称。一般填报为"运输工具名称"＋"/"＋"航次号",如 HANSASTAVANGER/HV300W
⑩ 提运单号	一份报关单只允许填报一个提运单号。一票货物对应多个提运单号时,应分单填报
⑪ 贸易方式	本栏目根据实际情况,并按海关规定的《贸易方式代码表》选择填报。相应的贸易方式简称代码。如"一般贸易""来料加工""进料加工""暂时进出货物"等。一份报关单只允许填报一种贸易方式
⑫ 征免性质	指海关对进出口货物实施征、减、免税管理的性质类别。按海关核发的《征免税证明》填报相应的征免性质简称或其代码。一份报关单只能填报一种征免性质
⑬ 许可证号	属申领出口许可证的货物,必须填出口货物许可证的编号,不得为空。非许可证管理的商品,本栏不需填写。一份报关单只允许填报一个许可证号
⑭ 运抵国（地区）	根据出口货物直接运抵的国家(地区),并按海关规定的"国别/地区代码表"填写中文名称和代码。如"日本 116"。无实际进出境的货物,本栏填报"中国境内 142"
⑮ 指运港	填写出口货物运抵的最终目的港,填写港口的中文名称或代码,如"香港"。无实际进出境的,本栏目填报"中国"(代码 142)
⑯ 境内货源地	境内货源地是指出口货物在国内的产地或始发地。参照国内地区代码表填写。填写货源地的中文名称或代码,如"上海浦东新区"
⑰ 成交方式	根据合同的成交条件,并按成交方式或代码填写。如"FOB"、"CIF"或"CFR"等
⑱ 运 费	如出口货物为 FOB,则本栏目不需填报;如出口货物成交价格为 CIF 或 CFR,则需填报。按成交价格中含有的国际运费费用的金额和货币代码填写,如"502/1100/3",其意为总费美元 1100("502"表示美元的货币代码;"1"表示运费率,"2"表示运费单价,"3"表示运费总价)
⑲ 保 费	填报该批出口货物运输的保险费用和货币代码,如 10000 港元保险费总价应填为"110/10000/3"("1"表示保险费率,"3"表示保险费总价)
⑳ 杂 费	指成交价以外应计入完税价格或应从完税价格中扣除的费用,诸如手续费、佣金和回扣等,可按杂费总价或杂费率填报。如应计入完税价格的 500 英镑杂费总价为"303/500/3"("1"表示杂费率,"3"表示杂费总价)
㉑ 合同协议号	应填报出口合同的全部字头和号码
㉒ 件 数	按外包装的出口货物(如集装箱、托盘等)的实际件数填报,裸装货物填"1"。注意与包装种类的统一
㉓ 包装种类	出口货物实际外包装的名称,应同时说明包装物材料,如木箱、纸箱;散装货物填报为"散装"
㉔ 毛重(千克)	按出口货物实际毛重(千克)填,不足 1 千克应填"1"。毛重在 1 千克以上非整数的,保留小数点后 4 位,第 5 位及以后略去,如:毛重 9.56789 填报"9.5678",毛重 123456.789 填报"123456.789"
㉕ 净重(千克)	填出口货物实际重量(千克),不足 1 千克的填"1"。毛重在 1 千克以上非整数的,保留小数点后 4 位,第 5 位及以后略去

续表 13-1

栏　目	填制规范
㉖ 集装箱号	填报方式:"集装箱"+"/"+"规格"+"自重"。例如,TEXU3605231/20/2275,表明这是一个 20 英尺集装箱,型号为 TEXU3605231,自重 2275 千克。非集装箱货物填报为"0"。多个集装箱的其余号码填在备注栏内
㉗ 随附单证	应填写与出口货物报关单一并向海关递交的除海关备案和许可证以外的监管单证名称与代码。合同、发票、装箱单和许可证等必备的随附单证可不填
㉘ 标记唛码及备注	标记唛码指货物的运输标识中除图形外的所有汉字和数字
㉙ 项　号	分两行填报及打印,第一行填报货物在报关单中的商品排列序号;第二行填报该项货物在登记手册中的项号或对应的原产地证书上的商品项号
㉚ 商品编号	按海关规定的商品分类编码规则填写该出口货物的 10 位商品编号
㉛ 商品名称 规格型号	第一行打印出口货物规范的中文名称,第二行打印规格型号,必要时应加注原文
㉜ 数量及单位	填报出口商品的实际数量及计量单位。分三行填报及打印。法定第一计量单位及数量应填报在第一行;法定第二计量单位填报在第二行;成交计量单位及数量填报在第三行
㉝ 最终目的国(地区)	填制出口货物的最终消费或进一步加工制造国家(地区)及其国别/地区或代码
㉞ 单　价	填报同一项号下出口货物实际成交的商品单位价格,无实际成交价格的,本栏目填报货值
㉟ 总　价	填报同一项号下出口货物实际成交的商品总价,无实际成交价格的,本栏目填报货值
㊱ 币　制	根据实际情况按"货币代码表"选择填报相应的币制名称或代码或符号
㊲ 征　免	海关对出口货物进行征税、减税、免税或特案处理的实际操作方式,如照章征税、折半征税、全免等
㊳ 填制日期	本栏目为 8 位数,如 2010.09.02

任务 13.4　安排运输和保险

13.4.1　安排运输

在以 CIF 条件订立合同的情况下,出口企业应做好安排运输和办理保险工作。

1. 租船订舱

出口企业在审证无误和备妥货物后,应及时办理货物的租船订舱。

如果装运货物数量较大,需要整船装运的,出口企业要对外办理租船手续;如果出口货物数量不大,无须整船装运的,可洽订舱位。订舱时,出口企业既可以根据合同规定的装运期、货源情况以及船公司或其代理人公布的船期表,直接找船公司或其代理人(以下称承运人)洽订舱位;也可以委托货运代理公司(以下称货代公司)代其订舱。

在实际业务中,出口企业通常委托货代公司代为办理运输,下面以此做法为例介绍订舱的基本程序。

① 出口企业委托货代公司为其办理订舱时,需向货代公司提交订舱委托书,该委托书是双方之间委托代理关系的证明文件;此外,还需向货代公司提供商业发票、提货单、装箱单和/或重量单、出口货物报关单、出口收回核销单等单证。

② 货代公司接受代理后,缮制托运单(又称订舱单),然后持托运单等向承运人办理货物订舱手续。船公司如接受订舱,则在托运单的各联单据上填写船名、航次、编号,抽留其所需各联,在装货单一联上盖签单章,连同其余各联退回货代公司,表示同意托运人的订舱。装货单(Shipping Order,S/O)又称关单,俗称下货纸,是船公司或其代理人在接受托运人的托运申请后,签发的通知船上负责人和集装箱装卸作业区进行装货的指示性文件。装货单是托运人办理报关时必须提交的单据之一,货物经海关查验后,海关在装货单上加盖放行章,托运人或其代理人凭盖章后的装货单通知船方装货,这就是装货单又称为关单的来由。

2. 装　船

海关放行后,托运人或其代理即可凭盖有海关放行章的装货单,与有关港务部门和理货人联系,通知装船。在装船的过程中,托运人或其代理应亲监现场,如发现货物短少、包装破损、污染等情况,应设法补齐、换货、修理或更换包装。

货物装船后,由承运船舶的大副向托运人或其代理签发大副收据。大副收据(Mate's Receipt,M/R)是船方表示已收到货物,并已将货物装船的收据。托运人或其代理可持大幅收据向船公司换取正本的已装船海运提单。

在合同或信用证要求的情况下,为了便于进口方及时收货和付款,托运人或其代理人应在货物装船后,及时向国外买方发出"装船通知"(Shipping Advice,S/A)。

13.4.2　办理保险

在我国,按 CIF 术语成交的出口合同,一般采取逐笔投保的方式,即对每一笔国际货运业务,出口方都向保险公司办理一次投保手续。出口企业在确定装运日期、船名、航次后,在货物运离储存场所前,应向保险公司办理投保手续,以取得保险单据。

办理保险的程序请参考 9.5 节"国际货物运输保险的业务程序"。

【课堂讨论】

2022 年 7 月,苏州丽华贸易公司出口一批货物到德国,货物采用拼箱方式,产品是高温耐火材料,采用 FOB 贸易运输,付款方式为 T/T 提单日后 90 天,生产完毕后联系指定代理发运。丽华公司拿到提单后,立刻传真了提单复印件,并做好 ETA(预计抵达时间)发给了客户,但天有不测风云,20 多天后苏州丽华公司得到客户的通知,说此船在海上航行时起火,货物全部损毁,苏州丽华公司立刻答复客户,要求客户走保险的索赔程序,尽全力挽回经济损失。但客户却告知丽华公司,他们没有投保。请讨论此损失应由谁承担?为什么?

任务 13.5　制单结汇

13.5.1　出口单证工作

出口单证工作的内容主要包括:审证、制单、审单、交单和归档五大方面。单证工作总的要求是:"单证一致、单单一致、证同一致、单货一致"。其中,"单证一致"是指外贸单据与信用证保持一致;"单单一致"是指各种单据之间保持一致;"证同一致"是指信用证与合同保持一致;"单货一致"是指单据中所描述的货物与实物保持一致。

1. 审 证

在收到买方委托开证行开来的信用证后,由通知行和出口商分别对其进行审核,审证的具体程序详见 13.2.2 节"审证"部分。

2. 制 单

制单是出口单证工作的主要环节,随着履行外贸合同各环节业务的进行,就应缮制、签发、流转各种相关单证。对出口单证工作的基本要求是在制单时应做到"十字方针",即"正确""完整""及时""简明""整洁"。

1) 正 确

正确是单证工作的前提和基础,单证缮制中的任何微小差错,都可能酿成经济上的巨大损失,因此,制单必须把正确放在首要位置。所谓正确,是指制单要符合以下两个方面的要求:一是要做到上述的"四个一致",即单证一致、单单一致、证同一致和单货一致;二是各种单证必须符合有关国际惯例和进出口所在国家的相关法令和规定,例如,信用证结算项下的各种单证应符合 UCP600 的要求。

2) 完 整

所谓完整,是指制单必须符合三个方面的规定:一是单证种类必须齐全、成套,成套是指在每一笔交易中,卖方应按信用证规定制作或取得的所有种类的单证;二是单证的份数必须齐全,即每一种单证的正本份数、副本份数需按规定的份数要求制作,不能随意减少;三是每种单证的内容必须完整,即单证的制作在内容的描述、应列项目、文字拼写、语句或表达、签章或背书、时间等方面都要完整,不能遗漏。

用一句话来概括"完整"的意思——"一个都不能少",即"单证的种类一个都不能少""单证的份数一个都不能少""单证的内容一个都不能少"。

3) 及 时

单证工作的时间性强,主要表现在两方面:一是每一种单证的出单日期要及时、有序、合理,既要符合商业习惯和要求,又要符合信用证或合同对期限的规定。例如,保险单日期一般不得迟于装运期。二是全套单证应及时提交议付行进行交单议付。UCP600 中第 14 条规定:"……须由受益人或其代表在不迟于本惯例所指的发运日之后的 21 个日历日内交单,但是在任何情况下都不得迟于信用证的截止日",而我国的习惯做法是发运日之后的 15 个日历日内交单。

4) 简 明

简明是指单证在符合信用证或合同、商业习惯所规定的要求下,力求简明扼要,防止复杂繁琐。简化单证不仅可以减少工作量和提高工作效率,而且也有利于提高单证的质量和减少单证的差错,它不仅反映了制单员的工作责任心和熟练程度,而且还会直接影响出单的效率。

如果"完整"的意思是"一个都不能少",那么,"简明"的意思就是"一个也不要多",即"不该提交的单证不提交,不该填的内容不要填"。

5) 整 洁

所谓整洁是指单证的表面要清洁、美观、大方,单证的内容要清晰易认。

单证的外观质量在一定程度上反映出了外贸企业的业务和技术水平,如果说正确和完整是单证的内在质量,那么整洁则是单证的外观质量。

3. 审单

审单是指制单员本人或专门的审单人员对单证审核一遍,防止错单、缺单,若发现有错就应及时修改,缺单应追索或补做,不符合制单要求的应重新制作,把好单证质量关。

4. 交单

交单是结汇的前提,出口商应在合同或信用证规定的期限内,及时持全套单据到银行交单议付。

5. 归档

单证是外贸企业进出口业务的重要证明文件,对单证进行归档至少可以起到三个方面的作用:一是加强外贸业务管理的需要;二是万一发生交单后的退单、索赔、争议、仲裁等情况时,能提供证明文件;三是归档后的单证可以为日后的市场调研、交易磋商、制单等业务提供参考依据。所以,在交单结汇之后,企业应将一份完整的单证副本归档保存。

13.5.2 主要出口单据的缮制要点

1. 商业发票

商业发票是一笔业务的全面反映,是出口商向进口商开列的发货价目清单,是买卖双方记账的依据,是进出口报关交税不可缺少的文件。商业发票的内容包括商品的名称、规格、价格、数量、金额、包装等。在单据制作过程中,其余单据大多参照商业发票来缮制,所以发票是全套单据中的核心单据。

商业发票由出口商自行制作,目前还没有统一的格式,但内容却大体相同,必须同时符合合同和信用证的相关规定,并且文字描述必须与信用证完全一致。商业发票大致包括以下主要项目:

(1) 出口商名称和地址(Exporter's Name and Address)

一般情况下,出口商会使用自己预先设置好的、固定格式的发票,该发票的顶端印有醒目的出口商名称、地址。出口商的名称、地址必须与信用证上的受益人的名称、地址完全一致。如果受益人的名称、地址有变更时,发票也要随之作出相应更改。

(2) 发票名称(Invoice's Name)

出口商名称下面,要用粗体字标出 COMMERCIAL INVOICE 或 INVOICE,以体现单据的性质和种类。发票的名称必须与信用证上的规定完全一致,不能随意更改。

(3) 发票的抬头人或收货人(Messrs)

一般填写进口商的名称、地址。UCP600 第 18 条规定:"商业发票必须以信用证开证申请人为抬头,除非信用证另有指定发票的抬头人。"如在信用证支付方式下,有"To the order of ×××"或"For account of ×××"等字样的,则是指定了发票的抬头人。填写时应注意进口商的名称和地址不应放在同一行打,对那些已更名或独立的国家,应使用新名称。

(4) 发票号码(Invoice No)、发票日期(Date)、合同号码(S/C No)或信用证号码(L/C No)

发票号码一般由出口商按照顺序自行编制,这样做有利于今后的查对。发票号码代表了全套单据的号码,如汇票的号码即按此号码填写。发票日期,即发票的出单日期。信用证业务下,发票日期一般在信用证开证日期之后、提单签发日之前,且不能迟于信用证的交单期和有效期。合同号码应与信用证上列明的保持一致,如一笔交易涉及几个合同号码的,则都应在发票上打印出来。信用证号码也应在发票上列明。

(5) 起运地和目的地、运输工具(From…To…)

目的地应明确具体,如来证笼统规定"Destination:Canadian Ports"时,应在缮制发票时要填具体港名,如"Toronto"(多伦多)或"Vancouver"(温哥华)。对有重名的目的地,目的港后面要加打国名;尤其是海运,港口在世界上重名很多,例如"Vancouver"(温哥华)加拿大有这一港口,某些国家也有此港口,所以,在填写时要多加小心,以免造成不必要的误会。

(6) 货物描述(Description of Goods)

该栏主要包括货物的名称、规格、数量、包装及重量等项目,其文字描述必须与信用证上的说明完全一致。对于货物的品名,不能随意添加或省略有关的字或句;无论是以数字表示的货物规格,还是以文字表示的货物规格,都必须逐字、逐词核对,不能有任何出入,否则会造成单据与信用证不符,影响收汇安全;货物的包装方式、件数数量也必须在发票上载明,且既要与实际装运货物相符合,又要与信用证规定相一致;货物重量在发票上应打明总的毛重、净重,且应与装箱单、重量单等单据上的重量相一致。

(7) 单价和总值(Unit Price、Amount)

单价和总值是发票的主要项目,必须认真计算,保证准确无误。缮制单价和总值时应注意以下几点:

① 贸易术语(Trade Terms),又称价格术语,非常重要,因为它涉及买卖双方承担的责任、费用和风险的划分问题;另外,也是进口地海关核定关税的依据。

需要注意的是,在使用贸易术语时要根据贸易术语的不同加上指定的装运港(地)或目的港(地)。

② 发票总值一般不能超过信用证金额。UCP600第18条规定:"除非信用证另有规定,否则银行可以拒收其金额超过信用证所允许金额的商业发票。"因此,一定要慎重填制此栏。如果由于超装货物导致金额增加,此种情况下可与信用证下议付的金额分开办理,将超出信用证金额的部分另外制作汇票,按托收方式另行收汇。

③ 正确掌握有关伸缩条款。UCP600第30条规定:"凡'约''近似''大约'或类似意义的词语用于信用证金额或信用证所列的数量或单价时,应解释为有关金额或数量或单价有不超过10%的增减幅度"。

④ 发票的货币币种要与信用证上的货币币种完全一致。

(8) 唛头(Marks And Numbers)

信用证或合同有指定唛头的,必须严格按照规定制唛;信用证或合同没有规定唛头的,出口商可自行设计唛头。设计唛头应遵循容易识别、简洁明了的原则。唛头内容可包括客户名称的缩写、参考号码(合同号、信用证或发票号)、目的港、件号四部分。

(9) 加注的各种声明文句(Declaration)

由于各国法令或习惯的差异,部分来证要求在发票上加注各种费用金额、原产地、特定号码等声明文句,一般可将这些内容打在发票商品栏以下的空白处。常见的要求有:在CIF价格条件下,有些来证要求发票上分别列明运费、保险费和FOB金额;证明原产地;注明特定号码,如有些来证要求在发票上注明进口许可证号码。

(10) 出单人签名或盖章(Signature)

商业发票只能由L/C规定的受益人出具,一般须经受益人(出口商)正式签字盖章才能生效。UCP600第18条规定:商业发票无须签字。但是必须注意,有些来证规定要求手签的,则必须手签。

2. 海运提单

海运提单是承运人或其代理人向托运人签发的证明海运货物运输合同和货物已经被承运人接受或装船的单据,同时也是承运人保证据以交付货物的物权凭证。不同的国家、不同的船公司使用的海运提单的格式不尽相同,但其内容基本一致,主要包括以下项目:

(1) 托运人(Shipper)

托运人是指委托运输的人,即发货人,一般为信用证方式下的受益人。另外,如果信用证要求做第三者提单(Third Party's B/L),也可以办到,如请外运公司做托运人,因为UCP600第14条规定:"在任何单据中注明的托运人或发货人无须为信用证的受益人"。

(2) 收货人(Consignee)

按照信用证规定填写,可分为以下三种:

① 记名式。在该栏直接填写指定的收货人的名称,它的特点是收货人已经确定,提单不能转让,必须由收货人栏内指定的人提货。如来证要求"Full set of B/L consigned to A. B. C. Co",提单收货人栏应填"consigned to A. B. C. Co"。

② 不记名式。此种方式下,在收货人栏可留空不填,或填"To Bearer"(交来人/持票人),即承运人应把货交给提单的持有人,只要持有提单就能提货。

③ 指示式,即在收货人栏内有指示(Order)字样的,表示承运人凭指示交货,这种提单可以通过指示人的背书而进行转让。指示提单又分为记名指示和不记名指示两种。

在信用证方式下,常使用指示式提单;在托收方式下,常使用不记名指示式提单。

(3) 被通知人(Notify Party)

要按信用证规定填写。被通知人一般是进口商或其代理人,货物到港后,承运人凭此栏内容通知其办理提货,所以,提单的被通知人的名称和地址一定要详细,地址不详,无法及时通知,会延误提货,造成损失。若来证未规定被通知人,则正本提单可保持空白,但在副本提单上要载明信用证申请人的名称、地址;若是收货人指示提单或记名提单且收货人有详细地址的,此栏可留空;若来证要求两个或两个以上的公司为被通知人,则应把所有这些公司的名称、地址都完整地填在此栏。

(4) 前程运输(Precarriage by)

如货物需转运,此栏填第一程船船名;如不需转运,此栏留空。

(5) 收货地点(Place of Receipt)

如货物需转运,此栏填收货港口的名称或地点;如不需转运,此栏留空。

(6) 船名航次(Ocean Vessel Voy No)

应填写货物所装船舶的船名及航次,如货物需转运,填写第二程船船名;如不需转运,则填第一程船船名。

(7) 装运港(Port Of Loading)

要按信用证规定填写实际装运货物的港口,但若信用证规定为"Any Chinese Port"(任何中国港口),则应填写具体的港口名称,如"Shanghai",而不能笼统照抄。

(8) 卸货港(Port Of Discharge)

填实际卸下货物的港口名称。需注意,世界上某些不同的国家有重名的港口,这种情况下,港口后面一定要加打国名;如信用证上列出了两个以上的港口,则只能选择其中一个港口;如信用证上只笼统写上"European Main Ports"(欧洲主要港口),则应填写某具体的卸货港名称,如"Rotterdam"。

(9) 交货地点(Place of Delivery)

填最终目的地名称,如最终目的地就是目的港,此栏可留空不填。

(10) 集装箱号、封号及唛头(Container Seal No. or Marks & Nos)

填写集装箱号及唛头,信用证规定唛头的,按信用证填写;信用证没有规定的,则按发票上所列的填写。

(11) 包装(No of Containers of Pkgs)

要按实际包装具体情况填列,如塑料桶(Plastic Drums)、铁桶(Iron Drums)、木箱(Wooden Case)、纸箱(Carton)等,而不可仅笼统地填为件(Packages)。若是散装货物,该栏只需填"In Bulk"。在大写合计栏内要填上英文的大写文字总件数(Total Numbers of Packages in words),如:总件数为 60 Iron Drums 填写在此栏下,然后在总件数大写栏填上:Sixty Iron Drums Only。

(12) 货物名称(Description Of Goods)

按信用证规定填写,并要与其他单据如发票等保持一致。如信用证上商品品名很多,提单上可允许使用货物的统称。凡危险品必须写清楚化学名,列明危险品等级(CLASS NO)、国际海上危险品运输规则号码(IMCO CODE PAGE)、联合国危规号码(UN CODE NO)。

(13) 毛重(Gross Weight)

填写总毛重,除非信用证另有规定,一般重量均以千克表示。

(14) 尺码(Measurement)

填写总尺码,除非信用证另有规定,一般体积均以立方米表示。

(15) 运费支付情况(Freight & Charges)

除非信用证另有规定,否则此栏一般不填运费的具体数额,只填写运费的支付情况,具体有以下几种:在 CFR 或 CIF 价格条件下出口,填运费预付(Freight Prepaid)或(Freight Paid);在 FOB 价格条件下出口,填运费到付(Freight Collect)或(Freight Payable at Destination)。当有些来证要求注明所支付的运费的金额,只需按实际支付额填写即可。

(16) 正本提单签发份数(No. of Original B/L)

应按信用证的规定提供要求的份数。正本提单的份数要在提单上注明,并用英文大写数字表示,如:ONE,THREE。每份正本提单的效力相同,当其中一份提货后,其他各份均失效。若信用证要求提供"全套正本提单",这种情况下并没有指定具体份数,则需提供承运人签发的所有正本。UCP600 第 20 条中对"全套"作了规定,"系唯一的正本提单,或如果以多份正本出具,为提单中显示的全套正本"。

(17) 提单签发地点及日期(Place and Date of Issue)

提单签发地点一般为实际装运货物的港口或接受船方监管的地点;提单签发日期一般为实际装运货物的时间或接受船方监管的时间,它不能晚于信用证规定的最迟装运期(Latest Shipment)。

(18) 承运人签章(Signed For the Carrier)

提单必须有承运人或其代理人的签字才能生效,如信用证要求手签的必须手签。

UCP600第20条中对海运提单的签署人做出了详细的规定:海运提单必须经过承运人或作为承运人的具名代理人或代表;船长或作为船长的具名代理人或代表的签署才有效。而且,在签署方式上,UCP600还指出:凡承运人/船长的签署必须可识别其身份,如COSCO提单由COSCO自行签发时,在签署的橡章上须表示其为CARRIER;凡由承运人/船长的代理签署时,需有代理的具名,并需表明被代理人的名称和身份,例如E公司代理COSCO签发提单时,除E公司具名和签字的橡章外,还得标明:AS AGENT FOR THE CARRIER—COSCO。

(19) 提单号码(B/L NO)

一般列在提单右上角。提单上必须注明承运人或其代理人指定的提单编号,以便于核查。其他单据,如装运通知、保险单中也常常要求注明提单号码。

(20) 其他(Others)

如有些国家来证要求在提单上注明信用证号码、进口许可证号码等,应按要求照办。

海运提单的正面内容如上所述,在其背面还常列有以下条款的内容:对承运人、托运人加以定义;责任范围条款;承运人责任条款;管辖权条款;共同海损;包装和标志;运费和其他费用条款等。其中,一般在承运人责任条款中注明了提单所适用的国际公约,如《海牙规则》《汉堡规则》《维斯比规则》等。目前,以适用《海牙规则》的居多,因为该公约对承运人非常有利。

【课堂讨论】

我国某外贸企业出口货物一批,买卖合同与信用证均规定为CIF条件,货物装运后,出口企业在向轮船支付全额运费后取得了由船公司签发的已装船清洁提单,但制单人员在提单上漏打了"Freight Prepaid"字样。当时正遇市场价格下跌,开证行根据开证申请人的意见,以所交单据与信用证不符为由拒付货款。后几经交涉,最终以减价了案。请分析我外贸企业应吸取哪些教训?

3. 保险单

保险单是我国目前使用最广的保险单据,由保险公司根据出口商投保时提供的有关单据来填制。

保险单一般有以下栏目:

(1) 保险公司名称(Name of Insurance Company)

在保险单顶端已印好保险公司名称,如:中国太平洋保险公司××分公司(China Pacific Insurance Company Limited,××Branch)。

(2) 保险单据名称(Insurance Policy)

在保险公司名称下方,已印好单据名称,表明本单据的性质。

(3) 发票号码(Invoice No.)

填写本批投保货物的发票号码。

(4) 保险单号码(Policy No.)

填写保险公司编制的保单号码。

(5) 被保险人(Insured)

投保人或称抬头,如信用证无特别规定,此栏一般填写信用证的受益人,即出口商的名称。如果信用证规定保险单做成"背书给××银行"(Endorsed to order of ××Bank)的,则可在被保险人栏填写受益人名称,并在保单背面注明:"To Order of ××Bank"或"Claim if any pay to the order of ××Bank"然后再经受益人盖章,表示背书。

在 FOB 或 CFR 的价格条件下,若买方委托卖方代办保险,被保险人一栏可做成"××(卖方)on behalf of ××(买方)",再由卖方按此形式在保险单背面背书。卖方可凭保险公司的保费收据向买方收取保险费。

需要注意的是,除非信用证另有规定,否则只要是以信用证受益人为被保险人的,受益人均需在保险单背面做空白背书。

(6) 标记(Marks & Nos)

可按发票、提单上的唛头打,如无唛头,可填 N/M;另外还有一种简化的打法,就是在该栏打上"As per Invoice No. ××",这是因为在办理保险索赔时,发票也是必须提交的单据之一。

(7) 包装及数量(Quantity)

参照发票、提单,填写外包装的总件数。散装货要注明"In Bulk",再填写重量。

(8) 保险货物项目(Description of Goods)

参照发票、提单填写,也可用统称(大类货物名称),但应与提单、产地证的填写相一致。

(9) 保险金额(Amount Insured)

此栏为小写金额,小数点后尾数一律进为整数,一般按发票金额加上投保加成后的金额填写。在信用证方式下,按信用证条款加成,一般为发票金额的110%,但如果买方要求按较高的投保加成率投保,而保险公司也同意,卖方也可以接受,则由此而增加的保险费应计算在成本之内。另外,投保的货币名称必须与 L/C 的货币一致。

(10) 总保险金额(Total Amount Insured)

用英文填写,是以上保险金额的大写形式,计价货币也应填全称,注意大、小写金额必须保持一致。

(11) 保费(Premium)及费率(Rate)

保险公司已分别在这两栏印好"按照约定"(as arranged),所以一般不填具体数字。但来证如要求标明保费及费率时,则应打上具体数字及费率。

(12) 装载运输工具(Per Conveyance S.S)

应与提单列出的运输工具相一致,海运填写船名,并加注航次,如:SU YUN 9928;若需转船,则应分别填写一程船名和二程船名,中间用"/"分开。

(13) 开航日期(Slg. on or about)

可按照运输单据日期填写。

(14) 运输起讫地(From...To...)

按照提单的起运地和目的地填写,如需转运,则应加打转运港名称,即 From(装运港)To(目的港)W/T(With Transhipment)或 Via(转运港),例:From Shanghai to Toronto Via Hong Kong。

(15) 承保险别(Conditions)

险别内容必须与信用证规定的保险条款保持一致,若是由卖方保险,而来证要求投保的险别超出了合同的规定,只要买方同意支付额外保险费,卖方也可按照信用证规定的险别办理。

(16) 保险勘查代理人(Insurance Survey Agent)

指货物出险时负责勘查、理赔的承保人的代理人。保险勘查代理人一般由保险公司自己选定,并应有详细地址,以便收货人在出险后通知其代理人联系有关查勘和索赔事宜。

（17）赔付地点（Claim payable at…）

应严格按信用证规定填写。一般信用证规定在赔款偿付地点后要注明偿付的货币名称，赔款的货币名称一般与 L/C 的货币一致，如："At New York in USD"。

如来证未明确规定赔款偿付地点的，则填目的港所在地；如来证规定两个或两个以上赔付地的，则应全部打上；如来证规定一旦发生货损，赔款给××公司（Loss if any pay to×× Co）的，则应在保单赔付地点后加打"Pay to ×× Co"。

（18）保险单签发日期和地点（Date and Place of Issue）

保险单的签发日期应早于运输单据日期，以证明是在货物出运前办理的投保；签发地点一般为出口商所在地。

（19）保险公司签章（Authorized Signature）

保险单只有经保险公司或其代表签章后才能生效。

4. 汇 票

汇票是一种很重要的资金单据，为了防止遗失，在进出口贸易中汇票一般有两份正本，两份正本均具有同等的效力，但付款人付一不付二，或付二不付一，先到先付，后到无效。银行在寄送单据时，一般也要将两份正本汇票分为两个邮政班次向国外寄发，以防在邮程中丢失。

汇票一般有以下栏目：

（1）汇票名称

一般使用 Bill of Exchange 或 Draft，并已印就。

（2）无条件的支付命令

因为是"支付命令"，所以必须用命令的语气，不能用商量或请求的语气，一般外贸公司都是以这种文句和方式印制汇票，制单时，只需填注收款人名称和具体金额即可。

（3）出票依据

填在"Drawn under"之后，填写开证行的名称和信用证号码；托收方式下填写货物买卖合同号码。

（4）收款人

收款人亦称抬头人或"抬头"，在实际业务中汇票通常做成指示性抬头，即 Pay to the order of ×××。采用信用证结算时，通常做成议付行或出口商的往来银行的指示性抬头，例如，信用证规定由上海汇丰或上海麦加利等银行议付，则汇票抬头应填写这些银行，并由议付行背书转让。采用托收方式时，通常做成托收行的指示性抬头。

（5）金 额

填写汇票金额（Amount）必须注意下列问题：

① 汇票必须表示确切的金额，不能用大约或选择性的表达方式。

② 金额的填写包括大小和小写，所以大小写必须一致，不一致者在我国按废票处理，有些国家以大写为准。在实际业务中，大小写不一致往往容易造成拒付或待证实以后才付款。

③ 金额由货币和数额两部分组成，缺一不可，大写金额一般将货币打在数额之前，但放在后面亦可；小写金额应将货币符号放在数额之前。

④ 大写金额之后应加 "ONLY"表示"整"的意思，例如：U. S. DOLLARS ONE THOUSAND ONLY。

⑤ 大写金额中的小数表示法，如 USD5.69 可以写成：

U. S. DOLLARS FIVE POINT SIX NINE ONLY.

或 U. S. DOLLARS FIVE AND POINTS SIXTY NINE ONLY.

或 U. S. DOLLARS FIVE AND CENTS SIXTY NINE ONLY.

或 U. S. DOLLARS FIVE AND 69/100 ONLY.

(6) 付款人

亦称受票人,此栏填写付款人名称和地址。这项内容按下列原则掌握:如信用证规定了汇票付款人,按信用证填写;若信用证未规定付款人,则按 UCP600 规定,信用证项下均应以开证行或其指定银行为汇票付款人。采用托收方式时,付款人一般为进口方。

(7) 出票人

指受益人或合同的卖方,一般包括两项内容:一是出口公司名称,通常以盖章表示;二是法人代表签字,此签字最好手签,但国内往往以盖手签图章来表示。

13.5.3 其他出口单据

1. 包装单据

出口商品在运输途中,有的不需包装,如谷物、矿砂、煤炭等散装货物,但绝大多数商品必须加以适当的包装后才能装运出口,以保护该商品在运输途中的安全,如纺织品、轻工产品、机械、仪表等商品。包装单据(Packing Document)是指一切记载或描述商品包装情况的单据,是商业发票的补充说明。

常用的包装单据主要有装箱单(Packing List)、重量单(Weight List)、尺码单(Measurement List),但在实务中它们往往是合并使用的。

1) 装箱单的作用

装箱单是发票的补充单据,通过表内的包装件数、规格、唛头等项目填制,阐明了商品的包装情况,列明了信用证(或合同)中买卖双方约定的有关包装事宜的细节,便于进口商对商品包装及数量的了解和掌握,也便于进口商在货物到达目的港时,供海关检查和核对货物。有时,商品的包装情况也可列在商业发票上,但是在信用证中有明确要求时,就必须严格按信用证的约定制作装箱单。

2) 装箱单的内容

装箱单的内容因货物不同而各异,但一般应包含以下内容:单据名称、合同号码、发票号码、唛头及号码、货名及品质、容积及重量(包括毛重、皮重、净重)、进口商或收货人、出单日期、出单人等。

2. 航空运单

航空运单是不能背书转让的,所以航空运单的收货人栏内必须填写收货人的全称和详细地址,而不得做成指示式抬头。

航空运单根据签发人的不同可分为主运单和分运单。主运单是由航空公司签发的,分运单是由航空货运代理公司签发的,两者在法律效力上基本相同。

对于需要航空运输的货物,必须由托运人首先填制国际货物托运书,然后航空公司凭此托运书填制航空运单。我国的航空运单是由航空公司或其代理签发的。按照国际惯例,航空运单共有正本一式三份:第一份正本交托运人向银行结汇,上面注明"Original—For the Shipper";第二份正本由航空公司留存,上面注明"Original—For the Issuing Carrier";第三份正本由航空公司随机交收货人,上面注明"Original—For the Consignee"。其余副本则分别注明"For Airport of Destination""For Second Carrier""Delivery Receipt""Extra Copy"等,由航空公司根据需要分发。

3. 普惠制产地证

普遍优惠制产地证明书,简称普惠制产地证(Generalised System of Preferences Certificate of Origin,简称 G. S. P),它是指享受普遍优惠制待遇国的出口商,在对给惠国出口"可受惠商品"时,向给惠国提供的证明出口商品原产地的书面凭证。普惠制是发达国家给予发展中国家出口制成品和半制成品普遍的、非歧视的、非互惠的一种关税优惠制度。

普惠制产地证由出口商购买并缮制,连同普惠制产地证书的申请书及商业发票副本各一份送检验检疫局,经签章后,即成为有效证书。在一套普惠制产地证中,一般有两份副本和一份正本,副本仅供寄单参考和留存用,正本则可作为议付的单据。

4. 一般原产地证

一般原产地证明书(Certificate of Origin),简称一般产地证或产地证,是证明货物确系本国原产的证明文件。通常不使用海关发票或领事发票的国家,均要求提供原产地证,来确定对货物征税的税率。该证书具有法律效力,是报关结汇、进行贸易统计的重要证明文件。

一般原产地证可以由以下机构签发:

① 出口商自己出具并签发的产地证。
② 出入境检验检疫机构签发的产地证。
③ 中国国际贸易促进会出具的产地证。
④ 生产厂商自己出具的产地证。

具体选择使用哪一种产地证,应根据信用证的条款确定,如无特别规定的,则以第三者公证机构签发并证明的产地证比较合适,但应先提交一般原产地证申请书。

5. 装船通知

装船通知(Shipping Advice 或 Shipment Advice)又叫装运通知,是指出口商在货物装船后发给进口商的包括货物详细装运情况的通知。其作用是让有关当事人(主要是进口商)了解货物的装运情况,以便让进口商及时办理进口保险。在此情况下,装船通知通常有两种:一种是让有关当事人(主要是进口商)了解货物的装运情况,出口商必须把装船详情电告对方,如合同号、信用证号、船名、装船日期、装运港、目的港、品名、件数、数量金额、唛头等。另一种是通知进口商办理保险的,出口商必须将投保的各项内容,如商品名称、规格、件数、金额、唛头、开航日期、船名、装运港、目的港、合同号等告知对方。

13.5.4 交单结汇

1. 交单结汇的主要方式

UCP600 第 2 条规定:"交单指向开证行或指定银行提交信用证项下单据的行为,或指按此方式提交的单据。"具体做法是,受益人(一般是出口商)在规定时间内向银行提交信用证规定的全套单据。这些单据经银行审核确认无误后,根据信用证规定的不同付汇方式,由银行办理结汇。

交单的办法有两种:一种是两次交单或称预审交单,即在运输单据签发前,先将其他已备妥的单据交银行预审,以便发现问题及时更正。签发运输单据后,出口商可以凭运输单据尽快到银行交单议付。另一种是一次交单,即在全套单据收齐后一次性提交银行。银行审单后若发现不符点会退单给出口商,让其修改,这样会耽误时间,容易造成信用证或交单逾期而影响出口商正常收汇。所以出口商应与银行密切配合,采用两次交单的办法,提高效率和收汇的安全性。

在我国出口业务中,使用议付信用证居多,也有少量使用付款信用证和承兑信用证的。议付信用证的交单结汇方式主要有以下三种:

(1) 买单结汇

买单结汇又称出口押汇,这是国际银行业对"议付"通行的做法。其具体做法是,议付行收到出口企业提交的单据,经审单确认无误后,买入单据,从票面金额中扣除从议付日到估计收到票款之日的利息及手续费,将余额按当日外汇牌价折算成人民币,垫付给出口企业。议付行买入单据后,即成为单据的善意持有人,可凭票向付款行索取票款。这种结汇实际上是银行对出口企业提供的一种资金融通方式,企业收汇较快,有利于企业的资金周转。

(2) 收妥结汇

收妥结汇又称收妥付款,是指国内银行在审核出口企业提交的单据并确认无误后,将全套单据寄交付款行,待收到对方付款后,再向出口企业付款。在这种付款方式下,银行不承担风险,不垫付资金,而且出口企业收汇时间较晚。

(3) 定期结汇

定期结汇是指国内议付行在审核企业提交的单据并确认无误后,根据向付款行索偿所需要的时间,预先确定一个固定的结汇时间,到期后主动将票款付给出口企业。

2. 单证不一致时出口商可采取的措施

在出口业务中,由于种种原因造成单据不符,即单据存在不符点,而受益人又因时间条件的限制,无法在规定期限内更正时,则有下列处理方法:

(1) 担保议付

由受益人出具保证书承认单据有瑕疵,声明如果开证行拒付,由受益人偿还议付行所垫付的款项和费用,同时商请开证申请人授权开证行付款。

(2) 表　提

受益人在提交单据时出现单证不符,向议付行主动书面提出单、证的不符点,然后由议付行把不符点列在寄单函上,征求开证行意见,由开证行询问开证申请人是否同意付款。接到肯定答复后议付行即将货款议付给受益人。如开证申请人不予接受,开证行退单,议付行则照样退单给受益人。

(3) 电　提

这种做法称为"电讯提出",简称"电提",即在单、证不符的情况下,为了尽快知道国外开证行对单据不符的态度,出口企业可以授权议付行先向国外开证行拍发电报或电传,列明单、证的不符点,待开证行同意后再将单据寄出。

(4) 有证托收

如果单据有严重的不符点,或信用证有效期已过,已无法利用手上的信用证,或者议付行不同意以表提或电提方式征询开证行的意见时,此种情况下出口单位只能委托银行在向开证行寄单函中注明"信用证项下单据作托收处理"以作为区别,此种方式称为"有证托收",因为开证申请人已经因单证不符而不同意开证行付款,所以有证托收遭到拒付的可能性很大。

任务13.6 出口善后

13.6.1 出口收汇核销

2012年6月27日,国家外汇管理局、海关总署和国家税务总局联合发布了《关于货物贸易外汇管理制度改革的公告》(国家外汇管理局公告2012年第1号),决定自2012年8月1日起在全国范围内实施货物贸易外汇管理制度改革,并相应调整出口报关流程、简化出口退税凭证。主要内容包括:

(1) 全面改革货物贸易外汇管理方式,简化贸易进出口收付汇业务办理手续和程序。外汇局取消货物贸易外汇收支的逐笔核销,改为对企业货物流、资金流实施非现场总量核查,并对企业实行动态监测和分类管理。

(2) 调整出口报关流程;取消出口收汇核销单,企业办理出口报关时不再提供核销单。

(3) 自2012年8月1日起报关出口的货物,企业申报出口退税时不再提供出口收汇核销单;税务部门参考外汇局提供的企业出口收汇信息和分类情况,依据相关规定,审核企业出口退税。

13.6.2 出口退税

出口退税是指有出口经营权的企业或代理出口货物的企业,在货物报关出口并在企业财务上做销售核算后,凭有关凭证报送所在地国家税务局批准退还或免征增值税和消费税。通过出口退税可以平衡我国国内产品的税收负担,使我国产品以不含税或以较低税率的成本进入国际市场,从而增强出口竞争力。

我国目前对外贸企业出口货物实行退(免)税管理办法,对生产企业出口货物实行免抵退税管理办法。

根据国家税务总局2012年2月公布的《出口货物免抵退税审批》,外贸企业办理出口货物退税时应提交如下资料:外贸企业提供购进出口货物的增值税专用发票或普通发票;出口货物报关单(出口退税专用)。生产企业办理出口货物退税时应提交如下资料:经征税部门审核签章的当期"增值税纳税申报表";出口货物报关单(出口退税专用);企业签章的出口发票;中远期结汇证明;代理出口证明(委托其他对外贸易经营者代理出口货物的生产企业须提供);国税机关要求提供的其他凭证和资料。

13.6.3 违约的处理和出口理赔

1. 违约行为

买卖合同是对缔约双方均具有约束力的法律文件,任何一方违反了合同规定,都应承担违约造成的法律后果。但是,各国法律及《联合国国际货物销售合同公约》,对于违约方的违约行为及其产生的法律后果与处理,有不同的规定和解释。

1) 英国的法律规定

英国法律将违约分为违反要件和违反担保两种。

违反要件是指违反合同的主要约定条件,如违反商品的品质、数量、交货期等;在合同的一方当事人违反要件的情况下,另一方当事人有权解除合同,并提出损害赔偿的要求。

违反担保是指违反合同的次要约定条件。在违反担保的情况下,受损方只能提出损害赔偿,而不能解除合同。

在英国的司法实践中,法院已承认了一种新的违约类型,即"违反中间性条款"。对于违反此类条款的责任,法院根据违约的性质及其后果是否严重而定,这样,在解释和处理此类违约案件时,就难免带有一定的不确定性和随意性。

2) 美国的法律规定

美国法律把违约分为重大违约和轻微违约。如果一方当事人违约,致使另一方当事人无法取得该项交易的主要利益,则是重大违约,受损害的一方有权解除合同,并要求损害赔偿。如果一方当事人违约,但并未影响对方在该项交易中取得主要利益,则为轻微违约,受损方只能要求赔偿损失,而不能要求解除合同。

3)《联合国国际货物销售合同公约》的法律规定

《联合国国际货物销售合同公约》根据违约的后果的严重性,将违约分为根本违反合同和非根本违反合同。

根本违反合同是指一方当事人违反合同的后果严重,使得另一方当事人蒙受损失,以至于得不到根据合同规定有权得到的东西。在此情况下,受损害方有权宣告合同无效,并要求损害赔偿。

非根本违反合同是指违约的状况尚未达到根本违反合同的程度,受损方只能要求损害赔偿,而不能宣告合同无效。

4) 我国的法律规定

我国的《合同法》规定:"一方当事人的违约行为致使不能实现合同的目的,则另一方当事人有权要求解除合同";同时也规定:"合同解除后,尚未履行的,终止履行;已经履行的,根据履行情况和合同性质,当事人可以要求恢复原状或采取其他补救措施,并有权要求赔偿损失。"

2. 对买方违约的处理

根据各国法律,一方当事人违约使对方受到损害时,违约方应当承担违约责任,受损害方有权采取救济方法以维护其合法权益。

在国际货物买卖中,当买方违约时,卖方根据买方违约的性质及其后果,有多种救济方法:请求买方实际履行、继续履行、解除合同及请求损害赔偿等。

3. 出口理赔

在出口合同的履行过程中,往往由于出口企业所交货物的品质、数量、包装不符合合同规定,或发货延迟,或在发货时出现错发、错运货物等问题而引起进口商的索赔,出口方应认真对待进口商提出的索赔,即认真做好理赔工作。

出口方在理赔时应注意下列几点:

① 认真审核进口方提供的单证及出证机构的合法性。此外,对其检验的标准和方法也都要一一核对,以防进口方串通检验机构弄虚作假或国外的检验机构检验有误,一旦发现问题,应该予以查明或拒赔。

② 认真调研,弄清责任。必要时,出口方可以会同生产部门或运输部门对商品的品质、包装、储存、备货、运输等方面,结合单证材料和实际情况进行调查研究,查清货物发生损失的原因及责任方,对属于运输公司或保险公司的责任,应交运输公司或保险公司处理;对属于出口方的责任,也应实事求是地予以理赔。

③ 合理地确定损失程度、金额和赔付方法,给出理赔方案,尽可能通过友好协商,和进口方达成赔偿协议,自行消除纠纷,以利于进一步合作;如果实在不能友好协商,则只能通过合同中约定的仲裁方式仲裁解决。

总之,出口理赔是一项政策性很强的工作,这不仅是经济问题,还关系到我国外贸易企业的信誉和经营作风问题,作为出口方,我们必须高度重视和严肃对待这项工作。

【课堂讨论】

我国某出口公司与美国某进口商签订了一份水果出口合同,支付方式为货到目的港后验收后付款。但货到目的港买方经验收后发现水果总重量缺少10%,而且每个水果的重量也低于合同规定,为此美国进口商既拒绝付款,也拒绝提货。后来水果全部腐烂,美国海关向中方收取仓储费和处理水果费用5万美元,我出口公司陷于被动。从本案中我们可以吸取哪些教训?

【项目小结】

出口合同的履行是我们进行对外贸易时至关重要的环节之一。本项目以 CIF 和跟单信用证结算方式为例,介绍了出口合同的履行环节。在履行出口合同时,出口方必须切实做好备货、催证、审证、租船订舱、报验、报关、投保、装船和制单结汇等环节的工作。在这些环节中,以货、证、船、款四个环节的工作最为重要。

【项目自测】

一、单选题

1. 出口企业审核信用证的依据之一是(   )。
   A. 合同   B. 保险单   C. 商业发票   D. 提单
2. 按 UCP600,信用证项下的汇票付款人应是(   )。
   A. 议付行   B. 开证申请人   C. 开证行   D. 代收行
3. 银行(通知行)审核信用证的依据之一是(   )。
   A. 合同   B. UCP600   C. 商业发票   D. 提单
4. "GSP"产地证表示(   )。
   A. 一般原产地证书   B. 普惠制原产地证书
   C. 欧盟纺织品专用产地证书   D. 出口许可证
5. 依据 UCP600,商业发票的抬头应为(   )。
   A. 信用证的开证申请人 B. 出票人   C. 受票人   D. 受益人

二、多选题

1. 对信用证项下制单结汇的要求是(   )。
   A. 保险单的日期不能迟于提单日期
   B. 商业发票的名称必须和信用证的一致
   C. 提单的抬头一般应为凭卖方指示或空白抬头
   D. 保险单的被保险人必须做成开证申请人
2. 受益人审核信用证的要点,包括(   )。
   A. 是否与开证申请书一致   B. 是否与买卖合同一致
   C. 是否存在限制性条款   D. 是否与 UCP600 要求一致
3. 修改信用证的要点是(   )。

A. 对信用证修改通知书，要么全部接受，要么全部拒绝
B. 对信用证修改通知书，可以用交单来表示是否接受
C. 对信用证修改通知书，可以用声明来表示是否接受
D. 对于信用证的修改，不能部分接受

4. 在 L/C 项下，对汇票的要求（　　）。
A. 要按照信用证的要求，制作汇票
B. 要按照买卖合同的要求，制作汇票
C. 汇票的抬头一般做成凭议付行指示
D. 汇票的金额与货币应与商业发票的金额和货币一致

三、判断题

1. 商业发票的品名必须与信用证的品名完全一致，其他单据可以使用统称。（　　）
2. 在国际货物买卖合同中，当货物的风险转移到买方之后，卖方对货物与合同不符概不承担责任。（　　）
3. 以 CIF 贸易术语成交时，海运提单可以注明"Freight Prepaid"。（　　）
4. 普惠制产地证是发达国家给发展中国家关税减免的一种制度。（　　）
5. UCP600 规定汇票的受票人必须做成开证申请人。（　　）
6. 不可转让海运单不是物权凭证，所以也不是目的港买方提货的凭证。（　　）
7. 外汇的结汇或入账后，银行应向出口单位出具出口收汇核销专用联。（　　）
8. 对于进出口双方来讲，索赔与理赔是一件事情的两个方面。（　　）
9. 制单原则中所说的"及时"不仅是指按适当日期及时出单，还包括及时向银行交单。（　　）
10. 我国目前对生产企业出口货物实行退（免）税管理办法。（　　）

四、名词解释

催证　　报关　　出口收汇核销　　出口退税

五、问答题

1. 出口商审核信用证的要点有哪些？
2. 提单的抬头应怎样制作？
3. 请以信用证结算、CIF 贸易术语为例阐述出口合同的履行程序。

【案例分析】

1. 我某外贸公司与国外客商订立一份某商品的出口合同，合同规定以即期信用证付款。信用证开到后，我外贸公司经审核发现，信用证上有关货物装运期限和不允许转运的规定与合同不符；我方立即电告开证银行修改信用证，并要求开证银行修改完信用证后，直接将信用证修改通知书寄交我方。请问：按照 UCP600 规定，我方的做法是否妥当？应如何处理？

2. 我某进出口公司与外商按照 CIF 贸易术语签订一笔大宗商品出口合同，合同规定装运期为 8 月份，但未规定具体开证日期，外商借机拖延开证。我方见装运期快到，从 7 月底开始，连续多次电催外商开证，8 月 5 日收到对方简电，我方怕耽误装运期，急忙按简电办理装运。8 月 28 日，外商开来信用证正本，正本上对有关单据做了与合同不符的规定，我方审证时未予注意，通过银行议付，银行也未发现，但开证行以单证不符为由，拒付货款。经过多次交涉，最后该批货物被港口海关拍卖处理，使我方遭受货款两空的损失。请你对此案进行评论。

项目十四　进口合同的履行

【项目介绍】

本项目共有五个任务：

任务一　办理信用证

要求学生了解合同签订后，买方办理信用证的业务流程，同时要掌握信用证开立与修改时的注意事项。

任务二　安排运输和保险

要求学生了解在FOB贸易术语进口的条件下，买方如何安排运输和办理保险。

任务三　审单付款

要求学生了解掌银行审核单据的标准。

任务四　进口报检和报关

要求学生掌握货物进口时，货物报关与报检的业务流程。

任务五　进口善后

要求学生掌握进口付汇核销的流程，进口索赔的对象、依据和时效。

【项目目标】

知识目标：通过本项目的学习，使学生掌握进口合同的履行程序和内容。

能力目标：能够正确地履行出口合同，并能解决在进口合同履行中可能遇到的问题。

【案例导入】

我国某公司从美国一汽车公司进口某型号汽车3 000辆，交货期为2021年12底，但签约时该公司无存货。2021年8月份，美方公司下属的工厂准备生产，但因资金紧张，未购进钢材与发动机，9月份工厂工人开始要求增加工资，随后罢工达两个月。按该公司的生产能力，在余下的时间内显然不能生产3 000辆汽车。请问：美方不能按时交货应负什么责任？我方公司又该如何处理？

【分　　析】　由于卖方未按合同规定交付货物，即卖方违约，其要承担相应的法律责任。买方除可表示拒收货物并要求损害赔偿外，还可以要求卖方采取补救措施，如继续履行合同。至于究竟采用哪一种方法，由买卖双方根据具体情况协商决定。

进口合同的履行与履行出口合同的程序相反，工作侧重点也不一样。我国进口合同大多采用FOB或FCA条件和信用证付款方式。在此情况下，买方履行进口合同的基本环节，概括起来就是四个字："证""运""单""货"。"证"是指按合同规定向银行申请开立信用证；"运"是指及时派船到对方口岸接运货物，并催促卖方备货装船，并办理货运保险；"单"是指审核有关单据，在单证相符时付款赎单；"货"是指办理进口报检和报关手续，并验收和提取货物。

下面以采用FOB贸易术语、跟单信用证结算的合同为例，将履行进口合同所涉及的环节阐述如下。

任务 14.1 办理信用证

14.1.1 申请开证

我国进口货物大多采用信用证方式付款。在采用信用证方式结算的情况下,作为进口商,应在合同规定的期限内到开证行申请开立信用证,并通过开证行(一般还要经过通知行)将信用证传递给受益人。

一般而言,进口商向业务往来的银行申请开立信用证具体分为以下步骤:

1. 递交有关合同的副本及附件

进口商在向银行申请开立信用证时,应向银行递交有关进口的合同副本及附件,如进口许可证、进口配额证(需要进口许可证及配额商品时)、某些政府部门的批文等。

2. 填写开证申请书

开证申请书是开证行对外开立信用证的基础和依据,由开证行事先印制。进口商在填写开证申请时,应做到其内容与合同条款保持一致,如品质、规格、数量、价格、交货期、装货期、装运条件及装运单据等,应以合同为依据。

开证行申请书的主要内容包括两个部分:第一部分是要求开证行开立信用证的具体内容;第二部分是开证人对开证银行的保证和声明。详细内容见 10.3 节。

3. 交纳押金和开证手续费

进口商申请开证时,开证行视进口商的经营作风和水平、资信等情况,要求其交纳相当于信用证额度的一定比例的保证金(或称押金)或抵押品。押金一般为信用证金额的百分之几到百分之几十。此外,银行为进口商开证时,开证申请人还需按规定支付一定比例的开证手续费。

14.1.2 开立和修改信用证

1. 信用证的开立

开证行在确信可以接受开证人的申请并收到开证申请人提交的押金及开证手续费后,即向信用证受益人开出信用证。

开立信用证有两种方式:信开和电开。采用信开信用证,通常航邮给通知行;电开信用证采用电报、电传或 SWIFT 网络等电讯形式通知受益人(出口商)所在地的分行或代理行(即通知行),让通知行通知或传递给受益人(出口商)。电开信用证还有一种方式——简电开证,简电开证是指开证行把信用证的某些主要内容电告通知行,由通知行预先通知受益人,供受益人备货或安排运输,开证行随即电告信用证全文。

在开立信用证时,要注意以下问题:

(1) 信用证的开证时间

买方按时开证是履约的首要任务,故买方应严格按照合同规定的期限开立信用证,不宜过早,也不宜过迟。如合同规定了开证期限,则进口方应在规定期限内开立信用证;如合同只规定了装运期的起止日期,则应让受益人在装运期开始前收到信用证;如合同只规定了最迟装运日期,则应在合理时间内开证,以使卖方有足够的时间备妥货物并出运,开证时间通常掌握在交货期前一个月至一个半月左右。

有时,买方为了约束卖方履行交货义务,在进口合同中还可加订开证的附件条件,如开证要以收到卖方有关货物备妥的通知或以卖方呈验出口许可证等作为条件。在这种条件下,买方需等对方履行完上述手续后,才能开证。

(2) 信用证的内容应严格以合同为依据

信用证的内容应单据化,并且是完整的、独立的。信用证的内容应严格以合同为依据,在信用证中具体列明合同中的贸易条件,将合同的有关规定转化成单据,例如:进口合同以CFR条件成交的,信用证应要求受益人在提交的清洁已装船提单上注明运费已付等字样。

由于信用证本身是一个自足的文件,有其自身的完整性和独立性,所以信用证中不应显示有参照或依附于其他契约文件的内容,例如,不能使用"按××号合同规定"等表达方式。

(3) 关于装船前的检验证明

由于信用证是纯单据业务,银行不过问货物的实际质量,因此,对进口商来说,采用信用证结算要面临较大的质量风险。为了降低此风险,进口商可在信用证中要求出口商提供双方认可的检验机构出具装船前检验证明。

(4) 关于保护性规定

由于UCP600中的许多规定均以"除非信用证另有规定"为前提,所以如果进口方认为UCP600的某些规定将可能给自己增加风险,则可在信用证中列入相应的保护性条件。例如,UCP600第20条规定:"即使信用证禁止转运,注明将要或可能发生转运的提单仍可接受,只要其表明货物由集装箱、拖车或子船运输。"根据此规定,禁止转运对集装箱运输无约束力。如果进口商认为集装箱转运会给自己增加风险,则可以在申请开立信用证时,可以要求开证行在信用证中清楚地写明"禁止转运,包括集装箱运输"。

2. 信用证的修改

信用证开出后,如果发现其内容与开证申请书不符或是由于其他原因需要对信用证进行修改的,开证申请人要向开证行提交修改申请书。开证银行经审查后若同意修改,便缮制信用证修改书,并将其由原通知行通知出口方(受益人),以征求出口方的同意;如果是保兑信用证,还要经过保兑行的同意。如果出口方和保兑行(如有的话)同意,则该修改书即成为信用证的一部分;如果出口方不同意,则仍按原信用证条款执行。

如果修改信用证是出口方提出的,进口方则应区别情况不同对待,如同意修改,应由开证申请人及时向开证行申请修改信用证;如不同意修改,也应及时通知出口方,并敦促其按原证条款继续履行。信用证一经开出,应尽量避免修改信用证,因为改证不仅会影响合同的正常履行,还会增加改证的费用。

关于信用证修改的其他内容,可参考13.2.3小节"改证"。

【课堂讨论】

上海某外贸公司从美国进口一批货物,开出信用证后,对方要求对货物的交货期进行修改,该外贸公司考虑到对方是老客户,就同意了对方的请求;双方对合同的交货期进行了修改后,考虑到修改信用证会增加银行费用,就没有修改信用证。卖方按修改后的交期装运货物,结果交单时,遭到银行拒付,请问银行拒付是否合理?为什么?

任务 14.2 安排运输和保险

14.2.1 安排运输

在我国的进口业务中,除了一些贵重物品或急需的物资采用空运和邮包外,大多进口货物是通过海洋运输来实现的,且采用 FOB 或 FCA 贸易术语者居多。

在采用 FOB 术语的进口合同时,进口方需要根据货物的性质和数量来决定租船或订舱,凡需整船装运的,则洽租适当船舶承运;小批量的或零星杂货,则大都采用洽订班轮舱位。不论租船或订舱,均需向运输公司办理租船订舱手续。在我国的外贸实践中,进口货物的租船订舱工作,外贸进口企业一般委托货物运输代理公司办理;也有的直接通过中国远洋运输公司或其他运输机构办理。

1. 租船订舱

以 FOB 贸易术语达成的进口合同,我方作为进口商则要负责办理租船或订舱事宜。租船订舱的时间应严格按合同规定,并应在运输公司规定的时间内提交订舱单,以保证及时配船。进口方在办妥租船订舱手续,接到运输公司的配船通知后,应在合同规定的期限内将船名和预计到港日期等内容通知出口方,以便出口方准备装货。

2. 催 装

在进口业务中,国外出口商往往因生产成本上涨或国际市场价格上扬、出口许可证未及时取得等原因,无法按期交货。为了防止此类情况的发生,进口企业除在合同中争取订立迟交罚金等约束性条款外,还必须随时了解和掌握对方备货和装船前的准备工作的情况,督促对方按期装运。通常在交货期前一到两个月左右即向对方发出"催装通知"。对于交易数量较大、金额较大或重要、急需的物资的进口,必要时进口企业可委托我驻外机构就近了解备货情况,督促出口商按照合同规定,按时、按质、按量履行交货义务;或者派人前往装运地点监督装运。

14.2.2 办理保险

对于采用 FOB、FCA、CFR 和 CPT 贸易术语的进口合同,进口商为了规避货物风险,需要向保险公司办理货物的运输保险。进口货物运输保险一般有两种方式:预约保险和逐笔投保。

1. 预约保险

我国进口货物大多都采用预约保险方式。对于有长期外贸进口业务的进口商,为了简化手续,并防止进口货物在国外装运后因信息传递不及时而发生漏保或来不及办理保险等情况,对进口货物采取事先和保险公司签订预约保险合同的,简称"预保合同"(Open Policy)。

预约保险合同中对外贸企业进口货物的投保险别、保险费率、适用的保险条款、保险费及赔偿的支付方式等都做了明确的规定。根据预约保险合同规定,保险公司对有关进口货物负自动承保的责任,所以进口商对每批进口货物无须逐笔办理投保,也无须填制投保单。对于海运货物,进口商在接到出口商拍发的"装运通知"(Shipping Advice)后,根据"装运通知"将合同号、起运口岸、船名、起运日期、航线、货物名称、数量、金额等必要内容一一列明,送交保险公司,即可作为投保凭证。货物一经起运,保险公司就自动按照预约保单所订的条件承保。

由于预约保险合同是进口企业与保险公司之间的正式保险契约,因此,凡属预约保险合同范围内的进口货物,保险公司负有自动承保的责任,此时进口货物保险一般不另行签发保险单。

2. 逐笔投保

在没有与保险公司签订预约保险合同的情况下,进口方就需要采取逐笔投保的方式办理保险。进口商在接到出口商的发货通知之后,应该立即联系保险公司办理保险手续。在一般情况下,由进口商填制"装货通知"代替投保单送交保险公司,"装货通知"中必须注明合同号、起运地、运输工具、起运日期、目的地、估计到达日期、货物名称、数量、保险险别、保险金额等内容,保险公司接受承保后给进口方签发一份正式保单。

【课堂讨论】

上海某外贸公司拟从中东某国进口一批货物。在办妥订舱手续,接到运输机构的配舱通知后,为什么要按规定期限将船名及到港口一并通知卖方?

任务14.3 审单付款

14.3.1 审单的时间、依据和原则

1. 审核单证的时间

为了避免开证行或者进口商在收到单证后拖延审单,以致不能按期付款,UCP600对开证行的审单期限做了具体规定。UCP600第14条规定:"按指定行事的指定银行、保兑行(如有的话)及开证行各有从交单次日起至多五个银行工作日用以确定交单是否相符。这一期限不因在交单日当天或之后信用证截止日或最迟交单日届至而受到缩减或影响。"对于拒付通知,UCP600第16条规定:"拒付通知必须以电讯方式,如不可能,则以其他快捷方式,在不迟于自交单之翌日起第五个银行工作日结束前发出。"

UCP600相对于UCP500做出的最大改进是删除了"在'合理时间'内接受或拒付单据",明确规定了银行处理单据的时间为五个工作日,这一改进从根本上消除了"合理时间"这一主观判断引起的大量纠纷的根源。

2. 银行审核单证的依据和原则

1) 银行审单的主要依据

(1) 信用证

由于信用证是根据买卖合同开立的,所以信用证是合同内容的集中体现,但信用证本身又是一个独立的文件,它是银行审单的最直接依据,例如,单据种类、单据的份数、单据内容等是否符合信用证的规定。"单证相符"中"证"指的就是信用证。

(2) UCP600

UCP600第14条规定:"单据中内容的描述不必与信用证及信用证对该项单据的描述以及国际标准银行实务完全一致,但不得与该项单据中的内容、其他规定的单据或信用证相冲突。"UCP600并没有使用UCP500中"不一致"的字眼,而是改为"不冲突",可以说在审单标准上有了一定的软化。在实践操作中,这个自由裁量的度并不好把握,同时也给银行业界造成了更大的困惑和混乱。

(3)《关于审核跟单信用证项下单据的国际标准银行实务》(International Standard Banking Practice for the Examination of Documents under Documentary Credits, ISBP)。

作为一套信用证审单实务的汇编,ISBP 对《跟单信用证统一惯例》起到了一个很好的补充作用。由于 ISBP 涵盖了实践中积累的各种具有代表性的操作规范,并且国际商会根据国际贸易实践的发展,对 ISBP 不断地进行完善和补充,所以 ISBP 对 UCP 用语的模糊性缺陷,会起到较好的弥补作用。

2) 银行审单原则

银行审单原则主要有以下几点:

(1) 严格相符原则

严格相符原则是指当事人提交的相关单据必须和信用证的规定精确相符。这也是当前使用最为广泛的审单标准,它保证了信用证高效的特点能够最为有效的发挥。

(2) 实质相符原则

根据实质相符原则,一些非实质性的不符点并不会构成单据不符,最简单的例子就是拼写错误。但究竟怎样的拼写错误不会造成当事人的实质误解呢?实践中并不好把握。真正遵循实质相符原则的案例也并不多见,因为依据此原则,银行的审单责任大大增加了,也给信用证的审查带来了更多的不确定因素,破坏了信用证应有的安全性。

严格相符原则有不断被软化的趋势。事实上,严格相符原则和实质相符原则都没有很好地解决银行审单的法律困境。严格相符原则过于死板,有失公平;而实质相符原则又影响了效率,违背了使用信用证的初衷。因此,严格相符原则经过多年的实践,并受到合同法等一些其他法律的影响,出现了一定的软化趋势,这点在 UCP600 的文本变化上已经有所体现。

就目前来看,严格相符标准仍然是银行审查单据的主流标准,同时依照公平原则,在有限的情况下也存在某些例外,如银行可以容忍单据上的打印和拼写错误。当然,在适用信用证严格相符标准这一相当僵硬的原则时,保持其不显现不公平的结果,又能使其适应灵活的和不断发展的商业现实,也是极其困难的。

此外,信用证未规定的单据,银行将不予审核。如银行收到这类单据,银行应将它们退回交单人或转递,不需承担责任。UCP600 第 14 条规定:"提交的非信用证所要求的单据将被不予理会,并可被退还给交单人。"如信用证中规定了某些条件并未规定需提交与之相符的单据,银行将看做未规定这些条件而不予置理。

3. 我国审单实务

根据银行惯例,在信用证方式下,审核进口单据的工作是银行的职责,开证行审核单据无误后,就应当直接对外办理付款,不必事先征得开证申请人的同意;但在我国进口业务中的一般做法是,审核进口单据的工作是由银行和进口企业共同完成的。

银行和进口企业主要从以下几方面对单据进行审核:

① 检查信用证正本和所附修改及有关批注是否齐全,然后将单据与信用证逐条对照,审查单据的种类、份数是否齐全、签章背书是否完全等。

② 审查各项单据的具体内容是否与信用证规定完全一致,例如,货物的名称、数量、重量、规格、单价、金额、包装、唛头、起运地、目的地,能否分批装运、转船,是否超过装运期和信用证有效期,是否保险、投保险别、保额等,是否符合信用证规定,均需逐一核对。

③ 以发票为中心,将各种单据互相对照,审查它们之间有无不相衔接或互相矛盾之处。

14.3.2 对不符单据的处理

银行审单后有两种情况,一种情况是对单据核对无误后,凭议付行寄来的索偿通知书填制进口单据发送清单,并附全部单据送交进口方验收;经进口方对全套单据进行审核无误后,银行即根据信用证的种类,采用所规定的付款方式付款。与此同时,通知进口方按其当日公布的人民币外汇牌价,向银行付款赎单。另一种情况是银行发现单据与信用证条款不符,此种情况银行通常会先征询进口企业的意见,看其是否愿意授受不符点;如果愿意授受,进口方即可指示银行对外付款或承兑。银行对不符单据的处理方法详见10.3.6小节"《跟单信用证统一惯例》(国际商会第600号出版物)"。

对于不符单据的处理,开证行或开证申请人都应在规定时间内以最迅速的方式向议付行提出,超过规定审单时间的缄默,可能会导致丧失拒付的权利。如果货物与合同规定不符,则应由买卖双方根据合同进行处理。

【课堂讨论】

我国某公司与C国某公司达成了8万吨化肥的进口交易。由于交易额巨大,我方要求出口商提供产地证书和检验证书,并要求对方在货物装船后的24小时内将全套单据传真过来。收到外方传真的单据后,我方进行了仔细审单,发现一些疑点:检验证书是由一家银行签发的;另外,两份提单货物重量均为30000M/T。

对此,我方首先通过伦敦国际海事局对提单所属船只和航程进行了调查,发现提单所载内容是伪造的,根本没有这两条船作业;接着,我方又通过中国银行在C国的一家分行联系到检验证书上载明的出具机构为当地一家银行,该银行回答说从未从事过商品检验方面的工作。至此,我方已经确认,这是一起靠制作假单证进行巨额诈骗的案件。请对本案例给予评述。

任务14.4 进口报检和报关

14.4.1 进口报检

进口货物运抵目的港(地)后,进口商应按照国家的法律规定及时办理货物的进口报检手续。进口报检是指进口商品的收货人或其代理人,根据国家有关法律、行政法规的规定或业务需要,在规定的地点和期限内向商检机构或商检机构指定的检验机构申请办理进口检验或检疫。

根据我国《进出口商品检验法》和《出入境检验检疫报验规定》,凡列入《必须实施检验的进口商品目录》内的进口商品,由商检机构实施检验;未经检验的,不准销售和使用。但对列入《必须实施检验的进口商品目录》内的进口商品,经收货人或发货人的申请,商检机构审查批准,可以免予检验。对于此类进口商品,我国实行"先报检、再报关、后检验"的口岸业务管理模式。

对未列入《必须实施检验的进口商品目录》内的进口商品,收货人发现其质量不合格或短缺、残损等问题,需由商检机构出证后向出口方索赔的,可以向商检机构申请检验,由商检机构签发检验证书。商检机构也可以对进口商品实施抽检。

1. 进口报检的程序

办理进口商品登记后,收货单位应尽快到商检机构正式办理进口商品报检手续,并按规定缴纳检验费。

具体程序为：收货人首先到入境报关地出入境检验检疫机构办理报检手续，填写"入境货物报检单"，提供进口合同、发票、装箱单和提单等必要的凭证和相关批准文件；报检人凭商检机构出具的"入境货物通关单"办理通关手续；对检验结果合格的商品，检验检疫机构签发相应的检验证书。

2. 对于不合格商品的处理

对检验不合格的商品，有如下处理方法：

① 对于涉及安全、健康和环境保护不合格的法定检验商品，商品检验检疫机构有权责令其销毁或退货。销毁和退货均需要书面通知当事人，退货时还要出具"退货处理通知单"并书面告知海关，由海关凭"退货处理通知单"办理退货手续。

② 对于不涉及人身财产安全、健康、环境保护的其他不合格的进口商品，允许当事人在商检机构的监督下对不合格商品进行技术处理，如对成套设备更换零部件等，处理后要重新检验，认定合格后才能允许销售和使用。

③ 对于当事人申请出证的进口商品，商检机构应及时对不合格进口商品出具检验证书。

④ 法定检验以外的进口商品，商检机构有权利对其进行抽查检验，不合格的可以进行技术处理并复验，认定合格后再行销售和使用。

14.4.2 进口报关

在我国进口业务中，进口货物的报关、接货工作一般由进口商委托外运公司或其他货运代理办理，有时也自行办理。

1. 进口货物的申报

进口货物到达目的港后，进口商或其代理人按照国家海关的法令规定，就进口货物向海关申报验放。

1) 进口货物的申报时限

我国《海关法》规定，进口货物的申报时限为自运输工具申报进境之日起 14 天内办理，过期申报的，海关将视其过期时间的长短按进口货物的 CIF 或 CIP 价格每日征收 0.05% 的滞报金；进口货物超过 3 个月未向海关申报的，由海关提取变卖，所得款项在扣除运输、装卸、储存等费用及税款后，尚有余款的，自货物变卖之日起 1 年内，经收货人申请予以发还；超期无人申请的，上缴国库。

2) 进口货物报关单的填写

进口商或其代理人在法定期限内办理进口报关时，需填写"进口货物报关单"，详细列明进口商品的名称、规格、原产国别、贸易性质、贸易国别、经营单位、收货单位等内容，供海关人员审查。一般进口货物应向海关递交"进口货物报关单"一式两份，若需转口输出的货物、来料加工的货物、进口加工货物等则应递交一式三份。

"进口货物报关单"作为海关对入境货物监管依据之一的书面文件，其填写质量直接关系到货物的通关时间、关税的征收或减免的确定、海关对进口货物的查验、放行以及汇总、统计等工作环节，因此，报关人员应根据实际情况如实填写，并注意以下事项：对已填报的项目，如有更改的，应在更改处加盖单位校对章；不同合同项下的进口货物，不能填报在同一份报关单上；同一批进口的货物若采用不同的贸易方式，应填制不同的报关单；一般货物用"进口货物报关单"（白色）；来料加工、补偿贸易专用"进口货物报关单"（浅绿色）；进料加工专用"进口货物报关单"（粉红色）。一份进口合同中若有多种不同商品，应分别填写报关单；一张报关单上一般不超过 5 项海关统计商品编号的货物，若已超过，则应另行填写报关单。

3）提供报关单证

报关单证是进口报关的依据和凭证。报关人就进口货物向海关申报时，除填写提交"进口货物报关单"外，还应提交其他有关的单据和证书，以便海关依据这些单据证件查验进口货物是否合法，确定关税的征收或减免等。

进口货物报关单证大体上分为基本单证和法定单证两大类；基本单证包括进口报关单、发票、运输单据、装箱单（散装货不提交），这些单据是任何货物进口报关所必需的。法定单证是按海关法规定必须提供的单证，包括：凡国家限制进口的商品，应提交进口许可证；凡属于法定检验的进口商品，应提交检验证书；凡属于减免税范围内的进口物品，应提交"减免税证明"；对以来料加工、进料加工和补偿贸易等方式进口的物品，应提交"登记手册"。

2. 海关审单与查验

海关对进口商提供的进口报关单证先进行初审，其重点是审核"进口报关单"所填报的内容与原始的单证是否相符，商品的归类编号是否正确，报关单的预录入是否有误等。换句话说，初审只对报关单证做形式上的审核，不做实质性的审查。单证经初审通过后，进入审单的中心环节，即海关从形式和内容上对报关单证进行全面、详细地审核。审核内容包括：报关单证是否齐全、准确；所报内容是否属实；有关的进口批文和证明是否有效；报关单所填报的货物名称、规格、型号、用途及金额与批准文件所批注的是否一致；确定关税的征收与减免等。如果报关单证不符合海关法的有关规定，海关则不接受申报。

单证审核通过后，海关人员根据"进口货物报关单"及其他有关单证在海关监管场所对进口货物进行实际检查，以确定单、货是否相符。海关查验时，进口商或其代理人必须在场，并按照海关的要求负责搬移货物、拆包、开箱和重封货物的包装等。海关在必要时，可以自行开验、复验或者提取货样。如果进口货物为散装货、大宗货物或危险品等时，海关可直接在船边、码头仓库等现场查验。在特殊情况下，可由报关人申请，经海关同意，由海关派工作人员到收货人仓库、场地查验。

3. 海关放行

海关在审单和验货无误后，并确认该批货物已按章纳税，便在货运单据上签章放行，或者由海关签发提货单予以放行。在此应注意，海关对于享受特定减免税待遇进口的货物，在放行以后，仍会进行后续监管，并且此类货物只能用于特定地区、特定企业或者特定用途，未经海关核准，不得移作他用。海关对此类货物的监管年限根据货物种类的不同而有所区别。

4. 接货与拨交

进口货物办妥清关手续之后，进口商或其代理人即可凭货运单据提取货物。如果该批货物为代理进口，则外贸公司在提取货物后，办理货物的拨交；如果用货单位是外贸公司以外的企业，并在卸货港口，则由运输公司就地办理拨交，货款由外贸公司和用货单位结算；如果用货单位不在卸货港口，则可委托运输公司代为安排货物的装运，并拨交给用货单位，一切费用均由运输公司与外贸公司结算，然后再由外贸公司与用货单位一起办理所有费用的结算。

【课堂讨论】

苏州某外贸有限公司从上海口岸进口一批药品（属于法定检验货物），目的地为常州，报检时需要提交哪些单证？如何报关呢？

任务 14.5 进口善后

在进口业务中,有时会发生因卖方或运输方的原因,或由于保险责任范围内的风险,使货物受损,而需要向有关责任方提出索赔。

14.5.1 向卖方索赔

对于因卖方违约而出现的货物品质、规格与合同规定不符,原包装数量不足,包装不良致使货物受损,未按期交货或根本不交货等原因致使进口商遭受损失时,买方可根据不同的情况,采取不同的救济措施。常见的救济措施是向卖方提出索赔。

索赔必在索赔期限内提出,合同中一般都规定了索赔期限;如未规定的,可以按《联合国国际货物销合同公约》的规定提出索赔,向卖方提出索赔的时效是自买方实际收到货物之日起两年。

14.5.2 向承运人索赔

货物数量少于提单或运单所载数量,而提单为清洁提单,且货物残损属于承运人过失所致,则可以根据租船合约的有关条款,向承运人索赔。按《海牙规则》的规定,买方向船方公司索赔的时限,即货物到达目的港交货后一年。

14.5.3 向保险公司索赔

由于自然灾害、意外事故或运输中发生其他事故致使货物遭受损失,并且属于承保责任以内的,应向保险公司索赔。根据我国《海洋货物运输保险条款》(2009版)规定,海洋运输货物保险的索赔时效为从保险事故发生之日起起算,最多不超过两年。

14.5.4 进口索赔应注意的问题

1)备齐索赔证据

实践中,经常发生因索赔证据不足遭到对方拒赔的情况,所以买方应根据货损的程度和原因,备齐索赔证据,如检验检疫证书、发票、装箱单、重量单、运输单据副本、港务局的理货报告、承运人的短缺和残损证明等。

2)正确确定索赔金额

按照国际贸易惯例,进口商向出口商索赔的金额应与出口商违约所造成的实际损失相符,即按照商品的价值和损失程度计算。此外,还应包括相应的商检费、装卸费、清关费、税捐、仓租、银行手续费、利息及合理的预期利润等。进口商向承运人和保险公司索赔的金额应按运输合同和保险合同规定的方法计算。

3)索赔必须在规定的索赔期限内提出

提出索赔必须在规定的索赔期限内提出,这是很重要的,否则,对方可以不予受理。

【课堂讨论】

苏州光兴外贸贸易公司以FOB纽约从美国进口食品1 000箱,即期信用证付款。货到目的港后经复验,发现下列情况:

① 该批货物共有10个批号,抽查20箱后发现其中2个批号涉及200箱货物内含沙门氏细菌超过进口国标准。

② 收货共收 998 箱，短少两箱。
③ 有 15 箱货物外表状况良好，但箱内共短少货物 60 公斤。
试分析以上情况，苏州光兴外贸公司应向谁索赔，并说明理由。

【项目小结】

进口合同的履行是一个繁杂但又必须认真、仔细对待的过程。合同履行中任何环节出错都可能导致违约发生，影响合同的继续履行和预期利益的获取。本项目以 FOB 和跟单信用证结算方式为例，介绍了进口合同的履行环节。在履行进口合同时，必须切实做好开立信用证、租船订舱、装运、办理保险、审单付汇、接货报关、检验等环节的工作。概括起来，履行进口合同的基本环节就是四个字："证""运""单""货"。

【项目自测】

一、单选题

1. 信用证的基础是国际货物销售合同，而且又是开证行对出口人的有条件的付款承诺，所以，当信用证条款与销售合同规定不一致时，受益人可以要求（　　）。
   A. 开证人修改即可　　　　　　　　B. 开证人通过开证行修改
   C. 通知行修改　　　　　　　　　　D. 议付行修改
2. 开证行审核单据的主要依据是（　　）。
   A. 开证申请书　　B. 合同　　　C. 发票　　　D. 信用证
3. 在信用证项下，卖方履行合同最重要的前提条件是（　　）。
   A. 卖方按时开证　　　　　　　　　B. 买方按时开证
   C. 卖方按时租船、订舱　　　　　　D. 买方按时租船、订舱
4. 货物包装良好，但经开箱检验，将实际货物与装箱单核对，发现货件短少，买方提出索赔的对象应是（　　）。
   A. 生产厂商　　B. 卖方　　　C. 有关承运人　　D. 保险公司
5. 根据《2020 年通则》，FOB 或 CFR 交货条件的进口合同，保险应由（　　）。
   A. 买方办理　　B. 卖方办理　　　C. 船方办理　　D. 不确定

二、多选题

1. 涉及国际货物买卖的索赔通常有（　　）。
   A. 买卖双方之间的索赔　　　　　　B. 向保险公司索赔
   C. 向运输部门索赔　　　　　　　　D. 向银行索赔
2. 哪些不是进口商填写开证申请书的主要依据（　　）。
   A. 发票　　　　B. 贸易合同　　　C. 信用证　　　D. 提单
3. 银行审核单据的依据有（　　）。
   A. UCP600　　　B. ISBP　　　C. L/C　　　D. 开证申请书
4. 银行审核单据的内容是（　　）。
   A. 以发票为中心，将各种单据互相对照，审查它们之间有无不相衔接或互相矛盾之处
   B. 审查各项单据的具体内容是否与信用证规定完全一致
   C. 检查信用证正本和所附修改及有关批注是否齐全，然后将单据与信用证逐条对照
   D. 审查单据的种类、份数是否齐全、签章背书是否完全等

5. 关于信用证与买卖合同关系表述正确的是（　　）。
   A. 信用证的开立以买卖合同为依据
   B. 银行按合同规定处理信用证业务
   C. 合同是审核信用证的依据之一
   D. 银行不按合同规定处理信用证业务

三、判断题

1. 信用证修改通知书有多项内容时，可以全部接受或全部拒绝，也可以只接受其中一部分，而拒绝另一部分。（　　）
2. 只要在信用证的有效期内，不论受益人何时向银行提交符合信用证所要求的单据，开证银行一律不得拒收单据和拒付货款。（　　）
3. 根据 UCP600 规定，在信用证业务中，银行审单的时间为收到单据次日起 7 个银行工作日之内。（　　）
4. 根据《联合国国际货物销售合同公约》的规定，一方当事人违反合同，但未构成根本违约，则受损害当事人一方可以宣告合同无效，但不能要求损害赔偿。（　　）
5. 在进口业务中，进口人收到货物后，发现货物与合同规定不符时，在任何时候都可以向供货方索赔。（　　）
6. 开证申请书既是开证行开立信用证的根据，又是开证行与开证人之间法律性的书面契约。（　　）
7. 银行对于信用证未规定的单据可以不予审核。（　　）
8. 因单证不符，开证行若要拒付，必须在 5 个银行工作日内做出。（　　）
9. 对于进口货物，我国实行"先报关、后报检"的口岸业务管理模式。（　　）
10. 在我国，进口货物报关的申报时限为自运输工具申报进境之日起 14 天内。（　　）

四、名词解释

严格相符原则　　实质相符原则　　ISBP

五、问答题

1. 何种情况下，买方可宣告合同无效？
2. 银行审单的原则是什么？

【案例分析】

1. 我某外贸企业向印尼一新客户订购一批初级产品，按 CFR FUZHOU 的即期信用证付款条件达成交易，合同规定由卖方以程租船方式将货物运交我方。我开证行凭国外议付行提交的符合信用证规定的单据付了款。但装运船只一直未到达目的港，后经多方查询，发现承运人原是一家小公司，而且在船舶起航后不久已宣告倒闭，并且承运船舶是条旧船，此后船、货均告失踪。此系卖方与船方互相勾结进行诈骗，导致我方蒙受重大损失的案例。试分析，我方应从中吸取哪些教训？

2. 中国 A 公司与美国 B 公司签订进口 1 000 公吨小麦的合同。事后 A 公司与中国其他两家公司分别签订转售 500 吨小麦的合同。合同履行期内，B 公司因故明确表示无法履行合同。A 公司多次交涉未果，遂向 B 公司提出如下赔偿要求：① B 公司无法履行合同造成的利润损失；② 支付给国内两家公司的违约金；③ 催促 B 公司履行合同等文电、办公费用；④ 其他因 B 公司违反合同造成的损失。请问：A 公司的要求是否合理？为什么？

附录 A 部分单据实样

A.1 出口许可证申请表例样

中华人民共和国出口许可证申请表

1. 出口商： 代码： 领证人姓名： 电话：		3. 出口许可证号：	
2. 发货人： 代码：		4. 出口许可证有效截止日期： 年 月 日	
5. 贸易方式：		8. 进口国(地区)：	
6. 合同号：		9. 付款方式：	
7. 报关口岸：		10. 运输方式：	
11. 商品名称： 商品编码：			
12. 规格、等级	13. 单位	14. 数量	15. 单价(币别)	16. 总值(币别)	17. 总值折美元
18. 总计					
19. 备注 申请单位盖章 申领日期：		20. 签证机构审批(初审)： 经办人： 终审：	

填表说明：1. 本表应用正楷逐项填写清楚,不得涂改、遗漏,否则无效。
2. 本表内容需打印多份许可证的,请在备注栏内注明。
3. 本表填写一式两份。

A.2 出口许可证例样

中华人民共和国出口许可证
EXPORT LICENCE OF THE PEOPLE'S REPUBLIC OF CHINA　　　　No.

1. 出口商： Exporter			3. 出口许可证号： Export licence No.		
2. 发货人： Consignor			4. 出口许可证有效截止日期： Export licence expiry date		
5. 贸易方式： Terms of trade			8. 进口国（地区）： Country /Region of purchase		
6. 合同号： Contract No.			9. 支付方式： Payment conditions		
7. 报关口岸： Place of clearance			10. 运输方式： Mode of transport		
11. 商品名称： Deascription of goods			商品编码： Code of goods		
12. 规格、等级 Specification	13. 单位 Unit	14. 数量 Quantity	15. 单价（ ） Unit price	16. 总值（ ） Amount	17. 总值折美元 Amount in USD
18. 总计 Total					
19. 备注 Supplementary details			20. 发证机关签章 Issuing authority's stamp & signature		
			21. 发证日期 Licence date		

A.3 入境货物报检单

中华人民共和国出入境检验检疫
入境货物报检单

报检单位（加盖公章）：   ＊编　　号 _____

报检单位登记号：   联系人：   电话：   报检日期：　年　月　日

发货人	（中文）		企业性质（划"√"）	□合资□合作□外资
	（外文）			
收货人	（中文）			
	（外文）			

货物名称(中/外文)	H.S.编码	原产国(地区)	数/重量	货物总值	包装种类及数量

运输工具名称号码		合　同　号	
贸易方式		贸易国别(地区)		提单/运单号	
到货日期		启运国家(地区)		许可证/审批号	
卸毕日期		启运口岸		入境口岸	
索赔有效期至		经停口岸		目的地	
集装箱规格、数量及号码					
合同订立的特殊条款以及其他要求		货物存放地点	
		用　　途	

随附单据（划"√"或补填）		标记及号码	＊外商投资财产（划"√"）	□是□否
□合同	□到货通知		＊检验检疫费	
□发票	□装箱单			
□提/运单	□质保书		总金额	
□兽医卫生证书	□理货清单		（人民币元）	
□植物检疫证书	□磅码单			
□动物检疫证书	□验收报告		计费人	
□卫生证书	□			
□原产地证	□		收费人	
□许可/审批文件	□			

报检人郑重声明：
  1. 本人被授权报检。
  2. 上列填写内容正确属实。
　　　　　　签名：_____

领　取　证　单
日　　期
签　　名

注：有"＊"号栏由出入境检验检疫机关填写   ◆国家出入境检验检疫局制

[1-1(2000.1.1)]

A.4 出口货物报关单

中华人民共和国海关出口货物报关单

预录入编号：　　　　　　　　　　　　　　　　海关编号：

收发货人	出口口岸		出口日期		申报日期
生产销售单位	运输方式	运输工具名称		提运单号	
申报单位	监管方式		征免性质		备案号
贸易国(地区)	运抵国(地区)		指运港		境内货源地
许可证号	成交方式	运费	保费		杂费
合同协议号	件数	包装种类	毛重(千克)		净重(千克)
集装箱号	随附单证				
标记唛码及备注					

项号	商品编号	商品名称、规格型号	数量及单位	最终目的国(地区)	原产国(地区)	单价	总价	币制	征免

特殊关系确认：	价格影响确认：	支付特许权使用费确认：
录入员　　　录入单位	兹声明对以上内容承担如实申报、依法纳税之法律责任	海关批注及签章
报关人员	申报单位(签章)	

A.5 商业发票

商业发票

苏 州 对 外 贸 易 有 限 公 司

SUZHOU FOREIGN TRADE CORPORATION

商 业 发 票

COMMERCIAL INVOICE

TO: 　　　　　　　　　　　　　　　　　INVOICE NO:
　　　　　　　　　　　　　　　　　　　　DATE:
　　　　　　　　　　　　　　　　　　　　L/C NO:
　　　　　　　　　　　　　　　　　　　　S/C NO:
FROM:_____　　　　　　TO:_____

MARKS AND NUMBERS	QUANTITIES AND DESCRIPTIONS OF GOODS	UNIT PRICE	AMOUNT

苏 州 对 外 贸 易 有 限 公 司

SUZHOU FOREIGN TRADE CORPORATION

15 LIHUA ROAD, SUZHOU, JIANGSU, CHINA.

A.6 提 单

海运提单

B/L No. _____

1. Shipper

中国远洋运输(集团)总公司
CHINA OCEAN SHIPPING (GROUP) CO.

2. Consignee

COMBINED TRANSPORT BILL OF LADING

3. Notify Party

4. Pre-carriage by	5. Place of Receipt			
6. Ocean Vessel Voy No.	7. Port of Loading			
8. Port of Discharge	9. Place of Delivery		Final Destination	
10. Marks & Nos. Container Seal No.	11. No. of containers ofp 'kgs	12. Description of Goods	13. Gross Weight	14. Measurement
Total Number of Containers or Packages (in words)				

15. Freight & Charges	Revenue Tons	Rate	Per	Prepaid	Collect
Ex. Rate	Prepaid at	Payable at		17. Place and Date of Issue	
	Total Prepaid	16. No. of Original B(s)/L		18. Signed for the Carrier	

Laden on Board the Vessel
Date _____

A.7 货物运输保险单

货物运输保险单

PICC 中国人民保险公司南京市分公司
The people's Insurance Company of China, Nanjing Branch
总公司设于北京　　　　一九四九年创立
Head Office Beijing　　　Established in 1949

货物运输保险单
CARGO TRANSPORTATION INSURANCE POLICY

3. 发票号（INVOICE NO.）　　　　　　　　　　　　4. 保单号次
5. 被保险人　　　　　　　　　　　　　　　　　　　POLICY NO.
　　INSURED _____

　　中国人民保险公司（以下简称本公司）根据被保险人的要求，由被保险人向本公司缴付约定的保险费，按照本保险单承保险别和背面所载条款与下列特款承保下述货物运输保险，特立本保险单。
　　THIS POLICY OF INSURANCE WITNESSES THAT THE PEOPLE'S INSURANCE COMPANY OF CHINA (HEREAFTER CALLED "THE COMPANY") AT THE REQUEST OF THE INSURED AND IN CONSIDERATION OF THE AGREED PREMIUM PAID TO THE COMPANY BY THE INSURED UNDERTAKES TO INSURE THE UNDERMENTIONED GOODS IN TRANSPORTATION SUBJECT TO THE CONDITIONS OF THIS POLICY AS PER THE CLAUSES PRINTED OVERLEAF AND OTHER SPECIAL CLAUSES ATTACHED HEREON.

6. 标记 MARKS AND NOS.	7. 包装及数量 QUANTITY	8. 保险货物项目 DESCRIPTION OF GOODS	9. 保险金额 AMOUNT INSURED

10. 总保险金额：
TOTAL AMOUNT INSURED: _____

11. 保费　　　　　费率　　　　　　　12. 装载运输工具
PREMIUM _____ RATE _____ PER CONVEYANCE S.S. _____

13. 开航日期　　　14. 自　　　　经　　　　　　至
SLG. ON OR ABT. ___ FROM _____ VIA _____ TO _____

15. 承保险别：
CONDITIONS：

16. 所保货物，如发生保险单项下可能引起索赔的损坏或损失，应立即通知本公司下述代理人查勘。如有索赔，应向本公司提交保险单正本（本保险单共有＿＿＿份正本）及有关文件。如一份正本已用于索赔，其余正本自动失效。
　　IN THE EVENT OF LOSS OR DAMAGE WHICH MAY RESULT IN A CLAIM UNDER THIS POLICY, IMMEDIATE NOTICE MUST BE GIVEN TO THE COMPANY'S AGENT ASMENTIONED HEREUNDER. CLAIMS, IF ANY ONE OF THE ORIGINAL POLICY WHICH HAS BEEN ISSUED IN ORIGINAL(S) TOGETHER WITH THE RELEVANT DOCUMENTS SHALL BE SURRENDERED TO THE COMPANY, IF ONE OF THE ORIGINAL POLICY HAS BEEN ACCOMPLISHED, THE OTHERS TO BE VOID.

中国人民保险公司南京市分公司
The People's Insurance Company of China,
Nanjing Branch

17. 赔款偿付地点
　　CLAIM PAYABLE AT/IN _____
18. 日期　　　　　　　　　　　　　南京
　　DATE _____ NANJING

GENERAL MANAGER

A.8 汇 票

BILL OF EXCHANGE

凭　　　　　　　　　　　　　　　　不可撤销信用证
Drawn Under _____ Irrevocable L/C No. _____

日期　　　　　　　　　　支取
Date _____ Payable with interest　@____%____按____息_____付款

号码　　　　　　　　　　汇票金额
No. _____ Exchange for _____

见票　　　　日后　　　　　　　　　（本汇票之副本未付）　　　　　　　　付交
at ____ sight of this FIRST of Exchange (Second of Exchange Bing unpaid) Pay

to the order of _____

金额
the sum of _____

此致
To _____

附录B 学习参考网站

[1] 世界贸易组织网站：http://www.wto.org/
[2] 国际商会网站：http://www.iccwbo.org/
[3] 中国仲裁网：http://www.china-arbitration.com/
[4] 中国贸易促进委员会网站：http://www.ccpit.org/
[5] 中华人民共和国海关总署网站：http://www.customs.gov.cn/
[6] 中华人民共和国商务部网站：http://www.mofcom.gov.cn/
[7] 国家外汇管理局网站：http://www.safe.gov.cn/
[8] 国家税务总局网站：http://www.chinatax.gov.cn/n8136506/index.html
[9] 中国银行全球门户网站：http://www.boc.cn/
[10] 中国人民财产保险股份有限公司：http://www.piccnet.com.cn/
[11] 福步外贸论坛：http://bbs.fobshanghai.com/

参考文献

[1] 吴百福,徐小薇,聂清.进出口贸易实务教程[M].上海:上海世纪股份有限公司格致出版社,2020.
[2] 黎孝先,石玉川.国际贸易实务[M].北京:对外经济贸易大学出版社,2020.
[3] 冷柏军,张玮.国际贸易实务[M].北京:中国人民大学出版社,2022.
[4] 张颖,赵亮.国际贸易实务[M].北京:高等教育出版社,2023.
[5] 张琼,高彩云.国际贸易实务与操作[M].北京:中国人民大学出版社,2019.
[6] 刘文广,张晓明.国际贸易实务[M].北京:高等教育出版社,2019.
[7] 赵轶.国际贸易实务[M].北京:清华大学出版社,2020.
[8] 孙国忠,滕静涛,杨华.国际贸易实务[M].北京:机械工业出版社,2021.
[9] 寇小萱,王永萍.国际市场营销学[M].北京:首都经济贸易大学出版社,2022.
[10] 林琼慧,林俐,陈婷.国际贸易理论与实务[M].北京:经济科学出版社,2022.
[11] 张素芳.国际贸易理论与实务[M].北京:对外经济贸易大学出版社,2021.
[12] 胡丹婷,徐志远,卓骏,成蓉.国际贸易理论与实务[M].北京:机械工业出版社,2023.
[13] 徐景霖,李勤昌.国际贸易实务[M].大连:东北财经大学出版社,2019.
[14] 王凯.国际贸易地理[M].北京:清华大学出版社,2021.
[15] 吴国新,毛小明,郭凤艳,何一红,杨春梅.国际贸易实务[M].北京:清华大学出版社,2021.
[16] 黄海东.国际贸易实务[M].北京:清华大学出版社,2022.
[17] 安徽.国际贸易实务教程[M].北京:北京大学出版社,2009.
[18] 李青阳.国际贸易实务[M].北京:中国电力出版社,2010.
[19] 孙玲,谷静,黄婷.新编国际贸易理论与实务[M].北京:北京大学出版社,2010.
[20] 陈文培.国际贸易理论基础[M].北京:科学技术文献出版社,2006.
[21] 张志等.国际贸易实务教程[M].天津:天津大学出版社,2009.
[22] 邢伟,胡德华.国际市场营销[M].杭州:浙江大学出版社,2006.
[23] 张淑荣.国际贸易实务[M].天津:南开大学出版社,2005.
[24] 闫红珍.国际贸易理论[M].北京:科学出版社,2005.
[25] 辛纬业.进出口贸易操作实务[M].西安:西北工业大学出版社,2005.
[26] 张素芳.国际贸易实务[M].北京:对外经济贸易大学出版社,2007.
[27] 胡丹婷.国际贸易实务[M].北京:机械工业出版社,2007.
[28] 徐景霖.国际贸易实务[M].大连:东北财经大学出版社,2006.
[29] 竺仙如.国际贸易地理[M].北京:对外经济贸易大学出版社,2001.
[30] 冯静.国际贸易实务[M].北京:北京大学出版社,2009.
[31] 田运银.国际贸易实务精讲[M].北京:中国海关出版社,2010.
[32] 莫沙.国际贸易实务[M].大连:东北财经大学出版社,2008.

[33] 胡俊文,戴谨. 国际贸易实战操作教程[M]. 北京:清华大学出版社,2009.

[34] 王小兰. 国际贸易实务[M]. 北京:科学出版社,2004.

[35] 鲁丹萍. 国际货物运输与保险[M]. 杭州:浙江大学出版社,2004.

[36] 韩秋艳. 国际贸易实务[M]. 北京:企业管理出版社,2005.

[37] 李敏华,任铁争. 国际贸易实务[M]. 北京:中国人民大学出版社,2010.

[38] 王粉萍. 国际贸易实务[M]. 北京:北京理工大学出版社,2010.

[39] 安徽. 国际贸易实务教程案例与习题集[M]. 北京:北京大学出版社,2010.

[40] 贺雪娟. 国际贸易实务案例分析[M]. 大连:大连理工大学出版社,2009.

[41] 俞毅. 国际贸易实务习题与解答[M]. 上海:上海世纪股份有限公司格致出版社,2009.

[42] 曾啸. 信用证下银行的审单标准及其存在的问题[J]. 河南科技,2010(8):104.

[43] 湖北第二师范学院国际贸易理论和实务精品课程网站(www.hubce.edu.cn/jpkc/2008gjmy/)

[44] 上海财经大学国际贸易精品课程网站(http://course.shufe.edu.cn/course/gjmyx/)

[45] 广东金融学院国际贸易精品课程网站(http://jpkc.gduf.edu.cn/gjmy/)